DEVIDO PROCESSO LEGISLATIVO

ELABORAÇÃO DAS LEIS E SEU CONTROLE JUDICIAL NA DEMOCRACIA BRASILEIRA

Victor Marcel Pinheiro

DEVIDO PROCESSO LEGISLATIVO

ELABORAÇÃO DAS LEIS E SEU CONTROLE JUDICIAL NA DEMOCRACIA BRASILEIRA

GZ
EDITORA
Rio de Janeiro
2024

1ª edição – 2024 – 2ª tiragem

Diagramação: *Olga Martins*

CIP-BRASIL. CATALOGAÇÃO NA PUBLICAÇÃO
SINDICATO NACIONAL DOS EDITORES DE LIVROS, RJ

P722d

Pinheiro, Victor Marcel
Devido processo legislativo : elaboração das leis e seu controle judicial na democracia brasileira / Victor Marcel Pinheiro. - 1. ed. - Rio de Janeiro : GZ, 2024.
462 p. ; 24 cm.

Inclui bibliografia e índice
ISBN 978-65-5813-090-1

1. Direito processual - Brasil. 2. Poder legislativo - Processo. I. Título.

23-86361
CDU: 347.91/.95(81)

Gabriela Faray Ferreira Lopes - Bibliotecária - CRB-7/6643

26/09/2023 02/10/2023

GZ EDITORA

e-mail: contato@editoragz.com.br
www.editoragz.com.br

Estrada do Capuava, nº 1325 - Box Q - CEP 06715-410
Bairro Barro Branco - Município de Cotia - SP
Tel.: (0XX21) 99585-0737 / 99755-0737

Impresso no Brasil
Printed in Brazil

AGRADECIMENTOS

O presente trabalho é decorrente de minha tese de doutorado apresentada à Faculdade de Direito da Universidade de São Paulo. Foram feitos diversos ajustes e refinamentos dos argumentos iniciais da tese a partir das críticas e contribuições que ela recebeu.

Agradeço ao Professor Roger Stiefelmann Leal pelo apoio sempre presente, já desde os tempos da elaboração de minha dissertação de mestrado. Registro a grande admiração pelo exemplo de excelência e compromisso acadêmicos, espírito aberto ao diálogo e sugestões construtivas para melhor apresentação dos argumentos aqui desenvolvidos.

Registro também a gratidão pelas contribuições valiosas feitas pelos Professores Fernando Dias Menezes de Almeida e Paulo Adib Casseb, no momento da qualificação da então tese de doutorado.

Agradeço aos membros da Banca Examinadora pela generosidade com que este trabalho foi lido e pelas críticas e sugestões que o trabalho recebeu: Professora Ana Paula de Barcellos, Professor Elival da Silva Ramos, Professor José Levi Mello do Amaral Júnior, Professor Gilmar Ferreira Mendes e Professor Leonardo Augusto de Andrade Barbosa. As colocações feitas foram decisivas para o amadurecimento e refinamento dos argumentos então apresentados e agora aprimorados.

Tenho grande gratidão pela Faculdade de Direito da Universidade de São Paulo, a velha e sempre nova Academia do Largo de São Francisco, minha *alma mater*. A convivência com os professores, alunos e servidores foram transformadoras na minha trajetória pessoal e profissional, permitindo, desde minha formação na graduação, a convivência com pensamentos e perspectivas diferentes que me ajudaram a reconhecer o caráter plural da sociedade brasileira.

Agradeço também aos parlamentares, servidores e colegas de Senado Federal, por meio das pessoas de Pedro Taques, Ex-Senador da República pelo Estado de Mato Grosso, Gustavo Afonso Sabóia Vieira, Secretário-Geral da Mesa, e Danilo Augusto Barboza de Aguiar, Consultor-Geral Legislativo. Os mais de dez anos de trabalho no Congresso Nacional brasileiro proporcionaram-me uma experiência muito rica, em que pude constatar sua centralidade em todas as grandes questões nacionais. Embora as atividades do Congresso Nacional quase sempre sejam objeto da legítima disputa política, elas mostram a grande força da institucionalização da nossa democracia após a transição feita pela Constituição Federal de 1988.

Ao Instituto Brasileiro de Ensino, Desenvolvimento e Pesquisa (IDP), seus professores e alunos, que sempre me proporcionaram um rico ambiente acadêmico em Brasília com a troca de experiência na sala dos professores, grupos de pesquisa e eventos. Já se vão mais de cinco anos como professor desta Casa e com alegria agradeço pela oportunidade de ser um dos coordenadores da criação da pioneira Pós-Graduação em Direito Legislativo, que, em alguma medida, reflete boa parte das questões enfrentadas neste trabalho.

Aos colegas do Centro de Investigação de Direito Público da Faculdade de Direito da Universidade de Lisboa e da Associação Internacional de Legislação, na pessoa do Prof. Rui Lanceiro, por terem me facilitado o acesso aos debates europeus sobre a melhoria da qualidade da legislação e aperfeiçoamento das democracias contemporâneas.

À Faculdade de Direito da Universidade de Columbia (EUA), na pessoa do Prof. Richard Briffault, que me proporcionou a estadia como *visiting scholar* e o intercâmbio acadêmico com outros pesquisadores de diferentes países que estudam as relações entre regulação, processo legislativo e democracia.

Agradeço a todos os amigos, colegas e acadêmicos que me apoiaram nessa trajetória. Faço um agradecimento especial a algumas das diversas pessoas que se engajaram no debate sobre questões levantadas pelo trabalho, permitindo que eu refinasse e corrigisse meus argumentos. São elas: Beatriz Bastide Horbach, Clay Souza e Teles, Eduardo Lasmar Prado Lopes, Enrico Misasi, Fábio Cesar dos Santos Oliveira, Fábio Gomes dos Santos, Felipe de Paula, Fabiana de Menezes Soares, Fernando Borato Meneguin, Frederico Retes Lima, Guilherme Forma Klafke, Henderson Fürst, Ilton Norberto Robl Filho, Ivan Furlan Falconi, Jean Borges Marques, João Trindade Cavalcante Filho, José Carlos Silveira Barbosa Júnior, Juliana Magalhães Fernandes Oliveira, Luís Fernando Matricardi, Luísa Lacerda, Maria Clara Estevam Pereira, Marco Aurélio Marrafon, Matheus Pimenta de Freitas Cardoso, Melissa Terni Mestriner, Paulo Fernando Mohn e Souza, Rafael Rodrigues Pessoa de Melo Camara, Rafael Silveira e Silva, Raquel de Andrade Vieira Alves, Roberta Simões Nascimento, Tímea Drinóczi e Victor Oliveira Fernandes.

Aos colegas do Observatório Constitucional, nas pessoas de André Rufino do Vale e Fábio Lima Quintas, pela possibilidade de publicação de alguns argumentos da presente obra na Coluna do Consultor Jurídico e pelos debates que se seguiram.

Agradeço ao Professor Roberto Rosas por ter aceitado fazer a apresentação da presente obra. Registro a grande admiração pelo seu exemplo de entusiasmo acadêmico que já ultrapassa os 60 anos de dedicação ao direito com centenas de obras produzidas e muitas outras ainda no prelo.

Agradeço à Editora GZ, na pessoa de Guilherme Zincone, por ter prontamente aceitado publicar o presente trabalho, levando adiante a convicção de que há espaço editorial para pesquisas acadêmicas de fôlego.

À minha família, Ana, Marcelino, Solange e Natália por sempre me apoiarem e estarem presentes em todas as etapas da minha vida.

À Nina Pencak pelos nossos incontáveis momentos de compartilhamento de pensamentos e discussões acadêmicas e, principalmente, pela paciência, apoio, amor e carinho que me fizeram continuar nos dias difíceis e celebrar cada parágrafo desta jornada.

APRESENTAÇÃO

UM ROTEIRO PARA O PROCESSO LEGISLATIVO

A idade não é obstáculo ao sucesso, quando há confiança, como a revelada por Lima Barreto, no Triste Fim de Policarpo Quaresma - a confiança em sua avançada idade - 40 anos, não é arrogância, mas realidade de um triunfo de uma realização, Victor Marcel Pinheiro tratou de um dos maiores elementos formadores do estado democrático de direito - a lei, e em especial, a sua confecção. Esse processo no Brasil já se embelezou desde o projeto de lei, sua discussão e sanção, com o decreto-lei, agora com a medida provisória. Tudo isso desemboca no devido processo legislativo, para a formação da lei. Rui Barbosa ao discursar em sua posse como presidente do Instituto dos Advogados Brasileiros, em 1914, observou que cada um dos poderes do Estado, tem, inevitavelmente a sua região de irresponsabilidade. É a região em que esse poder é discricionário. Certo, mas essa discricionariedade deve ser regrada, estável, uma diretriz, e não uma babel de oportunismo e insensatez, por isso o devido processo legislativo é a regra e o compasso de uma grande atividade legislativa, sem exageros, na linha de Benjamin Nathan Cardoso - "o direito deve ser estável contudo não pode permanecer imóvel", ou na linha de Ronald Dworkin - vivemos na lei e segundo o direito.

O papel do legislador é fundamental, ainda que regrado, não seja só o autenticador, ou apenas aprovador, sem debate, controvérsia e discussão, como ocorria no Senado brasileiro do Império, na clássica crônica de Machado de Assis (O velho Senado) dito por ele. "Na galeria, é meu costume dividir o tempo entre ouvir e dormir."

Aqui está o devido processo legislativo a bússola segura para um legislador, porque este trabalho atende aos requisitos exigidos pelo escritor ítalo Calvino - leveza, rapidez e exatidão. Tem tudo.

Não posso antecipar o enredo, ainda que seja uma apresentação, mas esse elenco de dados começa no significado do Poder Legislativo como emanado da representação política, ali está um estrato da sociedade, aliada ao voto, e à vontade popular, chegará ao mais importante - a elaboração legislativa, e na ponta - o controle judicial dessa missão concluída na lei será constitucional? Não será aplicada? Ou abandonada por inconveniente, obsoleta, inadequada?

Não apresento mais, porque a leitura é proveitosa e proativa.

Victor Marcel Pinheiro está na confiança (aqui no início) de Lima Barreto, mas ele pode ter confiança, porque bacharel pela tradicional, e mais importante faculdade de direito, do Largo de São Francisco, após Mestre, e Doutor, em esplêndida defesa de tese, que assisti com muito prazer.

O livro é exagerado na qualidade, porque ele obedece a Machado de Assis, no Memorial de Aires - só se faz bem o que se faz com amor.

Em 1873 livreiro inglês remeteu a colecionador americano a Bíblia impressa por Gutemberg (século XV), com aviso à alfandega de Nova York - tire o chapéu, perfile-se, preste homenagem. Agora, todo aquele interessado no processo legislativo, antes de adentrar, percorra este livro, guia seguro.

Roberto Rosas

Professor Titular da Faculdade de Direito da Universidade de Brasília. Membro da Academia Brasileira de letras Jurídicas. Ex-Ministro do TSE.

PREFÁCIO

A *previsão regimental de um regime de urgência que reduza as formalidades processuais em casos específicos, reconhecidos pela maioria legislativa, não ofende o devido processo legislativo*[1]. Tal observação encontra-se entre as razões fundamentais que ampararam juízo de constitucionalidade proferido pelo STF em favor das disposições regimentais que estruturam, no âmbito das Casas do Congresso Nacional, os chamados regimes de urgência. Cuidam-se de ritos internos de tramitação abreviada que acabam por dispensar debates e deliberações em comissões, bem como a emissão de pareceres e a realização de audiências públicas. No caso da Câmara dos Deputados, autoriza-se, inclusive, que a proposta seja "incluída automaticamente na Ordem do Dia para discussão e votação imediata, ainda que iniciada a sessão em que for apresentada" (art. 155 do RICD).

No mesmo julgamento, assinalou-se, de outra parte, ser descabido *exigir que dessa opção haja fundamentação adicional, porque necessariamente imporia um controle jurisdicional sobre esse ato*[2]. Ou seja, basta alcançar a maioria dos votos dos parlamentares para que seja aprovado o regime de urgência, ainda que não existam motivos coerentes e plausíveis que justifiquem sua aplicação. Prevalece, nesse caso, o juízo de conveniência política dos congressistas.

Como se viu, trata-se de pronunciamento judicial que alude ao *devido processo legislativo* como parâmetro jurídico-constitucional. Diversos outros julgados[3] também têm examinado a juridicidade de práticas legislativas e preceitos regimentais à luz do *devido processo legislativo*. Cuida-se de expressão que, no entanto, não é encontrada no texto constitucional. Seu conteúdo normativo, ao que se percebe, é extraído ou deduzido a partir da interpretação de outros ditames e preceitos constitucionais.

A compreensão de *devido processo legislativo* que deflui do julgado acima referido – vale notar – não implica vedação a ritos que, eliminando *formalidades processuais*, reduzem consideravelmente o prazo de tramitação das propostas, bem como fases e instâncias formais de instrução e discussão. Nessa mesma linha, não reclama a apresentação de motivação consistente para que sejam adotados tais regimes de urgência. Essas inferências, naturalmente, suscitam cogitações sobre os contornos conceituais do *devido processo legislativo* enquanto fórmula normativa que vincula e orienta o processo legislativo.

---

1 Voto proferido na ADI n. 6.968/DF, Rel. Min. Edson Fachin, DJe de 19.05.2022.

2 Voto proferido na ADI n. 6.968/DF, Rel. Min. Edson Fachin, DJe de 19.05.2022.

3 Ver, entre outros, ADI n. 4.889/DF, Rel. Min. Carmen Lúcia, DJe de 25.11.2020; MS AgR n. 38.854/DF, Rel. Min. Roberto Barroso, DJe de 28.03.2023; MS n. 24.041/DF, Rel. Min. Nelson Jobim, DJ de 11.04.2003; ADI n. 4.029/AM, Rel. Min. Luiz Fux, DJe de 27.06.2012; ADI n. 4.433/SC, Rel. Min. Rosa Weber, DJe de 02.10.2015.

É inevitável, outrossim, sua associação, inclusive por razões de identidade terminológica, ao *devido processo legal*. Neste caso, cuida-se de garantia cuja positivação, no âmbito do constitucionalismo brasileiro, deu-se apenas com a promulgação da Constituição de 1988. As constituições anteriores não a incluíam expressamente em suas disposições. Mesmo assim, parcela relevante da doutrina especializada já a empregava com desenvoltura[4] e o STF já a mencionava em suas decisões[5].

A compreensão predominante sobre o *devido processo legal*, inspirada na experiência jurídica de nações de origem anglo-saxã, tem exprimido concepção envolvendo complexa construção jurídico-normativa. Articula, nessa linha, amplo conjunto de direitos e deveres incidentes sobre a atuação do poder público[6]. Implica, portanto, a conjugação normativo-constitucional de garantias processuais, tais como contraditório, ampla defesa, acesso à justiça, motivação e publicidade das decisões judiciais, presunção de inocência e vedação a dilações excessivas. Promove, ainda, a salvaguarda de outros bens fundamentais tutelados constitucionalmente (liberdade, vida e propriedade), assegurando-lhes adequada proteção mediante a exigência de justo processo.

Tais observações permitem vislumbrar, a exemplo do que se deu no constitucionalismo brasileiro com o *devido processo legal*, alguns elementos que caracterizam também o *devido processo legislativo*. Designaria, assim, (a) garantia erigida mediante esforço interpretativo de ordem doutrinária e jurisprudencial. Seu conteúdo normativo, de modo similar, (b) também comportaria conformação sistematizante de regras, prerrogativas e limitações que pautam o processo de elaboração das leis.

Precisar o conteúdo jurídico e as implicações normativas do *devido processo legislativo*, é fácil perceber, não constitui tarefa simples. Não apenas demanda a identificação dos ditames jurídico-constitucionais que o integram, mas também o modo como estes se articulam. A essa árdua e complexa missão se dedicou VICTOR MARCEL PINHEIRO no presente livro, o qual tenho o privilégio de ora prefaciar.

---

4 Ver a propósito DINAMARCO, Cândido Rangel. **Fundamentos do processo civil moderno**. São Paulo: Malheiros, 3ª ed., Tomo I, 2000, p. 175.

5 Confira-se, entre outros, RE n. 91246/BA, Rel. Min. Cordeiro Guerra, DJ de 18.12.1981; MS n. 20.656/DF, Rel. Min. Oscar Corrêa, DJ de 25.06.1987; SS n. 202/DF, Rel. Min. Rafael Mayer, DJ de 18.11.1987.

6 DINAMARCO, Cândido Rangel. **Fundamentos do processo civil moderno**, Tomo I, pp. 176-177; ver também GRINOVER, Ada Pellegrini. As garantias constitucionais do processo nas ações coletivas. **Revista da Faculdade de Direito**, Universidade de São Paulo, v. 82, 1987 p. 184; BARACHO, José Alfredo de Oliveira. Processo e constituição: o devido processo legal. **Revista da Faculdade de Direito da UFMG**, n. 23-25, v. 28, 1982, pp. 95 e segs; FERRAZ, Sergio. Instrumentos de defesa do administrado. **Revista de Direito Administrativo**, n. 165, jul./set. de 1986 p. 14.

Há muito acompanho a admirável trajetória profissional e acadêmica do autor. Foi meu aluno no último ano de graduação, logo nos meus primeiros semestres como docente da Faculdade de Direito da USP. Ainda no curso de graduação, integrei a comissão examinadora que apreciou sua tese de láurea. Muitas das qualidades que exibe hoje como pesquisador, acadêmico e profissional do direito já se encontravam prenunciadas naquele tempo. Atuei, ademais, como seu orientador durante o curso de mestrado, período em que elaborou primorosa dissertação sobre as decisões vinculantes no âmbito da jurisdição constitucional. Já publicada como livro, é obra que oferece relevante contribuição para o estudo do tema.

Anos mais tarde, fui novamente procurado por VICTOR. Tinha ele em mente novo e ambicioso projeto. Postulava justamente assumir o tormentoso desafio de analisar a garantia do *devido processo legislativo*, visando, sobretudo, compreender o seu significado normativo e sua utilidade prática, principalmente em face do controle judicial da atividade legislativa. Tratava-se, sem dúvida, de espinhosa empreitada. Várias circunstâncias não a recomendavam.

No entanto, o pesquisador que se apresentava, com esse audacioso projeto, para o curso de doutoramento mostrava-se diferente daquele recém-saído do curso de graduação que havia orientado anos atrás. À perceptível inclinação acadêmica aliava, então, importante experiência profissional. Além da relevante atividade docente que desenvolvia, atuava, há algum tempo, junto à Consultoria Legislativa do Senado Federal. A posição privilegiada da qual divisava e analisava o processo legislativo lhe oportunizaria obter informações, dados, instrumentos e subsídios preciosos para o desenvolvimento da pesquisa a que se propunha. Seu resultado seria, assim, impregnado de elementos extraídos da prática legislativa, revelando questões pouco conhecidas e estudadas na esfera do direito constitucional.

A elaboração da tese – que ora se veicula – contou, ainda, com profícuo período de pesquisas junto à Faculdade de Direito da Universidade de Columbia, nos Estados Unidos. Sua defesa ocorreu anos depois. Deu-se perante comissão examinadora composta por insignes professores e juristas. Devidamente aprovada, recebeu a tese, durante a sessão de defesa, diversas e merecidas considerações elogiosas, que enalteciam as qualidades do trabalho.

Utilizando linguagem clara e acessível, apresenta o autor toda a complexidade que o tema abarca. Refuta, assim, avaliações simplistas ou reducionistas do processo legislativo, que o subordinam à mera expressão da vontade da maioria. Muito embora a deliberação majoritária seja aspecto essencial na elaboração das leis, o processo legislativo comporta, segundo o autor, diversos outros elementos que o legitimam enquanto arranjo institucional. De outra parte, rejeita concepção que reduz o *devido processo legislativo* ao conjunto de regras que integram a seção da Constituição dedicada ao processo legislativo. Sustenta, por conseguinte, visão mais ampla que, além do regramento específico dos ritos legislativos, comporta relevantes marcos principiológicos que denotam seu posicionamento como elemento central do sistema político, que visa a concretizar os ideais da democracia e do pluralismo.

Identifica, nesses termos, cinco princípios estruturantes do processo legislativo: igualdade, participação social, deliberação, publicidade e eficiência. Em seguida, examina detidamente seu alcance e significado para, mais adiante, apresentar interessantes questionamentos em face da atual prática desenvolvida em âmbito legislativo. Entre eles, discute, à luz dos princípios que apresenta, a aferição da presença e dos votos dos parlamentares por meio de listas ou avaliação visual do presidente da sessão em vez da verificação da presença real – física no plenário ou remota mediante sistema virtual. Lança críticas e objeções pertinentes em relação ao excesso no uso de regimes de urgência, empregados em grande parte das matérias aprovadas na esfera do Congresso Nacional. Analisa com profundidade a inexistência, em sede parlamentar, de política institucionalizada voltada a garantir padrões mínimos de qualidade da legislação, indicando como "situação frequente" a aprovação de propostas "pelo Congresso Nacional sem as informações desejáveis". Sustenta, ainda, visão crítica quanto ao emprego indiscriminado das emendas substitutivas globais ou integrais já em fase de votação final em plenário. Tal prática resultaria – em face do tempo diminuto e da falta de nova avaliação por parte das comissões – em demasiada restrição aos princípios da deliberação, da participação social e da publicidade.

Repleto de dados e informações extraídos das últimas décadas de atividade legislativa, o livro exibe rico e detalhado quadro do atual estágio do processo legislativo brasileiro. Aponta suas carências e sugere linhas de solução. Postula conformação efetivamente democrática do processo legislativo, que – mediante a observância dos seus princípios estruturantes – assegure (i) efetivo debate pelos diferentes segmentos da sociedade, (ii) deliberação amparada em razões e justificativas fundamentadas, (iii) elevado nível de participação social e (iv) soluções normativas úteis e tempestivas. Alia acurada e detida pesquisa acadêmica à erudita e sofisticada construção doutrinária, examinando os aspectos jurídicos que conferem densidade normativa à garantia do *devido processo legislativo* no plano do direito constitucional brasileiro. É obra que se recomenda a leitura e a consulta a todos aqueles que se interessam não somente em compreender os meandros da atividade legislativa desenvolvida no Brasil e seu enquadramento jurídico-constitucional, mas também em refletir sobre o aperfeiçoamento das instituições nacionais. Trata-se, seguramente, de contribuição de elevado nível intelectual e acadêmico, que busca propor ideias e apontar caminhos para que, no Brasil, se assegure um processo legislativo mais democrático e participativo.

São Paulo, outubro de 2023.

Roger Stiefelmann Leal
Professor Doutor de Direito Constitucional
da Faculdade de Direito da USP

LISTA DE ABREVIATURAS E SIGLAS

ADC	Ação Declaratória de Constitucionalidade
ADCT	Ato das Disposições Constitucionais Transitórias
ADI	Ação Direta de Inconstitucionalidade
ADPF	Arguição de Descumprimento de Preceito Fundamental
AgR	Agravo Regimental
AI	Agravo de Instrumento
AIL	Análise de Impacto Legislativo
AIR	Análise de Impacto Regulatório
CCJ	Comissão de Constituição, Justiça e Cidadania
CFT	Comissão de Finanças e Tributação
CGU	Controladoria-Geral da União
CLT	Consolidação das Leis do Trabalho
Conanda	Conselho Nacional dos Direitos da Criança e do Adolescente
CPC	Código de Processo Civil
CPI	Comissão Parlamentar de Inquérito
DVS	Destaque para a Votação em Separado
EUA	Estados Unidos da América
FAT	Fundo de Amparo ao Trabalhador
FMM	Fundo da Marinha Mercante
IDP	Instituto Brasileiro de Ensino, Desenvolvimento e Pesquisa
LDO	Lei de Diretrizes Orçamentárias
LOA	Lei Orçamentária Anual
LRF	Lei de Responsabilidade Fiscal
MPV	Medida Provisória
MS	Mandado de Segurança
NUP	Número Único de Protocolo
OCDE	Organização para a Cooperação e Desenvolvimento Econômico

OIT	Organização Internacional do Trabalho
PASEP	Programa de Formação do Patrimônio do Servidor Público
PEC	Proposta de Emenda à Constituição
PGR	Procurador Geral da República
PIS	Programa Integração Social
PL	Projeto de Lei
PPA	Plano Plurianual
PRR	Programa de Regularização Rural
QO	Questão de Ordem
RCCN	Regimento Comum do Congresso Nacional
Rcl	Reclamação
RE	Recurso Extraordinário
RICD	Regimento Interno da Câmara dos Deputados
RISF	Regimento Interno do Senado Federal
STF	Supremo Tribunal Federal
STJ	Superior Tribunal de Justiça
Susp	Sistema Único de Segurança Pública
TCU	Tribunal de Contas da União
TEDH	Tribunal Europeu dos Direitos Humanos
TJ/UE	Tribunal de Justiça da União Europeia

SUMÁRIO

1

INTRODUÇÃO

1.1. Contextualização do tema e objeto

Tem crescido a utilização da expressão "devido processo legislativo" na jurisprudência do Supremo Tribunal Federal (STF). Como será aprofundado, o primeiro caso em que tal termo é expressamente utilizado pelo Tribunal é o MS 22.503 (Pleno, Red. para Acórdão Min. Maurício Correa, j. 08/05/1996), sendo que, nos anos seguintes, há cada vez mais referências a essa ideia, em diferentes sentidos e aplicações. Não há, entretanto, clareza dogmática sobre o significado de tal expressão na jurisprudência do Tribunal.

O presente trabalho tem, portanto, por objeto justamente a seguinte pergunta principal: Qual é o significado jurídico da ideia de "devido processo legislativo" e suas implicações para a compreensão das normas e da prática do Congresso Nacional na elaboração das leis ordinárias e das possibilidades de seu controle judicial?

Como será visto, o devido processo legislativo é aqui entendido como uma projeção do devido processo legal que articula as normas que disciplinam a elaboração legislativa, sendo que a jurisprudência do STF o utiliza, usualmente, em três dimensões de eficácia distintas: a) como um direito subjetivo dos parlamentares à observância das regras do processo legislativo; b) como o direito de toda pessoa de não sofrer alterações em sua esfera jurídica por normas produzidas em desconformidade com as normas do processo legislativo; e c) como um conjunto de princípios que exigem um estado ideal de coisas mediante a institucionalização do processo de elaboração dos atos legislativos na democracia constitucional brasileira.

O presente trabalho analisará criticamente essas três dimensões, recaindo seu foco sobre a terceira dimensão do devido processo legislativo, a qual abarca princípios constitucionais que condicionam o exercício do poder político, exigem que sejam criadas instituições para o reforço dos laços de representação na democracia brasileira e podem servir de parâmetro de controle judicial de constitucionalidade das leis.

Para iniciar essa investigação, deve ser destacado que um dos pontos de grande discussão na teoria política e, consequentemente, no pensamento jurídico contemporâneo diz respeito ao papel institucional ocupado pelos Parlamentos[1] no processo de elaboração da lei, entendida como o ato elaborado com participação central do Poder Legislativo, cuja função principal é inovar o ordenamento jurídico.

De um lado, defende-se a lei como instrumento por excelência para garantia das liberdades, remontando-se à tradição liberal clássica. De outro lado, são feitas críticas no sentido de que os Parlamentos contemporâneos deveriam concentrar esforços em suas competências fiscalizatórias e não nas normativo-legislativas, tendo em vista suas dificuldades operacionais em democracias de massa em face de um Poder Executivo fortalecido (FERREIRA FILHO, 2012, pp. 33-39).

O desconforto com as regras e formalidades do processo de elaboração das leis não é novo. Já há muito tempo são feitas críticas ao modo específico de funcionamento dos Parlamentos e ao processo legislativo[2]. No Brasil, as críticas ao Poder Legislativo e às suas atribuições legislativas também já vêm de longa data.

Francisco Campos atestava que "a incapacidade do Poder Legislativo para legislar é hoje um dado definitivamente adquirido não só pela Ciência Política como pela experiência das instituições representativas de quase todos os países do mundo" (CAMPOS, 1938, p. 9). Themístocles Brandão Cavalcanti criticava o Congresso Nacional por ser "demasiadamente político e pouco legislativo, muito preocupado com a sobrevivência política de seus membros e um pouco displicente com a sua tarefa legislativa" (CAVALCANTI, 1969, p. 10).

Em textos mais recentes, avaliações semelhantes do Poder Legislativo brasileiro continuam presentes. Sobre o tema do papel da lei em uma democracia contemporânea, o desafio lançado por Manoel Gonçalves Ferreira Filho (2012, p. 290) permanece atual:

> Sem o respeito, não contando com o reconhecimento direto a lei só se apoia na legitimidade do sistema que a dotou, no 'reconhecimento indireto'. É aceita, e relutantemente cumprida, porque se aceita o poder que a admitiu e porque este a imporá pela força se a obe-

1 Como registra José Alfredo de Oliveira Baracho, "Parlamento" é utilizado como termo genérico para Poder Legislativo ou Congresso. A despeito das diferenças históricas, políticas e institucionais, para fins deste trabalho, essas expressões serão utilizadas como sinônimas (BARACHO, 1984, p. 265).

2 Veja-se a revisão de literatura a respeito no direito comparado de (BAR-SIMAN-TOV, 2015).

> diência não for de outro modo obtida. Mas a imposição dessas leis que não inspiram respeito, usa, desgasta o respeito concedido ao poder. Impondo-as, este se associa à opressão que elas traduzem. Atendendo-as, embora visem a satisfação de interesses particulares, ele se associa a esses interesses. Destarte, a desmoralização da lei desmoraliza o sistema.

No mesmo sentido, pontua José Afonso da Silva sobre o caso brasileiro:

> A experiência brasileira do autoritarismo militar, que por via de leis excepcionais sacrificara a liberdade e o respeito pela pessoa humana, não foi lição suficiente para instituir sistema de controle de legitimidade das leis e atos do poder público em face de valores constitucionais supremos. Por isso, mesmo sob uma Constituição democrática, como a de 1988, ainda nos deparamos com um legislador atrabiliário e com juízes que determinam prisões com base em medidas provisórias, que, de meio excepcional de regulação de questões urgentes, passam a ser instrumento da força e arbítrio. (SILVA, 2006, p. 33)

Ao criticar o debate público feito no Congresso Nacional na elaboração da Lei nº 11.105, de 24 de março de 2005, que autorizou as pesquisas clínicas com células-tronco, registrou o Ministro Roberto Barroso:

> Lembro-me, Presidente, de que, quando o Congresso Nacional aprovou a lei de pesquisas com células-tronco embrionárias, o debate público foi extremamente limitado e pouco visível. Quando o Procurador-Geral da República questionou a lei perante o Supremo Tribunal Federal, em que eu mesmo fui advogado, quando a matéria foi debatida no Supremo, virou um debate público nacional. Tem alguma coisa errada numa democracia em que o debate jurídico no Supremo tem mais importância do que o debate político no Congresso Nacional, até porque a judicialização excessiva tem um componente antidemocrático: é que, para participar do debate aqui, é preciso ter acesso a um fórum específico, é preciso ter acesso a uma linguagem específica. É uma forma excludente de debate público nós resolvermos os problemas aqui. É por esta razão que precisamos fortalecer o Poder Legislativo: para devolver essas discussões para o Poder que é constitucionalmente competente para desempenhar esse papel.[3]

3 STF, Pleno, ADI 4.650, Rel. Min. Luiz Fux, j. 17/09/2015, Voto do Min. Luís Roberto Barroso, p. 133.

Para se ter uma dimensão do desafio da elaboração das leis no Congresso Nacional, em fevereiro de 2022, tramitavam por volta de 29.000 projetos de lei ordinária na Câmara dos Deputados e 2.700 projetos de lei no Senado Federal, além de propostas de Emenda à Constituição, medidas provisórias, projetos de resolução e decreto legislativo, requerimentos e outras proposições. Esse dado já aponta para a questão central do desenho institucional do processo legislativo, que abarca as regras formais que disciplinam a apresentação, seleção, deliberação e votação de um volume tão grande de propostas.

A despeito das críticas e do desafio acima mencionados, há – comparativamente em relação a obras que examinam as intersecções entre jurisdição constitucional e democracia – menos reflexão sobre o papel da lei e do processo legislativo nas democracias e qual o impacto dessa reflexão na interpretação e no aprimoramento das normas jurídicas a respeito.

Deve ser relembrado o alerta ainda pertinente de Tércio Sampaio Ferraz Júnior da falta de uma teorização das bases dogmáticas do processo legislativo (FERRAZ JÚNIOR, 2005, p. 106). Felipe de Paula aprofunda essa percepção, levantando hipóteses explicativas sobre o relativo desinteresse da academia jurídica pelo processo legislativo, especialmente derivadas de posturas ainda fundadas no positivismo jurídico normativo que compreende a elaboração da lei como uma questão exclusivamente política e fora do objeto da "ciência do direito" (PAULA, 2010, pp. 68-69). Do ponto de vista da teoria da argumentação jurídica, Roberta Simões Nascimento também ressalta a falta de reflexões mais aprofundadas na doutrina brasileira sobre as relações entre discurso legislativo, racionalidade e as finalidades do Estado (NASCIMENTO, 2019, pp. 229-230).

Trata-se de diagnóstico feito não somente relativamente ao Brasil, mas também no direito comparado.

Jeremy Waldron (1999, p. 9) ressalta que, do lado da academia jurídica, os juristas estão "intoxicados com as cortes e cegos à quase todo o resto pelos prazeres da adjudicação constitucional"[4] e, na perspectiva da filosofia política, também as reflexões têm sido centradas especialmente em questões de justiça mais abstrata e menos na reflexão sobre o desenho das instituições democráticas (WALDRON, 2016, p. 12).

4 As traduções de textos de idiomas estrangeiros foram feitas pelo autor do presente trabalho.

No âmbito do constitucionalismo latino-americano, é também conhecido o diagnóstico de Roberto Gargarella de que o debate e as reformas constitucionais têm se concentrado na expansão das declarações de direitos fundamentais e menos sobre a reforma das estruturas do exercício do poder político ou, em suas palavras, na "casa de máquinas da Constituição"[5].

Essa percepção é reforçada no caso brasileiro. Como sinaliza Virgílio Afonso da Silva, a partir de Constituição Federal de 1946 houve uma dissociação entre o constitucional e o político-institucional do ponto de vista da reflexão doutrinária. Houve a concentração dos constitucionalistas sobre questões jurídicas relacionadas predominantemente à interpretação do texto constitucional e menos às questões institucionais das estruturas políticas e sociais (SILVA, 2015, pp. 238-239).

O presente trabalho tem o objetivo de contribuir com a superação desse cenário. Assim, para responder à sua pergunta central, parte de alguns pontos de interseção entre direito constitucional, teoria política e ciência política para compreenderem-se as razões pelas quais os atos legislativos editados pelos Parlamentos - sendo um deles, por excelência, a lei em sentido formal - devem ser reconhecidos como fonte de legitimidade democrática e o que isso significa à luz da Constituição Federal de 1988. Trata-se de afastar a compreensão da lei como resultado do mero exercício discricionário de poder político, mas, antes de tudo, como verdadeiro resultado de um processo democrático cujo modo de produção é uma das bases da legitimidade do sistema político constitucional representativo-deliberativo.

Deve ser registrado, desde já, que há grande diversidade de definições da expressão "processo legislativo".

Como destaca Manoel Gonçalves Ferreira Filho, há dificuldades de se reduzir em apenas um único conceito de "processo legislativo", como consta do art. 59 da Constituição Federal, a elaboração de atos normativos gerais e concretos individuais, de autoria do Poder Executivo, do Poder Legislativo ou de ambos em conjunto, e com níveis

5 "Ao agir dessa forma, as reformas legais mantiveram fechadas as 'portas da sala de máquinas' da Constituição: o centro do maquinário democrático não foi alterado, o motor da Constituição não se tornou o principal objeto de suas atenções, como se as suas missões terminassem com seus trabalhos sobre as seções dos direitos; como se os principais controles apenas pudessem ser tocados pelos aliados mais próximos daqueles no poder" (GARGARELLA, 2013, pp. 185-186).

hierárquicos diferentes dentro do sistema jurídico (FERREIRA FILHO, 2012, pp. 218-226)[6].

Desde já, deixa-se registrado o conceito minimalista de processo legislativo adotado por este trabalho: conjunto de atos encadeados e disciplinados pelo ordenamento jurídico destinados a produção ou aprovação de uma das espécies de atos previstos no art. 59 da Constituição Federal, sendo o primeiro ato a apresentação da proposição legislativa ou edição de medidas provisórias e o último ato a sanção, derrubada do veto ou, no caso das emendas à Constituição, aprovação pelas Casas do Congresso Nacional.

A opção por essa definição minimalista é justificada para evitar que a questão normativa objeto de investigação - o significado do devido processo legislativo e suas exigências para a produção normativa legislativa - seja indevidamente transformada em uma questão pretensamente conceitual-descritiva[7].

---

6 Nelson de Sousa Sampaio define que, em sentido jurídico, processo legislativo são as "normas que regulam a produção - criação, modificação ou revogação - de normas gerais" (SAMPAIO, 1996, p. 28). José Afonso da Silva, excluindo as medidas provisórias, entende que "processo legislativo é o conjunto de atos (iniciativa, emenda, votação, sanção), realizados pelos órgãos legislativos e órgãos cooperadores para o fim de promulgar leis" (SILVA, 2017, p. 43-4). Manoel Gonçalves Ferreira Filho, ao investigar o conceito de processo legislativo, afirma: "Ora, em face desta análise, o valor do art. 59 da Constituição pode ser reerguido. Engloba ele todos os momentos de produção normativa no plano federal até o nível primário, inclusive. Apresenta assim uma visão integrada dos atos derivados de primeiro grau" (FERREIRA FILHO, 2012, p. 226).
Marcelo Andrade Cattoni de Oliveira propõe definição mais exigente do ponto de vista normativo: "Nesse quadro, o processo legislativo, enquanto processo de justificação democrática do Direito, pode ser caracterizado como uma sequência de diversos atos jurídicos que, formando uma cadeia procedimental, assumem seu modo específico de interconexão, estruturado em última análise por normas jurídico-constitucionais, e, realizados discursiva ou ao menos em termos negocialmente equânimes ou em contraditório entre agentes legitimados no contexto de uma *sociedade aberta de intérpretes da Constituição*, visam à formação e emissão de ato público-estatal do tipo pronúncia-declaração, nesse caso, de provimentos normativos legislativos, que, sendo o ato final daquela cadeia procedimental, dá-lhe finalidade específica" (OLIVEIRA, 2016, p. 110).

7 Devem ser relembradas as advertências de Ronald Dworkin de que as questões jurídicas são normativas (interpretativas) por natureza, não se podendo cair no "aguilhão semântico" da busca por conceitos com pretensões apenas descritivas (DWORKIN, 1988, pp. 45-46).

Dessa forma, o presente trabalho é um passo na reaproximação da reflexão constitucional sobre as estruturas institucionais de exercício do poder político, tendo por objeto o significado jurídico da ideia de devido processo legislativo, de modo a permitir uma crítica *de lege lata* e *de lege ferenda* das normas e da prática do processo legislativo federal, bem como de seu controle judicial.

Conectada à compreensão do significado jurídico do devido processo legislativo, o trabalho avalia como as normas e a prática do Congresso Nacional da elaboração das leis ordinárias se aproximam ou não de suas exigências, especialmente no momento de apresentação, deliberação e votação das proposições.

Em razão desse recorte de pesquisa, não serão objeto de investigação aprofundada as etapas de veto e sanção presidencial e as normas e a prática legislativa relacionadas à elaboração de emendas à Constituição, leis complementares, leis delegadas, decretos legislativos e resoluções. O foco da análise recai, portanto, sobre o processo de elaboração de leis ordinárias durante seu momento de apreciação pelo Congresso Nacional até o momento de envio do projeto aprovado à sanção presidencial. Por fim, serão examinadas as possibilidades de utilização dos princípios do devido processo legislativo como parâmetros para o controle judicial de constitucionalidade formal e material das leis.

1.2. Abordagem metodológica e metodologia

A obra adota a perspectiva dogmática como abordagem metodológica. Seguindo a proposta de Alexy para conceituação do conhecimento dogmático, o trabalho irá utilizar conceitos básicos da teoria do direito (dogmática analítica), analisará o entendimento jurisprudencial do STF e a prática legislativa do Congresso Nacional (dogmática empírica) para fazer afirmações sobre a melhor interpretação das normas do devido processo legislativo – *de lege lata* e sugestões de seu aperfeiçoamento – *de lege ferenda* (dogmática normativa).[8]

A presente obra não tem por objetivo ser um trabalho didático ou de comentários sobre cada norma do processo legislativo federal. Nesse sentido, elas serão examinadas naquilo que relevantes para a compreensão das normas do devido processo legislativo. De todo modo, deixa-se registrada a existência de obras que trabalham o tema em perspectiva

8 Cf. Alexy (2006, pp. 32-34).

mais abrangente ou com pretensão de exaustação de uma espécie normativa em específico ou de etapa do processo legislativo[9].

No que se refere à metodologia, o Capítulo 2 examina as modificações pelas quais passou o conceito de representação política nas democracias contemporâneas, das tendências de transformação do processo legislativo e da importância e limites de sua institucionalização por meio de regras jurídicas. O método utilizado é basicamente o da revisão bibliográfica, tendo em vista as principais obras dos autores centrais para o debate e seus críticos. A partir da reconstrução do debate, identificam-se pontos sensíveis das teorias examinadas que possam ser utilizados como base para a interpretação e o aprimoramento das normas e da prática do processo legislativo brasileiro.

Os Capítulos 3 e 4 examinam as diferentes visões sobre as normas do devido processo legislativo, especialmente seus princípios estruturantes. Além do exame de obras doutrinárias, foi realizada pesquisa na jurisprudência do Supremo Tribunal Federal a respeito.

Os Capítulos 5 e 6 são destinados à identificação das normas e da prática legislativa do Congresso Nacional na elaboração de leis ordinárias à luz das normas do devido processo legislativo. Em razão das limitações do trabalho, foram utilizados trabalhos anteriores que analisaram a prática legislativa no Congresso Nacional. Também foi feito levantamento próprio de dados sobre o processo de elaboração das leis ordinárias promulgadas na 55ª Legislatura (2015-2019) que não tratavam de matéria orçamentária, não concederam títulos honoríficos ou estabeleceram datas comemorativas, o que levou a um universo de pesquisa de 387 leis ordinárias promulgadas no período (aqui denominadas "leis gerais")[10].

Nessa pesquisa empírica, não se trata de fazer a análise da produção legislativa como um todo ou das forças políticas e eleitorais que a movimentam. Essa é uma tarefa que exigiria esforço e tempo de pesquisa indisponíveis, além de escapar dos limites metodológicos de um trabalho de dogmática jurídica. Já existe ampla produção acadêmica na área da ciência política que estuda o tema e que será utilizada como fonte de informações. De modo distinto, o objetivo da análise empírica aqui

9 Entre elas, Casseb (2008), Ferreira Filho (2012), Amaral Júnior (2012), Silva (2017) e Cavalcante Filho (2020).

10 O Anexo com a tabela em que se examinam as 387 leis gerais da 55ª Legislatura (2015-2019) pode ser acessado no site da Biblioteca de Teses e Dissertações da Universidade de São Paulo.

é avaliar o desenho institucional do processo de elaboração das leis ordinárias em face das normas constitucionais pertinentes, especialmente as exigências estabelecidas pelas normas do devido processo legislativo.

Por fim, o Capítulo 7 analisa as possibilidades de utilização dos princípios do devido processo legislativo como parâmetro do controle de constitucionalidade. Além da jurisprudência do STF, foram examinados julgados de outras Cortes Constitucionais[11], que têm debatido e utilizado parâmetros semelhantes para o controle de constitucionalidade das leis.

Deve ser reforçado que o presente trabalho é sobre o direito positivo brasileiro, especialmente sobre o significado da expressão "devido processo legislativo" à luz da Constituição Federal de 1988, qual sua relevância para as normas do processo legislativo federal e como pode ser utilizado como parâmetro de controle de constitucionalidade pela jurisdição constitucional.

Ainda que não se adote uma perspectiva centrada no direito comparado[12], haverá menção à experiência de outros sistemas jurídicos que também compartilham ideias semelhantes à de devido processo legislativo, com repercussão em suas práticas legislativas e jurisdicionais. A finalidade aqui é trazer argumentos, normas e práticas do direito comparado naquilo que for útil para a compreensão do direito brasileiro e para o aprofundamento de pesquisas sobre a compreensão e aprimoramento do desenho institucional do processo legislativo federal[13].

---

11 A despeito das grandes diferenças institucionais, adotam-se como sinônimas as expressões Suprema Corte, Tribunais Constitucionais e Cortes Constitucionais, tendo em vista sua função semelhante de controle de constitucionalidade das leis.

12 As menções a "direito comparado", neste estudo, utilizam-se de metonímia comum no sentido de referir-se aos ordenamentos jurídicos de outros países e não necessariamente somente ao método de comparação entre ordenamentos jurídicos.

13 Deixam-se registradas as principais influências do direito comparado no presente trabalho, conforme a classificação de Vicki Jackson sobre as diferentes perspectivas de estudo comparado do direito constitucional (JACKSON, 2012). Nesse sentido, há duas grandes perspectivas gerais de exame do direito comparado nesta pesquisa.

Nos Capítulos 2, 3 e 4, examinam-se como as transformações das democracias contemporâneas impactam na compreensão do potencial normativo do conceito de devido processo legislativo à luz da Constituição Federal de 1988. Há o exame da doutrina do direito comparado na busca por princípios comuns a ordenamentos jurídicos diversos que estabelecem exigências para o processo legislativo em democracias deliberativo-representativas.

1.3. Tese e Plano de trabalho

Para fins de clareza, antecipa-se o argumento a ser desenvolvido: tendo em vista as características representativas e deliberativas da democracia brasileira, bem como sua normatização pela Constituição Federal de 1988, o devido processo legislativo, como projeção do devido processo legal, deve ser compreendido não apenas a partir de um conjunto articulado de regras, mas também de princípios constitucionais, destacando-se seus princípios estruturantes de igualdade política, participação social, publicidade, deliberação e eficiência, que exigem a institucionalização de normas para a produção legislativa do direito.

Conforme os dados colhidos da prática do Congresso Nacional, verificou-se que entre as exigências estabelecidas pelos princípios estruturantes do devido processo legislativo e o modo rotineiro de elaboração das leis há um hiato a ser superado, seja por novas interpretações das regras vigentes, seja por meio da reforma institucional. Por fim, a partir da compreensão dos princípios do devido processo legislativo, abrem-se novas possibilidades de atuação da jurisdição constitucional que, de um lado, deve respeitar a autonomia e discricionariedade procedimentais do Poder Legislativo, e, de outro lado, deve atuar de modo a preservar suas eficácias jurídicas, especialmente nos casos em que ocorram graves distorções no processo de tomada de decisão.

A seguir, apresentam-se os Capítulos do trabalho.

No Capítulo 2, será examinado o significado do vínculo de representação política e sua relação com as transformações da atuação do Estado e do processo legislativo. Será investigada a importância da institucionalização formal das normas jurídicas sobre o processo legislativo como mecanismo de reforço dos laços de representação em uma democracia representativa e deliberativa como a brasileira.

No Capítulo 3, será feita a análise da ideia de devido processo legislativo e suas três dimensões como utilizada pela jurisprudência do

Já os Capítulos 5, 6 e 7 adotam perspectiva comparada mais próxima à funcionalista, em que se objetiva identificar como as regras constitucionais, legais e regimentais de alguns sistemas jurídicos tratam questões comuns relevantes às do processo legislativo brasileiro e como outras Cortes Constitucionais têm decidido casos em que são utilizados os princípios do devido processo legislativo como parâmetro de controle de constitucionalidade. Como alerta Adrian Vermeule (2003, p. 4), o exame comparado nesta vertente não implica a identificação de soluções únicas, mas apenas caminhos alternativos que, eventualmente, poderão ser adotados, consideradas as particularidades locais.

STF, tendo por foco sua dimensão principiológica. Entende-se que os princípios do devido processo legislativo estabelecem um estado ideal de coisas para que as normas do processo legislativo brasileiro sejam criadas, interpretadas e aplicadas de modo a assegurar que os atos legislativos sejam produzidos em ambiente público institucionalizado e igualitário, com participação social, por meio da apresentação e troca de argumentos direcionados à resolução de problemas sociais concretos. No Capítulo 4 será investigado o conteúdo jurídico dos princípios estruturantes do devido processo legislativo, entendidos como aqueles que de modo mais direto disciplinam as atividades legislativas.

Os Capítulos 5 e 6 avaliam as normas do processo legislativo federal e da prática do Congresso Nacional em relação à produção das leis ordinárias à luz dos princípios do devido processo legislativo. O Capítulo 5 examina os momentos de elaboração e apresentação das propostas legislativas, ao passo que o Capítulo 6 examina o processo de deliberação e tomada de decisão no Congresso Nacional. Serão adotadas perspectivas *de lege lata* e de *lege ferenda* para identificar como a projeção de efeitos jurídicos do devido processo legislativo permite lançar novas luzes para compreensão das respectivas regras constitucionais, legais e regimentais.

Por fim, no Capítulo 7, o trabalho examinará qual o impacto do devido processo legislativo no exercício da jurisdição constitucional. Aqui serão examinadas diferentes possibilidades – presentes na jurisprudência do STF e de outras Cortes Constitucionais no direito comparado – de utilização dos princípios do devido processo legislativo como parâmetro do controle de constitucionalidade. Desde já, deixa-se expresso que se trata de uma das questões dogmaticamente mais sensíveis e que o presente trabalho não esgota o tema. A proposta aqui apresentada é no sentido de que, de um lado, sejam asseguradas as condições mínimas de elaboração democrática das leis, e, de outro lado, haja, a depender do grau de concretização dos princípios do devido processo legislativo, maior deferência às escolhas políticas do Poder Legislativo mediante a garantia de sua autonomia e discricionariedade procedimentais, que são fundamentos da própria legitimidade do sistema político democrático representativo-deliberativo brasileiro.

2

PODER LEGISLATIVO, REPRESENTAÇÃO POLÍTICA E O DESENHO INSTITUCIONAL DO PROCESSO LEGISLATIVO NAS DEMOCRACIAS CONTEMPORÂNEAS

Antes de ingressar no exame do devido processo legislativo para compreender seu significado jurídico, avaliar a prática do Congresso Nacional e identificar critérios para sua utilização como parâmetro para o controle judicial de constitucionalidade, é necessário definir os pressupostos adotados sobre questões que estão na base do exercício do poder político nas democracias contemporâneas. Neste Capítulo, portanto, as questões a serem enfrentadas são: Considerando-se a prática democrática contemporânea, qual é o papel do Poder Legislativo no processo de produção legislativa? E qual é a importância da institucionalização dessa prática por meio de normas jurídicas?

São atuais as palavras de Manoel Gonçalves Ferreira Filho ao descrever uma visão da crise do "processo legislativo clássico". Há certo desconforto com as normas e formalidades do processo legislativo com a dinâmica política, social e econômica contemporânea, que exige respostas céleres, seguras e transparentes, muitas vezes com alto grau de sofisticação técnica. Isso porque o desenho institucional dos Parlamentos e do processo legislativo ainda seria fundado em um paradigma de Estado Liberal, em que o grau de intervenção estatal na sociedade e economia eram bem menores do que os verificados atualmente. Em suas palavras, ao reconstruir a crítica corrente:

> É notório que os Parlamentos não dão conta das "necessidades" legislativas dos Estados contemporâneos; não conseguem, a tempo e a hora, gerar leis que os governos reclamam, que os grupos de pressão solicitam. As normas que tradicionalmente pautam o seu trabalho dão – é certo – ensejo a delongas, oportunidade a manobras e retardamentos. Com isso, os projetos se acumulam e atrasam. E esse atraso, na palavra do governo, no murmúrio da opinião pública, é a única e exclusiva razão por que os males de que sofre o povo não são aliviados.
>
> Nem estão os Parlamentos, por sua própria organização, em condições de desempenhar, lentamente mas a contento, a função le-

> gislativa. O modo de escolha de seus membros torna-os pouco frequentados pela ponderação e pela cultura, mas extremamente sensíveis à demagogia e à advocacia em causa própria. Os interesses não têm dificuldade em encontrar porta-vozes eloquentes, o bem comum nem sempre os acha. Por outro lado, o seu modo de trabalhar também é inadequado às decisões que deve tomar. Como, por exemplo, estabelecer um planejamento por meio do debate parlamentar? (FERREIRA FILHO, 2012, pp. 36-37).

Como será visto adiante, não se trata de crítica isolada. Para que ela possa ser bem compreendida é necessário revisitar, ainda que de modo sintético, o debate moderno sobre a ideia de representação política e o processo de elaboração das leis.

A discussão sobre a representação política e a elaboração da lei, seus pressupostos e legitimidade é muito antiga e pode ser remetida à Antiguidade, em obras como as de Aristóteles e Platão, passando por diversos autores do mundo romano, Idade Média e Renascimento. Não é objetivo deste trabalho revisitar todo esse debate, pois isso extrapolaria suas finalidades. De modo mais restrito, pode-se retomar alguns dos autores mais influentes do pensamento político liberal dos séculos XVII e XVIII para identificar o papel atribuído ao Poder Legislativo na elaboração das leis.

Embora a relação entre Parlamento e processo legislativo pareça hoje necessária e natural, nem sempre foi assim. Como ressalta José Reinaldo de Lima Lopes, é a partir dos séculos XVI e XVII que o pensamento político passa a diferenciar funcionalmente dois tipos de justiça – a justiça comutativa (das trocas entre particulares) e a justiça distributiva, que atribui bens e utilidades escassas a certas pessoas –, o que levou a uma diferenciação funcional de jurisdição e legislação. Em suas palavras:

> A legislação era como um anexo do fazer justiça para os casos em geral. Além disso, o próprio processo legislativo assemelhava-se a um processo judicial, pois era frequente que houvesse uma queixa de alguém ou de algum grupo (corporação, cidade ou estamento) levada ao príncipe, que a ouvia, ouvia o conselho de todos os estamentos em cortes e então deliberava sobre a matéria. A lei correspondia a uma sentença sobre o assunto. (LOPES, 2004, p. 199).

Ainda que se inicie a separação das funções de legislar e julgar nesse período, a lei ainda era entendida como um ato do soberano, que transforma em textos normativos escritos as diretrizes fundadas em uma visão idealizada da razão humana. É nessa linha de pensamento que, por exemplo, Locke afirma que as leis editadas pelo Parlamento devem respeitar as leis da Natureza, que, por definição, são dotadas de maior abstração e, nesse sentido, segurança. A tarefa da legislação, portanto, seria especificar as leis naturais, transformando seus comandos em regras permanentes e protegidas pela comunidade, se necessário.[1]

Em reflexão semelhante, Montesquieu (2000, Livro Primeiro, Cap. II, p. 16) afirma que "A lei, em geral, é a razão humana, enquanto governa todos os povos da terra; e as leis políticas e civis de cada nação devem ser apenas casos particulares onde se aplica esta razão humana". Montesquieu entendia que a variabilidade das leis políticas (que regulam a constituição do governo e a relação do cidadão com o poder público) e das leis civis (que regem a relação entre cidadãos) era explicada com base na utilização da razão humana em diferentes contextos históricos, sociais, econômicos, geográficos, entre outras características das sociedades.

A esse modelo de função da lei correspondia um modelo de sistema político representativo (e consequente arranjo institucional do processo legislativo) a que Bernard Manin denomina "parlamentarianismo", que identifica a "fase de ouro" dos parlamentares como atores centrais do processo legislativo e que durou até meados do século XIX (MANIN, 1997, pp. 213-217). Nesse modelo, havia a eleição de representantes com base em vínculos pessoais de confiança pelos poucos eleitores habilitados mediante critérios censitários ou capacitários, que, muitas vezes, pertenciam aos mesmos segmentos sociais, econômicos e religiosos dos eleitos. Eram eleitos homens "sábios", com supostamente aguçada razão prática para tomar decisões em nome dos representados e mesmo em contrariedade a suas visões. As grandes questões políticas nem sempre eram objeto de atenção nas eleições, pois o elemento central para a escolha dos representantes era a confiança pessoal. O processo legislativo

1 "As obrigações da lei da Natureza não cessam na sociedade, mas apenas em muitos casos, são aproximadas e, pelas leis humanas, penalidades conhecidas anexadas a eles para impor sua observação. Assim, a lei da Natureza permanece como uma regra eterna para todos os homens, legisladores bem como os demais. As regras que eles estabelecem para as ações de outros homens devem, assim como suas ações próprias e de outros homens, serem conformes à lei da Natureza – isto é, à vontade de Deus, da qual isso é uma declaração, e sendo a lei fundamental da Natureza a preservação da humanidade, nenhuma sanção humana pode ser boa ou válida contra ela." (LOCKE, 1823, Segundo Ensaio, Cap. XI, p. 163).

se desenvolvia com base em ampla troca parlamentar de argumentos e com menor polarização política, pois os representantes possuíam formação, contexto social e profissionais mais assemelhados. Embora o "parlamentarianismo" seja um modelo que nem sempre prevaleceu na prática, ele serve como uma descrição idealizada do processo legislativo "clássico", em sua visão mais próxima do sentido das revoluções liberais no final do século XVIII.

Esse modelo idealizado entra em decadência em razão da mudança do papel do Estado na sociedade, da ascensão do Poder Executivo como centro propulsor da legislação e do fortalecimento dos partidos políticos em democracias de massa. Diante desse cenário, há fortes críticas sobre o papel do Poder Legislativo na elaboração das leis e de sua capacidade de representação na sociedade contemporânea. É necessário, então, compreender os fundamentos de tais críticas para avaliar o significado político e jurídico atual da representação política e da produção legislativa por meio de Parlamentos e da importância das regras jurídicas em sua institucionalização. Como será visto, há modificações profundas do sistema econômico e político que apontam para a necessidade de se repensarem as bases sobre as quais foi estruturada a visão idealizada de processo legislativo "clássico".

A seguir, propõe-se examinar a transformação do conceito de representação política na prática democrática contemporânea. Pretende-se mostrar que ela ultrapassa o momento eleitoral, pois é um vínculo específico entre representantes e representados, em que o oferecimento de razões para tomada de decisão é um dos elementos centrais. Na sequência, são brevemente descritas modificações pelas quais passou a atuação do Estado na sociedade mediante as leis, bem como a realidade de forte influência do Poder Executivo no processo legislativo e os outros vetores de influência no comportamento parlamentar. Por fim, examina-se a centralidade das normas do processo legislativo como um dos principais mecanismos de institucionalização da representação política e de legitimidade democrática, para se identificar o papel que pode ser desempenhado pelo conceito de devido processo legislativo na dogmática jurídica.

2.1. A representação política nas democracias contemporâneas

O foco do presente trabalho é a compreensão do significado jurídico do devido processo legislativo a partir da Constituição Federal de 1988, que sabidamente adotou um modelo de democracia que combina meios de participação direta com meios indiretos representativos. O objetivo aqui é avaliar, do ponto de vista empírico e normativo, a representação política à sua melhor luz e sua relação com o processo mais usual de produção de leis: o processo legislativo por meio de decisão parlamentar.

Há diversas teorias normativas e descritivas dos governos representativos e da democracia, que consequentemente compreendem o fenômeno da representação política de modos distintos.[2] A seguir apresentam-se em detalhes as visões paradigmáticas de Hannah Pitkin e Nadia Urbinati, que analisaram em profundidade o significado da representação política na contemporaneidade, e como elas dialogam com outros pensadores para clarificar qual o sentido de representação política da qual se parte.

2.1.1. A representação substantiva de Hanna Pitkin

Uma das obras mais influentes e citadas sobre a representação política é *O conceito de representação*, de Hanna Pitkin, publicado em 1967 (DOVI, 2018; URBINATI; WARREN, 2008, p. 393). Nessa obra, a autora, partindo de uma análise da utilização da palavra "representação" em diversos contextos sociais, procura identificar quais seriam seus diferentes significados e como podem ou não ser utilizados para compreender os governos representativos.

Pitkin aponta que "representação" tem um significado geral de "re-presentação", ou seja, "tornar presente novamente" (PITKIN, 1967, p. 8). Isso significa que representação é tornar presente alguma característica do ausente. Tomando por base esse significado, a autora identifica quatro significados usuais de representação: a) autorizativo, b) descritivo, c) simbólico e d) substantivo. Esses quatro significados são utilizados em diversos contextos comunicativos, inclusive no contexto da representação política.

Em seu sentido autorizativo, a representação é uma concessão de poderes dada a uma pessoa para agir em nome do representado. Essa utilização da palavra é comum em contextos de representação no direito privado, em que o representante pode agir para criar direitos e obrigações para o representado desde que previamente autorizado para tanto.

2 Para uma visão abrangente do tema, ver David Held, *Models of Democracy*, 3.ed., Cambridge, Polity, 2006.

Um dos autores clássicos que utiliza essa visão de representação, já para finalidade política, é Thomas Hobbes. No Capítulo 16 de *O Leviatã*, Hobbes argumenta que o soberano recebe autoridade dos representados para agir em nome deles, criando direitos e obrigações (HOBBES, 1651, p. 101). Essa delegação de poder, entretanto, não é objeto de prestação de contas perante os representados, mas somente à própria consciência do soberano ou de Deus (PITKIN, 1967, pp. 29-30).

Pitkin (1967, p. 39-42) aponta que esse conceito autorizativo de representação política pode ser identificado em trabalhos políticos e jurídicos que reforçam a transferência de poderes dos representados para os representantes, como em escritos de Max Weber e Karl Loewenstein.

Como exemplo brasileiro, ainda no século XIX, Pimenta Bueno adotava visão semelhante, até aproximando o sentido de representação-autorização da ideia de mandato imperativo, com base em uma interpretação ampliativa do art. 176 da Constituição de 1824, que fazia menção às "procurações" que os deputados receberiam para participar do processo legislativo de reforma constitucional[3].

O problema desse conceito de representação aplicado à representação política é o de que ele, caso não combinado com os demais sentidos de representação, esvazia o conteúdo dessa atividade. Uma vez verificada (ou postulada) a delegação de poderes - seja em razão do abandono do estado de natureza e ingresso na sociedade civil, seja em razão da chancela eleitoral -, o representante tem amplos poderes de criar direitos e obrigações para os representados sem parâmetros definidores para a avaliação dessa atividade. Há exercício de poder político sem exigências claramente definidas, sem a necessidade de levar-se em consideração a vontade dos representados ou mecanismos de prestação de contas. Trata-se de visão formalista de representação que, embora corretamente aponte para o poder jurídico de criação de direitos e obrigações para os representados, é insuficiente para compreender a experiência política prática do vínculo de representação (PITKIN, 1967, p. 34).

3 Como destaca Pimenta Bueno (1958, p. 38): "Nem se diga que os representantes da nação não são procuradores do povo brasileiro, ou que não estão sujeitos a esse princípio de direito, porquanto não só a teoria do governo representativo repousa inteira sobre a base do mandato, mas aí está o art. 176 da Constituição, que é bem expressivo e concludente - se ordenará aos eleitores dos Deputados que nas procurações lhes conferirão especial faculdade - são, pois, procuradores dos brasileiros, e devem desempenhar a sua procuração nos precisos termos segundo as instruções ou ordens que estão para isso claramente consignadas na lei fundamental".

Uma segunda visão sobre representação é denominada de "descritiva". Aqui representação é a semelhança das características do representante com as características do representado. Esse sentido é utilizado, por exemplo, quando se afirma que um mapa representa uma área geográfica ou uma pintura representa uma pessoa ou momento histórico. Representar, nesse sentido, significa assemelhar-se em alguma característica ao objeto ou à pessoa representada.

No contexto da representação política, representação em sentido descritivo significa que os representantes devem ser semelhantes aos representados. Há o exemplo da visão de John Adams, um dos constituintes e segundo Presidente dos EUA, no sentido de que, diante da impossibilidade de reunião de todas as pessoas para tomada de decisão, ela deveria ser concedida a pessoas que sejam um retrato em miniatura da sociedade como um todo[4].

Pitkin (1967, p. 81) afirma que a noção de representação descritiva é insuficiente para compreender a representação política, pois essa atividade não se resume à coleta de informações dos representados. A representação política é atividade muito mais complexa e sua finalidade não é meramente servir como pesquisa de opinião para a tomada de decisões pelas autoridades competentes, embora a semelhança de características pessoais de representantes e representados seja um dos elementos dos governos representativos, obtidos mediante as regras eleitorais e de composição dos órgãos públicos. Há argumentos, aliás, pela reforma das normas eleitorais para ampliação da representação, nessa perspectiva, para que camadas minoritárias em sentido político da população (como minorias étnicas ou, em muitos países, as mulheres) tenham mais "representatividade" nos parlamentos.[5]

4 Nas palavras de Adams (1979, pp. 74-75): "Em uma sociedade ou comunidade que consiste em um número considerável de pessoas, que habitam qualquer extensão considerável do território, é impossível que todo o corpo se reúna, com o objetivo de fazer leis. Eles seriam muito numerosos. Eles não poderiam ter o tempo ou os recursos. O primeiro passo a ser dado, então, é conceder o poder de muitos para alguns dos mais sábios e virtuosos. Mas por quais regras você deve escolher seus representantes? Definir o número de pessoas, que terá o benefício de escolher um, ou definir o distrito, cujos habitantes terão esse privilégio, ou definir a quantidade de bens, que deverá ser exigida de uma pessoa. A principal dificuldade reside e o maior cuidado deve ser tomado na constituição desta Assembleia Representativa. Deve ser, em miniatura, um retrato exato do povo em geral. Deve pensar, sentir, raciocinar e agir como eles".

5 Veja-se, por exemplo, o argumento normativo de Anne Phillips (1995) que, ao diferenciar "política das ideias" e "política da presença", defende a ampliação da representatividade em sentido descritivo de minorias políticas.

Nesse ponto, há um importante argumento que Pitkin apenas menciona brevemente e, como será visto em seguida, é aprofundado por Nadia Urbinati. A representação descritiva no campo da ação política - exemplificada pela passagem de John Adams supracitada - passa a impressão de que os governos representativos seriam uma alternativa secundária (um *second-best*), em relação à democracia direta: como nas sociedades contemporâneas é inviável reunir milhares ou milhões de pessoas para decidirem questões comuns, seriam definidos representantes com características semelhantes aos diversos segmentos sociais para que tomem decisões, replicando as decisões que o povo em sua totalidade tomaria.

Trata-se, entretanto, de visão incompleta do fenômeno da representação política, pois a própria existência da prática representativa acaba por estruturar o debate público e informar os cidadãos sobre as escolhas que devem ser feitas. Como será visto, a representação política não tem por função ser uma substituta imperfeita de um soberano ausente ("o povo"), mas é uma atividade permanente que cria um tipo de vínculo específico entre representante e representados.

Uma terceira visão de representação é denominada de simbólica, em que se vinculam sentimentos e atitudes de representantes e representados. Uma bandeira, um gesto ou uma música podem, nesse sentido, ser utilizados como símbolos para ideias de honra, dever ou rebeldia. A marca da representação simbólica é a de que ela depende de uma crença a respeito do significado do símbolo, por meio de rituais e hábitos.

Aplicada ao contexto da representação política, a representação simbólica é geralmente utilizada para afirmar que o Chefe de Estado (seja um monarca, seja um presidente da república) representa a nação. Um representante simbólico é aquele que, independentemente de suas características semelhantes ao povo ou suas atitudes, conta com a aceitação e confiança das pessoas, de modo a despertar sentimentos de dever e lealdade (PITKIN, 1967, p. 99-100).

No caso de monarquias constitucionais contemporâneas, Pitkin destaca que a representatividade do monarca é predominantemente simbólica, pois, por meio de rituais e cerimônias, o Chefe de Estado desperta sentimentos de aceitação e satisfação das pessoas em relação ao sistema político. Contudo, nesses casos, o monarca não exerce poder político por meio da criação de normas jurídicas vinculantes, pois isso poderia abalar o significado simbólico de sua figura. Não por acaso, em outro extremo, a autora destaca que a representação simbólica é utilizada em regimes autoritários centralizados em um líder, cuja simbolização de unidade nacional mediante rituais e cerimônias (como passeatas, discursos e desfiles) cria uma narrativa em que se tentam assemelhar os desejos e as vontades das massas aos do líder. Nesse sentido, foram desenvolvidas teorias fortemente concentradoras de poder no Chefe do Poder Executivo, levando-se o argumento ao extremo de que uma única pessoa poderia ser mais representativa do que todo o Parlamento em conjunto (PITKIN, 1967, p. 106).

O problema dessa visão é que a atividade de representação política não se resume à crença por parte dos representados em relação ao representante. Um déspota, por mais que conte com a aceitação de seus súditos, não pode ser afirmado como seu representante legítimo, pois, à luz das experiências democráticas contemporâneas, a atividade de representação política exige algum tipo de prestação de contas perante os representados com a possibilidade de sanções – ainda que ela seja a não reeleição. Além disso, a representação política é atividade mais profunda do que atribuição sem justificação racional de significado a símbolos, pois envolve o oferecimento de razões públicas para tomadas de decisão, sem a qual se torna mero exercício arbitrário de razões privadas para decisões políticas. Por fim e como será aprofundado adiante, as sociedades contemporâneas são marcadas por fortes divergências políticas e morais, de modo que é inviável que uma única ou poucas pessoas sejam capazes de vocalizar e levar em consideração essas diferentes visões no momento de tomada de decisão.

Por fim, Pitkin aponta que a representação política é geralmente compreendida em sentido substantivo, ou seja, uma atividade, um fazer. Por meio dessa empreitada, o representante faz algo de certa maneira em relação aos representados. Reconhecer que a representação política é um fazer determinado, portanto, significa que ela é mais do que a atribuição de competências jurídicas (representação autorizativa), uma semelhança entre representante ou representado (representação descritiva) ou uma crença de aceitação e legitimidade (representação simbólica).

Pitkin rejeita a ideia de que o "fazer" da representação política seria uma tarefa de caráter técnico restrita a experts em matéria de política. Os representantes não são "médicos" ou "engenheiros" sociais, pois as questões enfrentadas no campo político são muito mais complexas e de outra natureza do que questões meramente técnicas, cujo conhecimento científico geralmente aceito é capaz de resolver (PITKIN, 1967, pp. 133-135).

A autora, então, afirma que a delimitação mais precisa do conteúdo do "fazer" da representação – o que efetivamente um representante deve fazer para atender às exigências dessa atividade – depende do que chama de metapolítica, ou seja, "a natureza das questões políticas, as capacidades de representantes e representados, e a natureza do homem e da sociedade" (PITKIN, 1967, p. 146).

Ela, então, investiga as propostas de três autores clássicos a esse respeito que analisam a possibilidade da existência desse fazer específico e seu conteúdo: Rousseau, Madison e Burke.

É importante destacar a advertência de Manin que, à época dos escritos desses autores, não havia a quase natural correlação atual entre democracia e representação (MANIN, 1997, pp. 145-160). Na verdade, esses três autores partiam de uma suposta diferença inconciliável entre democracia (entendida então como democracia direta) e representação, embora tivessem visões diferentes sobre as possibilidades de exercício do poder político por meio de governos representativos (BROWN, 2018, pp. 172-173).

Para Rousseau, a própria existência de uma atividade de representação em sentido político deveria ser rejeitada, uma vez que os interesses dos homens seriam naturalmente individuais, não podendo ser conhecidos e vocalizados por terceiros. Por essa razão, Rousseau afirma que os governos representativos, na verdade, seriam uma forma de escravidão do povo em relação a seus governantes, pois a pretensa atividade de representação seria impossível. No modelo de Rousseau, a vontade geral seria fruto de preferências individuais formadas a partir de reflexão solitária e sem comunicação com os demais cidadãos, de modo que as decisões fossem tomadas por cada indivíduo isoladamente para não serem contaminados pela eloquência ou demagogia (ROUSSEAU, 1999, Livro II, Cap. 3, p. 37). Em passagem de crítica contundente sobre o afastamento dos cidadãos do exercício direto do poder político por meio da representação, assevera Rousseau (1999, Livro III, Cap. XV, pp. 112-114):

> Tão logo o serviço público deixa de ser a principal atividade dos cidadãos, ao qual eles preferem servir com a sua bolsa do que com sua pessoa, já o Estado se acha à beira da ruína. Se é preciso seguir para o combate, pagam tropas e ficam em casa; se é preciso ir ao conselho, nomeiam deputados e continuam em casa. À força de preguiça e de dinheiro, terão, enfim, soldados para escravizar a pátria e representantes para vendê-la.
>
> [...] A soberania não pode ser representada, pela mesma razão que não pode ser alienada; consiste essencialmente na vontade geral, e a vontade não se representa: ou é a mesma, ou é a outra – não existe meio termo. Os deputados do povo não são, pois, nem podem ser os seus representantes; são simples comissários, e nada podem con-

> cluir definitivamente. Toda lei que o povo não tenha ratificado diretamente é nula, não é uma lei. O povo inglês pensa ser livre, mas está redondamente enganado, pois só o é durante a eleição de membros do Parlamento; assim que estes são eleitos, ele é escravo, não é nada. Nos breves momentos de sua liberdade, pelo uso que dela faz bem merece perdê-la.

Para Rousseau, portanto, o exercício da política diretamente e sem representantes pelo povo é condição necessária para sua liberdade.

Trata-se, contudo, de uma visão muito distante do que atualmente se conhece como representação política democrática e fundada numa visão redutora de Rousseau da complexidade social (WEALE, 2018, p. 60). No modelo de Rousseau exposto em *O contrato social,* as repúblicas deveriam ser formadas por comunidades pequenas e uniformes, com participação direta dos interessados. Contudo, com o aumento da complexidade e heterogeneidade das sociedades contemporâneas, a defesa da democracia direta de Rousseau perde força, pois, além da inviabilidade prática de tal modelo, não há um conjunto de pessoas que possa ser identificado como um povo com interesses monolíticos, mas uma multiplicidade de visões de mundo que coexiste em determinada comunidade e participa da vida política por diferentes canais institucionalizados ou não. Até mesmo Rousseau reconhece, em alguma medida, nas suas *Considerações sobre o Governo da Polônia,* que, em estados maiores, é desejável algum tipo de representação política, ainda que mediante instruções específicas e vinculantes em uma visão próxima do mandato imperativo (ROUSSEAU, 2005, Cap. VII, pp. 189-190).

Pitkin investiga o argumento de Madison, no *Federalista* nº 10, para tentar identificar o conteúdo da atividade de representação política em sentido substantivo. Madison, diferentemente de Rousseau, entende que é possível a representação dos interesses individuais, ainda que eles estejam dispersos e fragmentados na sociedade. Para ele, o grande perigo dos governos representativos é o surgimento de "facções", com seus interesses corporativos, de modo que poderia haver uma guerra política entre elas, gerando instabilidade e irracionalidade. Deve ser relembrado que, na redação até hoje vigente da Constituição dos EUA, não há menção à existência de partidos políticos.

Em face disso, Madison propõe um sistema de representação em que os diversos grupos sejam representados por um grande corpo de representantes, de modo que uma facção não se sobreponha a outra. Após rejeitar o modelo de democracia direta por ser insuficiente para lidar com as mazelas das facções, Madison defende o governo republicano representativo por apresentar a vantagem de:

> [...] refinar e ampliar as opiniões públicas, passando-as pelo meio de um corpo escolhido de cidadãos, cuja sabedoria possa discernir melhor o verdadeiro interesse de seu país, e cujo patriotismo e amor à justiça serão menos propensos a sacrificá-lo em nome de considerações temporárias ou parciais. Nos termos de tal ordem, pode muito bem acontecer, que a voz pública, pronunciada pelos representantes do povo, será mais consoante com o bem público, do que se pronunciada pelo próprio povo, reunido para esse fim. (HAMILTON; JAY; MADISON, Federalista nº 10).

Os utilitaristas clássicos, como Bentham e Stuart Mill, aprofundam o argumento de Madison defendendo que nenhum homem é melhor do que si mesmo como juiz de seus interesses. Desse modo, a tarefa das instituições é justamente aproximar o interesse individual dos representantes aos interesses individuais dos representados. Para Mill e Bentham, isso é alcançado (de modo ingênuo, na visão de Pitkin) por meio da rotatividade dos representantes escolhidos nas eleições, de modo que o interesse dos representantes de se reeleger favorecerá que eles persigam os interesses dos representados. Entretanto, para além da questão do desenho institucional do sistema eleitoral, ainda falta maior precisão do conteúdo da representação política como atividade a ser desempenhada pelos eleitos (PITKIN, 1967, pp. 201-202).

Por fim, a autora examina o pensamento de Edmund Burke. Na mesma linha dos escritos de Thomas Jefferson, para Burke os representantes deveriam ser membros de uma "aristocracia natural": homens sábios e experientes que poderiam resolver as questões políticas por meio da deliberação e do uso da razão prática (BURKE, 1887, p. 121; JEFFERSON, 1813). Os representantes representariam, na verdade, não pessoas ou grupos de eleitores, mas largos interesses econômicos, religiosos ou regionais. Esses interesses amplos, portanto, poderiam ser mais bem promovidos pelo uso dessa sabedoria prática (e não uma razão abstrata desconectada do contexto político) do que mediante a consulta da vontade popular em certo momento. É emblemática a rejeição de Burke a uma suposta razão imparcial e a uma "ciência do governo" que pudesse ser exercida por meio de um exercício intelectual abstrato: "A razão política é computacional: ela moral, e não metafisica ou matematicamente, soma, subtrai, multiplica e divide as verdadeiras quantidades morais" (BURKE, 1982, p. 91).

Burke, em seu conhecido discurso aos eleitores de Bristol ao final de 1774 e logo após saber de sua eleição como um dos representantes da cidade, defende que a tarefa do representante é decidir de maneira independente as questões políticas, ainda que de modo contrário às opiniões dos representados:

> Mas sua opinião desenviesada, seu julgamento maduro, sua consciência esclarecida, ele não deveria sacrificar por vocês, por qualquer homem, ou por qualquer conjunto de homens viventes. Esses atos que ele pratica não derivam do prazer de vocês – não, nem da lei ou da Constituição. Eles são uma confiança na Providência, por cujo abuso ele é profundamente responsável. Seu representante deve-lhes não somente sua diligência, mas seu julgamento; ele trai-os, em vez de servi-los, caso ele sacrifique seu julgamento em favor da opinião de vocês. Meu valoroso colega afirma que ele deveria ser subserviente a vocês. Se isso fosse tudo, a coisa seria inocente. Se o governo fosse uma questão de vontade, em qualquer lugar, a de vocês, sem dúvida, deveria ser superior. Mas o governo e a legislação são temas de razão e julgamento e não de inclinação; que tipo de razão é essa em que a determinação precede a discussão, em que um grupo de homens delibera e outro decide e em que aqueles que formam a conclusão talvez distem 300 milhas daqueles que ouvem os argumentos? (BURKE, 2012, pp. 100-101).

Para Pitkin, aqui há uma maior densificação do conteúdo da representação política em seu sentido substantivo, pois há a descrição de como os representantes devem desempenhar sua tarefa: eles devem tomar uma decisão após a ponderação de argumentos contrários e favoráveis, ainda que ela não coincida com a opinião dos eleitores. Contudo, a autora destaca que a prática representativa contemporânea é tida também como um vínculo entre pessoas e não apenas interesses abstratos. Os interesses e as opiniões dos eleitores devem ser constantemente levados em consideração na atividade de representação política, o que ultrapassa o exclusivo uso da razão prática por homens esclarecidos (PITKIN, 1967, p. 189).

Diante da insuficiência dessas visões a respeito da representação política em sentido substantivo para as democracias contemporâneas, Pitkin apresenta seu conceito de representação, em que, de um lado, deve se considerar que também os representados são capazes de "ação e julgamento" em matérias políticas, e, de outro lado, eventuais divergências de posição entre representados e representantes devem ser justificadas. Em suas palavras:

> Representar aqui significa agir no interesse dos representados, de uma maneira responsiva a eles. O representante deve agir de forma independente; sua ação deve envolver discricionariedade e julgamento; ele deve ser quem age. Os representados também devem ser (concebidos como) capazes de ação e julgamento independentes, não apenas sendo tutelados. E, apesar do consequente potencial de conflito entre representante e representado sobre o que deve ser feito, esse conflito normalmente não deve ocorrer. O representante deve agir de tal maneira que não haja conflito ou, se ocorrer, é necessária uma explicação. Ele não deve estar persistentemente em desacordo com os desejos dos representados sem uma boa razão que diga respeito a seus interesses, sem uma boa explicação de por que seus desejos não estão de acordo com seus interesses. (PITKIN, 1967, pp. 209-210).

O cerne, portanto, da atividade de representação política é o agir próprio, levando em conta os interesses dos representados e de maneira responsiva a eles. Ainda que possam existir divergências de opinião entre representantes e representados, elas não devem ser generalizadas e permanentes, demandando-se justificativas públicas quando ocorrerem.

Deve ser ressaltado que, nas próprias palavras da autora, esse conceito apenas aponta para seus limites externos. O conteúdo exato daquilo que se espera da atividade de representação depende de uma teoria normativa abrangente sobre as questões de metapolítica acima mencionadas (natureza das questões políticas, capacidades de representantes e representados e natureza do homem e sociedade).

O conceito de representação delineado por Pitkin é um bom ponto de partida, pois assinala que os representantes, embora tenham discricionariedade para tomar decisões, têm o dever de levar em consideração os interesses e as opiniões dos representados e que, no caso de constante divergência de opiniões, existam mecanismos (predominantemente eleitorais, na visão da autora) de responsabilização dos representantes. A atividade política não é redutível a um exercício puro de razão ou experiência política, pois exige que as decisões sejam tomadas com base em argumentos públicos e não preferências arbitrárias.

Embora tenha estabelecido as bases conceituais para o debate sobre representação política, Pitkin não apresenta uma visão de como os quatro sentidos de representação se articulam na prática democrática contemporânea (DOVI, 2018). Além disso, Pitkin não desenvolveu suas ideias em maior profundidade em outras obras, não aprofundando a questão de como o vínculo de representação política, ainda que em sentido substantivo, possibilita algum grau de participação do cidadão para além do momento eleitoral (URBINATI; WARREN, 2008, p. 393).

O conceito de representação política de Pitkin, portanto, é apenas um ponto de partida para compreensão da natureza do vínculo entre representantes e representados. Nesse sentido, uma questão apenas tangenciada por Pitkin permanece: Qual a relação entre democracia, Poder Legislativo e processo legislativo com o conceito de representação política? A resposta passa pela função estruturante da democracia representativa sobre o debate público e a formação de preferências dos representados.

2.1.2. A função estruturante da democracia representativa baseada em Nadia Urbinati e a crítica à "vontade do povo"

O conceito de representação em Pitkin revela a presença de um paradigma sobre a relação representante-representado que é criticado pelas chamadas teorias construtivistas da representação. Na obra de Pitkin, o conceito de responsividade ainda aponta para uma suposta relação unívoca, em que os representantes deveriam levar em conta preferências e opiniões dos representados, como se elas fossem totalmente definidas fora do processo de representação política. Em outras palavras, é como se houvesse uma formação de opiniões e preferências independente dos mecanismos de representação que deveriam ser conhecidas pelos representantes, ignorando-se o fato de que o próprio processo de representação colabora para a construção dessas preferências. É nesse sentido que se afirma que a representação não apenas revela ou responde a opiniões preexistentes, mas é um processo no qual essas preferências são coletivamente formadas (ALMEIDA, 2018, p. 7).

Uma das principais autoras que se filia a esse novo modelo de compreender a representação política é Nadia Urbinati. Ela retoma o sentido de representação em sentido substantivo de Hannah Pitkin para criticar a ideia de que a democracia representativa seria uma alternativa subalterna ou secundária em relação à democracia direta. Ela rejeita que o ideal de democracia seria algo mais próximo do modelo ateniense da antiguidade em que os cidadãos diretamente tomavam as decisões em assembleia sem intermediários, como defendia Rousseau em sua crítica à possibilidade de representação política formulada em *O Contrato Social* (URBINATI, 2006, p. 17).

A defesa da democracia direta como modelo político ideal é, na verdade, uma visão idealizada da democracia ateniense do período de

Péricles e que não dá relevância suficiente às regras altamente restritivas de participação política vigentes à época. Conforme a crítica de Albert Weale (2018, pp. 22-23):

> Não é apenas que a democracia direta não pode ser praticada no mundo moderno; ela também não era praticada na antiga Atenas. É sabido que Atenas antiga excluiu as mulheres de qualquer participação na política; elas certamente não tinham o direito de participar da assembleia. Excluídos da cidadania, é claro, havia escravos, assim como os chamados "méticos", os trabalhadores estrangeiros; e a lei de Péricles, de 451 A.C., excluiu da cidadania todos aqueles cuja mãe e pai não eram, ambos, cidadãos plenos (um critério que eliminou muitos atenienses nascidos de mães estrangeiras aristocráticas - como a famosa ascendência do próprio Agariste em Péricles). Aqueles que escrevem sobre a democracia ateniense geralmente observam esses fatos e depois passam para a prática do governo ateniense, como se essas exclusões fossem uma questão de detalhes.

Tendo em vista essa visão idealizada, Urbinati argumenta que a própria democracia ateniense, caso tivesse adotado a representação política, teria sido superior ao modelo de fato praticado à época. Há, portanto, uma "redescoberta democrática da representação", por meio da qual é reconhecido que a representação política oferece vantagens que podem a tornar superior à própria democracia direta (URBINATI, 2006, pp. 5-16).

Urbinati afirma que a democracia representativa é um modelo de exercício da política que, na prática, vai muito além do momento eleitoral. Aqui há o afastamento de teorias liberais minimalistas da democracia, que entendem ser ela um modelo apenas de competição entre candidatos em eleições livres e assegurados direitos fundamentais básicos de liberdade. Trata-se, por exemplo, de visões como a de Schumpeter, que assevera que "o método democrático é aquele arranjo institucional para chegar-se a decisões políticas nas quais os indivíduos adquirem poder para decidir por meio de uma batalha competitiva pelo voto popular" (SCHUMPETER, 2003, p. 269).

Na verdade, somente com a ampliação do direito ao voto no final do século XIX e início do século XX verifica-se uma aproximação maior entre representação política e democracia. Em suas origens liberais, havia uma verdadeira oposição conceitual entre democracia, entendida como democracia direta nos moldes defendidos por Rousseau, e governo representativo, como preconizado nos textos *Federalistas* ou por Sièyés. As próprias eleições eram entendidas em uma dupla dimensão para além do que se entendia à época como democracia (MANIN, 1997, p. 160): de um lado, permitiriam a igualdade entre os eleitores (que à época das revoluções liberais eram apenas homens livres e com certas capacidades econômicas) e, de outro lado, diferenciariam os eleitos dos eleitores de modo a selecionar a "aristocracia natural".

Contudo, para além da seleção dos representantes por meio das eleições, a prática política representativa possibilita um discurso fundado em argumentos que são trazidos a debate perante a sociedade, estruturando o debate público sobre cursos de ação a serem coletivamente definidos. Não se trata da representação ("tornar presente novamente") de um soberano ausente – como "o povo" ou "a Nação" –, mas da criação de um vínculo com a sociedade por meio do qual os representados obtêm informações e formam seus juízos pautados nessa prática e não isolados em suas consciências de modo independente do jogo político. A representação política permite a utilização de uma razão pública que ultrapassa os interesses individuais e imediatos – não que eles não existam ou não sejam perseguidos na política, mas o confronto público de argumentos ajuda a revelar informações e decisões que dialogam com interesses menos particulares (URBINATI, 2006, p. 5).

A representação política não tem, portanto, o objetivo de tornar visível uma "vontade geral", sentimento de nação ou uma opinião pública preexistente. Ela é uma forma própria de existência política, criando uma relação de circularidade entre representantes e representados. Além de ser uma percepção intuitiva da prática política da contemporaneidade, há estudos empíricos que apontam justamente nesse sentido de que as opiniões políticas das pessoas são formadas a partir do embate político e não exclusivamente de modo prévio a ele (BROWN, 2018, p. 179).

Não há a construção do espaço político de modo imparcial, desvinculada dos diversos interesses sociais representados: pelo contrário, a política é o espaço para o dissenso e a negociação de posições divergentes. Isso demonstra que a prática política representativa contemporânea ultrapassa muito o momento eleitoral para ser uma atividade constante, envolvendo não apenas os eleitores, mas também a sociedade como um todo, que constrói coletivamente entendimentos sobre questões a serem resolvidas pela política (URBINATI, 2006, p. 25)[6].

6 Como ressalta Débora Rezende de Almeida (2018, p. 14): "Para que interesses e preferências sejam considerados produtos da representação, deve-se incorporar a preocupação com a criação de canais efetivos e contínuos de julgamento e objeção

Essa constatação é de fundamental importância para reconhecer que, nas sociedades contemporâneas, não há "o" povo ou uma maioria monolítica e coesa que adota posições políticas de modo uniforme, previsível e independente da prática representativa. Essa constatação já era, em alguma medida, antecipada por Kelsen em sua defesa das democracias parlamentares em obra de 1929, com base na ideia de que um dos alicerces das democracias parlamentares é justamente permitir o embate entre visões políticas conflitantes em busca de acordos sem a pretensão de alcançar um entendimento absoluto ou superior às posições em debate[7]. Nesse sentido, Urbinati e Accetti (2013) destacam que Kelsen é um dos precursores contemporâneos da defesa das democracias parlamentares, a partir de uma visão pluralista de sociedade.

Nesse mesmo sentido, cabe relembrar as críticas de Robert Dahl ao "mito do mandato presidencial": entender que o processo eleitoral seria mecanismo de identificar as preferências esclarecidas da maioria do povo mediante a eleição de uma única pessoa seria adotar um ponto de vista simplista de democracia como "triunfo da vontade pura", que não se compatibiliza com os processos de construção coletiva de preferências (DAHL, 1991, pp. 25-26). Aqui, a crítica de Dahl pode ser somada à de Pitkin sobre a insuficiência da representação simbólica como perspectiva de compreensão do fenômeno da representação política.

Torna-se, portanto, mais fácil perceber que a elaboração legislativa por órgãos com centenas de membros não é apenas uma opção política

cidadã, como parece apontar Disch (2011). Mais do que isso, a politização do social precisa emergir de um processo interativo entre representantes e representados, mesmo que os últimos sejam apenas constituintes pretendidos, de maneira a contribuir para a transformação de preferências. Embora a aceitação seja um passo central para a representação democrática, tal qual a ideia de autorização, ela carece de uma explicação sobre o que ocorre durante a representação".

7 Como destaca Kelsen (2013, p. 70): "Afinal, o objetivo de todo o processo parlamentar é alcançar um compromisso entre interesses opostos, para produzir uma resultante das várias forças sociais em conflito. Este processo garante que os diversos interesses dos grupos representados no parlamento tenham voz, que possam manifestar-se como tal num processo público. Se o processo especificamente dialético dentro do parlamento tem um significado mais profundo, então certamente é que a oposição da tese e da antítese dos interesses políticos de alguma forma resulta em uma síntese. Aqui, no entanto, isso só pode se referir a um compromisso, e não – como alegam aqueles que confundem a realidade do parlamentarismo com sua ideologia – uma verdade absoluta "mais elevada" ou um valor absoluto acima dos interesses de grupo".

adotada há séculos e que, por mera inércia ou *path dependence*, continua até os dias atuais. Ao contrário, ela justamente permite a construção das preferências dos representados mediante a expressão de diversos pontos de vista e revela que as pessoas têm interesses e opiniões distintos que devem conviver dentro das regras do jogo democrático, permitindo também que as minorias participem da construção das decisões coletivas exigindo que razões públicas sejam oferecidas pelas maiorias.

Tal conclusão permite afastar uma das críticas feitas aos Parlamentos e ao processo legislativo contemporâneo, fundada em uma noção de soberania popular que, na prática, é ilusória e equivocada. A ideia de soberania vinculada a um querer político preexistente não pode ser utilizada para compreender as democracias representativas contemporâneas. Criticar os Parlamentos por supostamente violarem a soberania popular é não compreender a relação específica e política de representação substantiva que se estabelece entre representantes e representados, que faz surgir um modo de experienciar coletivamente a atividade política para algo mais rico e complexo do que simplesmente vocalizar uma suposta vontade popular prévia inexistente e independente da própria atividade representativa. Devem ser afastadas, portanto, pretensões de que ao Poder Legislativo apenas caberia a tarefa de expressar um querer social já existente em momento anterior à prática política[8].

É verdade que, como visto acima, um dos elementos centrais do conceito substantivo de representação é o dever de os representantes levarem em consideração os interesses e as opiniões dos representados. Contudo, não se trata de uma mera tarefa de "revelação": a própria prática política representativa constrói narrativas que estruturam o debate público sobre as questões a serem decididas coletivamente, de modo que os indivíduos formam suas opiniões individuais com base nesse debate e em outros elementos sociais.

Nesse sentido, um ponto fundamental para uma reflexão jurídica sobre a representação política é posto por Urbinati ao diferenciar seu significado jurídico do político. A autora reconhece que a maioria das

8 Há alguns autores que parecem defender tal visão. Pedro Lessa (1917, p. 104), por exemplo, afirmava que o Poder Legislativo é o "aparelho criado especialmente para reformar e melhorar o Direito, um órgão revelador do Direito, com todos os requisitos necessários para bem auscultar o corpo social". Em sentido semelhante, José Afonso da Silva (2017, p. 22) afirma que "o direito positivo estatal é apenas o momento da conduta do Poder na sua missão de revelar o Direito querido pela sociedade (melhor diria, vivido pela sociedade) num instante histórico".

constituições recusa corretamente a ideia de mandato imperativo (em que o representante seria um mero "delegado" dos seus representados e estaria juridicamente vinculado às suas ordens) para reafirmar a liberdade de agir dos representantes (URBINATI, 2006, p. 44).

De fato, já no final do século XVIII, especialmente no contexto revolucionário francês, apontava-se para o afastamento do modelo – adotado nas origens do Parlamento britânico ainda no século XIII – de que os representantes deveriam seguir ordens específicas dos representados, caminhando-se para a noção de mandato representativo, em que o representado deveria ter poderes para livremente deliberar sobre questões políticas (FERREIRA FILHO, 2012, pp. 88-89).

Contudo, um ponto crucial para a compreensão da importância de regulação jurídica da atividade legislativa parlamentar é compreender que a liberdade jurídica de atuação do representante (mandato livre) não significa que, do ponto de vista político, exista uma liberdade absoluta e completamente discricionária de atuação. A atividade material de representação, do ponto de vista político, pressupõe que sejam efetivamente levados em consideração os interesses e as opiniões dos representados mediante uma prática constantemente permeável e responsiva à manifestação de pensamento dentro e fora das instituições formais de produção normativa.

Em outras palavras, a adoção da ideia de mandato livre, do ponto de vista jurídico, não significa que o direito não deva tratar da regulação desse vínculo político. Entre um modelo de mandato imperativo, em que o representante deve seguir estritamente os comandos dos representados, e um modelo de total liberdade dos representantes, em que não há nenhum dever de levar em consideração as opiniões dos representados ou justificar uma tomada de decisão, há outras alternativas que podem ser objeto de disciplina jurídica.

Do ponto de vista político, somente há uma verdadeira relação de representação quando os representantes levam em consideração os interesses dos representados, de modo a ouvi-los, vocalizá-los e, com base em razões públicas, adotá-los ou afastá-los justificadamente em processo iterativo de formação e contestação de preferências. A relação de representação política não cria um vínculo jurídico de subordinação ou obediência entre representantes e representados, mas exige que o processo de tomada de decisões seja estruturado de modo a permitir seu correto exercício.

Não é pelo fato de o ordenamento jurídico assegurar que os mandatos parlamentares podem ser exercidos livremente pelos seus titulares, que o direito e a doutrina jurídica devam afastar sua atenção do exercício do poder político pela atividade de representação. O presente trabalho, ao investigar os contornos dogmáticos do devido processo legislativo tem justamente por objetivo oferecer novas possibilidades de compreensão do vínculo de representação e da sua disciplina jurídica, como será aprofundado.

Deve ser, portanto, reconhecida a liberdade de os representantes decidirem as questões de sua competência de modo independente de seus representados. Os representantes podem decidir as questões livremente conforme sua consciência, sem a obrigação de seguir tal ou qual interesse social ou econômico. Entretanto, a rejeição do modelo de mandato imperativo não pode implicar um vazio normativo a respeito do desenho institucional e do controle da tomada de decisões políticas em um sistema representativo – nomeadamente, do processo legislativo.

Como será abordado nos Capítulos 3 e 4, a ausência da obrigatoriedade de o representante seguir ordens ou preferências específicas dos representados não significa que o sistema jurídico não estabeleça exigências jurídicas para o próprio processo legislativo, que vão mais além das regras constitucionais, legais ou regimentais para exercício das competências legislativas.

Cresce no Brasil e no direito comparado a ideia de que existe um devido processo legislativo, que articula diferentes normas sobre essa prática social e que condiciona a forma pela qual são tomadas as decisões parlamentares. Ainda que sem restringirem a liberdade de tomada de posição quanto ao conteúdo das proposições em exame, essas normas exigem que a decisão legislativa seja tomada em ambiente minimamente igualitário, público, com participação social e com oferecimento de razões, o que torna necessário investigar o caráter deliberativo das democracias contemporâneas.

2.1.3. Representação política e o caráter deliberativo das democracias contemporâneas

A partir de uma visão renovada do vínculo de representação política, a prática democrática – especialmente nos séculos XX e XXI – é tida não como um exercício de um privilégio por parte dos representantes, que poderiam buscar suas preferências pessoais (ainda que seja unicamente a reeleição) ou exercer suas atividades de modo arbitrário e injustificado, mas como um processo discursivo em que razões públicas (em oposição a razões particulares) são oferecidas para justificar a tomada de decisões coletivas. O "fazer" da representação política envolve constantemente o oferecimento de razões para que as preferências possam ser coletivamente construídas e as respectivas decisões tomadas. Essa característica do oferecimento de razões para tomada de decisões é reconhecida como o caráter deliberativo das democracias contemporâneas.

Não existe uma única teoria da democracia deliberativa. O próprio termo "democracia deliberativa" pode ser compreendido em sentidos diferentes como um ideal político, um modelo teórico de compreensão da realidade das democracias ou, até mesmo, um paradigma epistemológico-avaliativo das possibilidades de o comportamento humano ser influenciado por razões e não ser mero fruto de impulsos e paixões (FLORIDIA, 2018, p. 36).

Além disso, há, pelo menos, duas grandes "gerações" das teorias sobre a democracia deliberativa (BÄCHTIGER *et al.*, 2018, pp. 2-4).

A primeira é composta pelos escritos iniciais de Jürgen Habermas, John Rawls e Joshua Cohen que partiam do pressuposto de uma forte capacidade deliberativa dos indivíduos baseados em uma definição muito exigente e, certa medida, rígida de uma suposta racionalidade imparcial e cujo exercício permitiria a construção de consensos para a tomada de decisão[9].

A segunda geração, por sua vez, tem menores exigências de racionalidade, tendo em vista o caráter plural das sociedades contemporâneas, admitindo como racionais argumentos de diversas naturezas como trajetórias pessoais, relatos, argumentos de empatia e outros cujos estudos remontam à retórica clássica – como nos escritos mais recentes de Habermas e outros autores. Desde já, é importante registrar que o presente trabalho se aproxima dessa segunda geração, pois não parte de uma suposta racionalidade absolutamente imparcial e não exige que se almejem ou atinjam consensos para que a prática legislativa parlamen-

9 Doravante, se afastam visões mais exigentes de "razão pública" como razões que devam ser aceitas por todos (visão forte) ou com base em princípios aceitos por todos (visão fraca) utilizadas para tomada de decisões políticas em diferentes contextos institucionais. Para uma revisão do debate sobre o tema, especialmente com base nos escritos de John Rawls, ver Quong (2017). "Razões públicas" aqui são entendidas como o oposto de razões individualistas e particulares que não se referem ao bem comum e interesses coletivos, mas apenas a objetivos perseguidos de modo autointeressado ou decorrentes de crenças não justificáveis, como preconceito, paixões e outros vieses (ELSTER, 2013, p. 3).

tar seja considerada legítima e democrática. Esse ponto será aprofundado no Capítulo 4, ao se tratar do princípio da deliberação do devido processo legislativo.

Para fins de clareza do presente argumento, "deliberação", neste trabalho, é entendida em uma vertente minimalista como "comunicação mútua que envolve ponderação e reflexão sobre preferências, valores e interesses em relação a matérias de interesse comum" (BÄCHTIGER *et al.*, 2018, p. 1). Nessa perspectiva, trata-se de prática social central para as democracias contemporâneas tanto do ponto de vista descritivo quanto normativo. Sem compreender a importância dessa atividade de oferecimento e troca de razões para tomada de decisão, qualquer explicação da prática democrática e do vínculo de representação política é insuficiente e não retrata um dos seus elementos mais relevantes.

Em decorrência disso, neste estudo, parte-se do pressuposto de que a melhor leitura das experiências concretas da representação política nas democracias contemporâneas é feita com base no paradigma da democracia deliberativa, ou seja, em que a troca de razões públicas está no centro da prática política. Não se trata apenas de um ideal a ser alcançado (ainda que as práticas deliberativas possam ser sempre aprimoradas), mas de compreender que já no presente se experiencia a democracia deste modo e, portanto, é necessária uma reflexão jurídica sobre o processo legislativo que parta desse dado da realidade. Nas palavras de Habermas, em entrevista concedida em 2018: "a política deliberativa não é para mim um ideal distante em face do qual a realidade sórdida deve ser avaliada, mas uma pressuposição existencial de qualquer democracia que ainda mereça esse nome" (HABERMAS, 2018, p. 872).[10] Na mesma direção sobre o paradigma da democracia deliberativa, Robert Alexy destaca que os Parlamentos, além de tomarem decisões que vinculam à sociedade, eles a representam "argumentativamente"[11].

10 Para um exame aprofundado da relação do pensamento de Habermas com o processo legislativo em democracias contemporâneas, ver Barbosa (2010).

11 Nas palavras de Alexy (2006, p. 163): "Representação é uma relação de duas variáveis entre um representandum e um representans. No caso da dação de leis parlamentar, a relação entre o representandum – o povo – e o representans – o parlamento – é determinada, essencialmente, por eleições. Agora, é possível esboçar uma imagem da democracia, que contém nada mais que um procedimento de decisão centrado nos conceitos de eleição e de regra da maioria. Isso seria um modelo puramente decisionista de democracia. Um conceito adequado de democracia, contudo, não se deve apoiar somente no conceito de decisão. Ele precisa também abarcar o de argumento. O abarcamento da argumentação no conceito de

Uma importante observação crítica é a de que a compreensão das sociedades contemporâneas como "democracias deliberativas" não implica entender que o processo legislativo ou, até mesmo, as instâncias estatais esgotam o processo discursivo de criação coletiva de significados e deliberação de ação política. Habermas salienta a pluralidade de visões de mundo nas sociedades contemporâneas como dado da realidade na qual a prática democrática deliberativa se desenvolve[12]. Nessa mesma linha de pensamento, Marcelo Cattoni Oliveira ressalta que não se pode confundir o público com o estatal, nem o privado com mercado e família. Há uma rede de organizações da sociedade civil que "captam os ecos dos problemas sociais" e "transmitem para a esfera pública" (OLIVEIRA, 2016, pp. 93-94).

Os teóricos da democracia deliberativa têm apontado que a legitimidade de um regime político passa pela compreensão de que a sociedade é formada por diversos "sistemas deliberativos", ou seja, *loci* de comunicações estatais e não-estatais com diferentes graus de institucionalização em que há discursos de diferentes naturezas com capacidade de influência mútua, ou seja, participantes com características distintas (ex: eleitos e não eleitos) e tipos de discursos admitidos com maiores ou menores exigências de imparcialidade (BÄCHTIGER *et al.*, 2018, p. 15). Essa consideração é importante para reconhecer que o processo legislativo é um dos vários momentos nos quais a sociedade delibera sobre assuntos de relevância coletiva, sendo ele um desses sistemas deliberativos sem, entretanto, a pretensão de esgotar a praticamente infinita riqueza comunicacional em outros âmbitos da vida social.

A menção ao pensamento de Habermas e de outros teóricos da democracia deliberativa aqui tem a finalidade de apontar que a prática legislativa da construção de normas jurídicas é permeada por exigências

democracia torna a democracia deliberativa. A democracia deliberativa é a tentativa de institucionalizar o discurso, tão amplamente quanto possível, como meio da tomada de decisão pública. Desse fundamento, a união entre o povo e o parlamento precisa ser determinada não somente por decisões, que encontram expressão em eleições e votações, mas também por argumentos. Desse modo, a representação do povo pelo parlamento é, simultaneamente, volicional ou decisionista e argumentativa ou discursiva" (ALEXY, 2006, p. 163).

12 Em suas palavras: "Para a política, portanto, a rede comunicativa da sociedade civil desempenha um papel de um tipo de sistema de alerta prévio que registra as experiências críticas das áreas privadas da vida, processa-as em vozes de protesto e as alimenta na esfera pública política" (HABERMAS, 2018, p. 878).

normativas - que não são fruto de diletantismo ou rebuscada teoria normativa da política a ser um dia implementada - mas já sentidas como obrigatórias na esfera pública das democracias contemporâneas. Mesmo levando-se em conta a transformação das funções do Estado e das leis e os fatores eleitorais, partidários e de coalização que influenciam o comportamento parlamentar, há uma dimensão ética no processo de representação política que estabelece exigências para o discurso de justificação da produção de normas legais que deve ser objeto de uma reflexão sobre como devem ser institucionalizadas juridicamente.

Neste ponto, é relevante retomar as considerações de Etienne Mureinik, reconhecido jurista sul-africano, que apontava que a transição de um regime autoritário para uma verdadeira democracia depende da mudança de uma "cultura de autoridade" para "cultura de justificação" (MUREINIK, 1994). Em uma cultura de autoridade, as pessoas obedecem aos comandos legais pelo fato de terem sido editadas pelo órgão competente, sem a necessidade de que outras justificativas sejam oferecidas. Já em uma cultura de justificação, são necessárias justificativas públicas para que decisões políticas sejam tomadas, inclusive as legislativas[13].

Como aponta David Dyzenhaus (1998, p. 35), o argumento de Mureinik está na base das experiências democráticas contemporâneas, tendo em vista que "todas as decisões tomadas pela força pública que invocam a autoridade 'do povo' somente são legítimas se pude-

13 Nas palavras de Mureinik (1994, p. 32), em referência ao processo de construção da "ponte" de transição democrática nos anos de 1990, na África do Sul: "A ponte vem de uma cultura de autoridade. Legalmente, o regime do apartheid baseava-se na doutrina da soberania parlamentar. Universalmente, essa doutrina ensina que o que o Parlamento diz é lei, sem a necessidade de oferecer justificativa aos tribunais. Na África do Sul, uma vez que o Parlamento era eleito apenas por uma minoria, a doutrina ensinava também que o que o Parlamento dizia era lei, sem necessidade de justificar nem mesmo para os governados pela lei. O efeito desses ensinamentos, no apogeu do apartheid, foi o de promover uma ética da obediência. A liderança do partido governante ordenou o Parlamento, o Parlamento comandava sua burocracia, os burocratas comandavam o povo. [...]
Se a nova Constituição é uma ponte para longe de uma cultura de autoridade, é claro para o que deve ser uma ponte. Ela deve levar a uma cultura de justificação uma cultura em que se espera que todo exercício de poder seja justificado; em que a liderança desempenhada pelo governo repousa sobre a força dos argumentos oferecidos em defesa de suas decisões, não o medo inspirado pela força à sua disposição. A nova ordem deve ser uma comunidade construída com base na persuasão, não coerção".

rem ser mostradas como justificadas". Nesse mesmo sentido, Daniel Oliver-Lalana (2019, pp. 217-218) identifica que a ideia de "cultura de justificação" proposta por Mureinik sintetiza, ainda que de modo abstrato, uma série de argumentos - inclusive dos defensores da democracia deliberativa - de que o oferecimento de razões para tomada de decisão política é uma das marcas constitutivas das democracias contemporâneas.

Diante da centralidade do oferecimento e da troca de razões por meio do vínculo de representação política, nem mesmo o aprofundamento das formas de participação direta do cidadão nos debates legislativos afasta essas considerações. Nesse contexto, András Sajó (2020, p. 12) faz uma crítica pertinente à idolatria da "soberania popular", no intuito de que ela é muitas vezes exacerbada para fins de construção de discursos que reduzem os espaços das minorias e caminham no sentido do autoritarismo, gerando-se o risco de desestabilização da ideia de Estado de Direito por meio do exercício do poder político desvinculado de limitações jurídicas.

Essa advertência relativiza o argumento de que o aprofundamento (ou radicalização) das consultas populares (seja por plebiscitos ou referendos) significariam, automaticamente, uma melhora nas democracias. Como ressalta Canotilho, em texto que questiona visões mais otimistas e idealizadas das consultas populares como mecanismos de aprimoramento das democracias, a partir das experiências de Portugal, França e Itália: "O 'absoluto sim' e o 'absoluto não' não aperfeiçoam a democracia" (CANOTILHO, 2008, p. 230).

Essas colocações são de grande relevância para afastar outro tipo de argumento: o de que o sistema representativo será inexoravelmente ultrapassado por inovações tecnológicas - como a internet, as redes sociais e, atualmente, a inteligência artificial - de modo que, em futuro breve, o pleno exercício da soberania popular seria exercido de modo direto pelo povo. Cass Sunstein chama a atenção para esse ponto ao criticar o isolamento de informações e das opiniões divergentes, que pode ocorrer por meio de algoritmos que selecionam previamente notícias, análises e posicionamentos que mais se aproximam das preferências concretas de uma pessoa. Na sua visão, esses modelos não aprimoram necessariamente as democracias contemporâneas, devendo ser examinados e desenhados com cautela para permitir que as pessoas sejam expostas a opiniões e posicionamentos diferentes também na esfera virtual. Em suas palavras, relacionados ao modelo constitucional dos EUA e aplicáveis às demais democracias constitucionais:

> Desses pontos, deve ficar claro que a Constituição não estava enraizada na suposição de que a democracia direta era o ideal, a ser substituída pelas instituições republicanas apenas porque a democracia direta era impraticável à luz do que eram, pelos padrões modernos, tecnologias extremamente primitivas para a comunicação. Muitos observadores recentes sugeriram que, pela primeira vez na história do mundo, algo como democracia direta se tornou viável.
>
> Agora é possível que os cidadãos digam a seu governo, toda semana e até mesmo todos os dias, o que eles gostariam que ele fizesse. De fato, alguns sites foram projetados para permitir que os cidadãos façam exatamente isso. Devemos esperar muito mais experimentos nessa direção. As mídias sociais propõem-se facilmente à tarefa de descobrir o que um grande número de pessoas deseja que o governo faça. Mas, do ponto de vista dos ideais constitucionais, a democracia direta via Twitter ou Facebook ou alternativas imagináveis não seria nada para comemorar; de fato, seria uma distorção grotesca das aspirações fundadoras. Isso prejudicaria os objetivos deliberativos do design original. O sistema americano nunca foi uma democracia direta, e uma boa ordem democrática tenta garantir decisões informadas e reflexivas, não apenas fotografias instantâneas de opiniões individuais, convenientemente agregadas. (SUNSTEIN, 2017, p. 51).

No caso brasileiro, Fábio Cesar Oliveira destaca o crescente uso da internet como ferramenta de participação política. Contudo, em diversos países, inclusive Brasil, pesquisas apontam que essa utilização está associada em considerável medida à participação política em outras vias da democracia representativa, como partidos políticos, associações e movimentos sociais. Diante disso, o autor destaca que, embora a internet possa ser uma poderosa ferramenta de vocalização de demandas que, até então, não encontravam espaço na agenda dos veículos de comunicação e partidos políticos, ela não suplantará, pelo menos em horizonte próximo, o governo representativo como estrutura básica das democracias contemporâneas (OLIVEIRA, 2013, p. 215-216).

O presente trabalho não tem por objeto examinar as possíveis repercussões mais profundas das novas tecnologias sobre o sistema democrático e o processo legislativo. Aqui o ponto é mais simples: o desenvolvimento de tecnologias de comunicação não afasta o modelo de democracia representativa, uma vez que ela não é uma substituta imperfeita para a democracia direta. Na verdade, a representação política estrutura o debate público de modo a permitir a criação de preferências pelos representados e que a tomada de decisão pelos representantes seja feita com base em razões oferecidas de maneira mais transparente levando em conta a percepção dos próprios representados. Dentro de um sistema democrático representativo, a representação política não é apenas um modelo político temporário e inferior à democracia direta, que somente se justificaria enquanto são desenvolvidas ferramentas tecnológicas suficientes para que a tomada de decisão seja feita pessoalmente por milhões de cidadãos.

Não se deve, portanto, encarar a democracia representativa como um substituto imperfeito da democracia direta, mas, ao contrário, perceber que ela é um modelo próprio de exercício da política, aqui denominado de democracia "representativo-deliberativa". Pode-se até defender a mudança para outros sistemas políticos, mas, considerando que o Brasil e praticamente a totalidade dos países democráticos adotam a representação parlamentar para a produção de normas jurídicas, é necessário identificar suas potencialidades. Há um "fazer" específico da democracia representativa, mediante o qual as decisões políticas não são tomadas de modo personalista ou irracional, mas construídas coletivamente com base em razões públicas.

Diante desses pontos de partida sobre a atividade de representação política, cabe examinar as transformações pelas quais passou o processo legislativo em períodos mais recentes para identificar o papel do direito e, mais especificamente, das normas do devido processo legislativo em sua regulação.

2.2. Três eixos de modificação pelos quais passou o processo legislativo clássico

Paralelamente à modificação do significado da representação política nas democracias, houve modificações profundas sobre o papel do Estado, função da lei, atuação do Poder Executivo no processo legislativo e lógica de atuação dos parlamentares. Nos próximos itens, são investigados três grandes eixos de alteração do substrato político, econômico, jurídico e social em que se fundava o processo legislativo "clássico", na visão acima idealizada do "parlamentarianismo" do século XIX.

Os três eixos são:

a) a mudança da atuação do Estado, com surgimento da função de Governo, e dos papéis desempenhados pela lei;

b) o aumento da influência do Poder Executivo no processo legislativo; e

c) a influência das questões partidárias e eleitorais no comportamento parlamentar na arena legislativa.

2.2.1. O surgimento da função de Governo e os diversos papéis desempenhados pela lei

O papel desempenhado pelo Estado passou por profundas modificações nos séculos XIX e XX. O poder público deixa de ser mero garantidor das liberdades públicas dos indivíduos e passa a intervir com maior ênfase na realização de objetivos coletivos, como provimento de bens e serviços para geração de melhores oportunidades e condições de vida para a população.

Diante desse cenário, a lei não é mais vista como o exercício de uma razão abstrata ou revelação da natureza das coisas, como em Locke e Montesquieu, mas transforma-se em instrumento jurídico de realização de projetos políticos que mobilizam instituições, recursos e atores públicos e privados para a consecução de determinados objetivos. A lei passa a ter a função de atingir certos resultados considerados socialmente desejáveis e contingentes, de modo que não reflete um equilíbrio ou prática social arraigada, mas é justamente instrumento de transformação social por meio do direito.

Como ressalta Manoel Gonçalves Ferreira Filho (2012, p. 145): "o antigo Executivo passou a ser visto como *poder governamental,* como governo". Isso significa que ao poder público compete efetivamente mudar o *status quo* de modo a concretizar políticas públicas tidas por desejáveis em determinado momento e a partir de determinada visão política, que são contingentes e, portanto, mutáveis no tempo.

Nesse sentido, François Ewald aponta para uma mudança na estrutura normativa do direito contemporâneo. Não se trata apenas da regulação jurídica de áreas anteriormente desreguladas (como direito do trabalho, consumidor, meio ambiente etc.), mas de uma nova forma de regulação que abandona as formas clássicas de solução de questões jurídicas.

Valendo-se da noção de conflito, o autor apresenta a noção de "direito social", em que as normas exercem uma função de regulação, mediação e redistribuição de proteção jurídica conforme os interesses considerados relevantes socialmente. Abandona-se a ideia de que o direito seria produto de uma razão natural *a priori* para entendê-lo como instrumento de "acordos" ou "resoluções" (*settlement)* de disputas sociais. A lei, portanto, passa a ser fruto da ponderação dos interesses em conflito, resolvendo-os temporariamente (EWALD, 1988, p. 50). O modo de produção das leis deixa de ser considerado exclusivamente como uma tarefa de exercício da razão e da prudência, mas passa a ser encarada também como atividade técnica direcionada a resultados mensuráveis e que podem ser alterados no decorrer do tempo por novas leis.

Aqui não se trata de retomar o debate filosófico sobre a natureza da razão humana e das leis para, de um ponto de vista teórico, rejeitar os argumentos desenvolvidos pelos pensadores liberais dos séculos XVII e XVIII. O ponto é que, de um ponto de vista empírico, as sociedades democráticas contemporâneas não compreendem a lei daquela maneira. De modo diverso, a lei é compreendida como fruto de uma decisão política em determinado espaço e tempo.

Diante dessa realidade, Wim Voermans (2009, p. 62) destaca que a lei pode desempenhar diversas funções nas sociedades contemporâneas:

a) instrumental: intervenção do poder público na vida econômica, social ou política para implementação de políticas públicas ou regulação de atividades relevantes;

b) constitucional: criação de órgãos públicos, definição e limitação de poderes para que possam exercer as diferentes atividades estatais;

c) política: definição da prevalência de interesses políticos contrapostos, permitindo que se definam cursos de ação coletiva de modo pacífico e coordenado;

d) democrática: possibilidade de participação social na definição das normas jurídicas, de modo que representantes e representados colaborem na prática para identificação de problemas, alternativas e soluções;

e) simbólica: comunicação de valores morais e éticos, ainda que o comando normativo da lei, se existente, não seja o principal objetivo da decisão política.

A exemplificação supracitada pode ser problematizada, pois avalia diferentes elementos do processo de produção e do conteúdo da lei para classificá-la. Essa classificação também não significa que cada lei tenha uma única ou exclusiva função, podendo haver uma combinação entre elas. O tema da qualidade da legislação e seus impactos em termos de desenho institucional serão examinados no Capítulo 4, especialmente em relação ao princípio da eficiência do devido processo legislativo.

O objetivo aqui é deixar claro que a função da lei, na prática contemporânea, vai muito além da ideia de que ela seria instrumento de concretização de uma razão abstrata aplicada a determinados contextos históricos, sociais e culturais, mas é instrumento de modificação social e resultado de visões morais e políticas diferentes que se enfrentam nas diversas dimensões da esfera pública, especialmente no canal institucionalizado do processo legislativo.

O surgimento da função de governo e a transformação dos papéis da lei possibilitam a atuação do Estado por meio de políticas públicas que são construídas com base em normas jurídicas de diferentes níveis hierárquicos. Política pública aqui é entendida como uma ação estatal que se exterioriza mediante um arranjo institucional para que certas finalidades consideradas relevantes sejam atingidas.

Como destaca de modo preciso Maria Paula Dallari Bucci (2006, pp. 30-35), há uma constante juridificação do poder político e da administração pública de modo que surge uma "tecnologia jurídica governamental", por meio de normas legais e administrativas. Nesse sentido, Roger Stiefelmann Leal (2009, pp. 93-94) aponta que a Constituição Federal de 1988, em razão de ser fundada no princípio do pluralismo político, atribui precipuamente à legislação ordinária a tarefa de criação e implementação de políticas públicas. Percebe-se que o Estado não atua somente sob o império da lei, mas pelo instrumento da lei.

A finalidade instrumental da lei é claramente perceptível na prática política contemporânea e a lógica de sua formulação, consequentemente, também reflete essa característica. Contudo, reduzir o processo de formulação das leis – ainda as que tenham acentuado caráter instrumental – a apenas uma questão técnica, cria o risco de considerar-se que a definição dos objetivos, a ponderação de valores conflitantes, a escolha de alternativas e a redação dos textos normativos seriam apenas uma tarefa técnica, em que eventuais divergências seriam decorrentes de incertezas epistêmicas e não políticas e morais.

Entretanto, como visto acima, as democracias representativo-deliberativas são justamente fundadas na ideia de pluralidade de visões de mundo e na necessidade de justificar a tomada de decisão. Nessa mesma linha, cabe mencionar as advertências de Jeremy Waldron (1999, pp. 176-186) de que o desacordo moral na esfera política é disseminado e que não se trata de uma patologia passageira, mas uma característica estruturante das sociedades contemporâneas fundadas no pluralismo valorativo em que pessoas de boa-fé discordam sobre quais são as melhores decisões a serem tomadas.

Até as leis de caráter marcadamente instrumental (por exemplo, uma lei que cria uma política pública de saúde) são marcadas por desacordos morais sobre seus objetivos, recursos, formas de implementação e controle. Definir a atribuição de direitos e deveres é tarefa eminentemente política, em que diferentes visões de mundo disputam as melhores opções para concretização de valores mais abstratos como justiça, liberdade e igualdade. Essas divergências não podem ser jamais reduzidas a uma dimensão exclusivamente técnica, pois isso seria apenas ocultar a divergência política e moral de pessoas que, de boa-fé, endossam soluções diferentes para problemas comuns.

Reconhecer que diversas leis têm caráter eminentemente instrumental no Estado contemporâneo não significa reduzir a importância do Poder Legislativo e do processo legislativo. Pelo contrário, é justamente mediante o processo legislativo parlamentar que essas opções - que devem levar em consideração questões técnicas, mas também morais, políticas, econômicas e sociais - podem ser traduzidas em termos de escolhas entre visões de mundo conflitantes e avaliadas pela sociedade por meio da atividade de representação política, em que seus representantes constroem narrativas sobre o significado daquelas propostas e veiculam cursos de ação alternativos. Trata-se da função "democrática" da lei, como apontado por Wim Voermans, que, na verdade, não decorre do seu conteúdo, mas do processo de sua elaboração. Essa constatação leva à questão de como deve ser compreendido um dos principais atores do processo legislativo contemporâneo que, muitas vezes, detém as informações e expertise técnica para formular as propostas legislativas: o Poder Executivo.

2.2.2. O aumento da influência do Poder Executivo no processo legislativo

Com o desenvolvimento da função de governo para além do modelo liberal de atuação estatal, no Brasil e em diversos outros países, o Poder Executivo participa de modo mais ativo no processo de produção normativa. Há uma série de instrumentos jurídicos e políticos à disposição do Poder Executivo, os quais permitem grande influência no processo legislativo, como, por exemplo, adoção de medidas legislativo-normativas unilateralmente (no caso brasileiro as medidas provisórias), apresentação de projetos de lei, influência na tramitação das proposições mediante negociação direta com parlamentares, informações à sua disposição e pessoal especializado (SAIEGH, 2016, p. 484). Até nos EUA, em cujo modelo federal o Presidente não dispõe da competência para propor projetos de lei ou juridicamente influenciar de modo direto a discussão e votação de proposições legislativas, sua influência decisiva é sentida por meio da sua relação com sua base parlamentar no Congresso (SINCLAIR, 2017, p. 114).

Em amplo levantamento sobre as taxas de aprovação de projetos de lei em 50 países e em diferentes períodos recentes – incluindo o Brasil –, Sebastian Saiegh (2016, p. 484) apresenta dados sobre sistemas parlamentaristas e presidencialistas.

Nos países pesquisados, há grandes diferenças entre o percentual de projetos de lei apresentados pelo Executivo e Legislativo em relação a sistemas parlamentaristas e presidencialistas. Enquanto nos sistemas parlamentaristas por volta de 70% dos projetos apresentados foram de autoria do Gabinete e 30% de autoria dos parlamentares, nos sistemas presidencialistas a proporção é inversa.

A taxa de aprovação, entretanto, de projetos de lei de Executivo e Legislativo nos dois sistemas não varia significativamente. Nos sistemas parlamentaristas, o Gabinete aprova por volta de 80% dos projetos de lei que envia ao Parlamento; nos sistemas presidencialistas, pouco menos de 70% dos projetos patrocinados pelo Presidente da República são aprovados. De maneira semelhante, nos dois sistemas, os projetos de iniciativa parlamentar têm uma taxa de aprovação na casa dos 20%.

No caso brasileiro, isso é explicado com base em uma série de fatores institucionais-normativos, como iniciativa legislativa, pedidos de urgência constitucional, poder de edição de medidas provisórias, controle da execução orçamentária, bem como de fatores eleitorais e partidários que permitem ao Chefe do Poder Executivo influenciar decisivamente a agenda e o andamento dos trabalhos legislativos.

Fernando Limongi assevera que "para todos os efeitos, a Constituição confere ao presidente o monopólio sobre iniciativa legislativa" (LIMONGI, 2006, pp. 24-25). Embora seja uma afirmação exagerada tanto do ponto de vista jurídico quanto empírico, ela aponta para a importância de compreender a grande influência do Poder Executivo no processo legislativo como dado da realidade contemporânea. Não é objeto deste trabalho fazer uma revisão da literatura sobre o debate relativo às relações Executivo-Legislativo.[14] O objetivo do trabalho, nesse

14 Para uma revisão da literatura brasileira sobre o tema, ver Limongi, Almeida e Freitas (2016).

ponto, é apenas apontar um dado da realidade internacional e brasileira: a grande influência do Poder Executivo no processo legislativo federal.

Embora a literatura da ciência política registre uma predominância nas taxas de aprovação de projetos de lei de iniciativa do Poder Executivo, devem ser feitas, pelo menos, duas ressalvas a uma suposta dominância do Poder Executivo sobre o processo legislativo.

Em primeiro lugar, uma pesquisa feita por Felipe de Paula revela que, no Brasil, o Poder Legislativo teve maior participação na formulação de leis introdutoras ou modificadoras de políticas públicas. Em levantamento das leis ordinárias promulgadas de 2007 a 2012, identificou-se que 239 leis promulgadas no período (18% do total de 1.339 leis promulgadas) tratavam da instituição ou modificação de políticas públicas. Dessas, 52% tiveram origem no Poder Executivo e 48% no Poder Legislativo. Como será visto no Capítulo 5, essa conclusão é corroborada pelos dados obtidos da análise da produção legislativa da 55ª Legislatura (2015-2019). Esses dados permitem relativizar a força do argumento de que o Poder Executivo teria o "monopólio" da iniciativa legislativa.

Em segundo lugar, é usual que o Poder Executivo se "aproprie" das agendas e propostas em tramitação no Congresso Nacional. Como destaca Rafael Silveira e Silva (2018, p. 14), trata-se de fenômeno que ocorre quando "o Executivo toma por base os projetos que tramitam no Congresso, bem como o conteúdo dos debates e dos demais subprodutos do processo legislativo em curso, para elaborar e apresentar suas próprias proposições, incorporando novos temas à sua agenda legislativa". Essa situação permite relativizar o suposto "monopólio" do Poder Executivo sobre o processo legislativo, pois diversas propostas suas entraram na agenda pública e foram desenhadas, em sua essência, pelo Poder Legislativo.

Esse ponto de partida é de grande relevância. Não se trata aqui de defender uma visão idílica de volta às origens do Parlamento e ao modelo do "parlamentarianismo", criticar o abuso do poder normativo do Poder Executivo, mediante o direito administrativo regulador, ou combate à edição de medidas provisórias *tout court* para defesa das prerrogativas institucionais do Poder Legislativo. Essa visão idílica, aliás, não é corroborada do ponto de vista histórico no que se refere ao surgimento dos parlamentos modernos, considerando que inicialmente tinham por finalidade exercer a fiscalização do poder real e eventualmente ratificar o conteúdo de atos editados por ele (SILVA, 2017, p. 147). Esse pressuposto revela o desafio de se pensar o processo legislativo contemporâneo com suas características atuais, ou seja, com uma forte influência por parte do Poder Executivo.

Diante desse cenário de grande influência do Poder Executivo, há críticas contundentes ao papel do Poder Legislativo no processo legislativo.

No Brasil, Manoel Gonçalves Ferreira Filho há muito já aponta para uma suposta maior representatividade do Poder Executivo em face do Legislativo, rejeitando uma visão necessária entre democracia e legislação parlamentar:

> Na verdade, seria até razoável afirmar que o Executivo nos Estados contemporâneos é, via de regra, mais representativo do povo que os Parlamentos. Isso é flagrante no presidencialismo, sobretudo, com a eleição direta do presidente. Neste caso, o eleitorado é que escolhe o governante e em sua figura exaltada e marcada pela campanha eleitoral fundem-se as expectativas e as esperanças populares, num grau que jamais a eleição de um deputado poderá igualar.
>
> Não sendo necessária a vinculação entre democracia e legislação parlamentar, é possível e mesmo urgente que novos rumos sejam experimentados no campo da elaboração legislativa. Tais experiências não poderão, de per si, ainda que amesquinhem a participação das câmaras nessa tarefa, ser recusadas por antidemocráticas, desde que atendam aos valores fundamentais de liberdade e igualdade. Por outro lado, é preciso ter presente que nenhum regime político deve olvidar a eficiência como um dos critérios, e não dos menores, por que sua ação há de pautar. (FERREIRA FILHO, 2012, p. 298-300).

Não se trata de posição restrita à realidade brasileira, uma vez que existem interpretações de que os Parlamentos não seriam o lócus mais adequado para elaboração normativa, tendo em vista a celeridade e complexidade técnica das situações da vida que demandam intervenção normativa, em favor do fortalecimento das atribuições do Poder Executivo. Como exemplo dessa linha de pensamento, Edward Rubin critica uma visão idealizada do Poder Legislativo em face da realidade do "estado administrativo", em que boa parte da regulação econômica e social é produzida por agências do Poder Executivo:

> Preferimos pensar em nossas legislaturas como arenas para o debate normativo e o exercício da virtude republicana. E preferimos pensar em seus pronunciamentos como "lei", com toda a dignidade moral que a palavra implica, em vez de como uma série de instruções para

> mecanismos de implementação. Mas isso é uma preferência, não uma norma. O estado administrativo não é um infortúnio que caiu sobre nós, mas uma estrutura em evolução projetada para servir nossos propósitos sociais. (RUBIN, 1989, pp. 417-418).

Na mesma direção, uma poderosa crítica recente é formulada por Eric Posner e Adrian Vermeule ao liberalismo jurídico, entendido como corrente teórica que remonta ao pensamento de Madison a respeito da centralidade do Poder Legislativo na elaboração das leis e no controle do Poder Executivo. Fundamentados nas críticas de Carl Schmitt às democracias liberais, os autores argumentam que o Poder Legislativo seria incapaz de exercer a liderança necessária para inovar o ordenamento jurídico, tendo em vista a mudança da forma de intervenção do Estado na sociedade, que exige respostas céleres para problemas complexos. Veja-se:

> Nesse modelo [liberal], as incapacidades estruturais do Congresso asseguram que, mesmo que o Congresso consiga marginalmente modelar e restringir as respostas do executivo, ele é fundamentalmente levado pelos eventos e pelas propostas do Executivo para fazer frente a tais eventos, em vez de tomar controle deles. O argumento amplo de Schmitt de que as condições em rápida mudança do estado administrativo produzem um Congresso marginal, reativo e essencialmente debilitado é mais próxima da realidade do que a visão madisoniana de um Legislativo deliberante que pode dar conta da situação em tempos de crise, em vez de conceder poder para o Executivo e torcer pelo melhor. (POSNER; VERMEULE, 2010, p. 51).

Em sequência ao argumento, os autores entendem que a contenção do Poder Executivo adviria, não da suposta esperança infundada do liberalismo jurídico no direito, na lei elaborada pelo Poder Legislativo ou no controle judicial sobre a administração pública, mas especialmente da opinião popular que exige respostas para suas demandas de bem-estar e acesso a utilidades públicas. Os autores defendem a adoção de um "presidencialismo plebiscitário", em que o direito não pode e nem deve restringir a ação do Poder Executivo. Na verdade, seriam os eleitores que controlariam o Presidente a cada ciclo eleitoral, determinando a continuidade ou não dos programas em execução. Por essa razão, afirmam que: "o sistema das eleições, o sistema partidário, e a cultura política estadunidense restringem o Executivo muito mais do que regras jurídicas criadas pelo Congresso ou as cortes" (POSNER;

VERMEULE, 2010, p. 113). Em aprofundamento desse diagnóstico, Vermeule (2016) defende que o direito legislado teria abdicado de suas funções regulatórias em favor da regulação administrativa, transferindo-se o poder decisório do Legislativo e Judiciário para o Executivo.

Aqui há clara e expressa influência da crítica de Schmitt aos regimes parlamentaristas liberais, quando afirmava que: "a legitimidade plebiscitária é a única espécie de justificação estatal que atualmente deve ser reconhecida em geral como válida nos dias de hoje" (SCHMITT, 2005, p. 87). Schmitt era ferrenho crítico da representação política parlamentar partidária, afirmando que a democracia exige tomada de decisões por um povo dotado de homogeneidade em suas características identificadoras, fundada no "princípio da identidade" entre governantes e governados que, em sua visão, se manifestariam por meio de plebiscitos ou aclamação pública (MAIA, 2010, p. 9). Ecoam, aqui, as críticas acima examinadas de Rousseau à representação política.

O ponto comum que reúne as posições supramencionadas é o de que partem de uma suposta constatação empírica da inadequação do Poder Legislativo para as tarefas de produção legislativa e controle do Poder Executivo. A forma de composição do Poder Legislativo, suas formalidades para deliberação, a necessidade de uma atuação célere e técnica em questões de políticas públicas, o caráter instrumental cada vez mais acentuado da lei, os sistemas eleitoral e partidário e o exercício cada vez mais amplo de competências pelo Poder Executivo levariam à defesa normativa de uma redução ou – até mesmo – supressão do papel do Poder Legislativo no processo de produção normativa em democracias contemporâneas.

Não obstante essas críticas, do ponto de vista empírico, não se pode simplesmente assumir que, hoje, o Poder Legislativo não é um dos atores centrais no processo de produção normativa e de fiscalização do controle do Poder Executivo. É verdade que em diversos países, inclusive no Brasil, o Poder Executivo influencia decisivamente o processo legislativo e regula as atividades sociais e econômicas mediante o amplo uso de normas administrativas. Contudo, o processo legislativo ainda é o foco de atenção das pessoas sobre as modificações mais profundas e impactantes do direito vigente, em termos de opções morais e políticas sobre os direitos existentes, a estrutura do aparato estatal e a relação entre Estado e sociedade.

Como visto anteriormente, o vínculo político de representação em sentido substantivo em uma democracia deliberativa une representantes e representados em um processo iterativo comunicacional, cujos argumentos são apresentados e trocados publicamente para que preferências possam ser constituídas por intermédio do confronto de visões de mundo diferentes. Não se pode, portanto, pretender que uma única ou poucas pessoas pudessem receber uma "delegação" de poderes da maioria do "povo", pois o processo de representação política é muito mais complexo do que a concessão de autoridade para a tomada de decisão juridicamente vinculante.

Defender a diminuição do papel do Poder Legislativo na elaboração das leis empobrece uma das principais oportunidades de participação política em condições igualitárias em uma democracia. A criação de leis por corpos legislativos com dezenas, centenas ou até milhares de membros é um dos elementos centrais das democracias contemporâneas, pois permite a estruturação do debate público para formação de preferências e opiniões dos representados. A representação política não é simplesmente uma atividade na qual representantes manifestam a vontade preexistente dos representados, mas ela própria é fundamental para a disseminação de informações e reflexão pública sobre questões a serem resolvidas pela política. Suprimir essa possibilidade acabaria por reduzir muito o espaço institucional dedicado ao enfrentamento de ideias antagônicas e à construção das preferências individuais sobre os pontos em debate em sociedades plurais.

Para além da natureza do vínculo de representação política, há, no caso brasileiro, diversas circunstâncias que, ainda do ponto de vista empírico, permitem apontar para a relevância decisiva do Poder Legislativo na elaboração normativa. Em primeiro lugar, nem todas as propostas do Executivo são aprovadas pelo Legislativo e, as que são aprovadas, muitas vezes são objeto de emendas significativas pelo Congresso Nacional. Além disso, na última década, houve um aumento considerável do seu protagonismo por meio de aprovação de importantes projetos de lei de autoria parlamentar (PAULA, 2016, p. 172; ALMEIDA, 2016, p. 2), o que é confirmado pelos dados apresentados no Capítulo 5 deste trabalho sobre a 55ª Legislatura (2015-2019).

Em segundo lugar, a Constituição brasileira de 1988 constitucionalizou diversas opções de políticas públicas em seu texto, de modo que reformas administrativas, econômicas e sociais passam pela aprovação de emendas ao texto constitucional que exigem maioria qualificada das duas Casas do Congresso Nacional, o que estabelece uma espécie de "agenda constituinte" permanente (ARANTES; COUTO, 2006). Nesse sentido, os grandes temas estruturantes das políticas públicas do Estado brasileiro, como previdência, sistema de saúde, educação, repartição de receitas entre os entes federativos e políticas públicas energéticas, entre outros, demandam emendas constitucionais para serem alterados.

Em terceiro lugar, tendo em vista o arranjo institucional da democracia brasileira após a Constituição Federal de 1988, houve a condenação por crimes de responsabilidade de dois dos cinco Presidentes da República eleitos até o presente momento, implicando perda de seus cargos. Ainda que não se trate diretamente de atividade legislativa, isso mostra que o Congresso Nacional não é ator secundário, que trabalharia sempre a reboque do Poder Executivo. O sistema de separação de Poderes brasileiro permite que existam agendas, propostas e, em última análise, visões políticas diferentes entre Executivo e Legislativo, que nem sempre estarão alinhadas, a despeito da formação das coalizações governamentais. Isso enriquece o processo de tomada de decisão, ampliando o leque de interesses e visões presentes no momento de elaboração das leis e da escolha de quais alternativas serão definidas como curso coletivo de ação.

Em conclusão deste tópico, devem ser rejeitadas propostas de diminuição do papel do Poder Legislativo no processo legislativo em favor de arranjos institucionais no sentido de um "presidencialismo plebiscitário" ou de uma delegação completa de competência normativa em favor do Poder Executivo. O modo parlamentar de produção legislativa não é um "defeito" dos arranjos institucionais democráticos, mas resultado justamente da percepção de que essa atividade deve ser mediada pela política representativa, mais aberta a visões plurais, com um tempo de maturação maior do que a simples vontade unilateral do Poder Executivo e com ganhos de transparência das razões utilizadas para justificar decisões e de participação social para influenciar essa tomada de decisão. Isso leva à necessidade de se examinar brevemente quais são os vetores de influência do comportamento parlamentar quando da tomada de decisão legislativa.

2.2.3. O comportamento parlamentar: conexão das arenas legislativas, partidárias e eleitorais

Ainda sobre as transformações do processo legislativo contemporâneo, há o desafio de compreender o que motiva o comportamento parlamentar, ou seja, quais são os elementos da realidade que têm o potencial de influenciar a conduta dos parlamentares na relação de representação política e no processo de tomada de decisão legislativa.

Poderia ser defendido o argumento abstrato de um ponto de vista da teoria política ou do direito constitucional de que os parlamentares devem defender o interesse da Nação, dos seus eleitores ou do bem comum – nos vários sentidos que se pode dar a cada um desses termos. Entretanto, essa observação teórica, ainda que tenha um apelo normativo, carece de fundamentação empírica. De maneira diversa, a literatura da ciência política procura explicar o comportamento dos parlamentares baseada em elementos como: conexão das arenas legislativas, eleitorais e partidárias, relação governo/oposição, influência das lideranças partidárias, entre outros (LIMONGI, 2006).

Embora o presente trabalho não tenha por objetivo aprofundar essa investigação, ocupando-se dessa tarefa os cientistas políticos, o pressuposto de que se parte é o de que o comportamento parlamentar não é fundado exclusivamente no exercício de uma razão abstrata e imparcial como desejavam os liberais dos séculos XVIII ou XIX ou de qualquer outro modelo teórico normativo, mas é influenciado decisivamente por uma série de fatores mais próximos de interesses pessoais e concretos seus e de seus eleitores.

Um dos modelos explicativos mais conhecidos, nesse ponto, é o de David Mayhew, que aponta a existência de "duas arenas": a arena eleitoral e a arena parlamentar (MAYHEW, 2004). Partindo do pressuposto de que o principal interesse do parlamentar é sua reeleição (em modelo próximo à teoria da escolha racional), seu comportamento legislativo seria explicado com base nas regras eleitorais. Quanto mais individualizadas e personalistas forem as campanhas eleitorais, os candidatos dependerão menos dos partidos políticos para obter sucesso eleitoral. Isso cria incentivos para que, uma vez eleitos, os parlamentares tenham sua ação fragmentada na busca de aproximação com seu eleitorado por meio de uma atuação individualizada e pouco articulada com seu partido.

O sistema eleitoral brasileiro para Câmara dos Deputados, por exemplo, é o proporcional de lista aberta plurinominal e multipartidário. Diversos partidos competem em distritos eleitorais (no caso brasileiro, a circunscrição eleitoral é o Estado, nos termos do art. 45, § 1º, da Constituição Federal), e a ordem de classificação na lista de cada partido é formada a partir do voto nominal e individualizado do eleitor. As cadeiras, então, são distribuídas conforme os votos obtidos pelos partidos na ordem de preferência estabelecida pelo eleitor.

Conforme o modelo de Mayhew, poder-se-ia esperar que o comportamento parlamentar na Câmara dos Deputados seria fortemente descentralizado e individual, com pouca influência dos partidos políticos no dia a dia dos trabalhos legislativos. Os parlamentares buscariam a maior aproximação possível com seus eleitores, não necessariamente aderindo às orientações das lideranças partidárias, gerando pouca disciplina partidária e, portanto, criando maiores dificuldades de governabilidade, uma vez que o Poder Executivo deveria negociar a aprovação de cada projeto de seu interesse com cada um dos parlamentares. Esse modelo geraria paralisia decisória e dificuldade de governabilidade.

Esse diagnóstico, entretanto, não se confirma na prática brasileira.

Diversas pesquisas empíricas têm demonstrado que a disciplina partidária na Câmara dos Deputados e no Senado Federal atinge altos índices, comparáveis a países parlamentaristas (LIMONGI, 2006, pp. 22-23; ARRECTHE, 2012, p. 141). Isso seria resultado de uma série de mecanismos institucionais, inclusive as regras constitucionais, legais e regimentais, que permitem que o Poder Executivo e as lideranças partidárias efetivamente concentrem parcela significativa dos poderes no processo legislativo relacionados à definição da agenda, dos membros das comissões, dos requerimentos de urgência, do uso da palavra, entre outros.

Carlos Pereira e Bernardo Mueller (2000) identificaram que há, na verdade, uma mistura de vetores de influência na atuação dos deputados federais. De um lado, o sistema proporcional de lista aberta gera incentivos para que os parlamentares, na busca de reeleição, se relacionem de modo direto com seus eleitores, independentemente de seus partidos ou coligações. De outro lado, as normas sobre financiamento de campanha e propaganda eleitoral, regras constitucionais e regimentais do processo legislativo, nomeação de cargos para o Poder Executivo e execução de emendas ao orçamento, geram incentivo em sentido contrário para que o parlamentar siga as orientações de sua liderança partidária, a fim de obter esses benefícios que podem influenciar em sua reeleição (PEREIRA; MUELLER, 2000, pp. 46-50).

Em estudos comparados recentes, há a identificação de outros fatores que influenciam o comportamento parlamentar para além dos acima identificados pela ciência política positiva. Como exemplo, em pesquisa sobre a qualidade da deliberação nos Legislativos dos EUA, da Suíça e da Alemanha, foi identificado que, em determinadas situações do processo legislativo, especialmente em questões menos polarizadas, há maior espaço para deliberação no sentido de apresentação pública de argumentos, mudanças de posicionamento à luz do que se entende ser o bem comum e diálogo com argumentos contrários com pouca influência de elementos partidários e eleitorais (BÄCHTIGER, 2014, p. 145).

Não é objeto do presente trabalho avaliar qual teoria da ciência política empírica é a mais adequada para explicar o comportamento parlamentar no Brasil. Isso escapa aos objetivos de um estudo jurídico. A brevíssima retomada do debate acima tem por objetivo apenas ressaltar que o comportamento parlamentar é, na prática, influenciado por uma série de fatores, inclusive eleitorais e partidários, que não podem ser desconsiderados no momento de se compreender as normas do processo legislativo.

O importante aqui é afastar uma visão ingênua do processo legislativo de que bastaria uma mudança de postura ou eleger os deputados abertos ao diálogo ou com espírito público para que fossem mitigados seus problemas. Essa visão é ingênua, pois desconsidera os fortes incentivos institucionalizados por meio de regras dos sistemas partidário e eleitoral que são muito relevantes para a atuação parlamentar – embora não sejam os únicos elementos a influenciar a tomada de decisão.

Significa isso que o processo legislativo está fadado a ser compreendido como uma prática destinada exclusivamente a atender aos interesses pessoais dos parlamentares de obtenção de resultados positivos eleitorais, partidários ou de outras naturezas?

A resposta é claramente negativa. Como visto, há uma dimensão discursiva na prática da representação política, tanto do ponto de vista empírico quanto normativo, tendo em vista que suas atividades, inclusive a legislativa, devem ser fruto de razões públicas não pessoalizadas e que vão além do autointeresse na reeleição.

Essa dimensão discursiva não é apenas fruto de uma teoria da democracia abstratamente formulada e que seria desejável adotar-se na prática política. Ela própria é uma realidade compartilhada nos sistemas representativos contemporâneos, levando-se em conta que o exercício do poder político deve obedecer a certas exigências para ser considerado verdadeiramente representativo e legítimo. Em outras palavras, a prática social da representação política nas democracias contemporâneas é percebida também como a apresentação pública de argumentos e tomada de decisões de modo justificado, em que o autointeresse, preconceitos e vieses não são aceitos como únicos fundamentos para tanto.

Nesse ponto, é necessário que exista a reflexão jurídica que permita identificar como o desenho institucional do processo legislativo pode, de um lado, mitigar o autointeresse, preconceito e outros vieses, e, de outro, reforçar os laços de representação política no processo de tomada de decisão legislativa. Esse será o objeto do próximo item e, em última análise, de todo o restante do presente trabalho.

2.3. Processo legislativo e democracia: o desenho institucional como uma das fontes de legitimidade do sistema representativo

Diante do exposto, torna-se mais fácil compreender as constantes críticas feitas ao Parlamento e ao processo legislativo parlamentar. É verdade que, ao se formularem os contornos jurídicos dos regimes políticos após as revoluções liberais dos séculos XVII e XVIII, tinha-se que a concepção da natureza e finalidade da lei eram muito diversas das atuais. Também é verdade que o Poder Executivo e os partidos políticos não eram atores centrais da produção legislativa como atualmente. Contudo, essas críticas estão fundadas em visão de representação política que ainda busca um "soberano ausente" ou "uma" vontade popular, desconsiderando que a experiência das democracias representativas contemporâneas revela que ela é muito mais rica e complexa do que simplesmente a vocalização de uma vontade social unívoca preexistente à prática representativa ou do que a chancela eleitoral periódica para eleição de representantes.

Em face desse cenário, qual deve ser o papel do direito em relação à regulação da atividade política representativa, especialmente no momento do processo legislativo?

Aqui deve ser examinada uma advertência de Hannah Pitkin sobre a importância da institucionalização em regimes representativos mediante a criação de normas formais estáveis sobre a atividade política. Ela argumenta que, por mais bem intencionado, efetivo ou popular que seja um sistema de governo, ele somente pode ser considerado verdadeiramente representativo quando se institucionaliza o modo de exercício do poder político, o que transcende o mero capricho ou diletantismo do governo de ocasião para adoção de práticas referenciadas em normas tidas por obrigatórias. Sem a institucionalização "o ideal de representação seria um sonho vazio ou, no máximo, ocorreria como uma benção irregular e inexplicável, a qual nós não teríamos o poder de produzir ou prolongar" (PITKIN, 1967, p. 239). Em suas palavras:

> Um monarca absoluto ou ditador que escolhe, por si mesmo, levar em consideração pesquisas de opinião pública e fazer o que as pessoas parecem querer ainda não é um governo representativo. Exigimos instituições funcionais projetadas para, e que realmente garantam, um governo responsivo ao interesse e à opinião pública.
>
> [...] Para esse propósito, nossos pré-requisitos básicos parecem muito poucos. Seríamos relutantes em considerar qualquer sistema um

> governo representativo, a menos que realizasse eleições regulares, que fossem "genuínas" ou "livres". Seríamos relutantes, além disso, em considerar um governo como representativo, a menos que ele incluísse algum tipo de órgão representativo colegiado com mais do que competência consultiva. Não aceitaríamos prontamente um sistema como representativo no qual todo o governo estivesse nas mãos de um único governante, mesmo que ele estivesse sujeito à reeleição em intervalos regulares. (PITKIN, 1967, pp. 234-235).

Pitkin argumenta que os "pré-requisitos" para um governo representativo seriam muito poucos: eleições regulares e órgão colegiado com funções maiores do que meramente consultivas. Aqui há, entretanto, uma lacuna no argumento de Pitkin: se a representação política, como ela defende, deve ser compreendida principalmente em sua dimensão substantiva, como uma atividade constante que cria um vínculo político entre representantes e representados, justamente esse "fazer" deve estar fundado na institucionalização do exercício do poder político – da atividade representativa em si – e, desse modo, deve ser um dos pressupostos para se reconhecer um sistema como representativo.

Neste ponto, a proposta de Pitkin é insuficiente, pois ainda parte do pressuposto de que a representação seria uma atividade responsiva às preferências já pré-constituídas dos representados. De pouco adiantaria haver eleições livres, justas e regulares para órgãos legislativos multitudinários, em que diversas minorias tenham representatividade (em sentido descritivo, considerando-se a semelhança de opiniões e pessoas com as quais as minorias se identificam), se o processo de produção normativa for arbitrário, sem a apresentação de razões públicas fundadas no conhecimento disponível, com pouca transparência sobre como são construídos os acordos políticos, não-responsivo perante os representados e com poucas possibilidades de participação social.

Em outras palavras, a institucionalização da própria relação de representação política no processo de tomada de decisão coletiva, ou seja, do processo legislativo, é um dos pilares fundamentais da legitimidade de um sistema representativo. É justamente aqui que entra como fator decisivo a reflexão jurídica sobre as normas do processo legislativo, que permita tornar a elaboração normativa em prática estável, previsível e que reforce os laços políticos de representação. Obviamente não se trata do retorno à ideia de mandatos imperativos, mas de uma reflexão jurídica sobre a relação de representação política no momento em que parlamentares, titulares de mandatos juridicamente livres, devem tomar decisões vinculantes para toda a sociedade.

Pitkin adota a curiosa posição de que os constitucionalistas tenderiam a adotar uma visão formalista de representação (significando transferência de poder do representado para o representante ou de semelhança entre representantes e representados) ao examinar as normas do governo representativo. Em contraposição, o "reformador moral" ou educador entenderia a representação em sentido substantivo[15].

O presente trabalho adota a ótica do direito constitucional. Entretanto, isso não significa necessariamente adotar uma visão formalista ou descritiva de representação, como pressuposto por Pitkin a respeito dos constitucionalistas.

É claro que as normas dos sistemas eleitorais, financiamento de campanhas, apuração das eleições ou sistemas de governo são elementos de grande relevância para que a atividade de representação política possa se desenvolver em toda a sua plenitude e, por essa razão, são objeto de reflexão do direito constitucional. Contudo, eles não esgotam os aspectos da realidade sobre os quais incidem as normas de um governo representativo: a atividade de produção de normas pelo Poder Legislativo é, em si, um dos cernes da atividade de representação política, sendo regida por diversas normas – aqui denominadas as normas do devido de processo legislativo. Esse é o objeto do presente estudo e a perspectiva da qual se parte.

15 Novamente nas palavras de Pitkin (1967, p. 238): "Podemos chamar esses dois aspectos (forma e substância) de 'dois grandes humores' da vida política e social. A maioria dos teóricos da sociedade enfatizou um ou outro. O realista obstinado, o cientista social comportamental, o constitucionalista tendem a enfatizar as instituições, o comportamento e o desempenho externo. Solicitado a definir representação, ele buscará uma definição operacional e procurará 'o que os representantes realmente fazem'. Solicitado a reformá-lo, ele construirá instituições que estabelecem regras para o comportamento desejado. Nos termos das visões de representação que discutimos, é provável que ele seja um teórico formalista ou descritivo. O idealista, o reformador moral, o educador, por outro lado, provavelmente enfatizarão a substância e o propósito, a intenção ou mesmo o motivo, a 'real essência interior real', do que a 'mera aparência externa'. Solicitado a definir representação, ele procurará o papel idealizado, o padrão pelo qual julgamos os representantes, o que eles devem fazer e não o que realmente fazem. Pedindo para reformá-lo, ele ensinará o altruísmo dos homens e a preocupação com os interesses dos outros ou com o interesse público, de transformá-los em bons representantes. Entre os pontos de vista que discutimos, é provável que ele adote a representação como atuação substantiva para os outros".

Em clássica definição de Douglass North (1990, p. 3): "as instituições são as regras do jogo em uma sociedade ou, mais formalmente, são as restrições elaboradas pelos homens que dão forma à interação humana. Em consequência, elas estruturam incentivos no intercâmbio entre os homens, seja ele político, social ou econômico". O autor reconhece que há as instituições formais que são "projetadas" intencionalmente e instituições informais, que são códigos de conduta ou costumes não expressados em textos normativos.

Fica claro que o objeto principal do presente trabalho são as instituições formais do processo legislativo, aqui entendidas como normas jurídicas que disciplinam seus diversos atos e como elas são aplicadas na prática do Congresso Nacional na elaboração das leis ordinárias.

"Desenho institucional" do processo legislativo, portanto, se refere ao conjunto de normas jurídicas que o disciplina e dos órgãos que dele participam. Como afirma Adrian Vermeule (2003, p. 3), ao examinar o "desenho constitucional" do processo legislativo, trata-se de investigar "como as regras do processo legislativo podem ser estruturadas para promover uma diversidade de objetivos amplamente compartilhados", inclusive a melhora da qualidade da deliberação e a utilização eficiente dos recursos disponíveis.

Como alerta Jon Elster (2013, p. 4), o debate sobre o desenho institucional deve lidar com uma "dupla indeterminação de teorias normativas plausíveis mas não passíveis de demonstração e de teorias causais plausíveis mas não passíveis de demonstração". Isso significa que a reflexão sobre o desenho das instituições sempre deve partir de algum ponto de vista normativo do objeto a ser disciplinado e, além disso, deve ser capaz de pelo menos oferecer indícios de que certas instituições tendem a gerar determinados resultados.

A diferenciação entre instituições formais e informais permite afastar o paradigma do "velho institucionalismo" do século XIX e início do século XX. Tratava-se de uma tentativa de compreensão do fenômeno político mediante um grande foco nas instituições formais governamentais, no direito constitucional e na história constitucional. Nesse paradigma, acreditava-se que as instituições seriam causas diretas e unívocas do comportamento dos agentes políticos, adotando-se uma perspectiva de macroanálise de um sistema por meio de suas regras constitucionais. Como aponta Shane Martin, adotam essa perspectiva diversas obras clássicas do pensamento político como as de Tocqueville, Woodrow Wilson, James Bryce, e até mesmo as obras de Carl Schmitt (MARTIN; SAAFELD; STROM, 2014, pp. 7-8). Como destaca Maria Paula

Dallari Bucci (2013, Cap. 3), Santi Romano e Maurice Hauriou também são exemplos de autores do início do século XX que adotavam perspectiva institucionalista nesse sentido.

De modo diverso, a literatura da ciência política aponta que as regras do processo legislativo – sejam constitucionais, legais, regimentais ou práticas consolidadas – não são o único, mas um dos elementos que efetivamente influenciam a tomada de decisão pelos atores envolvidos, pois distribuem recursos relacionados, por exemplo, à agenda do que será decidido, ao modo como serão emendados e debatidos projetos e como será computado o resultado da deliberação (COX, 2000). Essa constatação é importante para justificar a relevância do exame das instituições do processo legislativo como elas operam na prática e, de um ponto de vista normativo, como elas devem ser compreendidas, controladas e aperfeiçoadas.

O ponto aqui é entender que as instituições formais do processo legislativo são um dos vetores de influência do comportamento parlamentar e da sociedade como um todo, no momento de elaboração das leis. Não se trata de acreditar que as normas jurídicas condicionam em absoluto o processo ou o resultado da decisão política, mas de entender que elas são um dos elementos que influenciam essa prática. Desse modo, o desenho institucional do processo legislativo pode, de um lado, reduzir algumas das tendências de tomada de decisão autointeressada, com base em vieses e preconceitos, e, de outro, fomentar valores considerados relevantes nesse processo (BÄCHTIGER *et al.*, 2018, p. 21).

Abre-se, então, amplo campo para exame do processo legislativo.

O processo legislativo é marcado por normas, formalidades e praxes específicas para a produção das leis que o afastam da produção do direito pela via judicial ou pelo direito administrativo. Deve haver o olhar para as estruturas internas do processo legislativo, entendidas como as normas que condicionam (ainda que de modo não absoluto) o comportamento dos parlamentares, em termos de iniciativa, emendamento, discussão, participação social, redação dos textos, regras de votação, oferecimento de justificativas, entre outros, à luz dos princípios que estão na base da relação de representação política e, portanto, devem ser objeto também de reflexão jurídica. Além disso, abre-se campo para a questão de como deve ser controlado esse fazer específico nas democracias representativas, seja por órgãos internos ao Poder Legislativo, seja por órgãos externos, como o Poder Judiciário.

Deve ser salientado o fato de que um dos principais pilares de legitimidade das democracias representativas – seja legitimidade entendida em sentido sociológico weberiano como a aceitação concreta por um grupo de pessoas do exercício de autoridade por outras (LICHT; NAURIN, 2015, pp. 135-136) seja em sentido normativo da moralidade a ser reconhecida em um regime político (FALLON JR., 2018, pp. 22-24) – são os processos pelos quais são exercidos o poder político, dentre eles o processo judicial, administrativo e legislativo. Isso revela que os sistemas representativos e seus atos, especialmente a lei, devem ser objeto de reflexão sobre como seus processos decisórios são estruturados do ponto de vista das normas jurídicas.

Ao se estudarem as instituições formais do processo legislativo, as principais normas, geralmente, encontram-se não somente nas constituições, mas também nos regimentos internos dos Parlamentos.

No caso brasileiro, a Constituição Federal, em seu art. 51, inciso III, art. 52, inciso XII, e art. 58, *caput*, estabelece que as Casas do Congresso Nacional irão adotar seus regimentos internos que disciplinarão a organização de seus trabalhos. Como será visto em maior profundidade no Capítulo 7, trata-se de previsão tradicional nas democracias contemporâneas pela qual se assegura autonomia e discricionariedade procedimentais aos Parlamentos para justamente disciplinarem e adotarem procedimentos de elaboração legislativa com algum grau de flexibilidade, tendo em vista a natureza eminentemente política e discursivamente aberta dessa prática social.

Nessa linha de reflexões, Adrian Vermeule (2007) reitera a importância de se estudarem também as instituições "pequenas" – em geral, previstas justamente nos regimentos internos, destacadas no título de uma de suas obras: *Mechanisms of Democracy: Institutional Design Writ Small*. Isso porque pequenas mudanças institucionais – como a publicização de certas informações ou quóruns diferenciados para definição de questões procedimentais – podem produzir grandes impactos no processo legislativo, independentemente de uma teoria normativa mais abrangente de democracia. Em suas palavras:

> Nesse contexto, os mecanismos da democracia são regras de pequena escala que estruturam o processo pelo qual as leis são elaboradas, dadas as instituições de base de uma determinada democracia constitucional. Assim definidos, os mecanismos da democracia podem ser contrastados, por um lado, com arranjos institucionais de larga escala, como acima; eles também podem ser contrastados com re-

> gras constitucionais ou legais que são diretamente responsáveis pelos resultados das instituições democráticas, como regras que protegem os direitos e as liberdades individuais. (VERMEULE, 2007, p. 4).

Deve ser ressaltado, contudo, que diversas obras jurídicas de referência têm por objeto principal a análise das normas constitucionais do processo legislativo. Até mesmo Jeremy Waldron – um dos autores que atualmente mais se dedica ao tema – acaba por aproximar as normas do processo legislativo a apenas às normas constitucionais, como se não houvesse um grande campo de normas jurídicas infraconstitucionais que tratassem do tema da produção legislativa do direito (WALDRON, 1999, p. 157).

À vista do exposto e definidos os pressupostos da importância da institucionalização da própria relação de representação política no processo legislativo em democracias representativas e deliberativas, surge o desafio de se lançarem as bases dogmáticas para sua compreensão. Como ressalta MacCormick (2005), o direito não se confunde com um emaranhado de documentos normativos ou fatos sociais "brutos", mas é uma ordem institucionalizada obtida de modo interpretativo por meio de uma "reconstrução racional", no intuito de "envolver uma nova imaginação e descrição da ordem implícita na desordem potencial, fundada em alguns princípios ou valores atribuídos ao todo e a suas partes. Não se trata da reconstrução literal de algo originalmente presente e que foi de algum modo desmontado" (MACCORMICK, 2005, p. 29).

Em conclusão deste Capítulo, as normas do processo legislativo não devem ser compreendidas como um amontoado de formalidades injustificadas, descoladas do sistema político representativo. Pelo contrário, há o desafio de se pensar uma dogmática do processo legislativo que leve em conta seu papel nas democracias representativas contemporâneas, consideradas as transformações do conceito de representação política, e do papel do Estado e da lei, bem como a realidade da influência do Poder Executivo e do comportamento parlamentar nas democracias contemporâneas.

Como será aprofundado nos Capítulos 3 e 4, é necessário investigar quais são os princípios centrais do processo legislativo em um sistema representativo deliberativo, ou seja, estados ideais de coisas que se almeja atingir mediante um processo institucionalizado de produção de normas jurídicas. Como será visto, aqui surge a necessidade de se investigar a ideia do devido processo legislativo e seu significado à luz da Constituição Federal de 1988.

3

PROCESSO LEGISLATIVO COMO PRÁTICA SOCIAL E SUA REGULAÇÃO JURÍDICA: O DEVIDO PROCESSO LEGISLATIVO

Fixados os pressupostos para compreensão do papel do processo legislativo parlamentar nas democracias representativas contemporâneas, é necessário investigar sua conformação jurídica. A pretensão deste Capítulo é, portanto, esta: examinar os aspectos fundamentais do processo legislativo enquanto prática social em relação aos quais se pode construir uma dogmática coerente, para que seja possível interpretar suas regras constitucionais, legais e regimentais. Como será demonstrado, o argumento central é o de que o devido processo legislativo pode servir como ponto de partida para a compreensão do significado não somente das regras, mas também dos princípios jurídicos que estabelecem exigências normativas de estruturação do procedimento de elaboração legislativa e, consequentemente, parâmetros para seu controle judicial.

Uma primeira constatação a ser feita é que, se comparado ao processo judicial, ainda há uma menor teorização sobre o processo legislativo, sendo suas normas e praxes entendidas de forma pouco coerente e sem valores claramente definidos. Enquanto o processo judicial é embasado em princípios como imparcialidade, inércia, contraditório e ampla defesa, o processo legislativo carece de maior precisão de seus fundamentos teóricos.

Como adiantado na Introdução deste trabalho, Tércio Sampaio Ferraz Júnior já fazia essa avaliação sobre o tema no Brasil (FERRAZ JÚNIOR, 2005, p. 106). Na mesma linha, ressalta Jeremy Waldron (1999, p. 9):

> As únicas estruturas que interessam aos filósofos do direito contemporâneos são as estruturas do raciocínio judicial. Eles estão intoxicados com os tribunais e cegos para quase tudo o mais pelos prazeres da adjudicação constitucional. O embaraçoso é que eles correm o risco de prolongar essa intoxicação muito depois de seus colegas não filosóficos terem passado a uma compreensão mais realista das fontes do direito.

Há diversas hipóteses para tentar identificar as causas de uma ainda incipiente teorização das bases dogmáticas do processo legislativo.

De um lado, há uma herança da tradição positivista em separar-se rigidamente direito, moral e política, de modo que o verdadeiro conhecimento jurídico somente seria alcançado com base na interpretação das opções políticas já positivadas, e o processo de produção da legislação seria relegado ao campo da política (PAULA, 2010).

De outro lado, o caráter claramente contrafactual e ficcional do princípio de hermenêutica jurídica da racionalidade do legislador tornou-se um obstáculo epistemológico para a compreensão da atividade da legislação, uma vez que, independentemente de como elaborada a lei, ela haveria de ser interpretada como um todo sistemático e coeso, o que levou à completa ausência de uma teoria da legislação na teoria do direito (WINTGENS, 2012, p. 290).

Independentemente das causas, o fato é que a ausência de teorização implica uma dificuldade dogmática de se "reconstruírem" as normas do processo legislativo, mediante a tarefa de identificar uma ordenação no sentido de coerência do direito, cujas normas e práticas possam ser remetidas a um conjunto de princípios. "Coerência" aqui não se trata de uma relação lógica dedutiva, mas uma "derivação em sentido fraco", uma vez que as regras jurídicas podem ser entendidas como concretizadoras de princípios mais abstratos que remetem a estados ideais de coisas social e juridicamente tidas por desejáveis (MACCORMICK, 2005, pp. 192-193).

As normas do processo legislativo são "normas sobre normas", ou seja, não estabelecem proibições, obrigações ou permissões para as condutas das interações sociais entre as pessoas em geral, mas basicamente normas de competência e procedimento para edição de outras normas estatais. Para realizar a tarefa de reconstrução das normas do processo legislativo, portanto, deve ser retomada a classificação de normas primárias e secundárias de Herbert Hart a fim de deixar expresso que também as normas do processo legislativo (normas secundárias) devem ser entendidas com base em princípios mais fundamentais que permitem compreender e avaliar a prática da produção normativa legislativa para que se tenha a almejada coerência do direito. Nesse contexto, Waldron (2003, p. 376) destaca que:

> O processo legislativo – como qualquer processo político – deve ser entendido não apenas em referência às regras secundárias que o constituem e governam, mas também em referência à relação entre essas regras e valores e princípios mais profundos que explicam por que os aspectos regulamentados do processo são importantes

> para nós. Outra forma de colocar isso é dizer que o grau secundário de um sistema jurídico - o que Hart chamou de regras secundárias - compreende não apenas regras, mas também princípios. Ronald Dworkin afirmou que isso é verdade para o grau primário, ou seja, ele argumentou que o corpo de normas legais que regem nossa conduta inclui, por exemplo, princípios não promulgados como "Nenhum homem deve se beneficiar com seus próprios erros" - e não é difícil estender sua visão para aplicar também no nível secundário. Portanto, uma forma de caracterizar o que estou fazendo com essas observações é que estou chamando a atenção para o papel que os princípios dworkinianos desempenham na governança de nosso processo legislativo.

Essa observação é de fundamental relevância, pois a prática social do direito não se assemelha a um jogo esportivo cujas regras são fixas e aplicadas de modo independente dos princípios considerados relevantes. O direito é uma prática normativa em que constantemente as regras são interpretadas e avaliadas conforme princípios mais abstratos, que justificam a adoção das regras, sua modificação pelo processo adequado e, em casos excepcionais, a criação de exceções para afastamento de sua hipótese de incidência (MACCORMICK, 2005, pp. 192-252). Nessa modalidade de prática social, o cumprimento das regras sem referência, pelo menos em algumas situações, aos princípios que as fundamentam não faz sentido, pois há a necessidade de identificarem-se casos-padrão de suas incidências e de alguma (mas não absoluta) flexibilidade em suas aplicações.

Diante disso, também as "normas sobre normas" obedecem à mesma lógica. As normas jurídicas sobre produção normativa - no que interessa ao presente trabalho, as normas jurídicas sobre o processo legislativo - devem ser compreendidas como parte da prática social do direito em uma democracia representativa deliberativa, como visto no Capítulo 2, em que normas são produzidas por meio de representantes em processo público de debate, sendo levadas em consideração as preferências dos representados em contínua construção para a tomada de decisões, com base em diferentes visões de mundo.

Este Capítulo é estruturado de modo a identificar quais são as normas fundantes do processo legislativo no ordenamento constitucional brasileiro. Para tanto, no próximo item, examina-se uma primeira tentativa de encontrar a norma basilar e justificadora das normas do processo legislativo: a regra da maioria. Em seguida, examina-se uma segunda perspectiva que aproxima o processo legislativo da teoria geral do processo para encontrar normas comuns derivadas do processo judicial. Por fim, investigam-se as origens e o desenvolvimento do conceito de devido processo legislativo na jurisprudência do STF. Como será visto, embora as duas primeiras perspectivas incorporem elementos importantes, a identificação do significado jurídico-constitucional do devido processo legislativo oferece um suporte normativo mais adequado para a compreensão e crítica da prática social do processo legislativo e de sua regulação jurídica em uma democracia representativa e deliberativa, como a brasileira.

3.1. A insuficiência da regra da maioria como fundamento do processo legislativo

Há uma visão de que o processo legislativo é um conjunto de atos cuja finalidade é permitir o exercício do poder político conforme as preferências dos representantes eleitos pelo povo, por meio da expressão da vontade da maioria parlamentar. No caso de alinhamento político entre Executivo e Legislativo, haveria uma "função secundária" das normas do processo legislativo, tendo em vista o menor espaço para o conflito político entre os Poderes, de modo que a vontade política majoritária poderia prevalecer sem todas as formalidades do processo legislativo, sendo eventuais divergências resolvidas dentro das estruturas partidárias. São claras as palavras de Raul Machado Horta (2010, p. 500) sobre o assunto:

> O processo legislativo não existe autonomamente, como valor em si, pois é técnica a serviço de concepções políticas, realizando fins do poder. Daí sua mutabilidade no tempo e sua compreensão variada, refletindo a organização social, as formas de Governo e de Estado, a estrutura partidária e o sistema político. As relações entre o Executivo e o Legislativo podem ser substancialmente alteradas pelo número e a disciplina dos partidos políticos, com reflexos inevitáveis na fixação do processo legislativo correspondente. Assim, quando o Executivo e o Legislativo não passam de dois setores entregues à atividade de um só partido, ou de um partido majoritário e dominante, as relações de poder são relações de partido, e o processo legislativo exibirá alto índice de automatismo. As regras normativas do processo legislativo desempenharão, neste caso, uma função secundária, pois as relações políticas se encarregam de estabelecer adequado ajustamento entre vontade governamental e vontade legislativa. Mas, se as relações entre Executivo e Legislativo se ressentem da ausência de partido majoritário, por força de difusa concorrência par-

> tidária, as relações entre Executivo e Legislativo serão movediças e muitas vezes críticas, e o processo legislativo se tornará polêmico e contraditório, reclamando desenvolvidas normas de composição de conflitos. Enquanto no primeiro caso, a lei exprime vontade homogênea, no segundo, ela é resultado de vontade polêmica e heterogênea.

Na mesma direção, José Afonso da Silva expressa que a finalidade do processo legislativo é resolver conflitos sociais pela vontade da maioria parlamentar, ainda que não reflita a vontade da maioria do povo. Em suas palavras:

> Os dados acima já nos indicam que o escopo do processo legislativo consiste na positivação do Direito estatal.
>
> O processo legislativo parlamentar serve para acertar e resolver as contradições dos interesses representados nas Câmaras Legislativas numa síntese que vem a ser a lei jurídica. [...]
>
> O regime representativo procura resolver o conflito de interesses sociais por decisões da Maioria parlamentar – a qual nem sempre exprime a representação da maioria do povo, porque o sistema eleitoral opõe grandes obstáculos a ponderável parcela da população quanto ao direito de voto para a composição das Câmaras Legislativas. Daí decorre que a legislação nem sempre reflete aquilo a que a maioria do povo aspira, mas, ao contrário, em grande parte busca sustentar os interesses das classes que dominam o poder, e que às vezes estão em contratante com os interesses gerais da Nação. As classes dirigentes, embora constituindo concretamente uma minoria, conseguem, pelo sistema eleitoral, impedir a representação nos Parlamentos da maioria do povo, razão por que, fazendo a maioria parlamentar, obtêm uma legislação favorável. [...] (SILVA, 2017, pp. 44-46).

Essas passagens reafirmam a importância de que, em uma democracia, existam mecanismos majoritários para a tomada de decisão parlamentar como forma de resolver possíveis divergências de curso de ação coletiva. Pode-se afirmar, então, que a regra da maioria é o grande vetor normativo que embasa a regulação jurídica da prática social da produção legislativa parlamentar?

A resposta é negativa, pois isso seria adotar uma reduzida compreensão sobre as democracias contemporâneas. Como visto no Capítulo 2, a prática social do processo legislativo em democracias representativo-deliberativas ultrapassa em muito uma visão minimalista de democracia fundada na regra da maioria eleitoral ou parlamentar. A representação política e a consequente elaboração parlamentar de normas fazem parte de um processo público de tomada de decisão que mobiliza diferentes discursos sociais institucionalizados e não institucionalizados, em que razões são oferecidas e preferências são construídas durante esse processo. Não se pode, portanto, reduzir a prática do processo legislativo apenas a um processo de votação legislativa.

Aqui, curiosamente, há um ponto em que convergem Ronald Dworkin e Jeremy Waldron. Embora esses autores tenham posições antagônicas sobre diferentes questões da teoria política e do direito, especialmente o controle de constitucionalidade das leis, ambos rejeitam uma visão de que a democracia seria um sistema de governo simplesmente fundado na regra da maioria.

Dworkin argumenta que se deve diferenciar uma visão "estatística" da visão "comunitária" de democracia. Em uma visão estatística, a democracia seria um modelo em que a vontade política significa simplesmente a soma da vontade da maioria dos representantes ou das pessoas que compõe o povo (DWORKIN, 1990, p. 329-330). Nesse modelo, a regra da maioria seria o único e exclusivo procedimento para garantir tratamento igualitário aos cidadãos na resolução de questões políticas (DWORKIN, 2011, p. 386). Por essa visão, dizer que o povo brasileiro aprovou uma lei significaria afirmar que a maioria do povo ou, no máximo, a maioria dos seus representantes votou favoravelmente a uma lei, sendo a minoria a parte derrotada politicamente nesse processo. Embora não haja menção expressa a Schumpeter e a teóricos minimalistas da democracia, claramente eles se enquadram nessa perspectiva "estatística" ou agregativa de democracia (VITALE; MELO, 2008, p. 227).

Já uma visão comunitária de democracia pressupõe a existência de uma abstração coletiva diferente da mera soma de seus indivíduos. Ao se tomar uma decisão por maioria em uma democracia, toda a coletividade reconhece que a decisão é tomada em seu nome e não apenas da maioria, ainda que, individualmente, exista a possibilidade de críticas e discordâncias com essa decisão (DWORKIN, 1990, p. 337). Não há necessidade de igualdade absoluta de impacto de cada opinião individual na formação da vontade coletiva, mas apenas que as desigualdades de impacto político sejam justificadas de modo a aprimorar a legitimidade do sistema político como um todo, inclusive as regras detalhadas eleitorais, de divisão de poderes, exercício da autoridade pública, entre outras (DWORKIN, 2011, pp. 392-394). Assim sendo, pode-se afirmar que em uma democracia comunitária as decisões majoritárias não são percebidas como algo estranho ao povo como um todo: mesmo que a minoria discorde da decisão tomada, ela percebe que a decisão majoritária também é sua, pois participa do modelo de cooperação social para resolução de problemas coletivos comuns.

Waldron chega a conclusões semelhantes ao rejeitar que a regra da maioria seja a única base de legitimidade de um sistema democrático. Ao analisar os argumentos de Locke e Hobbes, o autor rejeita comparações físicas dos Parlamentos como "órgão", cujos membros seriam as forças sociais, ou como uma "arena" de luta militar em que o lado mais numeroso derrotaria o lado menos numeroso. De fato, essas comparações não são capazes de oferecer uma visão normativa atrativa sobre o porquê de as minorias políticas deverem respeitar as decisões majoritárias (WALDRON, 2016, pp. 132-134).

Waldron (2009, p. 9), concordando parcialmente com Dworkin, reconhece que a regra da maioria nem sempre é a mais adequada para resolver todos os problemas de ação coletiva. Pode haver situações em que os vieses e interesses pessoais acabam por distorcer o processo de tomada de decisão, de modo que um procedimento alternativo pode ser desejado para que se mantenha o respeito à igualdade entre os participantes (como, por exemplo, a realização de um sorteio). Contudo, para Waldron - e aqui está um dos pontos de discordância com Dworkin - a regra da maioria é adequada na maior parte dos casos para a resolução de questões políticas. Desse modo, a legitimidade da legislação, entendida como a principal forma de criação do direito em uma democracia, é fundada na ideia de que há a possibilidade de todos os interessados participarem, "direta ou indiretamente", do processo de elaboração das leis (WALDRON, 2016, p. 164).

A noção de democracia em Dworkin e Waldron, na verdade, volta-se para os pressupostos adotados no Capítulo 2: as democracias contemporâneas representativas deliberativas não são uma alternativa inferior ou secundária em relação à democracia direta ou plebiscitária. Na verdade, trata-se de um tipo próprio de experiência política marcada pelo vínculo permanente criado entre representantes e representados, caracterizado por um fluxo contínuo de comunicação em que preferências são construídas coletivamente mediante um processo iterativo. Para a criação e proteção desse processo, é necessário que sejam reconhecidos e protegidos diversos direitos fundamentais, desde as liberdades públicas, passando por direitos políticos e a criação de condições materiais de acesso a bens e serviços que permita uma efetiva construção autônoma dessas preferências pelos indivíduos e sua manifestação na esfera pública com maior ou menor potencial de influenciar o processo de tomada de decisão. Fica patente que esse modelo ultrapassa muito as visões centradas nas eleições ou na regra da maioria como mecanismos de manifestação da "vontade do povo" ou como exclusivos momentos de participação cívica na vida política.

Esses pressupostos têm implicações importantes para o processo legislativo e afastam a visão de que a regra da maioria seria seu exclusivo fundamento.

Em primeiro lugar, as minorias políticas não são, de modo algum, excluídas da atividade política para apenas aguardar as próximas eleições. "Minoria política", aqui, é utilizada em sentido amplo para abarcar diferentes significados de minorias: a) segmentos da população, como minorias sociais, étnicas, religiosas, b) minoria eleitoral da população que não conseguiu eleger representantes ou elegeu menos representantes que a maioria, ou c) minoria parlamentar que não obtém apoio suficiente para sua proposta legislativa.

Em qualquer desses significados, a minoria continua a fazer parte da comunidade política e, ainda mais relevante, participa efetivamente da construção das decisões políticas por meio de oportunidades institucionalizadas e não institucionalizadas de influenciar esse processo de tomada de decisão. Como será visto na sequência, em alguns casos, os ordenamentos jurídicos até reconhecem poderes expressos às minorias parlamentares (como direito de instalar comissão parlamentar de inquérito, recorrer de uma decisão de comissão, participar de reuniões de definição da agenda legislativa ou de órgãos do Poder Executivo). Isso demonstra que a minoria não é alijada do processo democrático durante o intervalo entre as eleições ou das decisões legislativas em que não foi vencedora. De modo diverso, em uma democracia, as minorias constantemente participam das atividades do poder político, inclusive do processo legislativo.

Em segundo lugar, a utilização da regra da maioria é apenas um dos aspectos visíveis da atividade de representação política. Aqui são retomadas todas as colocações feitas no capítulo anterior sobre o significado da representação política em sentido substantivo. É verdade que a regra da maioria é sim um dos mecanismos fundamentais do sistema democrático, pois permite concretizar o valor da equidade política de opiniões sem gerar impasses decisórios. Contudo, a prática social de representação política é muito mais complexa do que simplesmente, em certo momento, somar a opinião dos parlamentares acerca de questões de ação coletiva. A representação política em sentido substantivo é uma atividade permanente que vincula representantes e representados para que as decisões políticas sejam tomadas de modo transparente e em que sejam levados em consideração os interesses de todos os segmentos sociais afetados e com mecanismos de prestação de contas. A produção normativa legislativa mobiliza atores, interesses e recursos que vão além daqueles dos parlamentares e, consequentemente, suas normas têm por finalidade proteger interesses da comunidade política como um todo.

Uma tentativa de revitalizar a regra da maioria como fundamento do sistema representativo é feita por Bernard Manin ao retomar as considerações de Locke a respeito da necessidade de adoção da regra da maioria como mecanismo viável para a tomada de decisões. Manin reconhece que as propostas de ação política devem ser debatidas, mas somente pela regra da maioria haveria um mecanismo de efetiva tomada de decisão necessária em questões de interesse comum. Desse modo, o "princípio da discussão", ou seja, a tomada de decisão após deliberação direcionada a um consenso, seria o modo mais adequado para fundamentar outras práticas sociais como os debates acadêmicos do que o processo legislativo (MANIN, 1997, p. 189-190).

Manin defende que, na verdade, seria até equivocado afirmar que a democracia representativa seria uma forma de governo indireto "pelo povo". Em uma democracia representativa, a função dos representantes seria "julgar" as propostas formuladas pelo Executivo e outros atores, como especialistas no tema, e a função dos representados seria "julgar" o desempenho dos representantes mediante o voto nas eleições. Por essas razões, Manin afirma que o governo representativo pouco se alterou nos últimos dois séculos, tendo como um dos seus pilares as eleições, que funcionam como um mecanismo em certo sentido aristocrático de seleção de representantes, diferenciando-os dos representados, sem grandes possibilidades de participação do povo no processo político decisório (MANIN, 1997, p. 247).

Em suas palavras:

> Assim, a análise do sistema de tomada de decisão mostra que, ao contrário do que afirmam o bom senso e a ideologia democrática, a democracia representativa não é uma forma indireta de governo pelo povo. Tal análise, no entanto, também evidencia uma característica positiva da democracia representativa, a saber, o papel central atribuído ao julgamento da comunidade. O eleitorado como um todo é feito juiz das políticas implementadas por seus representantes: a avaliação retrospectiva do eleitorado das iniciativas relativamente independentes dos governantes influencia a condução dos assuntos públicos. A função deste colegiado deliberativo é também primordialmente a de juiz, no sentido de que todas as propostas devem ser

> submetidas à sua aprovação, ainda que nem todas tenham origem interna. Por diferentes razões em cada caso, é, portanto, o conceito de julgar que melhor descreve o papel atribuído à comunidade, seja ao próprio povo ou a seus representantes. A democracia representativa não é um sistema no qual a comunidade se governa, mas um sistema no qual as políticas públicas e as decisões são feitas sujeitas ao veredicto do povo. (MANIN, 1997, p. 192).

Essa visão alternativa de Manin, contudo, não pode ser aceita, pois ele basicamente reduz a participação dos cidadãos e de seus representantes em uma democracia representativa à função de "veredito", em semelhança ao papel dos jurados em julgamentos judiciais (URBINATI; WARREN, 2008, p. 393). Como já exposto, a democracia representativa é muito mais do que "fazer um julgamento" (*passing judgment*): é uma atividade coletiva fundada em um contínuo fluxo de comunicação cujas preferências são constantemente atualizadas e redefinidas. Isso é crucial para compreender que – diferentemente do que afirma Manin – a prática democrática representativa contemporânea sofreu transformações profundas nos últimos dois séculos do ponto de vista social e político, o que ajuda a compreender o desconforto com a democracia representativa e o processo legislativo de um ponto de vista jurídico, acima exposto.

Nada do que foi apresentado até aqui significa dizer que a regra da maioria é desimportante para o processo legislativo. Pelo contrário, a regra da maioria é o principal mecanismo de resolução de impasses e de tomada de decisões em sociedades democráticas. Contudo, a regra da maioria não é um princípio em si mesmo fundante do processo legislativo, não se adotando aqui a visão de que haveria um "princípio majoritário" como valor autônomo derivado da "força" dos membros de uma comunidade ou da necessidade de "julgar" uma proposta mediante um "veredito" político. A regra da maioria, na verdade, é uma das maneiras de concretizar o princípio da igualdade no plano da ação política coletiva – este sim um dos princípios estruturantes do devido processo legislativo, como será visto no Capítulo 4.

3.2. A aproximação dogmática do processo legislativo à teoria geral do processo

Outra tentativa de identificar as bases dogmáticas do processo legislativo no Brasil é feita mediante sua aproximação com as demais espécies de processo e, portanto, da teoria geral do processo.

Como exemplo, na ADI 1.254, o STF entendeu que o "princípio da preclusão" deveria também se aplicar ao processo legislativo, impedindo o Poder Legislativo de modificar seu entendimento sobre veto do Chefe do Poder Executivo já apreciado.[1] O Relator da ação, Min. Sepúlveda Pertence, após citar Nelson de Souza Sampaio, afirma:

> Mesmo entre os processualistas de tomo, cresce o número dos que – rompendo com o preconceito comum entre os estudiosos do processo jurisdicional – tendem a reconhecer a identidade básica com ele do processo legislativo e do processo administrativo (v.g., Cândido Dinamarco, Fundamento do Processo Civil Moderno, ed. RT, 1987, p. 314), que, invocado Enzo Fazzalari, propõe uma teoria geral do processo que, indo além dos limites do processo jurisdicional, se constitua em 'teoria geral do exercício do Poder pelo Estado, com formas preestabelecidas' [...].
>
> Claro, não se trata de negar, entre as várias modalidades de processo, a realidade dos caracteres específicos de cada qual, relacionados à diversidade da particular função da criação e aplicação de normas – legislativa, administrativa e jurisdicional – cuja disciplina tenha por objeto.
>
> Basta o reconhecimento de identidade básica de todas elas – por que constituem processos de atuação de ordem jurídica estatal – para legitimar que se tomem de empréstimo, da mais elaborada sistematização científica do processo jurisdicional, conceitos e institutos que, não sendo típicos da função jurisdicional, podem ser adequadamente utilizados com referência ao processo administrativo ou ao processo legislativo.[2]

A passagem acima ilustra o entendimento de diversos autores de que o processo legislativo é espécie do gênero processo (VELLOSO, 2004; CASSEB, 2008, p. 21). Em obra originalmente publicada em 1968, Nelson de Sousa Sampaio (1996, p. 28) afirmava:

> [...] o processo legislativo é uma espécie do gênero amplo do direito processual, também chamado de adjetivo ou formal para distingui-lo do direito substantivo ou material. É o direito processual – em toda sua amplitude – que revela o caráter dinâmico do ordenamento jurídico. Por ele, o direito regula a sua própria criação, estabelecendo as normas que presidem à produção de outras normas, sejam normas gerais ou individualizadas.

1 STF, Pleno, ADI 1.254, Rel. Min. Sepúlveda Pertence, j. 09/12/2000.

2 STF, Pleno, ADI 1.254, Rel. Min. Sepúlveda Pertence, j. 09/12/2000, voto do Min. Sepúlveda Pertence, p. 13.

Elio Fazzalari é o autor italiano que sedimentou uma diferenciação muito conhecida entre procedimento e processo (GONÇALVES, 1992, p. 105). Segundo ele, procedimento é o conjunto de atos regulados por

> uma série de normas, cada uma das quais reguladora de uma determinada conduta (qualificando-a como lícita ou obrigatória), mas que enunciam como condição de sua incidência o cumprimento de uma atividade regulada por outra norma da série, e assim por diante, até a norma reguladora de um 'ato final'. (FAZZALARI, 2006, p. 93).

Por sua vez, para Fazzalari, o processo é uma espécie de procedimento em que há contraditório, ou seja, a oportunidade de os interessados em sentido estrito (que podem ter sua esfera jurídica atingida pelo ato a ser emanado) participarem de suas diferentes etapas:

> [...] dele participem também aqueles em cuja esfera jurídica o ato final é destinada a desenvolver efeitos – de modo que o autor dele (do ato final, ou seja, o juiz) deve dar a tais destinatários o conhecimento da sua atividade, e se tal participação é armada de modo que os contrapostos 'interessados' (aqueles que aspiram a emanação do ato final – 'interessados' em sentido estrito – e aqueles que queiram evita-lo, ou seja, os 'contra-interessados') estejam sob plano de simétrica paridade, então o procedimento compreende o 'contraditório', faz-se mais articulado e complexo, e do genus 'procedimento' é possível extrair a species 'processo'. (FAZZALARI, 2006, p. 94).

É ilustrativo identificar que na obra de Elio Fazzalari intitulada *Instituições de Direito Processual*, das quase 800 páginas, cinco são destinadas ao processo legislativo. Esse fato singelo ajuda a ilustrar o argumento que aqui se pretende desenvolver.

De um lado, a teoria geral do processo permite a aproximação do regime jurídico do processo legislativo ao do processo judicial, especialmente, como será visto, mediante a expansão do devido processo legal e de modo a "tomar de empréstimo" (nas palavras do Min. Sepúlveda Pertence na ADI 1.254) os princípios do processo judicial para o processo legislativo, entre eles o princípio do contraditório – a grande marca estrutural do conceito de processo.[3] De outro lado, deve haver cuidado

3 Há uma curiosa expressão no art. 62, parágrafo único, inciso V, do RICD, que exemplifica à aproximação procedimental do processo legislativo ao processo judicial, que estabelece a "organização dos processos legislativos na forma dos autos judi-

nessa aproximação dogmática, em razão das grandes diferenças estruturais da prática social de tomada coletiva de decisões legislativas e as demais espécies de processo.

Ao se referir ao processo legislativo, Fazzalari (2006, pp. 709-710) expõe:

> Na letra e no espírito da nossa Constituição, o núcleo mais vital do procedimento de formação das leis é construído justamente pelo confronto e pelo embate, no seio do órgão legislativo, das opiniões dos eleitos pelo povo.
>
> Entre os membros do Parlamento (ou aqueles do Conselho Regional), em comissão ou sessão, na fase de exame e de discussão do projeto de lei, celebra-se, justamente, o contraditório, no qual se evidenciam e se sopesam os elementos aptos a determinar o voto de cada um e a deliberação. [...]
>
> Assim é que também nos procedimentos em exame se contempla a participação em contraditório daqueles – os membros do parlamento – que, por um fenômeno de redução por meio de seleções, estão no lugar dos destinatários das leis, isto é, dos cidadãos.

Em sentido semelhante, Cândido Rangel Dinamarco (2005) aponta a unidade da "teoria geral do processo", de modo a permitir "a transmigração de conceitos e raciocínios mais desenvolvidos com relação a processo civil" e que "pode atingir o [processo] legislativo". Em suas palavras:

> Essa colocação metodológica principiou por postular a reunião do direito processual civil e do direito processual penal num só enfoque comum (sempre considerado o processo trabalhista como processo civil *lato sensu* e, portanto, incluído nesse contexto). Delineou-se desse modo uma teoria geral do processo *jurisdicional*. Mas apercebeu-se o estudioso de que existe algo mais elevado a considerar, acima dos quadrantes da jurisdição e associando-se ao exercício do poder em geral. Isso propiciou maior amplitude à teoria geral do processo, que hoje vai chegando de modo palpável ao processo administrativo (tributário inclusive) e pode atingir o legislativo. Essa é uma teoria geral do direito *estatal*. [...]
>
> Essa tendencia expansiva legitima-se na *sólida construção sistemática* que ela propicia mediante a revelação de princípios superiores, inclusive em sede constitucional e com a transmigração de concei-

ciais, com a numeração das páginas por ordem cronológica, rubricadas pelo Secretário da Comissão onde foram incluídas".

> tos e raciocínios mais desenvolvidos com relação a processo civil. A democratização do processo não-jurisdicional, com a oferta de garantias de ampla defesa, de participação (contraditório) e da observância dos modelos estabelecidos pelo direito (*due processo of law*), é um proveitoso resultado desse trabalho fecundo de generalização (Const., art. 5º, incis. LIV e LV). (DINAMARCO, 2005, pp. 69-70).

Aqui há um viés teórico expressamente reconhecido em favor do processo jurisdicional: "os conceitos e raciocínios mais desenvolvidos", que são objeto de reflexão há séculos pelos processualistas civis, irradiam-se para outros tipos de processos estatais, como o processo legislativo. Indo mais além, Fredie Didier Jr. (2018, p. 93) argumenta que o devido processo legal se aplica a todas as categorias de processo, inclusive o legislativo, de modo que

> [...] competência, decisão, prova, demanda, admissibilidade, presunção, objeto litigioso, capacidade, cognição etc. são conceitos *lógico-jurídicos* processuais. Compõem o conteúdo da Teoria Geral do Processo. Esses conceitos servem a todas as espécies de processo, e não apenas ao processo jurisdicional.

Possivelmente com inspiração no direito processual judicial, José Afonso da Silva (2017, p. 52) elenca os "princípios do processo legislativo": "[...] a) o da publicidade, b) o da oralidade, c) o da separação da discussão e votação, d) o da unidade da legislatura, e) o do exame prévio dos projetos por Comissões Parlamentares". Marcelo Andrade Cattoni de Oliveira (2018, p. 8) ainda lista os princípios da "unicidade do procedimento", "economia procedimental", "continuidade ou dependência funcional da série procedimental". Aqui fica claro o "empréstimo" das normas do processo jurisdicional para o processo legislativo.

Concorda-se com os argumentos expostos acima de que o processo legislativo é espécie do gênero processo, sendo entendido neste trabalho em sentido minimalista como o conjunto de atos encadeados e disciplinados pelo ordenamento jurídico destinados a produção ou aprovação de uma das espécies de atos previstos no art. 59 da Constituição Federal e – retomando as colocações de Elio Fazzalari – no qual deve se possibilitar a participação dos interessados.

Como será aprofundado abaixo, também é correto entender que o princípio do devido processo legal se aplica a todas as espécies de manifestação do poder estatal, seja em sede judicial, legislativa ou administrativa. Contudo, deve ser feita a ressalva de que essa aproximação dogmática do processo legislativo à teoria geral do processo pode obscurecer as profundas diferenças que existem entre as diversas categorias de processo e, consequentemente, criar dificuldades para o enquadramento dogmático do processo legislativo. Normas e categorias como "demanda", "prova", "contraditório", "ampla defesa", "objeto litigioso", entre outros, não são facilmente adaptáveis ao processo legislativo e, além disso, podem desvirtuar o foco da reflexão jurídica sobre ele.

Não se trata aqui de afastar a semelhança dos processos de produção de normas jurídicas legislativas, administrativas e judiciais que permite identificar normas jurídicas comuns como as supramencionadas, relacionadas ao procedimento (ou seja, conjunto encadeado de atos em que a prática de um pressupõe a prática de atos anteriores até um último) em que se possibilita a participação de interessados, em verdadeiro processo – para manter-se a terminologia consagrada por Fazzalari (2006). Como exemplos, normas sobre preclusão, prática oral de atos processuais, instrumentalidade das formas, economia processual, e nulidade de atos ilícitos são realmente comuns às diversas espécies de processo e podem incidir sobre o processo legislativo, respeitadas suas características. Como será visto no Capítulo 4, no que se refere ao princípio da eficiência do devido processo legislativo, a tomada de decisão legislativa exige a mobilização de recursos escassos – sendo um dos seus principais o tempo – de modo que diversas regras procedimentais são justamente fruto dessas contingências.

O cerne da dogmática do processo legislativo deve estar centrado na prática social que está em sua base. O processo legislativo não está diretamente relacionado à atividade de resolução de litígios entre partes juridicamente interessadas por meio de um terceiro imparcial (como o processo judicial) ou na criação de regulação jurídica fundamentada na lei em sentido formal, por órgão com capacidade para sua execução, fiscalização e controle, com a tomada de ações coercitivas em casos urgentes e necessários (processo administrativo).

O ponto de partida que se adota é que o processo legislativo está no centro de uma prática social democrática, representativa e deliberativa. Seus correspondentes princípios, ou seja, normas jurídicas fundamentais que lhe dão coerência em sentido jurídico devem refletir essa circunstância. Há aqui um potencial dogmático ainda pouco explorado pelo fato de haver um foco excessivo nas semelhanças com o processo jurisdicional, que subestima as características diferenciadoras do processo legislativo e suas repercussões para a teoria jurídica.

Sem afastar a relevância da regra da maioria e da teoria geral do processo, a seguir, investiga-se a hipótese da existência de princípios constitucionais que incidem sobre o processo legislativo como base para a compreensão do desenho institucional da forma legislativa de produção do direito e de seu controle judicial na democracia constitucional brasileira.

3.3. O devido processo legislativo como ponto de partida para compreensão das normas sobre elaboração legislativa

Foi visto anteriormente que a prática social do processo legislativo em democracias representativo-deliberativas é constituída pela mobilização de diversos atores sociais, parlamentares ou não, que articulam discursos em diferentes níveis com maior ou menor grau de institucionalização, na qual a relação de representação política em sentido substantivo estabelece um vínculo permanente entre representantes e representados de modo que as decisões coletivas devem ser tomadas publicamente por meio de apresentação de razões públicas.

Partindo dessa realidade, foi apontada a insuficiência de se entender apenas a regra da maioria ou mesmo a teoria geral do processo - de viés jurisdicional em razão do seu desenvolvimento acadêmico e prático - como perspectivas ou fundamentos exclusivos para compreensão das normas do processo legislativo.

A leitura do texto constitucional de 1988 mostra que, na verdade, o conjunto de normas que disciplina o exercício do poder político, especialmente mediante o processo legislativo, é muito mais amplo do que as regras específicas de iniciativa, emendamento, turnos e quórum de aprovação das proposições legislativas previstas na Seção VIII ("Do Processo Legislativo") do Título IV ("Da Organização dos Poderes") da Constituição Federal (arts. 59 a 69).

Como principais exemplos de dispositivos constitucionais relevantes podem ser mencionados: a) Estado Democrático de Direito (art. 1º, *caput*); b) soberania popular (art. 1º, inciso I, e art. 14, *caput*); c) cidadania (art. 1º, inciso II); d) pluralismo político e partidário (art. 1º, inciso V, e art. 17, *caput*); e) representação política (art. 1º, *parágrafo único*); f) possibilidade de participação social nos debates públicos institucionalizados (art. 1º, *parágrafo único*, art. 14, e art. 37, § 3º); g) segurança jurídica, igualdade política e regra da maioria (art. 5º, *caput*, e art. 47); h) devido processo legal (art. 5º, inciso LIV); i) normas que exigem expressamente "discussão" das proposições legislativas (art. 58, § 2º, inciso, I; art. 60, § 2º; art. 64 *caput*, art. 65 *caput*; art. 11, parágrafo único do ADCT); j) princípios da Administração Pública aplicáveis a todas as atividades estatais: legalidade, moralidade, publicidade, impessoalidade e eficiência (art. 37, *caput*), entre outros.

À luz dessa ampla gama de dispositivos constitucionais relacionados ao exercício do poder político, o STF vem se utilizando com maior frequência da ideia de "devido processo legislativo" como um dos conceitos centrais para a identificação da disciplina da produção legislativa do direito. Como será visto a seguir, o Tribunal e a doutrina brasileira utilizam essa expressão em diferentes sentidos normativos, que ainda carecem de maior clareza dogmática.

Embora não exista um conceito único fechado utilizado pelo Tribunal, "devido processo legislativo" sinaliza o conjunto de normas que regula o processo de elaboração legislativa. Quando utilizado em uma acepção muito ampla, há uma aproximação da ideia de devido processo legislativo à própria legalidade, por meio da qual se exige que as normas legislativas devem ser produzidas conforme as disposições constitucionais pertinentes. A seguinte passagem de voto proferido pelo Min. Alexandre de Morais é elucidativa:

> O respeito ao devido processo legislativo na elaboração das espécies normativas é um dogma corolário à observância do princípio da legalidade, consagrado constitucionalmente, uma vez que ninguém será obrigado a fazer ou a deixar de fazer alguma coisa, senão em virtude de espécie normativa devidamente elaborada pelo Poder competente, segundo as normas de processo legislativo constitucional, determinando, dessa forma, a Carta Magna quais os órgãos e quais os procedimentos de criação das normas gerais.[4]

Em sede doutrinária e sentido semelhante, argumenta-se que o devido processo legislativo é "o conjunto de regras e princípios constitucionais, legais, regimentais e de resoluções que estabelece um processo legislativo

4 STF, ADI 2.261, Pleno, Rel. Min. Alexandre de Moraes, j. 21/08/2019, p. 59. Outros julgados também utilizaram o devido processo legislativo em acepção ampla como conjunto de normas que rege o processo legislativo, sem maiores problematizações, como, por exemplo, HC 77.724, Pleno, Rel. Min. Marco Aurélio, j. 04/11/1998, ementa; ADI 114, Pleno, Rel. Min. Cármen Lúcia, j. 26/11/2009, p. 19; ADI 5.468, Pleno, Rel. Min. Luiz Fux, j. 30/06/2016, p. 27, AO-AgR 2.330, Pleno, Rel. Min. Gilmar Mendes, j. 04/10/2019, p. 40; e ADI 6.696, Pleno, Red. para Acórdão Min. Roberto Barroso, j. 26/08/2021, pp. 65, 122, 131 e 198-199.

constitucionalmente adequado, com proteção dos direitos de participação dos parlamentares" (MARRAFON; ROBL FILHO, 2014, p. 247).

Em definição mais abrangente, Luiz Fernando Gomes Esteves propõe a conceituação do devido processo legislativo como

> a obrigação que os órgãos parlamentares, no exercício de funções legislativas, têm de produzir normas a partir de decisões colegiadas e justificadas, amparadas em informações que podem ser avaliadas e/ou produzidas pelo próprio Legislativo. Tudo isso através de um procedimento conduzido de forma transparente, com máximo de participação possível e com respeito aos grupos parlamentares minoritário. (ESTEVES, 2017, p. 17-8).

Para os fins de exposição, propõe-se a classificação das diferentes perspectivas sobre essa ideia considerando-se: a) a estrutura normativa das normas jurídicas enfocadas; e b) a titularidade dos interesses juridicamente protegidos por essas normas.

Ao se examinar a jurisprudência do STF tomando-se por base essas duas chaves de análise, identificam-se três dimensões pelas quais se compreende o devido processo legislativo. "Dimensões" aqui não são teorias acabadas ou sistematizadas, mas efeitos jurídicos comuns e que podem ser agrupados para fins de análise. Cabe salientar também que não se trata de afirmar que uma dimensão superou ou afastou outra, pois elas se complementam em termos de eficácia jurídica.

No presente trabalho, abaixo se examinam as dimensões do devido processo legislativo na ordem em que foram primeiramente utilizadas na jurisprudência do STF. Essas três dimensões do devido processo legislativo são assim denominadas:

a) Dimensão regulatório-individual: devido processo legislativo como conjunto de regras constitucionais (e eventualmente legais e regimentais) que disciplina o processo legislativo, cujo respectivo direito de proteção é de titularidade individual dos parlamentares;

b) Dimensão regulatório-difusa: devido processo legislativo como conjunto de regras constitucionais (e eventualmente legais e regimentais) que disciplina o processo legislativo, cujo respectivo direito de proteção é de titularidade difusa; e

c) Dimensão principiológica: devido processo legislativo como conjunto de princípios constitucionais que disciplina o exercício do poder político pelo Poder Legislativo mediante a produção normativa.

3.3.1. Dimensão regulatório-individual

Uma primeira possibilidade de se compreender o "devido processo legislativo" é como um conceito que sintetiza apenas as regras constitucionais (e, dependendo da posição do autor, legais e regimentais) acerca do tema da produção das leis e cujo interesse juridicamente protegido diga respeito aos parlamentares. Por isso, aqui essa visão é denominada de "regulatório-individual": o devido processo legislativo é entendido como um conjunto de regras cujo interesse jurídico para sua proteção é exclusivo dos parlamentares. Trata-se do sentido mais antigo e comum da expressão "devido processo legislativo" na forma como utilizado pelo STF.

Nessa perspectiva, "devido processo legislativo" é o conjunto de regras jurídicas que deve ser respeitado para que o processo de elaboração das leis seja isento de vícios e tenha plena validade do ponto de vista constitucional. Esse conceito efetivamente simplifica a argumentação jurídica, pois, para apontar a constitucionalidade formal de uma lei, não é necessário afirmar que seu processo de produção respeitou cada uma das regras de competência, iniciativa, emendamento, discussão, votação, sanção e veto, e assim por diante, mas basta dizer - após examinar a compatibilidade do seu processo de produção com cada uma dessas regras - que ele respeitou o devido processo legislativo.

O grande traço distintivo dessa dimensão é identificar a legitimidade ativa dos parlamentares para ajuizarem um remédio constitucional (o mandado de segurança) contra propostas de emenda à Constituição que possivelmente possam abolir cláusulas pétreas, conforme veda o art. 60, § 4º, da Constituição[5], ou para tutela de outras regras constitucionais do processo legislativo. Como será visto no Capítulo 7, trata-se da "doutrina brasileira do mandado de segurança".

O primeiro caso identificado na jurisprudência do Tribunal em que há referência ao "devido processo legislativo" é o MS 22.503 (Pleno, Rel. para Ac. Min. Maurício Corrêa, j. 08/05/1996). Esse mandado de segurança fora impetrado por deputados federais que questionavam ato do Presidente da Câmara dos Deputados que colocou na Ordem do Dia a PEC 33/1995 (Reforma da Previdência), de autoria do Poder Executivo. A PEC 33/1995 recebeu emenda substitutiva rejeitada pelo Plenário da

5 O Tribunal pacificou seu entendimento de que somente cabe mandado de segurança para questionar a constitucionalidade de propostas de emenda à Constituição, mas não de projetos de lei em face do art. 60, § 4º, da Constituição. Ver STF, MS 32.033/DF, Pleno, Redator para o Acórdão Min. Teori Zavaski, j. 13/06/2013.

Casa. Em seguida, emenda aglutinativa foi apresentada para possibilitar nova votação.

Os parlamentares alegaram que haveria uma violação à proibição de reapresentação de matéria rejeitada em sede de proposta de emenda à Constituição, nos termos do art. 60, § 5º, da Constituição Federal. Também se alegava o descumprimento de normas do Regimento Interno da Câmara dos Deputados, especialmente o art. 43, parágrafo único,[6] uma vez que o autor da emenda aglutinativa foi seu relator (Dep. Michel Temer) e não havia indicação de quais emendas teriam sido fundidas para apresentação da emenda aglutinativa.

A maioria do Tribunal conheceu a ação apenas parcialmente, seguindo a jurisprudência reiterada da Corte, considerando que possíveis violações a normas regimentais são matéria *interna corporis* e devem ser resolvidas pela própria Casa legislativa[7]. Contudo, nos votos vencidos do Min. Marco Aurélio e Min. Celso de Mello houve a exteriorização da ideia de "devido processo legislativo" associada a um direito individual do parlamentar ao cumprimento das normas constitucionais e regimentais que tratam da elaboração normativa. Embora exista um interesse público na correta aplicação das normas jurídicas constitucionais e regimentais que disciplinam o processo legislativo, o interesse juridicamente protegido – nesse sentido, direito subjetivo – seria de titularidade exclusiva dos parlamentares.

Veja-se a seguinte a passagem do Voto do Min. Celso de Mello:

> O processo de elaboração normativa constitui matéria que concerne, essencialmente, ao interesse público. A ordem ritual prescrita pelas normas de índole constitucional e pelas regras mandatórias de caráter regimental destina-se a preservar a própria regularidade e legitimidade do processo de válida formação dos atos emanados do Poder Legislativo. Os membros do Congresso Nacional, nesse contexto, têm inquestionável direito público subjetivo à observância do devido processo legislativo. Torna-se-lhes possível, em consequência, o acesso à tutela jurisdicional do estado, sempre que, do ato da

6 RICD, art. 43, parágrafo único: "Não poderá o Autor de proposição ser dela Relator, ainda que substituto ou parcial".

7 Como será visto no Capítulo 7, antes mesmo de utilizar expressamente a ideia de "devido processo legislativo", o Tribunal, desde o MS 20.257 (Pleno, Redator para Acórdão Min. Moreira Alves, j. 08/10/1980) admitia a impetração do mandado de segurança por parlamentar para obstar a tramitação de proposta de emenda à Constituição que violasse as cláusulas pétreas.

> Mesa das Casas legislativas, derivar lesão a qualquer preceito inscrito na Constituição da República ou a qualquer norma mandatória de índole regimental que se qualifique, enquanto vetor subordinante da elaboração legislativa, como regra de observância cogente e de aplicabilidade inafastável.[8]

Dois pontos chamam a atenção dessa visão minoritária. O primeiro é o de que o parlamentar tem direito público subjetivo de proteção do devido processo legislativo para que todas as regras constitucionais e regimentais sejam observadas no processo de elaboração das leis. É justamente essa a concepção regulatória da ideia de devido processo legislativo, em que as diversas regras jurídicas que disciplinam o processo legislativo são sintetizadas em apenas uma expressão para fins de clareza e simplificação argumentativa. Não há aqui menção a princípios jurídicos mais abrangentes que estariam na base das regras do processo legislativo para lhe dar coerência dogmática.

O segundo ponto é que há uma aproximação do devido processo legislativo ao controle judicial do processo legislativo. Tanto assim que os dois votos vencidos no caso – que defendiam a possibilidade de controle judicial de infrações a normas regimentais – se utilizaram desse conceito para justificar a expansão do controle judicial de constitucionalidade sobre o processo legislativo. Como será visto, trata-se de postura presente também nas obras doutrinárias sobre o tema e ainda predominantemente centrada em uma visão "juriscêntrica" do processo legislativo, como exposto na crítica de Waldron.

Denomina-se, portanto, essa dimensão de "regulatório-individual", pois, de um lado, o devido processo legislativo é conceito-resumo que sintetiza uma diversidade de regras jurídicas secundárias (no sentido de Hart) que disciplinam a produção legislativa e, de outro lado, sua proteção judicial é de interesse de apenas alguns indivíduos, no caso, os parlamentares da Casa na qual tramita a respectiva matéria. Em diversos casos posteriores o STF utilizou-se do devido processo legislativo nessa acepção "regulatório-individual".[9]

---

8 STF, Pleno, MS 22.503, Rel. para Ac. Min. Maurício Corrêa, J. 08/05/1996, voto do Min. Celso de Mello, p. 80.

9 São exemplos: MS 24.041, Rel. Min. Nelson Jobim, j. 29/08/2001; MS 34.722 AgR, Rel. Min. Celso de Mello, j. 19/09/2019; MS 27.971, Decisão Monocrática do Rel. Min. Celso de Mello, j. 20/07/2011; MS 31.816-AgR-MC, Red. para o acórdão Min. Teori Zavascki, j. 27/02/2013; MS 31.832-MC, Decisão Monocrática do Rel. Min.

Cabe ressaltar que, no plano da literatura internacional, o texto tido como pioneiro no exame aprofundado da expressão "devido processo legislativo" é um artigo de Hans Linde, de 1974 (MESSERSCHMIDT, 2016, p. 374; ROSE-ACKERMAN; EGIDY; FOWKES, 2015, p. ix), que também entende esse conceito baseado em uma compreensão "regulatória" como o conjunto de regras que disciplina o processo legislativo.

Nesse texto, o autor tinha por objetivo criticar a doutrina vigente à época nos EUA de que o controle judicial de constitucionalidade das leis com base no direito fundamental à igualdade (14ª Emenda - *Equal Protection Clause*) deveria ser feito com base no "devido processo legislativo", ou seja, em um exame da racionalidade da norma jurídica legislativa, em que os meios eleitos pelo legislador deveriam ser compatíveis com as finalidades perseguidas. Em sentido diverso, Linde defendia uma leitura puramente procedimental de "devido processo legislativo" como o conjunto das regras jurídicas que tratam do processo de elaboração normativa. Em suas palavras:

> A questão é que o processo [legislativo] em todos os lugares é governado por regras, que essas regras são feitas propositalmente e de tempos em tempos alteradas, e que a maioria delas é suficientemente concreta de modo que tanto participantes quanto os observadores reconhecerão quando um órgão legislativo está seguindo o devido processo legislativo e quando não está. Geralmente, não há razão para duvidar de qual processo é necessário. Se um órgão legislativo não recalcula suas cadeiras por Estado quando necessário, se para o relógio a fim de promulgar projetos fora do prazo constitucional, se os membros ausentes são contados como parte do quórum ou como tendo votado, se os requisitos pouco práticos para a leitura dos projetos são ignorados, os participantes sabem que não estão cumprindo a constituição ou podem ser facilmente lembrados disso por qualquer pessoa. O mesmo é verdadeiro para os procedimentos legislativos regidos por regras que não estejam na constituição e para os órgãos legislativos locais. (LINDE, 1975, p. 242).

A visão acima exposta de Hans Linde sobre o tema se aproxima de uma compreensão regulatória de devido processo legislativo, uma vez que o compreende "por toda a parte regido por regras [...] suficiente-

Luiz Fux, j. 22/08/2013; e MS 32.033, Red. para o acórdão Min. Teori Zavascki, j. 20/06/2013; MS 27.931, Pleno, Rel. Min. Celso de Mello, j. 29/06/2017; MS-AgR 34.722, Pleno, Rel. Min. Celso de Mello, j. 20/09/2019 e MS-AgR 34.635, 2ª Turma, Rel. Min. Celso de Mello, j. 10/10/2020.

mente concretas" (FRICKEY; SMITH, 2002, pp. 1711-1712). Trata-se, em última análise, de postura que rejeita a existência de princípios jurídicos mais abrangentes que disciplinam o processo de produção legislativa, sendo as regras jurídicas constitucionais, legais e regimentais os únicos parâmetros normativos sobre o tema.

A verdade é que, à época, a discussão levantada por Linde não trouxe grandes repercussões no debate doutrinário ou jurisprudencial americano (GARDBAUM, 2018, p. 4). Na Suprema Corte Americana houve dois votos dissidentes do Juiz John Paul Stevens no final da década de 1970, em que se afirmava que o exame do processo legislativo em concreto poderia ser relevante para identificar uma possível inconstitucionalidade material por violação aos direitos de vida, liberdade e propriedade, mas que não formaram nova linha jurisprudencial na Corte. Como será visto no Capítulo 7, a Suprema Corte dos EUA faz uma análise restrita dos pressupostos de validade do processo legislativo, embora haja uma tendência de serem revistas as justificativas apresentadas pelo legislador em casos de federalismo.

Não se afirma que há um equívoco ao se utilizar o conceito de devido processo legislativo como conceito-resumo para apontar o conjunto de regras jurídicas constitucionais, legais e regimentais que tratam da elaboração legislativa de normas, nem na atribuição de legitimidade ativa aos parlamentares para questionarem, via mandado de segurança, o descumprimento das regras constitucionais no processo legislativo. Afirmar que o devido processo legislativo é o conjunto de regras jurídicas que regem esse modo específico de produção normativa tem a vantagem de simplificar a tarefa de argumentar sobre a validade das leis, sem a necessidade de fazer remissão expressa a cada uma delas.

Isso, contudo, é insuficiente para uma dogmática adequada do processo legislativo à luz da Constituição Federal de 1988, por pelo menos duas razões.

A primeira delas é que não se pode entender que o único interesse juridicamente protegido no processo de elaboração legislativa seja o dos parlamentares. Na verdade, as normas de organização sobre a produção legislativa do direito são orientadas de modo a garantir que as leis sejam elaboradas conforme visões políticas diversas por meio de processo que assegure representatividade e troca pública de argumentos, em compatibilidade com a ideia de um Estado Democrático de Direito. Como será visto a seguir, há um interesse difuso juridicamente protegido no cumprimento de regras constitucionais, legais e regimentais para que haja o respeito ao devido processo legislativo.

Aqui surgem com toda força os pressupostos adotados no Capítulo 2 sobre a natureza substantiva da representação política e seu exercício em democracias representativas e deliberativas. Ela é um "fazer" específico, ou seja, uma atividade que cria um vínculo constante entre representantes e representados. Nessa atividade, os interesses dos representados são construídos pela atividade representativa e devem ser levados em consideração, de modo que eventuais discordâncias com as posições adotadas pelos representantes não sejam permanentes e, quando ocorrerem, sejam justificadas. Também é necessário que haja mecanismos de prestação de contas dos representantes, sendo as eleições periódicas o mais importante deles, mas não o único. Portanto, a institucionalização jurídica dessa atividade de representação política deve ser feita tendo em vista os interesses de toda a sociedade e não apenas dos seus representantes.

A segunda razão da insuficiência da dimensão regulatório-individual do devido processo legislativo é que a própria literalidade dos dispositivos constitucionais, como acima expostos, sinaliza para uma maior riqueza normativa sobre o tema.

A compreensão das regras do processo legislativo carece - como qualquer regra jurídica - de uma justificação normativa, que, desse modo, dê coerência justamente para esse conjunto de regras que rege a elaboração das leis, bem como permita fazer uma avaliação crítica delas e de seu controle. Como visto acima na crítica de Waldron à pouca teorização sobre as normas do processo legislativo, a interpretação e aplicação de normas jurídicas - inclusive as normas do processo legislativo - exigem que se apontem princípios justificadores que permitam compreender suas finalidades no momento de aplicação.

As regras do processo legislativo não são um amontoado aleatório de formalidades sem coerência entre si, mas devem ser compreendidas como normas jurídicas essenciais para reforço dos laços de representação política na democracia representativo-deliberativa brasileira e, consequentemente, da institucionalização da produção normativa coletiva por processo contínuo de interação comunicacional entre representantes e representados. Simplesmente entender que "devido processo legislativo" é o próprio conjunto de regras jurídicas que rege a produção legislativa não permite identificar quais os princípios subjacentes a elas que serão utilizados para sua interpretação e aplicação. Há a necessidade de compreender o devido processo legislativo a partir de um conjunto de normas jurídicas mais abrangente que também abarca esses princípios constitucionais.

Para fins de clareza: o argumento desenvolvido no presente trabalho não é de natureza puramente analítica, como se fosse apenas revelado um conceito descritivamente mais correto das normas que regulam a prática social do processo legislativo. O argumento aqui é expressamente normativo: para que haja maior coerência dogmática a compreensão das normas do processo legislativo em uma democracia representativo-deliberativa "faz mais sentido" (na terminologia exposta de MacCormick) caso sejam compreendidas à luz de princípios mais abrangentes. Isso será demonstrado nos próximos itens.

3.3.2. Dimensão regulatório-difusa

Para além da compreensão do devido processo legislativo em uma perspectiva regulatório-individual, há a visão de que ele seria um conjunto de regras que assegura a elaboração de normas jurídicas de modo democrático e deliberativo, em que os interesses da sociedade como um todo são levados em consideração.

Essa dimensão se aproxima da anterior na medida em que compreende o devido processo legislativo como um conjunto de regras jurídicas; entretanto, dela se afasta ao passo que reconhece que o interesse jurídico na proteção a essas regras não é exclusivo dos parlamentares, mas de toda a sociedade. Isso permite a ampliação da proteção do devido processo legislativo para além dos mandados de segurança impetrados por parlamentares para abarcar outros veículos processuais (como as ações de controle abstrato de constitucionalidade) em que se possam discutir vícios do processo de elaboração legislativa.

Há exemplos de julgados do STF, em que Ministros adotaram essa visão.

Na ADI 5.127, em que se declarou a inconstitucionalidade de emendas parlamentares sem pertinência temática em medidas provisórias, a Min. Rosa Weber – fundada no pensamento de Leonardo Barbosa, abaixo examinado – entendeu que essa prática fere o "direito fundamental ao devido processo legislativo". Nas palavras da Ministra:

> Não se trata em absoluto de apenas aproveitar o rito mais célere para fazer avançar o processo legislativo, supostamente sem prejuízo. A hipótese evidencia violação do direito fundamental ao devido processo legislativo – o direito que têm todos os cidadãos de não sofrer interferência, na sua esfera privada de interesses, senão mediante

normas jurídicas produzidas em conformidade com o procedimento constitucionalmente determinado.[10]

Na ADI-MC 4.885, em que se discutiu possível vício de inconstitucionalidade por corrupção consubstanciada em recebimento de recursos para votação em certa proposição legislativa, a Min. Rosa Weber, após retomar o discurso de Burke aos eleitores de Bristol, afirma que o processo legislativo é a arena de "razão e julgamento", de modo que haveria violação ao devido processo legislativo entendido como um direito fundamental de titularidade difusa, caso comprovada a vontade viciada dos parlamentares.[11]

Em julgado posterior do STF (ADI-MC 5.498, Redator para Acórdão Min. Teori Zavascki, j. 14/04/2016), houve ampla discussão sobre as normas aplicáveis ao processo de julgamento de crimes de responsabilidade praticados pelo Presidente da República. No caso, discutia-se a constitucionalidade de dispositivos do Regimento Interno da Câmara dos Deputados que estabelecem regras sobre a ordem de votação nominal (art. 187, § 4º, do RICD).[12] Embora não se tratasse de hipótese de processo legislativo, mas do julgamento sobre a admissibilidade de denúncia contra o então Presidente da República por crime de responsabilidade, o Min. Edson Fachin, em posição minoritária, com base no princípio do devido processo legal, afirmou que o devido processo legislativo exige o respeito às regras regimentais – aproximando sua posição ao da dimensão regulatório-difusa, nos seguintes termos:

---

10 STF, Pleno, ADI 5127, Redator para o Acórdão Min. Edson Fachin, j. 15/10/2015, Voto da Min. Rosa Weber, p. 32.

11 STF, Pleno, ADI-MC 4885, Rel. Min. Marco Aurélio, j. 27/06/2018, Voto da Min. Rosa Weber, pp. 44-5.

12 RICD: "Art. 187. A votação nominal far-se-á pelo sistema eletrônico de votos, obedecidas as instruções estabelecidas pela Mesa para sua utilização.
[...]
§ 4º Quando o sistema eletrônico não estiver em condições de funcionamento, e nas hipóteses de que tratam os arts. 217, IV, e 218, § 8º, a votação nominal será feita pela chamada dos Deputados, alternadamente, do norte para o sul e vice-versa, observando-se que:
I – os nomes serão enunciados, em voz alta, por um dos Secretários;
II – os Deputados, levantando-se de suas cadeiras, responderão sim ou não, conforme aprovem ou rejeitem a matéria em votação;
III – as abstenções serão também anotadas pelo Secretário."

> O devido processo legislativo, decorrência inafastável do devido processo legal, está portanto no inciso XLVI do art. 5º da Constituição da República do Brasil, exige o respeito às regras procedimentais expressamente definidas no Regimento Interno da Casa Legislativa. De modo que, pedindo vênia – é a percepção que tomo a liberdade de apresentar a esse Colegiado –, entendo que são inconstitucionais todas as demais apresentações que possam ser aventadas para a chamada de votos no processo de admissibilidade da acusação de autoridade denunciada por crime de responsabilidade. Diante do exposto, Senhor Presidente, acolho o pedido de concessão de medida cautelar, para fins de interpretação conforme, para declarar como única interpretação constitucional compatível com o devido processo legislativo aquela que respeita a literalidade do § 4º do art. 187 do Regimento Interno da Câmara dos Deputados.[13]

Na mesma linha e em sede doutrinária, Marcelo Andrade Cattoni de Oliveira apresentou trabalho pioneiro sobre o tema.

Em sua tese de doutorado apresentada no ano de 1999, intitulada *Devido processo legislativo: uma justificação democrática do controle jurisdicional de constitucionalidade das leis e do processo legislativo*, o autor lança as bases para a construção de uma dogmática do controle jurisdicional do processo legislativo a partir da teoria discursiva de Habermas. As principais questões enfrentadas pela obra são relacionadas ao papel do Poder Judiciário no controle de constitucionalidade da lei, não apenas de seu "âmbito de normativo de incidência", mas também sobre seu processo de produção (OLIVEIRA, 2016, p. 24).

O autor parte do afastamento dos modelos republicano e liberal de democracia, pois ambos apresentariam o mesmo problema: identificariam uma contraposição entre constitucionalismo e democracia (OLIVEIRA, 2016, p. 58-69).

Para o pensamento republicano, cujo expoente clássico é Rousseau, a democracia seria um projeto de autorrealização ética em que uma comunidade relativamente homogênea do ponto de vista cultural, religioso e étnico reafirma seus laços por meio da política, em que há amplo engajamento das pessoas. Como visto no Capítulo 2, Rousseau entende que a soberania popular não pode ser delegada a representantes, pois, nesse caso, seria uma abdicação dela. Desse modo, para uma corrente comunitarista da linha de pensamento republicano, caberia ao proces-

13 STF, Pleno, ADI-MC 5498, Redator para o Acórdão Min. Teori Zavascki, j. 14/04/2016, voto do Min. Edson Fachin, p. 19.

so legislativo revelar a dimensão ética que estaria na base da sociedade com ampla participação popular direta. Aqui se coloca a ideia de liberdade em sentido positivo, ou seja, liberdade "para algo" entendida como possibilidade de participar ativamente da vida pública.

Já os liberais, tendo por paradigma Locke, entendem que o pacto político é anterior à formação dos governos, de modo que a principal missão do Estado é proteger e não intervir nas liberdades individuais. Dessa maneira, a atividade política é um instrumento para a proteção do homem em sociedade, na qual visões distintas de mundo competem entre si para assumir o exercício do poder político.

Retomando o pensamento de Habermas, Oliveira destaca que os dois modelos apresentam dois equívocos. Em primeiro lugar, pecariam por um excesso de normativismo, perdendo potencial explicativo diante da realidade da prática política. Em segundo lugar, as duas tradições compreendem a relação entre democracia e constitucionalismo como algo conflitivo e incompatível a ser resolvido mediante a prevalência de um sobre o outro. Desse modo, o pensamento republicano seria excessivamente normativo no ponto em que pressupõe a política como um processo de autoesclarecimento coletivo baseado em um consenso ético em sociedades homogêneas – o que contraria a realidade contemporânea de sociedades complexas, multiculturais e cujo discurso político é fundado em ampla divergência não somente ética, mas também moral e pragmática. A tradição liberal, por sua vez, reduziria a prática política por não estar centrada na autodeterminação democrática dos cidadãos capazes de deliberação, mas na garantia de um sistema jurídico que permitiria a realização supostamente apolítica do bem comum em termos de preferências individuais.

Pautado na visão habermasiana de democracia e constitucionalismo, Marcelo Oliveira argumenta que a própria noção de constituição deve ser entendida como "processo", como "a regulação, institucionalização jurídica de processos, por meio da consagração das autonomias pública e privada" (OLIVEIRA, 2016, p. 109-110). Apoiado na teoria geral do processo e ecoando as definições de Fazzalari, o autor entende que "processo é procedimento em contraditório", entendido como a possibilidade de participação dos possivelmente afetados por um ato estatal no seu *iter* de elaboração. Assim sendo, apresenta sua definição de processo legislativo:

> Nesse quadro, o processo legislativo enquanto processo de justificação democrática do Direito, pode ser caracterizado como uma

> sequência de diversos atos jurídicos que, formando uma cadeia procedimental, assumem seu modo específico de interconexão, estruturado em última análise por normas jurídico-constitucionais, e, realizados discursiva ou ao menos em termos negocialmente equânimes ou em contraditórios entre agentes legitimados no contexto de uma *sociedade aberta de intérpretes da Constituição*, visam à formação e emissão de ato público-estatal do tipo pronúncia-declaração, nesse caso, de provimentos normativos legislativos, que, sendo o ato final daquela cadeia procedimental, dá-lhe finalidade jurídica específica. (OLIVEIRA, 2016, p. 110).

Em seguida, o autor argumenta que a missão da jurisdição constitucional é garantir as condições processuais necessárias para o exercício da autonomia pública e da autonomia privada, por meio do "devido processo legislativo" e do "devido processo constitucional" (este em sede judicial). Em suas palavras:

> Essa tarefa densifica-se nas seguintes perspectivas:
>
> 1. garantia do devido processo legislativo democrático; ou seja, democracia e abertura nos discursos de justificação;
>
> 2. garantia do devido processo constitucional; ou seja, imparcialidade e adequabilidade nos discursos de aplicação constitucional.
>
> Ad 1 – Sob o paradigma procedimentalista do Estado Democrático de Direito, a Jurisdição Constitucional deve referir-se primeiramente aos pressupostos comunicativos e às condições processuais para uma gênese democrática do Direito. Tal perspectiva não poderá reduzir-se a uma leitura meramente instrumental do processo legislativo, como sugerem os enfoques liberais da política, pois há que se levar explicitamente em conta o caráter normativo dos princípios constitucionais que justificam a legitimidade desse processo. Contudo, esses princípios não podem nem necessitam ser interpretados como valores concretos de uma dada tradição ético-política, como sugerem alguns republicanos, a partir de *uma teoria substantiva dos direitos fundamentais ou de uma teoria do devido processo substantivo.*
>
> Ad 2 – Nessa perspectiva, a Jurisdição Constitucional deve garantir, de forma constitucionalmente adequada, a participação, nos processos constitucionais de controle jurisdicional de constitucionalidade da lei e do processo legislativo, dos possíveis afetados por cada decisão, em matéria constitucional, por uma interpretação construtiva que compreenda o próprio Processo Constitucional como garantia das condições para o exercício da autonomia jurídica dos cidadãos. Ao possibilitar a garantia dos direitos fundamentais processuais

> jurisdicionais, nos próprios processos constitucionais de controle jurisdicional de constitucionalidade das leis e do processo legislativo, a Jurisdição Constitucional também garantirá as condições para o exercício da autonomia jurídica dos cidadãos, pela aplicação reflexiva do princípio do devido processo legal, compreendido, aqui, como 'modelo constitucional do processo' (para utilizar a expressão de Andolina-Vignera, 1990), a si mesma. (OLIVEIRA, 2016, pp. 128-129).

Como exposto acima, realmente não se pode fazer uma leitura "meramente instrumental" do processo legislativo, considerando-se que seria destinado exclusivamente à prevalência da vontade política da maioria. A ideia de representação substantiva em uma democracia deliberativa aponta justamente para sua função estruturante como um dos meios de intermediação social que permite a construção de discursos e formação de preferências, de modo transparente, pelo uso de razões públicas e de algum modo responsivo aos representados. A partir da amplitude da cláusula do devido processo legal, portanto, deve ser assegurado um processo constitucionalmente determinado de elaboração das leis que proteja a relação de representação política em uma sociedade democrática como a brasileira.

Há, entretanto, dois pontos que chamam a atenção na argumentação acima.

Marcelo Oliveira não especifica quais seriam os "princípios constitucionais que justificam a legitimidade desse processo [legislativo]". Não há um aprofundamento maior da ideia de devido processo legislativo, sua natureza ou efeitos jurídicos. O autor se utiliza das categorias gerais do processo como a própria definição de processo como procedimento em contraditório e devido processo legal, mas não aprofunda quais seriam esses princípios constitucionais específicos do processo legislativo. Pode-se aqui pensar em uma ampla gama de princípios que vão desde os direitos fundamentais de liberdade, direitos sociais, direitos políticos e outros princípios como separação de poderes e federalismo para constatar-se que é necessário aprofundar a análise para se identificar quais princípios estão diretamente relacionados às regras do processo legislativo.

Além disso, toda a análise da obra – como o autor se propõe a fazer desde o título – é destinada a examinar o papel da jurisdição constitucional em relação ao controle do processo legislativo. Há, aqui, novamente, uma visão juriscêntrica do tema, uma vez que o devido processo legislativo é examinado apenas naquilo que interessa a seu controle judicial. Sua função na argumentação jurídica e na institucionalização do próprio processo legislativo, por meio de regras jurídicas de apresentação de proposições, participação social, debates e deliberação, não são temas abordados na obra.

Uma das obras no direito brasileiro que examina o devido processo legislativo em maior profundidade é a de Leonardo Augusto de Andrade Barbosa, *Processo Legislativo e Democracia,* publicada em 2010.

Assim como Marcelo Oliveira, também com base na teoria discursiva de Habermas, Leonardo Barbosa tem por objetivo "definir os contornos gerais de uma teoria acerca do processo legislativo". O autor destaca que, com base na experiência democrática contemporânea, deve ser feita uma ampliação do conceito de esfera pública política para abarcar diversos fluxos de comunicação muito mais amplos do que os apenas estatais (BARBOSA, 2010, p. 59). Há o foco na compreensão do potencial deliberativo dos Parlamentos e da correspondente compreensão de devido processo legislativo com base em uma análise profunda do significado da prática social de legislar por meio de corpos multitudinários – o que é algo raramente feito pela doutrina jurídica, como denunciado por Jeremy Waldron.

De maneira semelhante a Marcelo Oliveira, Leonardo Barbosa aponta que o processo legislativo é uma forma institucionalizada de discurso, fundada especialmente no princípio do contraditório, entendida como a possibilidade de participação dos possivelmente afetados no procedimento de elaboração normativa. Esse ponto é de grande relevância: o contraditório, no processo legislativo, ainda que guarde semelhança com o processo judicial, não deve ser entendido da mesma maneira, pois se trata de "discursos estruturalmente diferentes". Enquanto o processo judicial é fundado num discurso de aplicação do direito vigente com análise das circunstâncias concretas do ponto de vista histórico da incidência de uma norma jurídica, o processo legislativo é estruturado em discurso de justificação (na conceituação de Klaus Günther), em que se almeja a universalização da regra legislativa para todos os que se encontrem em situação semelhante, abstraídas as particularidades de casos concretos (BARBOSA, 2010, pp. 125-129).

Com base nesses elementos, Leonardo Barbosa apresenta visão inovadora sobre o devido processo legislativo, que seria um direito fundamental de titularidade difusa, com dimensões de direito de defesa e direito à organização e ao procedimento. Segundo o autor:

> O direito ao devido processo legislativo é um exemplo de direito fundamental de titularidade difusa, não um direito subjetivo de um ou outro parlamentar, ao menos no que se refere à regularidade do

> processo de produção das leis. Esse direito funciona simultaneamente como um direito de defesa e como um direito à organização e ao procedimento.
>
> Enquanto direito de defesa, o direito ao devido processo legislativo articula, em princípio, pretensões de abstenção e anulação. As pretensões de abstenção dirigem-se aos órgãos legislativos e exigem que os mesmos se abstenham de exercer sua função em desconformidade com os parâmetros constitucionais e regimentais que a regulam. As pretensões de anulação, por sua vez, são comumente dirigidas ao Poder Judiciário, que delas conhece em sede de controle de constitucionalidade.
>
> Enquanto direito à organização e ao procedimento, o direito ao devido processo legislativo consagra uma pretensão de caráter positivo, dirigida ao legislador: os procedimentos relacionados ao exercício da função legislativa devem ser normatizados de acordo com as prescrições constitucionais relevantes. Nenhum órgão colegiado pode funcionar de maneira adequada sem um regramento detalhado, o que é fornecido no caso brasileiro pelos regimentos internos. (BARBOSA, 2010, pp. 195-196).

Em primeiro lugar, Leonardo Barbosa entende que o "devido processo legislativo" é um direito fundamental de titularidade difusa e não de titularidade dos parlamentares. Essa ideia vai ao encontro da noção contemporânea de representação em democracias deliberativas que, como visto, exige um vínculo constante entre representantes e representados para que seus interesses sejam levados em consideração nas deliberações. Um processo legislativo hermético, sem razões públicas e sem possibilidades de interação com diversos segmentos da sociedade é um modelo que não atende essas exigências. Dessa forma, tendo em vista que toda a sociedade tem interesse legítimo em se ver representada em sentido substantivo na elaboração das leis, o argumento de Leonardo Barbosa (2010, p. 213) é esclarecedor no ponto em que critica uma "longa tradição corporativa que dissocia o afazer parlamentar do debate público. O processo legislativo não é matéria *interna corporis*, não é simplesmente 'problema dos parlamentares'".[14]

Trata-se, inclusive, de entendimento que conta com suporte doutrinário e jurisprudencial no direito comparado. Como exemplo, Gustavo Zagrebelsky e Valeria Marcenò (2018, p. 211) destacam que "o respeito aos regimentos parlamentares, isto é, a regularidade e lealdade dos

14 Nesse mesmo sentido, ver Silva Filho (2003, p. 79).

trabalhos legislativos [...] é questão de interesse geral: não apenas dos sujeitos que operam na seara parlamentar, mas todos os cidadãos". Há, também, diversos julgados de tribunais, como o Tribunal Constitucional da Espanha, Israel, África do Sul e Colômbia, em que se reconhece que as normas do processo legislativo, inclusive as normas regimentais, tutelam o interesse de toda a coletividade e não apenas dos parlamentares. Essas posições serão examinadas em maiores detalhes no Capítulo 7.

Aqui fica claro que a dimensão regulatório-individual é insuficiente justamente por compreender que o interesse juridicamente protegido pelas normas do processo legislativo seria apenas dos parlamentares. É verdade que eles estão em posição diferenciada, pelo fato de poderem exercer diversas competências de apresentação de proposições, emendamento, discussão e votação, além de outros. Contudo, toda a sociedade tem interesse jurídico na estruturação de um processo legislativo adequado e que suas respectivas normas sejam respeitadas, tendo em vista a natureza da prática política representativa em democracias deliberativas. Dessa maneira, restringir a eficácia das normas do devido processo legislativo à criação de posições jurídicas processuais exclusivamente para os parlamentares (como na dimensão regulatório-individual) é ficar aquém das exigências normativas da Constituição Federal de 1988.

Em segundo lugar, o direito ao devido processo legislativo estabelece um direito de defesa, para que os órgãos legislativos "se abstenham de exercer suas funções em desconformidade com os parâmetros constitucionais e regimentais que a regulam". Em artigo em que desenvolve o tema, o autor entende que não se pode atribuir titularidade do direito ao devido processo legislativo apenas aos parlamentares, uma vez que todos os "todos os afetados pelo provimento legislativo devem poder exigir que ele seja adotado em conformidade com os preceitos jurídicos aplicáveis, sejam eles de estatura constitucional ou regimental – isso decorre do princípio do estado de direito" (BARBOSA, 2014, p. 608). Dessa forma, na visão do autor, o descumprimento das regras constitucionais, legais ou regimentais do processo legislativo leva à sua inconstitucionalidade.

Já no que se refere ao devido processo legislativo como direito à organização e ao procedimento, Leonardo Barbosa aponta com razão que o devido processo legislativo exige que sejam editadas normas regulamentadoras da Constituição Federal, especialmente por meio dos regimentos internos das Casas Legislativas, de modo a concretizar as disposições constitucionais relevantes. O autor assinala que o devido processo legislativo estabelece um dever de normatização por parte do legislador para que crie as condições institucionais adequadas para produção legislativa do direito em democracias representativas deliberativas.

Entretanto, não é feito exame mais profundo de quais seriam essas disposições constitucionais relevantes para além das regras já expressamente previstas no texto constitucional e nos regimentos internos das Casas legislativas. Nesse sentido, afirma que "não é possível imaginar uma hipótese de violação direta ao princípio do devido processo, que exige tão-somente observância das normas procedimentais públicas e pré-estabelecidas" (BARBOSA, 2010, p. 188).

De todo modo, como principal norma constitucional relevante, Barbosa menciona o princípio do contraditório, que é considerado um elemento basilar do processo legislativo como a possibilidade de participação dos possíveis interessados. Retomando a distinção entre procedimento e processo, que remonta a Fazzalari, o autor afirma que a "nota distintiva do conceito de processo é a participação dos afetados pelo provimento em posição de simétrica paridade, materializada pelo princípio do contraditório." (BARBOSA, 2010, p. 78).

Ao enfatizar a importância do contraditório no processo legislativo, as obras de Marcelo Oliveira e Leonardo Barbosa sinalizam o reconhecimento de que o processo legislativo não é uma soma desconexa de atos e formalidades, mas é um conjunto encadeado de atos destinados a possibilitar a edição de uma lei, necessariamente fundado em algum tipo de participação dos possivelmente afetados por ela.

As propostas feitas por Marcelo Oliveira e Leonardo Barbosa e adotadas pelo STF nos julgados acima são de grande relevância, pois apontam para a superação do paradigma individual do devido processo legislativo: a produção legislativa de normas jurídicas é atividade que diz respeito à toda a sociedade e não apenas os parlamentares, como decorrência da característica discursivamente aberta das democracias contemporâneas. Portanto, deve ser reconhecido um interesse difuso (de titularidade coletiva em sentido amplo) juridicamente protegido por uma norma constitucional do tipo princípio que estabelece um estado ideal de coisas relacionados à sua proteção (defesa) e promoção (institucionalização por regras de organização e procedimento): o devido processo legislativo, como uma das projeções do devido processo legal.

O presente trabalho tem por objetivo aprofundar as propostas desses autores, de modo a ser reconhecido que não somente o princípio do contraditório, mas também outras normas jurídicas, nomeadamente outros princípios constitucionais, estabelecem exigências normativas para a produção legislativa do direito e são rearticulados a partir do devido processo legislativo. Em outras palavras, não somente regras constitucionais, legais e regimentais compõem o devido processo legislativo, mas também princípios que projetam efeitos jurídicos e devem ser investigados. Nesse sentido, como será visto no próximo Capítulo, o contraditório, ou melhor, os princípios da igualdade política e da participação social não são os únicos princípios estruturantes do devido processo legislativo, que apresenta outras exigências de publicidade, deliberação e eficiência.

3.3.3. Dimensão principiológica

O argumento do presente trabalho é o de que o devido processo legislativo deve ser compreendido como uma projeção do devido processo legal que articula não somente regras, mas também princípios que estabelecem um estado ideal de coisas a ser buscado mediante a atividade estatal nos momentos de elaboração normativa legislativa. Não se trata apenas de regras jurídicas sobre elaboração legislativa, mas de princípios constitucionais que estabelecem exigências para a criação e interpretação dessas regras[15]. Por isso, além de uma dimensão regulatória, o devido processo legislativo também apresenta uma dimensão principiológica que estabelece diversos deveres de criação e observância de procedimentos para a elaboração legislativa.

Em julgados mais recentes, o STF tem identificado essa dimensão mais abrangente do devido processo legislativo.

Na ADI 4.357 e na ADI 4.425, julgadas conjuntamente, foi questionada a constitucionalidade da Emenda Constitucional nº 62, de 9 de dezembro de 2009, que instituiu novas regras para o pagamento de precatórios pelo poder público. Um dos argumentos apresentados pelo autor versava sobre sua possível inconstitucionalidade formal, uma vez que, no Senado Federal, a matéria foi discutida e votada em primeiro e

15 Para uma síntese crítica do debate sobre a distinção entre regras e princípios e visões distintas sobre o tema ver Silva (2009, Cap. 2) e Ávila (2018). Para o que interessa ao presente trabalho, é suficiente partir da constatação de que os princípios são normas que exigem a realização ou manutenção de um estado ideal de coisas sem definir quais as condutas concretas necessárias para tanto. Enquanto os princípios estabelecem deveres normativos orientados à realização de uma ou mais finalidades, as regras estabelecem diretamente condutas concretamente exigíveis (ÁVILA, 2018, p. 112).

segundo turnos no mesmo dia. Isso violaria o art. 60, § 2º, da Constituição Federal, no ponto em que se exigem dois turnos de discussão e votação em cada Casa do Congresso Nacional, pois o art. 362 do RISF exige interstício de cinco dias úteis entre o primeiro e segundo turnos para discussão e votação de proposta de emenda à Constituição.

O Relator Min. Ayres Britto – seguido pelo Min. Joaquim Barbosa, Min. Marco Aurélio e Min. Celso de Mello – identificou uma violação ao devido processo legislativo. Em sua visão, as regras constitucionais do processo legislativo das emendas à Constituição têm por objetivo dar "uma espécie de trégua mental ou de intervalada reflexão entre um primeiro e um segundo turno de debate e votação. Com o que se dificulta levianas ou açodadas alterações no Estatuto Político maior do Estado e da sociedade brasileira."[16]

Na mesma linha de entendimento, o Min. Marco Aurélio adotou uma interpretação teleológica do art. 60, § 2º, da Constituição Federal:

> A interpretação teleológica do disposto no parágrafo 2º do artigo 60 da Carta Federal exclui, seja qual for o interesse momentâneo, a queima de etapas, ao prever que a proposta será discutida e votada em cada Casa do Congresso Nacional, em dois turnos, considerando-se aprovada se obtiver, em ambas, e em cada qual duplamente, três quintos dos votos dos respectivos membros.
>
> O preceito não agasalha o açodamento, ou seja, não agasalha simplesmente a forma pela forma.
>
> Ter-se dupla votação contempla espaço razoável para a necessária reflexão, no que se pretende alterar o documento básico da República, a Constituição Federal. No caso, não houve esse espaço, por isso ou por aquilo – e, assim, vamos contando, como costumo ressaltar, a história do Brasil. Resolveu-se que, no Senado, a votação seria imediata quanto ao segundo turno. Potencializou-se, como disse, a forma pela forma em detrimento do conteúdo na norma.[17]

Entretanto, a maioria, liderada pelo Min. Luiz Fux, rejeitou a interpretação acima. Adotou-se a visão de que, em face da omissão do constituinte, não há um intervalo mínimo de tempo a ser exigido entre o primeiro e segundo turnos de discussão e votação de propostas de emenda à Constituição. Caso o constituinte desejasse estabelecer um

16 STF, ADI 4.357, Pleno, Redator para Acórdão Min. Luiz Fux, j. 14/03/2013, p. 29.

17 STF, Pleno, ADI 4.425, Redator para Acórdão Min. Luiz Fux, j.14/03/2013, voto do Min. Marco Aurélio, p. 179.

intervalo mínimo entre primeiro e segundo turnos, haveria fixado um período determinado, como o fez no caso do processo legislativo relativo às leis orgânicas de municípios e do Distrito Federal (art. 29, *caput*, e 32, *caput*, da Constituição Federal). Nesse sentido, o Ministro restringiu a possibilidade de tutela jurisdicional às regras expressamente previstas na Constituição e não às normas regimentais, declarando que a "Suprema Corte não pode se arvorar à condição de juiz da robustez do debate parlamentar para além das formas expressamente exigidas pela Constituição Federal".[18]

É interessante notar que diversos Ministros da corrente vencedora ingressaram no campo de avaliar o tempo e qualidade da discussão da Proposta de Emenda à Constituição no Congresso Nacional. Em outras palavras, argumentaram que deve ser feita uma avaliação da "maturação" das proposições legislativas para além de prazos ou formalidades rígidas. Veja-se:

> Apesar da fluidez do argumento e de sua difícil construção na seara jurídica, tenho que a maturação ou não de propostas legislativas não deve ser compreendida sob a ótica da maior ou menor duração entre os dois turnos de votação. De forma oposta, a análise deve ater-se ao processo legislativo como um todo, ou seja, da fase de iniciativa até a deliberação final da Casa revisora – no caso das emendas constitucionais. Esse é o sentido de um verdadeiro processo deliberativo, no qual se conta inclusive com a participação da sociedade na discussão e no amadurecimento da questão.[19]
>
> Pelo que expõe a Advocacia-Geral da União, a Emenda contestada teve origem no próprio Senado Federal, no ano de 2006 (PEC nº 12/06), onde foi aprovada bem mais tarde, já em 2009, mesmo ano em que retornou à Casa para votação do texto final, após a deliberação da Câmara dos Deputados (onde tramitou como PEC nº 351/09).[20]
>
> Com efeito, na situação presente, não há margem para se firmar a precocidade de aprovação da norma, ou mesmo a ausência de amadurecimento da questão. Ora, é de conhecimento notório de todos a ampla discussão no âmbito do Congresso Nacional a respeito da

18 STF, Pleno, ADI 4.425, Redator para Acórdão Min. Luiz Fux, j.14/03/2013, voto do Min. Luiz Fux, p. 73.

19 STF, Pleno, ADI 4.425, Redator para Acórdão Min. Luiz Fux, j.14/03/2013, Voto do Min. Dias Toffoli, p. 155.

20 STF, Pleno, ADI 4.425, Redator para Acórdão Min. Luiz Fux, j.14/03/2013, Voto do Min. Teori Zavaski, p. 144.

> PEC dos precatórios, a envolver não apenas os parlamentares, mas também integrantes dos Governos Federal, Estaduais, Distrital e Municipais. Afinal, tratou-se de proposta de emenda que tramitou no Senado Federal por três anos e foi objeto de aprovação duas vezes nessa mesma Casa Legislativa. Não há razão, portanto, para se afirmar que sua aprovação teria ocorrido sem a devida reflexão ou amadurecimento por parte dos parlamentares.[21]

O julgamento da ADI 4.357 e ADI 4.425 é de grande relevância, pois tanto a corrente majoritária quanto a minoritária apoiaram-se em interpretação teleológica das regras constitucionais respectivas, antecipando a dimensão principiológica do devido processo legislativo. Foi adotada a compreensão de que as regras do processo legislativo não são um conjunto desconexo de formalidades ("a forma pela forma", nas palavras do Min. Marco Aurélio), mas, no caso concreto, orientadas a permitir uma "intervalada reflexão" (Min. Ayres Britto) ou "maturação" (Min. Dias Toffoli) de modo a se atingir um grau mínimo de deliberação sobre mudanças à Constituição Federal.

Até mesmo Ministros que participaram da corrente vencedora fizeram considerações sobre "o processo legislativo como um todo", que culminou na Emenda Constitucional nº 62, de 2009, afirmando que houve a devida consideração pelo Congresso Nacional "com participação da sociedade na discussão e amadurecimento na discussão" (Min. Dias Toffoli) e "ampla discussão" (Min. Rosa Weber). Essas considerações dialogam diretamente com o princípio da deliberação do devido processo legislativo, como será visto no Capítulo 4, e com um possível modelo de controle procedimental do processo legislativo, a ser examinado no Capítulo 7.

Em outro julgado paradigmático, a maioria do Tribunal novamente adotou a compreensão de que o devido processo legislativo apresenta dimensão principiológica que extrapola o conjunto de regras expressas sobre o tema.

Na ADI 5.127 foi declarada a inconstitucionalidade da prática então corrente no Congresso Nacional de aprovar emendas sem pertinência temática aos objetos originais das medidas provisórias. Cabe salientar que a Resolução nº 1, de 2002, do Congresso Nacional, que estabelece normas para a tramitação de medidas provisórias, proíbe, em seu art. 4º,

21 STF, Pleno, ADI 4.425, Redator para Acórdão Min. Luiz Fux, j.14/03/2013, Voto da Min. Rosa Weber, p. 148.

§ 4º, o oferecimento de emendas "que versem sobre matéria estranha àquela tratada na Medida Provisória."

Em voto vencido, o Min. Dias Toffoli chamou atenção para o fato de que o requisito de pertinência temática não está expressamente previsto na Constituição Federal. Por essa razão, ele questionou a viabilidade de se tutelar norma regimental em sede de controle judicial de constitucionalidade, uma vez que se trataria de ato *interna corporis.* Seguindo a jurisprudência tradicional do Tribunal, o Ministro entendeu que não poderia o Poder Judiciário ingressar nessa questão, o que criaria o risco de dar "carta branca para que todo e qualquer magistrado possa, no âmbito do controle difuso de constitucionalidade, afastar a aplicabilidade da lei ao caso concreto com fundamento em inconstitucionalidade formal, por vício no processo legislativo de conversão".[22]

Os demais Ministros, entretanto, entenderam que não se tratava de tutela de norma regimental.

O Min. Edson Fachin, Redator para Acórdão, salientou que a ausência de vedação expressa no texto constitucional para o oferecimento de emendas sem pertinência temática a medidas provisórias não é óbice para que seja reconhecida essa proibição de forma implícita na própria Constituição por meio de interpretação sistemática. Nessa passagem, fica clara a projeção do devido processo legal (art. 5º, inciso LIV, da Constituição) também para o âmbito do processo legislativo. Veja-se:

> Assim, a menção à ausência de vedação expressa no texto da Constituição sobre a possibilidade de emenda com conteúdo diverso daquele que originou a Medida Provisória não afasta qualquer processo de cotejo interpretativo que abranja parâmetros implícitos, decorrentes de sua interpretação sistemática e unitária.
>
> Ou seja, não é apenas porque o texto constitucional não veda expressamente essa possibilidade que ela seja permitida, especialmente à luz do princípio democrático e do regular processo legislativo por ele desenhado (estampados, entre outros, nos arts. 1º, caput, parágrafo único, 2º, caput, 5º, caput, LIV, CRFB).[23]

22 STF, Pleno, ADI 5127, Redator para o Acórdão Min. Edson Fachin, j. 15/10/2015, Voto do Min. Dias Toffoli, p. 79.

23 STF, Pleno, ADI 5127, Redator para o Acórdão Min. Edson Fachin, j. 15/10/2015, Voto do Min. Edson Fachin, p. 62.

A dimensão principiológica do devido processo legislativo foi novamente adotada pelo Tribunal no julgamento da ADI-MC 4.885 (Rel. Min. Marco Aurélio, j. 27/06/2018), em que se questionou a nova redação do § 15 do art. 40 da Constituição Federal, conferida pela Emenda à Constituição nº 41, de 2003, e que alterou o regime jurídico da previdência dos agentes públicos.

Uma das alegações fundou-se em possível vício de inconstitucionalidade formal pelo fato de a Emenda à Constituição nº 41, de 2003, ter sido aprovada com votos de parlamentares que, em sede de processo penal originário no STF (a Ação Penal nº 470 – conhecida como o caso do "mensalão"), foram condenados por crime de corrupção passiva por terem recebido recursos para votação favorável a matérias de interesse do Governo, inclusive a própria Emenda à Constituição nº 41, de 2003.

Embora a maioria do Tribunal não tenha expressamente se manifestado a respeito, o Min. Edson Fachin destacou que apenas sete parlamentares foram efetivamente condenados pelos crimes supramencionados e, além disso, não seria possível identificar em quais votações congressuais teria havido influência decisiva dos comportamentos ilícitos.[24] Na mesma direção, destacou o Min. Roberto Barroso:

> Haverá inconstitucionalidade formal por violação ao devido processo legislativo também quando for afetado o núcleo essencial do princípio da moralidade. Assim, a inconstitucionalidade por violação ao devido processo legislativo também pode decorrer da prática de atos ilícitos que ocasionem vício na manifestação de vontade dos representantes do povo. É verdade que, como regra, não existe a possibilidade de se analisar a compatibilidade da vontade do legislador com a vontade do povo no processo de edição de ato normativo pelo Parlamento. Além de difícil aferição prática, essa análise, em uma democracia representativa, não pode ficar a cargo do Judiciário, mas deve ser atribuída ao próprio povo. No entanto, naqueles casos em que houver flagrante violação da moralidade legislativa através de evidências concretas da compra e venda de votos para a prevalência de interesses particulares, o Judiciário possui o dever de intervir e invalidar a norma nascida sob tais circunstâncias. Sua função, nesse contexto, será pela manutenção da própria democracia representativa.[25]

24 STF, Pleno, ADI-MC 4885, Rel. Min. Marco Aurélio, j. 27/06/2018, Voto do Min. Edson Fachin, p. 20.

25 STF, Pleno, ADI-MC 4885, Rel. Min. Marco Aurélio, j. 27/06/2018, Voto do Min. Roberto Barroso, p. 33.

Em sentido semelhante, no julgamento das ADIs 4.887, 4.888 e 4.889, também sobre a constitucionalidade da Emenda Constitucional nº 41, de 2003, a Min. Cármen Lúcia entendeu que o devido processo legislativo abarca uma série de princípios constitucionais para além das regras expressas na Constituição:

> No aspecto formal, devem as emendas constitucionais respeito ao devido processo legislativo, entre outros requisitos, obedecer à iniciativa da proposta por um dos legitimados previstos no art. 60 e a aprovação, em dois turnos, por maioria de três quintos de votos, em ambas as casas legislativas.
>
> 9. Entretanto, o devido processo constituinte reformador não tem apenas aquelas restrições expressas no art. 60 da Constituição, submetendo-se também aos princípios que legitimam a atuação das Casas congressuais brasileiras.
>
> Inclui-se no devido processo legislativo a observância, ao longo do procedimento de elaboração da emenda constitucional, dos princípios da moralidade e probidade [...][26]

No caso acima, foi novamente reconhecido que o devido processo legislativo não é formado apenas pelo conjunto de regras expressas sobre o tema, mas abarca outros princípios constitucionais que estabelecem exigências para o exercício do poder político na democracia brasileira – nos casos destacados, o princípio da moralidade e probidade.

A análise da jurisprudência do STF acima revela que deve ser identificada uma expansão do devido processo legal, entendido como princípio que limita o exercício do poder político de diferentes formas, também para incidir sobre o processo legislativo. É justamente aqui que se encontra o devido processo legislativo enquanto projeção do devido processo legal.

Antonio Carlos Cintra, Ada Pellegrini Grinover e Cândido Rangel Dinamarco apontam que após a Constituição Federal de 1988 o devido processo legal foi alçado à verdadeiro princípio constitucional basilar do ordenamento jurídico, projetando sua eficácia para as funções estatais administrativas, jurisdicionais e legislativas:

> Entende-se com essa fórmula um sistema de limitações ao exercício do poder, seja em sede jurisdicional, administrativa ou legisla-

26 STF, Pleno, ADI 4887, Rel. Min. Cármen Lúcia, j. 11/11/2020, p. 19.

> tiva. Com toda essa relevância política, o *due process* é um irmão siamês da democracia e do Estado de Direito, chegando a constituir a base sistemática de todas as demais garantias constitucionais. Ele é composto por intransponíveis *landmarks* além dos quais não podem passar o próprio legislador, o administrador e sequer o juiz, sob pena de violação ao regime democraticamente assegurado. [...]
>
> Pela primeira vez na ordem constitucional brasileira o texto de 1988 adota expressamente a fórmula do direito anglo-saxão, garantindo que "ninguém será privado da liberdade ou de seus bens sem o *devido processo legal*" (art. 5º, LIV). [...]
>
> Hoje, mais do que nunca, a justiça penal e a civil são informadas pelos dois grandes princípios constitucionais: o acesso à justiça e o devido processo legal. Destes decorrem todos os demais postulados necessários para assegurar o direito à *ordem jurídica justa* [...]. (CINTRA, GRINOVER e DINAMARCO, 2015, p. 107-10)

Na mesma linha, como ressalta o Ministro Gilmar Mendes em sede doutrinária, "é provável que o devido processo legal configura uma das mais amplas e relevantes garantias do direito constitucional" e de que "a cláusula constitucional do devido processo não exige apenas um processo previamente estabelecido em lei; ela vincula a própria atividade legislativa na feitura do processo justo" (MENDES, 2013, p. 430). O próprio STF já reconheceu a amplitude do âmbito de incidência do devido processo legal de modo a abarcar, inclusive, de modo direto algumas relações entre particulares[27].

Alexandre Jorge Carneiro da Cunha Filho também destaca que há uma exigência geral de proteção contra o arbítrio no exercício do poder, de modo que "o processo legislativo, como iter a ser observado pelos parlamentares para produção das leis, resultando de um poder conferido a certas pessoas para tomar decisões relevantes em nome da comunidade, também está sujeito aos ditames do *devido processo legal*" (CUNHA FILHO, 2017, p. 159).

A expansão do devido processo legal sobre o processo legislativo não é exclusividade brasileira.

Canotilho destaca que houve, ao longo da prática constitucional comparada, uma paulatina expansão do devido processo legal.

---

27 Como um dos principais casos julgados pelo Tribunal, menciona-se o RE 201.819, 2ª T., Redator para Acórdão Min. Gilmar Mendes, j. 11/10/2005, em que entendeu pela incidência do devido processo legal no âmbito de uma relação associativa.

Inicialmente, essa garantia era centrada em aspectos mais procedimentais no intuito de exigir o respeito às regras processuais para a aplicação judicial de sanções. Para além dessa feição, a garantia do devido processo legal também passou a ser entendida como norma que estabelece exigências substantivas mínimas para o conteúdo dessas normas processuais e também para as normas que regulam o processo legislativo. Em suas palavras:

> Esta leitura básica abre a porta para uma outra ideia já atrás acentuada. É ela a do *processo devido* como processo justo de *criação legal de normas jurídicas*, designadamente das *normas restritivas* das liberdades dos cidadãos. Por outras palavras porventura mais expressivas: o *due process of law* pressupõe que o processo legalmente previsto para aplicação de penas seja ele próprio um 'processo devido' obedecendo aos trâmites procedimentais formalmente estabelecidos na constituição ou plasmados em regras regimentais das assembleias legislativas. Procedimentos justos e adequados moldam a actividade legiferante. Dizer o direito segundo um processo justo pressupõe que justo seja o procedimento de criação legal dos mesmos processos. (CANOTILHO, 2003, p. 493).

Susan Rose-Ackerman, em obra coletiva, defende a existência de um "devido processo normativo" (*due process of lawmaking*), que estabelece exigências de legitimidade jurídica para os processos estatais de criação de normas legislativas e administrativas (ROSE-ACKERMAN, EGIDY e FOWKES, 2015, p. 1-6).

Nessa mesma direção, tanto a doutrina quanto a jurisprudência em outros países, reconhecem que o processo legislativo não é regido apenas por regras, mas também por princípios que estabelecem deveres para a elaboração e interpretação das normas de origem legislativa, independentemente de previsão constitucional específica (MESSERSCHMIDT, 2016, p. 377). Como será visto adiante, por exemplo, há julgados de Cortes Constitucionais da África do Sul, Alemanha, Colômbia, Espanha e Israel que expressamente reconheceram a existência de princípios constitucionais que regulam o processo legislativo e condicionam a validade formal das leis. Também serão examinadas as propostas de Jeremy Waldron, Adrian Vermeule e Susan Rose Ackerman de identificação de quais seriam esses princípios que regem o processo de elaboração legislativa.

Isso revela que o devido processo legislativo, como projeção do devido processo legal, abarca um grande conjunto de normas, inclusive normas com estrutura de princípio cujos conteúdos normativos contemplam a exigência da perseguição de um estado ideal de coisas e sobre como devem ser produzidas e interpretadas as regras constitucionais, legais ou regimentais da elaboração legislativa, ou seja, um "mínimo padrão procedimental constitucional" (GARDBAUM, 2018, p. 4). Trata-se do reconhecimento da criação de deveres jurídicos de organização e de procedimentos – para se retomar o apontamento feito por Leonardo Barbosa –, que exigem que o desenho institucional das normas do processo legislativo e sua aplicação em concreto estejam de acordo com os respectivos princípios constitucionais que regem essa prática social na democracia brasileira. Isso vai além da dimensão exclusivamente regulatória de devido processo legislativo, seja em sua vertente individual ou difusa, como acima exposto.

Deve ser feita a ressalva de que há críticas à utilização indiscriminada dos princípios na argumentação jurídica, "pois dá a ideia de que os 'princípios' seriam cláusulas abertas, espaço reservado à 'livre atuação da subjetividade do juiz'" (STRECK, 2007, p. 171). No mesmo sentido, critica-se essa visão como uma "tardia jurisprudência dos valores", uma vez que "os princípios, enquanto normas, diferenciam-se dos valores justamente porque estabelecem um vínculo de obrigatoriedade e não de preferência ou de conveniência. Princípios estabelecem o que é devido e não o que é preferível" (OLIVEIRA, 2016, pp. 153-154).

Como alerta Humberto Ávila, uma utilização desmensurada da ponderação direta de princípios (nos casos em que eles apresentam dimensão de peso) em detrimento da subsunção exigida pelas regras jurídicas vigentes acabaria, em última análise, por desnaturar a natureza democrática do direito, implicando uma indevida transferência de poder decisório do Poder Legislativo para o Poder Judiciário (ÁVILA, 2009).

Diante dessas críticas, entender os princípios como normas que impõem a realização de um estado ideal de coisas não significa, automaticamente, uma volta à jurisprudência dos valores ou qualquer modelo teórico que atribua um papel de protagonismo voluntarista à decisão judicial. Também não se trata de defender que a aplicação de princípios é tarefa exclusiva ou predominante do Poder Judiciário. A proposta do presente trabalho é, de modo diverso, enfatizar a importância de uma base dogmática adequada justamente para compreender as regras e a prática legislativa vigentes, sem deixar de reconhecer o caráter central das regras jurídicas constitucionais, legais e regimentais que disciplinam o processo legislativo e definem seu desenho institucional.

Diante da análise acima, fica claro que a dimensão principiológica do devido processo legislativo advém não de uma mera preferência substantiva a partir de uma determinada teoria normativa da democracia, mas das normas da Constituição Federal de 1988 e do sentido da prática concreta e atual da democracia representativo-deliberativa brasileira. Seu conteúdo normativo, portanto, é rico e complexo indo além de um direito a uma regularidade procedimental com base em regras expressas na Constituição, leis ou regimentos internos, pois está fundado em normas basilares da democracia brasileira.

A expansão da cláusula do devido processo legal permite a rearticulação dos princípios e regras que disciplinam a produção legislativa conforme ideais presentes no sistema democrático representativo-deliberativo nos marcos da Constituição Federal. Nesse ponto, pode-se novamente partir do direito ao devido processo legal como norma-princípio cuja principal função dogmática-argumentativa é rearticular as demais normas jurídicas procedimentais. Como destaca Humberto Ávila:

> Sendo o 'devido processo legal procedimental' um princípio que exige a realização de um estado ideal de protetividade de direitos, sem, no entanto, indicar os comportamentos cuja adoção irá contribuir para a promoção gradual desse ideal, tem a função de criar os elementos necessários à promoção do ideal de protetividade (função integrativa), interpretar as regras que já prevêem elementos necessários à promoção do ideal de protetividade (função interpretativa) e bloquear a eficácia das regras que prevêem elementos que são incompatíveis com a promoção do ideal de protetividade (função bloqueadora). [...]
>
> Essas considerações preliminares são importantes para afirmar que o "devido processo legal" possui a natureza de princípio, sem que isso importe em dizer que ele possa ser objeto de uma ponderação concreta que lhe atribua peso algum, como seria o caso para aqueles que definem princípio como norma carecedora de ponderação, e ponderação como o processo concreto de criação de regras de prevalência. O princípio do "devido processo legal", dada a sua natureza instrumental, não pode ser simplesmente descartado no processo de aplicação. Essa constatação é decisiva, tanto para a definição do "princípio do devido processo legal", quanto para a definição dos "princípios". (ÁVILA, 2008, p. 57-8)

De maneira semelhante, o devido processo legislativo, como projeção do devido processo legal, rearticula as demais normas a respeito da produção legislativa, por meio de sua integração, intepretação e bloqueio. Cabe, portanto, investigar o conteúdo normativo dessas normas a partir de sua releitura à luz do devido processo.

A título de conclusão, o exame dos julgados acima revela certa variação na jurisprudência do STF: ora se considera o devido processo legislativo um direito individual de titularidade exclusiva do parlamentar para fins de cabimento de mandado de segurança; ora se entende que ele é direito fundamental difuso de proteção ao respeito às regras constitucionais do processo legislativo, de modo a ser utilizado como parâmetro de controle de constitucionalidade para além das ações de mandado de segurança e independentemente de direito pessoal próprio do legitimado que questiona a constitucionalidade de um ato do poder público. Por fim, ainda se adota o entendimento de que abarca uma dimensão principiológica cujo conteúdo extrapola a mera proteção das regras constitucionais expressas do processo legislativo para permitir a interpretação e utilização de outros princípios e regras como parâmetros de controle de constitucionalidade.

Neste trabalho, entende-se que o devido processo legislativo à luz da Constituição Federal de 1988 é uma projeção do devido processo legal articulando princípios e regras jurídicas que estabelecem diversas exigências para o processo de produção legislativa, no sentido de ser a base normativa para a interpretação de outras normas sobre o tema e para a criação de deveres de proteção e institucionalização especialmente para o Poder Legislativo. O devido processo legislativo, portanto, exige a criação de uma normatização do processo legislativo que respeite as características da prática política de uma democracia representativo-deliberativa, como a brasileira, para concretização, na medida do fatica e juridicamente possível, da igualdade política, participação social, publicidade, deliberação e eficiência, como será visto no próximo Capítulo.

A partir da identificação da dimensão principiológica do devido processo legislativo na Constituição Federal de 1988, neste trabalho, por razões de fôlego e de foco, são examinados em maiores detalhes: a) os cinco princípios estruturantes do devido processo legislativo que apontam para seus principais aspectos: igualdade política, publicidade, participação, deliberação e eficiência (Capítulo 4); b) o desenho institucional e a prática legislativa federal de elaboração de leis ordinárias à luz dos estados ideais de coisas estabelecidas pelos princípios do devido processo legislativo (Capítulos 5 e 6); e c) quais são as possibilidades de controle judicial do devido processo legislativo (Capítulo 7).

4

OS PRINCÍPIOS ESTRUTURANTES DO DEVIDO PROCESSO LEGISLATIVO

Fixada a ideia de que o devido processo legislativo articula as normas que servem de base para a dogmática do processo legislativo em uma democracia representativa e deliberativa, é necessário investigar quais são seus princípios estruturantes e qual é a eficácia jurídica que projetam sobre o ordenamento jurídico brasileiro, especialmente no que se refere à normatização do processo legislativo federal.

Como visto no Capítulo anterior, as normas do devido processo legislativo protegem os interesses da sociedade como um todo e não apenas dos parlamentares. Em sua dimensão principiológica, o devido processo legislativo estabelece as balizas para o exercício do poder político por meio da legislação e exige o reforço dos laços de representação política em sentido substantivo, de modo que sua institucionalização por meio de regras jurídicas permita a produção legislativa de normas em ambiente de igualdade política, com o oferecimento de razões públicas destinadas a resolver problemas de ação política coletiva.

Há diferentes propostas de identificar quais seriam os princípios centrais do devido processo legislativo. Abaixo examinam-se em maiores detalhes algumas delas mais difundidas para então apresentar-se a proposta do presente trabalho.

4.1. Propostas de identificação dos princípios do devido processo legislativo

Como exposto no Capítulo anterior, a jurisprudência do STF reconhece a dimensão principiológica do devido processo legislativo, de modo que já reconheceu a incidência, por exemplo, dos princípios democrático, da moralidade e do devido processo legal no processo legislativo. Cabe ressaltar, entretanto, que não há uma exposição detalhada ou sistematizada em seus julgados de quais seriam os demais princípios do devido processo legislativo ou de como se relacionam do ponto de vista dogmático.

Em âmbito doutrinário, há autores que apontam quais seriam esses princípios.

José Afonso da Silva elenca os "princípios do processo legislativo": "[...] a) o da publicidade, b) o da oralidade, c) o da separação da discussão e votação, d) o da unidade da legislatura, e) o do exame prévio dos projetos por Comissões Parlamentares" (SILVA, 2017, p. 52).

Marcelo Andrade Cattoni de Oliveira (2018, p. 8) elenca os princípios da "unicidade do procedimento", "economia procedimental", "continuidade ou dependência funcional da série procedimental", além do princípio do contraditório.

João Trindade Cavalcante Filho (2020, pp. 28-38) aponta a existência de nove princípios do processo legislativo, entendidos, com base em Celso Antônio Bandeira de Mello, como normas mais abstratas e importantes do tema: a) separação dos poderes; b) não convalidação das nulidades; c) controlabilidade ou controle de constitucionalidade; d) simetria; e) democrático; f) publicidade; g) oralidade; h) separação da discussão e votação; e i) bicameralismo.

Luiz Fernando Gomes Esteves apresenta seis "parâmetros" do devido processo legislativo: a) colegialidade, b) justificação das decisões, c) produção de informações, d) transparência, e) possibilidade de participação e f) respeito às minorias (ESTEVES, 2017, p. 18-34).

Diante da diversidade de dispositivos constitucionais relevantes e da variedade de jurisprudência e doutrinária sobre o tema dos princípios do devido processo legislativo, cabe salientar dois pontos.

Como pontuado no Capítulo 3, ainda faz-se presente uma forte influência da teoria geral do processo judicial ou administrativo no exame dos princípios do devido processo legislativo. "Oralidade", "separação da discussão e votação", "continuidade ou dependência funcional da série procedimental", "não convalidação das nulidades", "unicidade do procedimento" e "controlabilidade" são normas procedimentais que claramente são inspiradas na teoria geral do processo e, ainda que se apliquem ao processo legislativo, não dizem respeito aos elementos centrais da prática social de elaboração legislativa, entendida como um processo público de tomada de decisão por meio da atividade de representação política em sentido substantivo, com apresentação de razões de natureza pública em ambiente igualitário.

Ressalva seja feita aos "parâmetros" do devido processo legislativo, propostos por Luiz Fernando Gomes Esteves, que apontam para elementos importantes da prática social da produção legislativa do direito. Contudo, não fica claro se seriam normas jurídicas, regras ou princípios, ressaltando o autor que sua análise demandaria exame mais detalhado

(ESTEVES, 2017, p. 18). Nesse sentido, o presente trabalho tem justamente por objetivo aprofundar o exame dogmático dos princípios do devido processo legislativo.

O segundo ponto é que, dada a complexidade da prática social de produção legislativa do direito e a riqueza normativa da Constituição Federal de 1988, uma definição taxativa dos princípios do devido processo legislativo sempre correrá o risco de ser incompleta. O processo legislativo se relaciona aos aspectos mais profundos do sistema democrático e representativo, do papel do Estado em relação à sociedade na concretização de direitos fundamentais (especialmente na dimensão de pressupostos para efetiva participação na esfera pública), no princípio de separação de poderes, federalismo, entre outros. Trata-se, na verdade, de característica do próprio devido processo legal, que, como destaca Roberto Rosas ao mencionar o pensamento de Felix Frankfurter, também não pode ser objeto de uma definição restritiva ou taxativa, dada sua amplitude normativa (ROSAS, 2018, p. 2).

Por essa razão, a opção feita no presente trabalho é investigar quais são os princípios estruturantes do devido processo legislativo, ou seja, aqueles que de modo mais imediato se relacionam com essa prática social, sem afastar o reconhecimento de que outros princípios também disciplinam a produção legislativa do direito. Nesse sentido, os princípios estruturantes do devido processo são os que estabelecem estados ideais de coisas diretamente relacionados ao arranjo institucional do procedimento de apresentação, deliberação e votação de proposições legislativas.

Na jurisprudência e literatura de outros países, há algumas tentativas de identificar quais seriam esses princípios estruturantes do devido processo legislativo.

Como será aprofundado no Capítulo 7, há julgados de diferentes cortes constitucionais que, sem articular uma teoria completa da democracia ou do processo legislativo, apontam quais seriam os princípios centrais do processo legislativo, com destaque para julgados da Espanha, Colômbia e Israel. Entre eles, são mencionados os princípios da representação política, pluralismo, igualdade, dignidade da pessoa humana, participação social, entre outros. Já no âmbito da União Europeia, houve o reconhecimento expresso e institucionalizado de princípios que embasam o processo legislativo de "legitimidade democrática", "proporcionalidade", "segurança jurídica", "eficiência", "transparência", "consulta às partes interessadas", entre outros, previstos no Acordo Interinstitucional entre o Parlamento Europeu, o Conselho da União Europeia e Comissão Europeia sobre Legislar Melhor de 2016.

Em âmbito doutrinário, abaixo expõem-se as propostas de três autores sobre a identificação desses princípios estruturantes: Jeremy Waldron, Adrian Vermeule e Susan Rose-Ackerman - esta em coautoria em obra coletiva.

Jeremy Waldron apresenta a "ideia de legislação por excelência", em suas palavras:

> Em outro lugar, referi-me a essa vantagem de transparência como "a ideia de legislação por excelência". A ideia de legislação [*legislation*] não é a mesma que a ideia de produzir direito [*lawmaking*]. Produzir direito é qualquer atividade que tem o efeito de fazer ou alterar as normas jurídicas. A legislação, no entanto, é a atividade de fazer ou alterar a lei explicitamente, em uma instituição e por meio de um processo dedicado publicamente a essa tarefa. A ideia de legislação incorpora um compromisso com a legislação explícita, um compromisso de princípio com a ideia de que, em geral, é bom que, se a lei deve ser feita ou alterada, deve ser feita ou alterada em um processo publicamente dedicado a essa tarefa. (WALDRON, 2016, p. 128).

Aqui há uma distinção simples, mas de grande relevância para compreender os princípios estruturantes do devido processo legislativo, uma vez que não se pode igualar em todos os aspectos a produção legislativa do direito (*legislation*) com a ideia de produção normativa em geral (*lawmaking)*. A despeito dos debates teóricos relacionados ao tema, pode-se afirmar que o Poder Judiciário e, mais claramente, o Poder Executivo também criam direito. Entretanto, "a ideia de legislação por excelência" se afasta de outros modos de produção normativa por ser marcada pela existência dos Parlamentos, ou seja, instituições dedicadas à tarefa de inovar o direito vigente e tipicamente compostas por centenas ou milhares de membros eleitos e que estão na condição de representantes de outras pessoas (WALDRON, 2016, p. 130).

Apoiando-se nas ideias sobre a natureza da representação política de Nadia Urbinati, Waldron afirma que não se trata apenas de conceber a lei como resultado do processo político competitivo, mas de entendê-la como fruto de um processo de construção de sentido específico caracterizada por ser elaborada por corpos legislativos que representam diversos segmentos sociais, com experiências de vida e visões de mundo diferentes, em momento dedicado especificamente a isso, com diferentes possibilidades de participação social e alto grau de transparência (WALDRON, 2016, pp. 135-139). Aqui também há uma aproximação clara com a ideia de representação em sentido substantivo de Hannah Piktin e com o caráter deliberativo das democracias contemporâneas.

À luz dessas constatações, Waldron entende que os interesses de todos os cidadãos estão em jogo – e não apenas os dos parlamentares – quando se trata de normas de produção legislativa. O autor, então, propõe a identificação de princípios do processo legislativo como normas secundárias que permitem sua melhor compreensão (WALDRON, 2003, p. 5). Desse modo, apresenta quais seriam sete "princípios procedimentais da legislação", sem a pretensão de excluir outras formulações:

> 1. O princípio da legislação explícita (ou seja, o princípio que sustenta que quando a lei é feita ou alterada, ela deve ser feita ou alterada explicitamente).
>
> 2. O dever de zelar pela legislação, tanto pela importância inerente ao direito como pelos interesses e liberdades em jogo.
>
> 3. O princípio da representação, que exige que a legislação seja redigida em um fórum que dê voz e reúna informações sobre todas as opiniões e interesses importantes da sociedade.
>
> 4. O princípio de respeito ao desacordo e demais requisitos, como o princípio da oposição leal.
>
> 5. O princípio da deliberação e o dever de responsividade à deliberação.
>
> 6. O princípio da formalidade legislativa, incluindo o debate estruturado e o foco nos textos das propostas legislativas em apreciação.
>
> 7. O princípio da igualdade política e o procedimento de decisão que ele apoia em uma legislatura eletiva (ou seja, a regra da decisão por maioria). (WALDRON, 2016, p. 149).

Waldron não pretende transformar cada um desses princípios em regras jurídicas acabadas com suportes fáticos e consequências jurídicas definidas *a priori*. Na verdade, eles devem servir para apontar as normas centrais da prática social de produção legislativa do direito que justificam regras institucionalizadas que estabelecem arranjos possíveis entre eles. Esses princípios permitem delinear um estado ideal de coisas – aqui sim já próximo da noção de princípio jurídico – na elaboração legislativa e que funcionarão como normas jurídicas para criação e interpretação das respectivas regras sobre processo legislativo.

Nessa perspectiva, Waldron afasta a crítica de Edward Rubin (exposta no Capítulo 2) de que a importância da elaboração legislativa do direito seria ultrapassada pelo estado administrativo e pela legislação finalístico-instrumental, que institui políticas públicas e é destinada predominantemente a reger a conduta de autoridades públicas. Waldron reconhece que Rubin tem parcela de razão, no ponto em que se observa o crescimento do poder normativo via direito administrativo, mas isso não retira a importância e potencial regulador da legislação. Criar direito não é somente coordenar condutas de um ponto de vista administrativo, mas fazer declarações morais que ganham a atenção da sociedade, ainda que se possa discordar delas (WALDRON, 2016, p. 152).

Já Adrian Vermeule, em texto especificamente destinado a examinar as instituições do processo legislativo, apresenta quatro "valores centrais" em uma democracia constitucional que devem ser utilizados para que sejam definidas as regras do processo legislativo e, consequentemente, seu arranjo institucional:

> 1) imparcialidade: tomada de decisão política com base no interesse público e não apenas no autointeresse;
>
> 2) accountability: responsividade à comunidade política, sendo as eleições o mecanismo mais comum, mas não o único mesmo depois do período eleitoral;
>
> 3) transparência: tomada de decisões de forma pública, sendo admitido o sigilo apenas de forma excepcional;
>
> 4) deliberação: oferecimento de razões públicas em vez da adoção de preferências não justificadas. (VERMEULE, 2007, p. 15).

Vermeule reconhece que há tensão entre esses valores e que os arranjos institucionais estabelecem restrições mútuas *(trade-offs)* entre eles. Na tentativa de concretizar esses valores mediante regras específicas, o autor adianta que poderiam haver duas críticas: a) haveria a necessidade de uma teoria completa da democracia, com justificação normativa de todos os aspectos dos arranjos institucionais de separação de poderes, federalismo, direitos fundamentais, entre outros; e b) ainda que houvesse tal teoria, haveria a dificuldade de identificar qual deve ser o correto *trade-off* entre os diversos valores de uma democracia constitucional ao se formular um específico desenho institucional do processo legislativo (VERMEULE, 2007, p. 23).

O autor afasta essas críticas ao apontar que as diferentes teorias democráticas adotam alguma concepção, ainda que "superficial" (*thin*), desses valores. Pode-se discordar sobre qual é o papel a ser desempenhado pelos representantes no que se refere, por exemplo, à formulação de políticas públicas para a proteção de minorias políticas, qual o tempo ideal de debates ou quais os momentos e limites para apresentação de emendas parlamentares; mas poucos defensores da democracia irão rejeitar a ideia de que o processo de produção normativa deve ser feito, em algum grau, de modo imparcial, transparente, responsivo e com razões públicas.

Além disso, há uma necessidade pragmática em jogo: ainda que não se tenha uma teoria normativa da democracia completa e aceita pela maioria das pessoas em uma comunidade política, no mundo real, não há tempo ilimitado para a discussão de questões de filosofia e teoria políticas, pois as pessoas precisam encontrar um pano de fundo valorativo compartilhado para tomar decisões coletivas (VERMEULE, 2007, p. 27). Essa necessidade dialoga diretamente com o que Waldron (1999, p. 102) denomina "condições da política", ou seja, "a necessidade experimentada por membros de um certo grupo por uma estrutura, decisão ou curso de ação comuns em alguma questão, mesmo em face do desacordo sobre o que essa estrutura, decisão ou ação devam ser".

Esse ponto é de grande relevância para o presente trabalho. Não se trata de defender uma visão ética substantiva específica de democracia (como em um modelo ideal republicano de inspiração rousseauniana), mas de identificar os princípios do devido processo legislativo estabelecidos para a democracia representativo-deliberativa no marco da Constituição Federal de 1988, que permitam o convívio de diferentes visões de mundo no processo de elaboração legislativa parlamentar.

Mais do que um exercício teórico de filosofia política, a identificação desses princípios fundantes da produção jurídica legislativa é fruto dessa necessidade de atuação coordenada de milhões de pessoas que devem definir cursos de ação comum. A atividade de representação política, como visto, diferentemente de um substituto imperfeito da manifestação direta da vontade individual dessas pessoas, é uma prática social que permite criar espaços discursivos com diferentes graus de institucionalização para que as decisões políticas, a despeito das divergências de fundo, possam ser tomadas por meio de processo que leve em conta, de um lado, a complexidade social e, de outro, a necessidade de atuação coordenada ("as circunstâncias da política"). O processo legislativo mediante suas instituições é um desses espaços.

Por fim, em obra de direito comparado da África do Sul, Alemanha, EUA, e União Europeia, em que uma das coatoras é Susan Rose-Ackerman, aponta-se a expansão da ideia de "devido processo normativo" (*due process of lawmaking*), englobando tanto o processo legislativo quanto o processo administrativo. Nessa pesquisa, os autores propõem a existência de três "princípios" que guiam a análise da devida produção normativa. Rose-Ackerman, Egidy e Fowkes (2015, p. 5) reconhecem que há uma tensão entre esses princípios, de modo que podem entrar em conflito mediante diferentes arranjos na produção normativa. São eles:

a) democracia: bases institucionais para elaboração normativa em nome dos cidadãos e possibilidade de eles participarem na produção normativa e fiscalizá-la;

b) proteção a direitos: existência de direitos relacionados à produção normativa com *status* constitucional e como as cortes os protegem;

c) competência: capacidade de o poder público responder de modo eficiente aos problemas sociais por meio das normas jurídicas.

Nessa proposta não há a diferenciação expressa dos princípios ou sua eficácia jurídica sobre o processo legislativo e outras espécies de processos de produção normativa (como o processo administrativo-regulatório). Considerando-se, entretanto, as especificidades da "ideia de legislação por excelência", o exame aqui feito concentra-se especificamente nos princípios estruturantes do devido processo legislativo, ainda que existam princípios comuns com outras formas de produção do direito, como o processo administrativo regulatório.

De todo modo, Vermeule e Rose-Ackerman têm o mérito de apontar que existe um valor de "competência" – neste trabalho denominado de "eficiência" –, que exige a estruturação de um processo de elaboração normativa tendo em vista características desejáveis do seu produto. Uma lei que seja ininteligível, incompatível com a Constituição ou demais leis, ou que não alcance os objetivos articulados para sua aprovação, claramente é um resultado que fica aquém de um ideal de eficiência, entendido como utilização de recursos disponíveis para obter soluções adequadas aos problemas a serem resolvidos por meio da atividade política. Esse princípio dialoga diretamente com as "circunstâncias da política" destacada por Waldron que exige estruturas e procedimentos socialmente aceitos para coordenar as condutas de milhares ou milhões de pessoas para a resolução de problemas coletivos.

O exame das propostas de Waldron, Vermeule e Rose-Ackerman, além da breve menção ao direito comparado, de conceituar os princípios que regulam o devido processo legislativo reforça que a tentativa de os definir taxativamente é sujeita a grande variação terminológica, gerando o risco de ser sempre incompleta.

Por isso, considerado o objeto do presente trabalho de examinar os princípios estruturantes do devido processo legislativo, apresenta-se proposta de identificação de cinco grandes princípios no direito brasileiro – ressalta-se sem a pretensão de excluir outros que possam ser relevantes para a produção legislativa do direito. Esses princípios contemplam a maior parte dos elementos apresentados nas propostas anteriores e encontram fundamento direto na Constituição Federal de 1988, como será visto a seguir. De um lado, essa proposta permite sistematizar e reduzir a complexidade argumentativa da existência de um grande número de princípios que guardam diversas relações entre si e, de outro lado, permite justamente identificar essas relações em vetores normativos comuns. São eles:

1) Igualdade política, abarcando a regra da maioria e proteção de minorias;

2) Participação social, contemplando a relação de representação democrática entre representantes e representados e formas de participação direta e indireta no exercício do poder político;

3) Publicidade, relacionado à apresentação pública das propostas textualmente articuladas, das fontes de informação e interações destinadas ao processo de tomada de decisão;

4) Deliberação, centrado nos argumentos apresentados durante o processo legislativo para influenciar a tomada de decisão; e

5) Eficiência, relacionado às contingências e aos recursos escassos mobilizados para a tomada da decisão legislativa que deve alcançar resultados socialmente desejados em determinado espaço de tempo.

Como é fácil perceber, esses cinco princípios são abrangentes e seus âmbitos de incidência abarcam outras situações da vida para além do processo legislativo. Aqui serão investigadas suas incidências especificamente a partir do devido processo legislativo, que, como projeção do princípio do devido processo legal, permite a interpretação e rearticulação das normas jurídicas do direito brasileiro sobre a produção legislativa. Dessa forma, serão investigados a produção de efeitos jurídicos desses princípios sobre a prática legislativa.

Na sequência, serão examinados cada um desses princípios, seu fundamento constitucional, jurisprudência do STF e eventuais elementos do direito comparado auxiliares para sua compreensão. Antes, contudo, deve ser registrado quais outros princípios ou regras – embora digam respeito diretamente ao processo legislativo – não serão examinados em maior profundidade neste momento por não serem considerados estruturantes do devido processo legislativo.

A possibilidade de controle judicial do processo legislativo e da lei ("princípio da controlabilidade" ou "da proteção de direitos") não é, em si mesma, um dos elementos normativos centrais para a prática legislativa.

Os princípios do devido processo legislativo exigem a institucionalização de um processo decisório que reforce os laços de representação política em sentido substantivo. O controle jurisdicional, como será examinado no Capítulo 7, pode se desenvolver dentro de certos limites com base nesses princípios, mas não é, em si, elemento estruturante do devido processo legislativo, pois o conteúdo normativo dos princípios do devido processo legislativo é algo diverso da sua forma de proteção – seja ela jurisdicional ou não. Tanto é assim que há países que desconhecem o controle judicial de constitucionalidade do processo legislativo e das leis, mas em que se entende existirem princípios centrais do devido processo legislativo (como a prática inglesa revela, nos exemplos mencionados nas obras supracitadas de Jeremy Waldron). Por essa razão, a questão do controle judicial dos princípios do devido processo legislativo é examinada em separado ao final deste trabalho.

Também não se considera o "princípio do bicameralismo" como um dos princípios estruturantes do devido processo legislativo. Em primeiro lugar, pois entendem-se as normas do bicameralismo mais próximas de regras constitucionais que estabelecem a estrutura do Poder Legislativo federal e exigências para tramitação das proposições legislativas. Não se trata, portanto, de norma que estabeleça diretamente um estado ideal de coisas, mas de uma norma que exige concordância (ainda que parcial) das duas Casas Legislativas do Congresso Nacional para a possibilidade de sanção ou promulgação de uma proposição legislativa. Em segundo lugar, embora seja uma regra constitucional de grande relevância na prática legislativa federal, ela não diz respeito diretamente às exigências fundadas na atividade de representação política e no respectivo processo de tomada de decisão. Tanto é assim que o Poder Legislativo de Estados e Municípios é unicameral, sem que isso afaste a incidência dos princípios estruturantes do devido processo legislativo à luz da Constituição Federal de 1988. Em terceiro lugar, trata-se de regra que demandaria uma análise mais profunda e específica sobre seus pressupostos políticos e disciplina normativa que escapa às finalidades do presente trabalho relacionadas aos princípios estruturantes do devido processo legislativo.

Por fim, não será objeto de exame individualizado o princípio da separação de poderes. Naturalmente ele é um dos princípios do devido processo legislativo, pois estabelece uma divisão de competências entre o Parlamento e os demais órgãos públicos legitimados para participar do processo legislativo, especialmente em momentos como como a iniciativa legislativa, sanção ou veto de proposições legislativas. Além disso, a separação de poderes exige que seja assegurado ao Parlamento um espaço de autonomia e discricionariedade procedimentais, para definir suas normas internas, como será visto no Capítulo 7.

No entanto, da mesma maneira como as regras do bicameralismo, a separação de poderes não disciplina diretamente como deve ser estruturado o procedimento decisório da formação das leis, estabelecendo apenas alguns limites de competências entre Poder Legislativo, Poder Executivo e Poder Judiciário. O princípio da separação de poderes, portanto, será relevante em algumas questões de interface do Poder Legislativo com os demais Poderes, mas não disciplina como o processo de tomada de decisão em si deve ser estruturado para exercício das competências do Parlamento.

Deve ser ressaltado que o processo legislativo, como prática centrada na produção normativa parlamentar, dispõe de recursos escassos de tempo, pessoal, informação, atenção política, entre outros (VERMEULE, 2003, p. 17). Os princípios do devido processo legislativo exigem que a produção legislativa deva ser a mais igualitária, participativa, com base em argumentos racionais e de modo deliberativo, transparente, e eficiente possível. Como é fácil perceber, há uma tensão inerente entre esses ideais normativamente exigidos de modo que a institucionalização da produção legislativa por meio de regras de apresentação de proposições, emendamento, discussão e votação acabam por levar a restrições entre eles (SINCLAIR, 2017, p. 272).

O objetivo do trabalho aqui não é formular uma teoria normativa do arranjo institucional ideal abstrato do processo legislativo em uma democracia com bases nesses princípios. Como adverte Vermeule, isso exigiria uma ampla teoria normativa da democracia, em que diversos aspectos da vida política e social deveriam ser previamente definidos, como relação do indivíduo com o Estado, papel dos partidos políticos, formas de intervenção do Estado na sociedade e economia, sistema de divisão de poderes, fórmulas de federalismo em sentido amplo, entre outras. Essa teoria normativa seria naturalmente contestável em uma sociedade plural, de modo que a opção por um arranjo institucional específico seria uma entre outras opções constitucional e politicamente admissíveis. Além disso, o presente trabalho é dogmático, uma vez que parte da Constituição Federal de 1988 e de suas normas e não de uma teoria da democracia apartada do ordenamento jurídico brasileiro.

Isto permitirá compreender as bases da produção legislativa do direito na democracia representativa e deliberativa brasileira para oferecer novas possibilidades de interpretação mais coerentes (no sentido normativo já exposto de MacCormick) para as normas que tratam do tema, avaliar a prática vigente à luz dos estados ideais de coisas exigidos constitucionalmente com foco no momento de apresentação, deliberação e votação de proposições no Congresso Nacional (Capítulos 5 e 6), bem como para identificar as possibilidades e os limites de seu controle judicial (Capítulo 7).

4.2. Igualdade política

O princípio da igualdade em sua dimensão política encontra fundamento no texto constitucional em diversas passagens. Para além da previsão geral do art. 5º, *caput*, e inciso I, as normas do Estado Democrático de Direito, cidadania e participação direta e indireta do povo no exercício do poder político, nos termos do art. 1º da Constituição, apontam claramente para a ideia de que cada indivíduo deve ser tratado de modo a ter as mesmas prerrogativas políticas dos demais.

Especificamente em relação ao processo legislativo, uma das formas mais claras de concretização da igualdade política é pela regra da maioria para a tomada das decisões legislativas. Ela é o arranjo institucional mais tradicional do processo legislativo nas democracias contemporâneas, tendo em vista que é a regra democrática de agregação padrão para tomada de decisões em situações em que não há unanimidade (LIST, 2018, p. 465; VERMEULE, 2003, p. 33).

Nessa linha, a Constituição Federal, em seu art. 47, estabelece a regra da maioria simples: "Salvo disposição constitucional em contrário, as deliberações de cada Casa e de suas Comissões serão tomadas por maioria dos votos, presente a maioria absoluta de seus membros.".

O princípio da igualdade política também projeta seus efeitos sobre a proteção das minorias políticas e parlamentares. Nesse sentido, o STF tem julgados sobre a proteção aos direitos das minorias parlamentares, especialmente relacionados aos direitos de constituição de comissões parlamentares de inquérito, nos termos do art. 58, § 3º, da

Constituição[1]. Na mesma direção, na ADI 4.650 (Rel. Min. Luiz Fux, j. 17/09/2015) foi identificada violação à igualdade política por meio da possibilidade de doações eleitorais feitas por pessoas jurídicas. Contudo, ainda não houve julgado específico em que se examinasse em maior profundidade a projeção da eficácia deste princípio constitucional sobre o processo legislativo.

Para realizar essa investigação, cabe iniciar pelo seguinte questionamento: Qual é a razão de se atribuir o poder de modificar o direito vigente às maiorias no processo legislativo e qual sua relação com o princípio da igualdade?

Como já exposto, devem ser afastadas as visões fisicalista (Locke) e militarista (Hobbes) do fundamento normativo da regra maioria de que ela seria decorrente da maior "força" das maiorias em face das minorias para movimentar a ação política. A aptidão da regra da maioria em gerar legitimidade ao sistema representativo-democrático não está relacionada à ideia de "força" em qualquer sentido, mas à ideia de igualdade na atividade política.

Novamente o exame do debate sobre o tema entre Jeremy Waldron e Ronald Dworkin ajuda a compreender a relação entre igualdade e regra da maioria.

Para Waldron, a regra da maioria está no cerne dos elementos de legitimidade de um sistema político em razão de sua relação com a ideia de igualdade. Com base nas "circunstâncias da política", ele ressalta que a regra da maioria não é puramente uma forma de agregar opiniões individuais, mas um meio de respeitar os indivíduos de duas maneiras. Em primeiro lugar, ela permite que as diferenças de opiniões sejam ressaltadas, de modo a evitar que as diferentes visões sobre a justiça e o bem comum sejam indevidamente desconsideradas a favor de um pretenso consenso. Além disso, ela permite que uma decisão política seja adotada como "nossa", ou seja, de uma comunidade política, mesmo que se discorde com ela, viabilizando que as minorias expressem suas posições por meio do voto vencido, sendo uma das maneiras de participação concreta no processo decisório (WALDRON, 1999, p. 109).

1 Ver, como exemplo, o MS-MC nº 37.760 (Pleno, Rel. Min. Roberto Barroso, j. 14/04/2021), em que se reafirmou a jurisprudência do Tribunal pelo direito das minorias requererem a instalação de CPI, caso atendidos os requisitos estritamente constitucionais.

É relevante perceber que a formação de juízos políticos está ligada à existência de profundos desacordos morais sobre praticamente todas as questões de direitos, justiça e bem comum, que não podem ser resolvidas por argumentos absolutos e definitivos. Em suas palavras:

> A tentação mais perigosa não é fingir que uma visão oposta não existe, mas tratá-la como se estivesse abaixo do que deva ser considerado respeitável na deliberação assumindo que ela é ignorante, preconceituosa, autointeressada ou fundada em uma contemplação equivocada da realidade. Tal atitude encarna a ideia de que, como a verdade em questões de justiça, direito, ou políticas públicas seria singular e consensual em sua presentação natural, alguma explicação especial – algum fator de patologia deliberativa, como o ranço do autointeresse – é necessário para explicar o desacordo, cuja explicação pode então ser apontada como uma razão para pôr de lado a visão divergente. (WALDRON, 1999, p. 125).

O desacordo político, portanto, não é necessariamente decorrente de má-fé, autointeresse ou ignorância, mas do fato de que pessoas razoáveis discordam entre si de quais são os cursos de ação coletiva mais adequados a serem tomados. Nesse ponto, Waldron questiona: Por que não adotar um método imparcial como jogar uma moeda, sortear ou escolher uma pessoa para a tomada de decisão? Diferentemente dessas alternativas, a regra da maioria permite conferir um argumento favorável para o arranjo institucional no qual a tomada de uma certa decisão ganha peso pelo fato de um ou mais indivíduos serem favoráveis a ela – o que a mera aleatoriedade ou decisão de um único indivíduo não pode oferecer. A regra da maioria, portanto, permite conferir o maior peso possível no processo de tomada de decisão a uma opinião individual e, ao mesmo tempo, conferir peso semelhante às demais visões dos outros indivíduos, de modo que a única restrição à relevância individual de uma opinião é a ideia de igualdade das demais opiniões (WALDRON, 1999, p. 128).

Em contraposição, Dworkin apresenta crítica contundente à regra da maioria como fundamento de legitimidade do sistema democrático. Para fundamentar seu argumento, ele apresenta um curioso exemplo: no caso de um bote salva-vidas lotado, em que é necessário que uma ou mais pessoas se sacrifiquem ao mar para que as demais sobrevivam, é legítimo adotar uma decisão por maioria? Para ele não, pois haveria a utilização de "vieses e desavenças pessoais" para a tomada dessa decisão – critérios arbitrários que também podem ser adotados para a tomada de decisões políticas. No caso do bote salva-vidas, seria mais justo resolver a questão por meio de sorteio; no caso da política, é mais justo entender a democracia como um sistema que constrói arranjos institucionais que nem sempre atribuem o mesmo impacto decisório a cada opinião, desde que seja justificado para melhoria do próprio sistema (DWORKIN, 2011, p. 387).

Dworkin afirma que "a visão majoritária trata o governo representativo como um mal necessário", diante da impossibilidade de se reunir "enormes encontros municipais, mesmo na internet". Além disso, essa visão concentraria muito poder decisório na maioria parlamentar, e nem mesmo os mecanismos de *accountability* (como as eleições periódicas) e as liberdades públicas seriam suficientes para permitir que a vontade dos representantes seja semelhante à dos representados. Dworkin (2011, p. 393) conclui que a visão majoritária de democracia é inadequada para defini-la, além de não poder fazer frente às demandas de ampliação das consultas populares.

O primeiro ponto que salta aos olhos da crítica de Dworkin é uma certa simplificação dos argumentos do papel das decisões majoritárias em uma democracia representativo-deliberativa. Retomando-se as ideias de representação política em sentido substantivo do Capítulo 2, a democracia representativa não deve ser encarada como um "mal necessário" (ou *second best*, como já exposto) à democracia direta, pois ela estrutura o discurso político permitindo a construção de opiniões de forma minimamente institucionalizada. Dessa forma, a defesa da regra da maioria como um dos elementos centrais das democracias contemporâneas não necessariamente deve descambar para a defesa automática de mecanismos de democracia direta, como na forma idealizada por Rousseau.

O segundo ponto é que o exemplo do bote salva-vidas diz muito pouco sobre o papel da regra da maioria no contexto de decisões políticas. Waldron reconhece que o exemplo "totalmente inusual" do bote salva-vidas pode demonstrar que nem sempre a decisão por maioria é justa. Contudo, as circunstâncias do exemplo são muito distantes das situações em que a regra da maioria é aplicada na ação política. Portanto, não é possível, com base no exemplo, fundamentar a crítica de que uma concepção de democracia fundada na regra da maioria é equivocada (WALDRON, 2009, p. 9).

Dworkin reconhece a procedência dessa crítica de Waldron de que o exemplo do bote salva-vidas pouco acrescenta para refutar, em definitivo, a utilização da regra da maioria para a tomada de decisões políticas. De todo modo, Dworkin argumenta que ela somente é apropriada para a tomada dessas decisões desde que algumas condições de legitimidade estejam respeitadas (DWORKIN, 2011, p. 484). Ele explica, ainda, que sua defesa de uma "democracia comunitária" (*partnership democracy*) permite avaliar a legitimidade dos arranjos institucionais, mesmo que eles, nem sempre, levem a decisões dos agentes públicos no mesmo sentido de uma eventual decisão direta pela maioria dos cidadãos. Em suas palavras:

> A concepção comunitária [da democracia] oferece uma justificação muito diferente - e mais bem sucedida - de governo representativo. Pelo fato de os cidadãos em geral, não um grupo particular deles, terem seu impacto político diminuído pela atribuição de um poder enorme para autoridades eleitas, a instituição não é automaticamente um déficit na democracia. Com base na pressuposição plausível de que as autoridades eleitas, no lugar das assembleias populares, estão mais bem capacitadas para proteger direitos individuais de oscilações na opinião pública, não pode haver exigência democrática de que questões fundamentais sejam submetidas à consulta popular. Desse modo, ambas as condições que nossa concepção de igualdade política exige para um impacto político desigual, pelo menos em princípio, estão atendidas. É, então, necessário olhar para os detalhes dos esquemas, distritos e mecânicas eleitorais e a divisão de poderes entre as autoridades para julgar se elas são calculadas de modo razoável para proteger a legitimidade democrática a que elas supostamente servem. Não pode haver um algoritmo para esse teste; portanto o contínuo debate sobre a duração dos mandatos, representação proporcional, e os méritos das consultas populares. Pessoas razoáveis e políticos irão divergir sobre qual dessas estruturas aumentam as chances de que a comunidade irá demonstrar respeito igualitário e consideração por todos e por cada um. Mas esse é o teste que a concepção comunitária oferece, não a matemática fria da regra da maioria. (DWORKIN, 2011, p. 394).

Stephen Macedo aprofunda o argumento de Dworkin, criticando o nível de abstração da análise do princípio da igualdade política e regra da maioria: a regra da maioria é um dos mecanismos de resolução de controvérsias que permite fomentar igualdade política, mas não o único. Em uma democracia, há diversas opções de regras de votação que são combinadas para concretizar esse princípio, dependendo do tipo de situação para o qual é empregada, analisando-se qual tipo de questão a ser resolvida, por quais pessoas, em quanto tempo e em quais circunstâncias decisórias (MACEDO, 2010, p. 1039). Os exemplos mais claros são as regras de quórum qualificado para aprovação de determinadas leis ou emendas constitucionais que são justificadas em razão das matérias ou da superioridade hierárquica de uma norma em relação a outras.

Em textos mais recentes, Waldron reconhece a força dessas críticas para sustentar – em semelhança ao argumento de Dworkin destacado na passagem acima – que a legitimidade política de um sistema democrático fundado na ideia de igualdade deve ser avaliada, em última análise, à luz de seus arranjos institucionais como um todo, e não de modo isolado, seja pela igualdade entre os cidadãos seja pela igualdade entre os parlamentares. Neste ponto, há uma ligação fundamental entre a igualdade política dos representantes e dos representados: as duas devem ser avaliadas conjuntamente para que a regra da maioria possa fazer sentido como método decisório. Em suas palavras:

> A aplicação da regra da maioria na legislação precisa ser entendida com cuidado. Os legislativos, sabemos, estão longe de ser totalmente inclusivos. Embora, como eu disse, eles são corpos grandes comparados (digamos) aos tribunais, eles ainda são minúsculos em comparação com as populações das sociedades que governam. Algumas centenas participam diretamente das atividades concretas de legislar; as outras dezenas de milhões não. Portanto, quando falamos sobre a aplicação da igualdade política no legislativo, não devemos falar como se a igualdade dos representantes fosse, em última análise, o que importaria. Os representantes têm uma reivindicação derivada de serem tratados como iguais uns aos outros, mas isso surge apenas porque seus constituintes individuais – os milhões deles – têm uma demanda em última análise de serem tratados como iguais uns aos outros, e apenas porque seu próprio status de legisladores depende dos votos de seus constituintes de uma certa maneira. Nós projetamos a estrutura representativa, o sistema de eleições e os procedimentos do legislativo para que, como um pacote, eles satisfaçam a igualdade política. Nem a regra da maioria entre os eleitores nem a regra da maioria entre os legisladores fazem isso sozinhas; é o pacote que funciona (WALDRON, 2016, pp. 164-165).

Nessa passagem, está claro que uma das pretensões de legitimidade do processo legislativo deriva da igualdade política dos cidadãos que repercute na igualdade entre os parlamentares. A igualdade, portanto, exige representatividade (em sentido descritivo e substantivo) do arranjo institucional de exercício do poder político como um todo ("pacote") e, em especial, do processo legislativo, de modo que os interesses, posições e argumentos dos representados possam ser levados em consideração no processo de tomada de decisão em ambiente igualitário.

Com isso, é reforçada a ideia de que o interesse juridicamente protegido no processo legislativo é, na verdade, um interesse difuso, como visto no Capítulo anterior. A igualdade política é concretizada não apenas pela definição de um método de votação final das proposições (geralmente, a regra da maioria simples), mas também por outros mecanismos de coordenação política, que deve permitir quem esses interesses sejam considerados de modo igualitário em suas diversas etapas, para além do momento final do voto no mérito de uma proposição. A igualdade política, portanto, não pode ser obtida exclusivamente pela utilização indiscriminada da regra da maioria. Retomando as palavras de Waldron, a igualdade deve ser concretizada a partir do "pacote" do arranjo institucional em que a regra da maioria se insere.

Tradicionalmente, há pouco interesse da filosofia política em examinar os fundamentos morais dos critérios da tomada de ação coletiva e qual o papel da regra da maioria nesse contexto (RISSE, 2008, p. 3). Entretanto, deve ser investigado como outros métodos decisórios se ajustam a diferentes situações da vida política, de modo que discussões até mais pragmáticas de tempo e espaço para a tomada de decisão devam ser levadas em conta (RISSE, 2008, pp. 15-16). Há diferentes teoremas e modelos que procuram entender e explicar as vantagens e desvantagens da regra da maioria, mas deve ser reconhecido que "não há uma regra de agregação melhor, única e universal. Escolher uma regra de agregação requer um *trade-off* entre diferentes objetivos e diferentes soluções para esse *trade-off* são apropriadas conforme o contexto" (LIST, 2018, p. 467).

É nesse ponto, entretanto, que uma investigação de dogmática jurídica se afasta da filosofia política: há, em boa parte das democracias contemporâneas, incluída a brasileira, uma opção pela adoção da regra da maioria como método de decisão ordinário para as questões da vida política. Não é necessário aprofundar mais a discussão filosófica nesse ponto para entender que a regra da maioria é uma das opções possíveis para solução de conflitos políticos e que ela é geralmente institucionalizada (e, no caso brasileiro, constitucionalizada) pelo direito. Ela, entretanto, não é uma regra absoluta em si aplicável para toda e qualquer tomada de decisão, como o próprio texto constitucional revela em dispositivos que exigem maioria absoluta ou qualificada para certas decisões, mas é fundada na ideia de igualdade política, que deve ser avaliada à luz dos arranjos institucionais de todo o sistema político.

Essa constatação reforça o argumento de que a regra da maioria não é o exclusivo ou principal fundamento do processo legislativo, mas um dos mecanismos pelos quais se busca a concretização do princípio da igualdade política. A regra da maioria não é um tipo de salvo-conduto que automaticamente gera legitimidade das decisões políticas, pois, de um lado, ela é um dos arranjos institucionais no qual se busca a concretização do princípio da igualdade política, e, de outro lado, há outros princípios que são exigidos pelas democracias contemporâneas no momento de elaboração legislativa. A compreensão da regra da maioria exige a identificação de a quais situações da vida política ela se aplica, bem como seu papel em face dos demais arranjos institucionais do sistema. Isso é reconhecido tanto por Dworkin quanto por Waldron, como acima exposto.

A regra da maioria como instrumento da igualdade política traz uma importante consideração ao processo legislativo: não se pode permitir, como regra geral, às minorias políticas a alteração do *status quo* normativo sem a concordância da maioria. Isso porque haveria uma violação da igualdade política, caso uma minoria tivesse maior poder decisório que a maioria para resolver questões políticas controvertidas. Contudo, ao mesmo tempo, o princípio da igualdade política exige que, na maior medida do possível, confira-se relevância (inclusive jurídica) às atividades das minorias de oposição, abrindo-se caminho para outros arranjos institucionais para além de uma simples ditadura da maioria e subserviência da minoria.

Aqui pode ser retomada a clássica distinção entre igualdade formal e material para revelar os efeitos jurídicos desse princípio sobre o processo legislativo. Em sua dimensão formal, a igualdade política exige que os parlamentares sejam tratados de modo semelhante, com base nas regras que distribuem competências e prerrogativas de participação no processo legislativo, sendo a principal delas a que atribui um voto para cada parlamentar. Já em sua dimensão material, a igualdade política exige que sejam criadas condições institucionais para que as minorias tenham prerrogativas procedimentais diferenciadas em razão de sua menor capacidade de influência no processo de tomada de decisão[2].

Nessa linha, Waldron apresenta o "princípio da oposição leal" como uma das marcas das democracias contemporâneas – oposição aqui à

2 Sobre diferentes compreensões da dimensão principiológica da igualdade e do estado ideal de coisas por ela exigido de redução de desigualdades injustificadas, ver (ÁVILA, 2018, p. 192-194) e (ALEXY, 2017, p. 419-429).

maioria parlamentar da ocasião, seja ela alinhada ao Governo ou não. As minorias não podem ser compreendidas como grupos de pessoas derrotadas nas eleições, mas sim como participantes da vida política, ainda que não tenham poder para tomar decisões vinculantes para a coletividade. Isso significa efetivamente empoderar as minorias políticas com a possibilidade de influenciar a tomada de decisões para que elas não sejam meramente expectadoras do jogo político, mas participantes do processo de construção das respectivas decisões (WALDRON, 2016, p. 116). Em outras palavras, as prerrogativas reconhecidas às minorias fazem parte do "pacote" do arranjo institucional no qual se insere a regra da maioria também como um dos elementos a serem considerados na concretização da igualdade política e, em última análise, na legitimidade do sistema político como um todo.

No que se refere ao empoderamento das minorias, Vermeule chama a atenção para o seguinte ponto: embora sejam raros ou praticamente inexistentes os casos em que uma minoria política pode alterar o direito vigente, sem que a maioria possa impedir essa tomada de decisão, os regimes constitucionais estabelecem diversas prerrogativas às minorias para que elas possam influenciar tanto o procedimento quanto o mérito da tomada de decisão política. Isso é feito por meio de regras de supermaiorias, que exigem mais da metade dos membros de um órgão coletivo para tomada de decisão, e regras de submaiorias, que exigem menos da metade dos membros de um órgão coletivo para que uma decisão seja tomada (VERMEULE, 2007, p. 90).

As regras de supermaioria são mais conhecidas e estudadas. Diversos sistemas constitucionais estabelecem regras de supermaioria, entendidas como aquelas que exigem mais do que a metade dos votos membros de um órgão colegiado para a tomada de decisão. No caso brasileiro, o exemplo claro é o quórum para aprovação de uma emenda constitucional (3/5 dos votos dos membros de cada Casa do Congresso Nacional). Nesse caso, há o empoderamento da minoria política, pois ela poderá, efetivamente, obstar à tomada de decisão que altere o direito constitucional vigente. Há, pelas regras de supermaioria, um efetivo direito de veto às mudanças de *status quo* que pode ser mobilizado pelas minorias.

Já as regras de submaioria são objeto de menor atenção dos estudos sobre o arranjo institucional do processo legislativo. Trata-se da atribuição de competências para as minorias efetivamente tomarem decisões com efeitos jurídicos relacionados ao procedimento legislativo. O mais comum aqui é que as regras de submaiorias estejam relacionadas a prerrogativas procedimentais, que permitem às minorias exercerem poderes jurídicos no processo legislativo referentes às exigências de maior transparência, participação e qualidade deliberativa. Em suas palavras:

> O ponto-chave, ou assim eu argumento, é que as regras de submaioria raramente ou nunca são utilizadas diretamente para decisões substantivas finais, como a passagem ou derrota da legislação. Em vez disso, elas são usadas para assuntos procedimentais e acessórios: para definir agendas institucionais, para decidir quais informações a instituição coletará antes de tomar uma decisão, e para tornar transparente as decisões que são tomadas por voto de maioria ou supermaioria. Decisões sobre essas questões, é claro, terão efeitos indiretos sobre os resultados. Mas as regras de submaioria são mais bem compreendidas em termos processuais, como dispositivos que empoderam as minorias para forçar a responsabilidade pública e transparência sobre a maioria. Uma instituição que está empenhada em tomar decisões substantivas finais por voto da maioria ou supermaioria, pelas razões padrão, pode funcionar melhor se as minorias tiverem o poder de forçar a responsabilização sobre a maioria; e regras de submaioria são uma maneira útil de conferir esse poder. A imposição de responsabilização é realizada por meio do empoderamento das minorias, por meio de regras de submaioria, para forçar a maioria a fazer uma decisão substantiva final sobre uma determinada questão altamente visível, em vez de tratar o problema de alguma forma menos proeminente, incluindo a simples inação. (VERMEULE, 2007, pp. 90-91).[3]

No caso brasileiro, uma regra clara de submaioria é o poder de um décimo dos membros da respectiva Casa interpor de recurso para

3 Vermeule (2007, p. 86) aponta os seguintes exemplos de regras de submaiorias no direito federal americano, no que se refere ao processo legislativo:
"A Cláusula do Diário [*Journal Clause*], que permite que um quinto dos legisladores presentes em qualquer das Casas do Congresso force uma votação nominal;
A "regra de dispensa" na Câmara dos Representantes, que (em vários momentos, embora não hoje) permitiu que uma minoria específica de legisladores forçasse os projetos de lei a sair da comissão para deliberação em plenário;
Regra XXII do Senado, segundo a qual um requerimento de encerramento dos debates é válido quando assinado por dezesseis senadores;
A 'Regra dos Sete Membros', segundo a qual uma minoria de determinadas comissões na Câmara e no Senado pode exigir que o Poder Executivo divulgue informações;
Regra XI da Câmara, que autoriza as minorias da comissão a convocar testemunhas nas audiências."

o Plenário de decisões terminativas das Comissões, nos termos do art. 58, § 2º, inciso I, da Constituição Federal. Isso impede que a maioria dos membros de uma comissão – que pela regra da proporcionalidade partidária das comissões deve refletir a maioria parlamentar da Casa como um todo – aprove um projeto de maior saliência política por procedimento legislativo mais curto e menos visível.

Outro exemplo de regra de submaioria no processo legislativo é estabelecido no art. 114 do ADCT: a possibilidade de um quinto dos membros de uma Casa determinar a suspensão da tramitação de uma matéria (exceto medidas provisórias) por até vinte dias, caso ele acarrete aumento de despesa ou renúncia de receita, para que se verifique sua compatibilidade com as metas fiscais estabelecidas na Constituição Federal. Trata-se de expediente pelo qual a minoria parlamentar força a maioria a apresentar maiores informações influenciando o processo de tomada de decisão.

Como será visto nos Capítulos 5 e 6, há outros exemplos de regras de submaiorias no direito brasileiro e no direito comparado, ainda pouco estudadas, especialmente direcionadas não ao mérito da decisão política, mas ao procedimento legislativo. O estudo dessas regras de submaioria é de grande relevância, pois são importantes ferramentas pelas quais se possibilita o respeito à igualdade política e que empoderam as minorias políticas a terem maiores condições de influenciar o processo de tomada de decisão sem retirar da maioria a palavra final sobre o mérito de uma proposta legislativa.

Naturalmente, os poderes conferidos às minorias não podem ser tão amplos a ponto de obstruir indevidamente o exercício da vontade política da maioria. Em situações de abuso dessas prerrogativas pelas minorias, há o risco de se violar a própria igualdade política, na medida em que a minoria impede a maioria de tomar as decisões que entende corretas, além de violarem-se outros princípios do devido processo legislativo como a deliberação e eficiência, que serão abordados em seguida.

Há exemplos históricos que permitem apontar com clareza os problemas de poderes exacerbados de minorias. Em 1870, um grupo de parlamentares irlandeses fez mais de 14.000 discursos no Parlamento britânico sobre um projeto de lei referente a habitação que se arrastou por mais de 10 anos (MACIEL; CASTRO; RESENDE, 2018, p. 35). Alguns anos depois, os parlamentares irlandeses utilizaram novamente técnicas obstrucionistas por meio de emendas, discursos e questões de ordem para tentar impedir a votação de um projeto que concedia menos autonomia para as regiões britânicas (*home rule*) (RICCI, 2014, p. 37). Como resposta, na *House of Commons*, em 1881, foi instituída a "guilhotina" para encerrar o debate parlamentar no estado em que estiver a fim de permitir uma votação por maioria sobre a proposição em exame.

A Itália também apresenta exemplos conhecidos de poderes fortalecidos das minorias que permitem forte posição obstrucionista, com riscos para a igualdade política. Desde 1861, com a criação do Reino da Itália, até 1980, a Itália era compreendida como um caso atípico para os padrões de elaboração legislativa europeus, por ter modelo altamente descentralizado de trabalhos parlamentares com preponderância do Poder Legislativo sobre o Poder Executivo na capacidade de definir a agenda legislativa e o conteúdo das leis.

Após uma série de obstruções por partidos da minoria, discutiu-se a reforma do Regimento Interno da Câmara dos Deputados, em que a oposição ofereceu 57 mil emendas como tentativa de impedir a criação de regras de limitação dos debates (RICCI, 2014, p. 38). A superação dessa postura somente foi possível mediante uma nova interpretação do Regimento Interno pela então Presidente da Câmara dos Deputados de que as emendas individuais somente poderiam apontar exclusivamente diretrizes de mudança do regimento, de modo que os comandos normativos específicos deveriam ser formulados pela Comissão de Regras daquela Casa (FASONE, 2016, p. 71).

Outro exemplo sobre fortes poderes concedidos às minorias é o chamado *filibuster* no Senado dos EUA, previsto na Regra XX de seu Regimento Interno. Seguindo tradição histórica do Senado, não há limite de tempo para fala de um Senador, de modo que é possível, teoricamente, um discurso interminável sobre uma determinada proposição. Na prática, isso significa o poder de veto individual de um único Senador a qualquer projeto, o que levanta uma série de críticas contra essa prática em razão da paralisia decisória gerada e até mesmo de sua possível inconstitucionalidade em face da regra constitucional de maioria (AMAR, 2016, p. 99).

A Regra XXII do Regimento Interno do Senado prevê a possibilidade de 16 Senadores apresentarem requerimento de encerramento da discussão que deve ser aprovada por 3/5 dos membros daquela Casa (60 Senadores). Na prática, portanto, o Senado dos EUA geralmente opera com base em uma regra de supermaioria, criando poderes muito fortes de obstrução para as minorias políticas. Provavelmente em razão do aumento da polarização política nas últimas décadas, o número de situações em que se declarou o *filibuster* a uma proposição aumentou consideravelmente, de modo que de 2007 a 2014, 2/3 das principais proposições legislativas enfrentaram esse expediente em algum momento durante sua tramitação no Senado (SINCLAIR, 2017, p. 82). Embora a extensão do *filibuster* tenha se reduzido a partir de 2013 a 2017, não mais se aplicando para a aprovação de nomes indicados para o Executivo e Judiciário (mediante uma mudança regimental feita por maioria absoluta – conhecida popularmente como a *opção nuclear*), ele ainda permanece na Regra XXII do Senado como um importante instrumento de a minoria dificultar a aprovação de legislação que não conte com apoio bipartidário.

Por todo o exposto, fica mais clara a razão pela qual a regra da maioria não é, em si mesma, fundamento do processo legislativo. Ela é um dentre outros métodos decisórios destinados a concretizar o princípio da igualdade política, este sim um dos principais fundamentos do processo legislativo nas democracias contemporâneas. A igualdade política exige que sejam distribuídas competências tanto às maiorias quanto às minorias políticas, de modo que ambas possam ter influência no processo de elaboração normativa. Claramente haverá distribuição de poderes diferentes entre maioria e minoria, que deverão ser concedidos com base nas questões a se decidirem e no grau de impacto que produzem no processo de decisão. A concessão de poder exacerbado a qualquer das duas implica uma distorção no processo legislativo e, possivelmente, uma violação à igualdade política.

Contudo, embora se possa afirmar que os parlamentares são os protagonistas do processo legislativo, eles não são os únicos participantes. O processo legislativo não é um momento de elaboração normativa fechado à sociedade, pelo contrário: adotada a ideia de representação política em sentido substantivo em uma democracia representativo-deliberativa e o pressuposto de que o devido processo legislativo exige que os interesses de toda a coletividade sejam protegidos por suas normas, também devem existir mecanismos institucionalizados de participação social. O próximo item analisa esse ponto.

4.3. Participação social

Não há na Constituição Federal, regra geral expressa que exija a participação social no processo legislativo. Contudo, o princípio da participação social decorre dos princípios subjacentes a diversas de suas normas como soberania popular (art. 1º, inciso I, e art. 14, *caput*), direito de acesso à informação (art. 5º, incisos XIV e XXXIII), direito de petição (art. 5º, XXXIV), possibilidade de realização de audiências públicas com entidades da sociedade civil (art. 58, § 2º, inciso II), direito de qualquer pessoa exigir providências perante o Poder Legislativo (art. 58, § 2º, inciso IV), formas específicas de participação social em alguns desses ambientes mediante iniciativa legislativa popular, plebiscito e referendo (art. 1º, parágrafo único, e art. 14, *caput*) e participação nas atividades da poder público em determinados setores sociais (art. 10, art. 18, §§ 3º e 4º, art. 37, § 3º, art. 74, § 2º, art. 187, art. 194, inciso VII, art. 198, inciso III, art. 204, inciso II, art. 206, inciso VI, art. 216-A, *caput* e § 1º, inciso X, e art. 227, § 7º).

Destaca-se também o acréscimo de parágrafo único ao art. 193 pela Emenda Constitucional nº 108, de 2020: "O Estado exercerá a função de planejamento das políticas sociais, assegurada, na forma da lei, a participação da sociedade nos processos de formulação, de monitoramento, de controle e de avaliação dessas políticas."[4]

Para além do texto formalmente constitucional, há também o exemplo da Convenção nº 169 da OIT, que, em seu art. 6º, prevê o direito de os povos indígenas ou tribais interessados serem consultados sobre medidas legislativas e administrativas que os afetem diretamente[5].

A despeito dessas diversas previsões de participação social setoriais, não há um precedente do STF que trate especificamente do arranjo institucional do direito à participação social no processo legislativo em geral. De todo modo, destacam-se três precedentes do Tribunal que tangenciam o tema.

Na ADI-MC 6.121 (Rel. Min. Marco Aurélio, j. 13/06/2019), foi enfrentada a questão da existência de um princípio de participação social nas atividades do Poder Executivo. No caso, foi questionada a constitucionalidade do Decreto nº 9.759, de 11 de abril de 2019, que extinguiu por volta de 700 conselhos deliberativos e consultivos do Poder Executivo federal, em que diversos segmentos sociais estavam representados para fins de participação na formulação, execução e monitoramento de políticas públicas.

---

4 Agradeço a Tímea Drinóczi por ter me chamado a atenção para a relevância deste dispositivo.

5 Veja-se, por exemplo, o julgamento do STF na ADI 7.008 (Rel. Min. Roberto Barroso, j. 22/05/2023), no qual – com base na Convenção nº 169 da OIT – se avaliou efetivamente se houve a consulta prévia aos povos indígenas concretamente afetados por legislação estadual que autorizou a exploração comercial de determinadas áreas protegidas.

No exame cautelar, a maioria entendeu pela suspensão de dispositivos do ato impugnado que implicavam a extinção de conselhos criados ou previstos em lei, em razão da violação ao princípio da legalidade. De todo modo, diversos Ministros fizeram referência ao princípio da "participação popular" como corolário da democracia participativa brasileira, que assegura a possibilidade de participação direta das pessoas na condução dos negócios públicos. Veja-se, por exemplo:

> Por instrumentos da democracia participativa, compreende-se mais do que a corriqueira referência aos projetos de lei de iniciativa popular e aos institutos do referendo e do plebiscito, versados nos artigos 14, incisos I e II, 49, inciso V, 14, inciso III, e 61, § 2º, da Constituição Federal. Traduzem-se em toda e qualquer forma legal de controle, pela sociedade, dos atos da Administração, considerada a influência da atuação popular na formulação das decisões políticas e na gestão da coisa pública, fornecendo-lhes a necessária legitimidade democrática.[6]
>
> Com efeito, em uma democracia constitucional, conformada pelo ideal de compartilhamento de poder e responsabilidade entre as mais diversas instituições, entre os Poderes da República e os atores sociais, a participação social é fundamento da cidadania e, por conseguinte, elemento estruturante dos processos decisórios formalizados pelos Poderes.[7]

Discussão semelhante foi feita na ADPF 622 (Pleno, Rel. Min. Roberto Barroso, j. 26/02/2021), em que se questionou a constitucionalidade do Decreto nº 10.003, de 4 de setembro de 2019, que realizou diversas mudanças no funcionamento do Conselho Nacional dos Direitos da Criança e do Adolescente (Conanda), entre elas a destituição imediata de todos os então conselheiros, redução do número de reuniões anuais, mudança no processo de escolha dos representantes com seleção feita pelo próprio Poder Executivo federal e recusa de custeio no deslocamento de conselheiros residentes fora do Distrito Federal.

A maioria do STF entendeu pela inconstitucionalidade dessas normas, em razão de restringirem fortemente a possibilidade de participação social na formulação e no acompanhamento de políticas públicas

---

6 STF, Pleno, ADI-MC nº 6.121, Rel. Min. Marco Aurélio, j. 13/06/2019, Voto do Min. Marco Aurélio, p. 18.

7 STF, Pleno, ADI-MC nº 6.121, Rel. Min. Marco Aurélio, j. 13/06/2019, Voto da Min. Rosa Weber, p. 69.

voltadas à criança e ao adolescente. O Relator, Min. Roberto Barroso, pontuou que por expressa disposição constitucional – art. 227, § 4º e art. 204, inciso II – há a necessidade de participação popular nos órgãos e nas entidades públicas responsáveis por ela[8]. No caso, foi fixada a seguinte tese: "É inconstitucional norma que, a pretexto de regulamentar, dificulta a participação da sociedade civil em conselhos deliberativos".

Por fim, no RE 626.946 (Pleno, Rel. Min. Marco Aurélio, j. 13/10/2010), o Tribunal, à unanimidade, entendeu formal e materialmente constitucionais dispositivos da Lei Orgânica e da Lei do Município de São Paulo nº 13.881, de 30 de julho de 2004, que disciplinam o Conselho de Representantes – órgão vinculado ao Poder Legislativo, composto por cidadãos indicados por partidos políticos ou eleitos pelos moradores da região do Conselho, com competências basicamente destinadas a acompanhar a formulação e execução de políticas públicas pelo Poder Executivo municipal. Como um dos fundamentos do voto do Relator, foi constatada a previsão em diversos dispositivos constitucionais de instrumentos de "participação da comunidade" nas atividades do poder público[9].

Embora os casos supramencionados tratassem de órgãos do Poder Executivo ou de órgão com competência basicamente de fiscalização de formulação e implementação de políticas públicas junto ao Poder Executivo, fica claro pelos argumentos apresentados que o princípio da participação social também estende seus efeitos jurídicos para outros processos decisórios do poder público, especialmente o processo legislativo.

É por essa razão que, por exemplo, José Afonso da Silva afirma que a democracia brasileira é uma democracia participativa, pois ao lado dos mecanismos de representação política eleitoral, existe um princípio de participação social que demanda a ampliação das possibilidades de presença direta das pessoas nas esferas institucionalizadas do exercício do poder político (SILVA, 2007, p. 41). Essa afirmação deve ser compreendida em seus devidos termos, como será demonstrado a seguir.

Também no direito comparado, há exemplos do reconhecimento e da expansão da participação social como fundamento da democracia e sua incidência para o processo legislativo.

A experiência que mais se destaca no reconhecimento jurídico do princípio da participação social é o da África do Sul. A Constituição de

8 STF, Pleno, ADPF 662, Rel. Min. Roberto Barroso, j. 26/02/2021, pp. 5-6.

9 STF, Pleno, RE 626.946, Pleno, Rel. Min. Marco Aurélio, j. 13/10/2010, p. 23.

1996, em seu art. 59 (1), prevê que "A Assembleia Nacional deverá facilitar o envolvimento do público no processo legislativo e outros processos da Assembleia e de suas comissões". Embora a Constituição não ofereça maiores detalhes no que consiste essa participação, a Corte Constitucional da África do Sul apresenta julgados emblemáticos em que aponta verdadeiro direito de as pessoas participarem efetivamente do processo legislativo, sob pena de invalidade da legislação assim produzida.

No caso mais conhecido (*Doctors for Life International v Speaker of the National Assembly* 2006), houve questionamento de diversas leis da área da saúde (especialmente sobre os limites à prática do aborto e exercício da medicina tradicional). No caso, o Conselho Nacional de Províncias (Câmara Alta da Assembleia Nacional), determinou, durante o processo legislativo, que as províncias fizessem audiências públicas e recebessem documentos durante a tramitação das propostas legislativas. Muitas não fizeram. Em face dessa situação, a Corte Constitucional entendeu que os cidadãos têm um direito fundamental implícito de participação política de modo que o esforço do Legislativo em fazer valer esse direito deve ser avaliado para fins de constitucionalidade da legislação resultante. Fixou-se o entendimento de que quanto mais controversa a matéria política, maior a necessidade de participação popular (ROSE-ACKERMAN; EGIDY; FOWKES, 2015, p. 115).

Também a União Europeia experimenta uma verdadeira transformação na compreensão da centralidade dos ideais da democracia representativa como arranjo político legítimo para a tomada de decisões em nível comunitário, com destaque para o princípio da participação social. Nos termos dos arts. 10 e 11 do Tratado da União Europeia (com as alterações do Tratado de Lisboa, de 2007), a União é fundada na ideia de democracia representativa com participação dos cidadãos, de modo que "as instituições [da União Europeia] estabelecem um diálogo aberto, transparente e regular com as associações representativas e com a sociedade civil."[10] A despeito dessas disposições, há críticas da incipiên-

10 Tratado da União Europeia: "Art. 10º 1. O funcionamento da União baseia-se na democracia representativa.
2. Os cidadãos estão diretamente representados, ao nível da União, no Parlamento Europeu.
Os Estados-Membros estão representados no Conselho Europeu pelo respetivo Chefe de Estado ou de Governo e no Conselho pelos respetivos Governos, eles próprios democraticamente responsáveis, quer perante os respetivos Parlamentos nacionais, quer perante os seus cidadãos.
3. Todos os cidadãos têm o direito de participar na vida democrática da União.

cia da concretização desses princípios em regras concretas incidentes durante a elaboração legislativa (ROSE-ACKERMAN; EGIDY; FOWKES, 2015, p. 236).

Cabe destacar que a participação social no processo legislativo pode ocorrer mediante interações mais ou menos institucionalizadas entre os representantes e representados.

Nesse sentido, o principal instrumento de participação social no processo legislativo é o próprio vínculo de representação política em sentido substantivo. Mediante este vínculo, qualquer pessoa pode entrar em contato com os parlamentares, sugerindo providências e oferecendo argumentos para a tomada de decisão. Isso porque o processo legislativo é uma prática social fortemente marcada pelas interações informais entre seus participantes. Provavelmente a grande maioria dessas interações ocorre em conversas, ligações telefônicas ou envio de mensagens privadas e outras instâncias que não ficam registradas ou das quais não se tem ampla divulgação.

Isso não é negativo. Pelo contrário, considerando-se a prática de representação política como dependente de um fluxo contínuo de comunicação por diversos meios sociais, é de grande relevância que o processo legislativo permaneça aberto aos mais diversos tipos de participação informal. Nesse sentido:

As decisões são tomadas de forma tão aberta e tão próxima dos cidadãos quanto possível.
4. Os partidos políticos ao nível europeu contribuem para a criação de uma consciência política europeia e para a expressão da vontade dos cidadãos da União.
Artigo 11.º
1. As instituições, recorrendo aos meios adequados, dão aos cidadãos e às associações representativas a possibilidade de expressarem e partilharem publicamente os seus pontos de vista sobre todos os domínios de ação da União.
2. As instituições estabelecem um diálogo aberto, transparente e regular com as associações representativas e com a sociedade civil.
3. A fim de assegurar a coerência e a transparência das ações da União, a Comissão Europeia procede a amplas consultas às partes interessadas.
4. Um milhão, pelo menos, de cidadãos da União, nacionais de um número significativo de Estados-Membros, pode tomar a iniciativa de convidar a Comissão Europeia a, no âmbito das suas atribuições, apresentar uma proposta adequada em matérias sobre as quais esses cidadãos considerem necessário um ato jurídico da União para aplicar os Tratados.
Os procedimentos e condições para a apresentação de tal iniciativa são estabelecidos nos termos do primeiro parágrafo do artigo 24.º do Tratado sobre o Funcionamento da União Europeia."

> comunicações informais são vitais para o processo legislativo. Além disso, os parlamentares são expostos ao testemunho informal de eleitores, lobistas e muitos outros em suas atividades diárias. E, crucialmente, as informações acumulam-se ao longo de muitos anos, frequentemente, senão tipicamente, muito antes de determinada medida ser debatida e acordada. (FRICKEY; SMITH, 2002, p. 1735).

Sem rejeitar o caráter central da participação social informal no processo legislativo para a prática democrática, não se pode deixar de registrar a grande importância da institucionalização de alguns veículos de participação social por meio de regras e, consequentemente, procedimentos. Isso porque a participação informal - ainda que seja parte integrante e essencial da representação política - é carregada de fortes assimetrias informacionais e de influência, além de não oferecer a publicidade desejada entre os participantes. Desse modo, deve ser reconhecido que a institucionalização é um dos elementos que permite a redução de custos de participação social e simplifica o acesso aos ambientes de tomada de decisão, especialmente para os grupos que teriam dificuldade de interlocução pelas vias informais (BARCELLOS, 2016, p. 204).

Além disso, para o desenvolvimento de um processo legislativo que permita a tomada de decisão à luz de boas informações disponíveis, a troca de informações e experiência entre os participantes deve ser minimamente regulada e publicizada para que os fatos sociais e as projeções feitas com base no texto proposto, justificativas de fato e razões normativas possam ser objeto de análise e crítica não somente dos parlamentares, mas da sociedade como um todo (WINTGENS, 2012, p. 296).

No caso brasileiro, há grande discussão sobre a oportunidade de regulamentação (e, portanto, institucionalização) do *lobby* - atividade legítima e necessária de organizar interesses e demandas e levá-los aos órgãos decisores.[11] Não é objeto deste trabalho aprofundar o debate sobre a regulamentação do lobby no Brasil, mas essa é, sem dúvidas, uma das questões fundamentais para aprimoramento do processo legislativo.

Partindo-se da constatação da participação social formal e informal no processo legislativo, "participação" aqui é entendida em um sentido que pode ser designado de "fraco", ou seja, como capacidade de influen-

11 Quanto aos diversos modelos de regulamentação do lobby, especialmente de divulgação das informações recebidas pelos agentes públicos, ver Mancuso e Gozetto (2018, pp. 107-109).

ciar a tomada de uma decisão por meio de argumentos e não necessariamente exercer diretamente poder decisório vinculante mediante o voto individual de cada participante ("sentido forte").[12] Dessa maneira, as questões a serem enfrentadas são quem deve poder participar e como deve ser essa participação.

Como visto no Capítulo 3, uma primeira tentativa de responder a essa pergunta aponta que o devido processo legislativo abarcaria algum tipo de contraditório institucionalizado para a tomada de decisão política. Inspirando-se na teoria geral do processo, seria necessário que o contraditório no processo legislativo envolvesse os potencialmente afetados e interessados no processo decisório. Esse argumento aponta para a importante constatação de que o processo legislativo em uma democracia representativa e deliberativa não pode ser compreendido como uma prática social cujos interesses em jogo estariam restritos aos parlamentares. Como apontado acima, defende-se que as normas do devido processo legislativo protegem os interesses de toda a coletividade, e, nesse sentido, devem, na medida do possível, permitir a participação de todos os interessados em fazê-lo.

Como já adiantado, contudo, tomar de empréstimo a ideia de contraditório da teoria geral do processo para a dogmática do processo legislativo é apenas uma aproximação do princípio da participação política. A ideia de contraditório é entendida no sentido de que o processo legislativo deve estar aberto à participação dos "possíveis afetados pelo provimento legislativo" e "dos interessados no provimento final". A questão que imediatamente se coloca é: quem são os possíveis afetados ou interessados no resultado da elaboração legislativa?

Aqui deve ser rejeitada qualquer noção de "interesse" da teoria geral do processo para compreender o princípio da participação social no processo legislativo. A noção de representação em sentido substantivo cria um vínculo duradouro entre representantes e representados, que estrutura o debate público sobre opções políticas. Embora os represen-

12 Para uma crítica sobre o conceito "fraco" de participação política e a defesa efetiva de transferência de poder decisório para os cidadãos, Paulo Bonavides defendia uma visão mais radical da participação direta do povo na vida pública: "A democracia participativa, [...] há de representar, na teoria constitucional, o consenso dos regimes do Terceiro Mundo. Demais disso, é de assinalar que essa democracia já é direito positivo no parágrafo único do art. 1º da Constituição. Mas resta inanimada e programática naquele dispositivo tutelar, por obra do silêncio, da omissão, do egoísmo e das deserções dos dois Poderes que legislam e governam o País" (BONAVIDES, 2001, p. 24). Do ponto de vista da teoria política e em sentido semelhante ver Miguel (2017).

tantes parlamentares possam ser facilmente identificados, uma questão mais difícil diz respeito a quem são os representados.

Uma primeira resposta seria a de que os representados seriam os eleitores do distrito eleitoral responsáveis pela eleição de um determinado representante. Uma noção um pouco mais abrangente seria entender que os representados seriam todos os eleitores daquele distrito. Outra noção ainda mais ampla entenderia que todos os eleitores sujeitos à legislação de um órgão representativo seriam os representados.

A proposta que aqui se traz é a seguinte: para fins de participação em sentido fraco no processo legislativo, em princípio, não deve haver uma delimitação específica de uma categoria de "representados" e nem, portanto, de "possíveis interessados" como requisito para a participação no processo legislativo. Isso significa que o processo legislativo é discursivamente aberto para permitir que todo aquele que deseje manifestar sua opinião tenha acesso ao debate – tenha ele algum interesse jurídico pessoal mais substancial em relação ao tema em debate ou não.

Situação diferente é a de algumas formas de participação social em sentido forte no exercício direto do poder político previstas no art. 14 da Constituição Federal (iniciativa popular das leis, plebiscitos e referendos). Conforme a Lei nº 9.709, de 18 de novembro de 1998, exige-se a capacidade eleitoral ativa para exercício dessas formas de participação e a razão aqui é plenamente justificada: esses instrumentos, por si só, já permitem uma alteração jurídica no processo legislativo, seja pela apresentação de um projeto de lei, seja pela manifestação de vontade potencialmente vinculante do povo.

O mesmo não ocorre, entretanto, com outras formas de participação no processo legislativo. Entre as formas institucionalizadas, pode-se destacar a participação em audiências públicas e consultas públicas feitas pelo Parlamento. Não se observam, com razão, maiores requisitos para participação nesses procedimentos, como o exercício dos direitos políticos em sentido estrito ou a apresentação de algum tipo de interesse jurídico, econômico ou social específico. Isso porque o processo legislativo, como já visto, é o momento institucionalizado de ampla apresentação e troca de argumentos para possibilitar a tomada de uma decisão política. Deve haver a permeabilidade do processo de tomada de decisão legislativa para as variadas instâncias da esfera pública de modo que o livre fluxo comunicacional enriqueça esse processo com novas informações e perspectivas sobre o tema em debate com o consequente ganho de legitimidade democrática.

Na prática do Congresso Nacional, há, aliás, exemplos de programas positivos ("Parlamento Jovem Brasileiro" na Câmara dos Deputados[13] e "Jovem Senador" no Senado Federal[14]), que permitem a estudantes de ensino médio participarem de simulação de processo legislativo e apresentarem sugestões de proposições que serão avaliadas e eventualmente transformadas em projetos de lei por decisão de Comissão das Casas. Já houve diversas sugestões do Programa Jovem Senador que foram transformadas em proposições legislativas por decisão da Comissão de Direitos Humanos e Legislação Participativa do Senado Federal. São exemplos de que participação política no processo legislativo não pressupõe necessariamente capacidade eleitoral ativa.

O ponto aqui é reconhecer que há um afastamento da exigência de titularidade e exercício de direitos políticos em sentido estrito para participação no processo legislativo, por meio do envio de sugestões, participação em audiências públicas ou contato pessoal com os parlamentares. Não é necessário ter capacidade eleitoral ativa para participar do processo legislativo, pois até estrangeiros ou pessoas com seus direitos políticos suspensos podem participar do processo legislativo por meio de manifestação de sua opinião na esfera pública. O processo legislativo deve ser um processo de troca de argumentos e construção pública de decisão que permita a participação de todo aquele que o desejar, independentemente de ser um dos possíveis afetados juridicamente pelo ato legislativo ou de qualquer outra noção de interesse mais substancial.

Isso não significa dizer que há um direito definitivo de toda pessoa participar de qualquer maneira que desejar no processo legislativo. Compreender a participação social como um princípio estruturante do devido processo legislativo permite identificar uma dimensão ideal de seus arranjos institucionais para que, na maior medida do possível, essa participação seja possibilitada. Além disso, há determinadas áreas de atuação do poder público que estão submetidas a exigências constitucionais reforçadas de participação social no processo decisório de formulação de políticas públicas, por exemplo, de caráter assistencial (art. 204, inciso II) e voltadas à proteção das crianças e adolescentes (art. 227, § 7º), como visto acima em relação à ADPF 622 (Rel. Min. Roberto Barroso, j. 26/02/2021).

13 Resolução nº 12, de 18 de novembro de 2003, da Câmara dos Deputados.

14 Resolução nº 42, de 10 de agosto de 2010, do Senado Federal.

De todo modo, torna-se claro que haverá limitações decorrentes de outros princípios do devido processo legislativo a esse direito de participação *prima facie*, em razão das demandas de igualdade política e de outras como a publicidade, o caráter deliberativo e a eficiência do processo legislativo, a seguir exploradas, ou até mesmo de outros princípios constitucionais.

Diante dessas considerações, afirmar que a Constituição Federal de 1988 adota um modelo de democracia participativa torna necessária uma reflexão sobre uma possível tensão entre democracia participativa e democracia deliberativa.

A teoria da democracia participativa ganhou força nos anos de 1960 e, fundadas na já exposta ideia da impossibilidade de representação da soberania em Rousseau, defendiam uma visão forte de participação social com o voto direto do cidadão nas questões políticas como forma de aprimorar a democracia. A ideia era, como destaca Carole Pateman, uma das precursoras dessa corrente teórica, "democratizar a democracia" em contraposição às teorias liberais "realistas" da democracia na vertente de Schumpeter, que partiam do pressuposto do desinteresse do cidadão pela participação ativa na condução dos negócios públicos (PATEMAN, 2012, p. 8). O argumento dos defensores da democracia participativa era o de que as pessoas não participavam do processo de tomada de decisão em razão das desigualdades econômicas e sociais - caso elas tivessem oportunidade, teriam interesse e participariam desse processo.

Contudo, houve um certo declínio teórico dos defensores da democracia participativa, em razão do esvaziamento dos movimentos sociais que a defendiam na prática política, bem como do surgimento de um novo modelo descritivo e normativo da prática política democrática: a democracia deliberativa. Sem expressamente rejeitar os pressupostos e propostas da democracia participativa, houve uma "virada deliberativa", no intuito de se examinar em maior profundidade o significado da troca de argumentos entre diversos atores sociais, especialmente em ambientes institucionalizados, na busca pelo fundamento de legitimidade do sistema político (FLORIDIA, 2018, pp. 36-38).

O debate sobre uma suposta contraposição entre democracia participativa e democracia deliberativa ainda está em andamento. De todo modo, diversos autores apontam que, na verdade, trata-se de formas complementares de experienciar a vida democrática e que não se excluem mutuamente, uma vez ambas questionam a visão minimalista de democracia, em que o cidadão seria reduzido à função de eleitor em virtude de sua suposta incapacidade de participar do debate público

(ELSTUB, 2018, p. 187). O oposto ao caráter participativo das democracias contemporâneas não é a deliberação, mas sim a exclusão das pessoas interessadas dos canais de fluxos de comunicação pelos quais se debatem as questões políticas (URBINATI; WARREN, 2008, p. 398).

Uma importante crítica feita aos teóricos da democracia deliberativa refere-se ao fato de concentrarem-se demasiadamente na deliberação que ocorre nos ambientes institucionalizados de tomada de decisão (como o processo legislativo). Haveria aqui uma necessidade de incorporar permanentemente arranjos participativos na estrutura do processo deliberativo oficial para que exista, na prática, maior impacto da participação social no processo de tomada de decisão. Não se trata apenas de conferir um papel consultivo aos cidadãos em questões *ad hoc* de modo informal, mas de prever mecanismos institucionalizados de troca de informações, formação de opiniões e deliberação dos cidadãos com as autoridades constituídas (PATEMAN, 2012, p. 15).

Diante dessa brevíssima retomada do debate entre democracia participativa e deliberativa, é possível reexaminar a afirmação usual de que a Constituição Federal de 1988 adotaria um regime político próximo da democracia participativa pelo fato de contemplar elementos de participação direta do cidadão na vida pública, como a iniciativa popular das leis, o plebiscito e o referendo, previstos no art. 14 da Constituição.

Essa afirmação deve ser devidamente compreendida no contexto da prática democrática deliberativa – adotada como pressuposto neste trabalho de interpretação das democracias contemporâneas, inclusive a brasileira.

Em primeiro lugar, embora seja correto dizer que a Constituição Federal de 1988 apresenta elementos de democracia representativa e de democracia direta, não se pode afirmar que ela tenha assumido compromisso normativo com alguma corrente teórica específica como a da democracia participativa, acima retratada.

Em segundo lugar, afirmar que a Constituição teria adotado um modelo de democracia participativa pode obscurecer o fato de a realidade das democracias contemporâneas, inclusive a brasileira, apontar para uma democracia também deliberativa, em que há elementos de representação política e participação social, sendo a troca pública de argumentos um dos elementos constitutivos da prática democrática.

Em terceiro lugar e o mais relevante para a dogmática do processo legislativo, a menção aos instrumentos tradicionais de participação direta do cidadão no processo legislativo previstos no art. 14 da Constituição pode relegar a segundo plano o princípio constitucional de participação social na tomada de decisão política, que exige, constantemente, que sejam criados e aperfeiçoados mecanismos - não meramente informais, casuísticos ou temporários -, mas mecanismos institucionalizados de participação no processo de tomada de decisões para além dos constitucionalmente previstos e abertos a todas as pessoas que desejem participar desses procedimentos, estejam elas na condição de eleitores ou não.

Desse modo, o princípio da participação social exige possibilidade de interação direta entre as pessoas e os poderes constituídos que vão muito além da iniciativa popular das leis, plebiscito e referendo. O arranjo institucional desses instrumentos no processo legislativo federal será investigado no Capítulo 6, adiantando-se a importância das audiências públicas e consultas públicas no caso brasileiro e outras possibilidades de participação social formalizada identificadas no direito comparado.

4.4. Publicidade

A Constituição Federal não apresenta regra específica sobre a publicidade dos trabalhos legislativos.[15] Para além do princípio da publicidade, constante do *caput* do art. 37 da Constituição, há, na verdade, previsões de votações secretas no Congresso Nacional em alguns casos: a) escolha de determinadas autoridades, como magistrados de Tribunais Superiores, Procurador-Geral da República e chefes de missão diplomática (arts. 52, III e IV, da Constituição Federal); e b) exoneração de ofício do PGR antes do término do seu mandato (art. 52, XI, da Constituição Federal). Há também a previsão geral do direito de obter informações dos órgãos públicos, previsto no art. 5º, incisos XIV e XXXIII, da Constituição.

A despeito da falta de uma regra geral na Constituição Federal de 1988, a jurisprudência do STF reconhece a publicidade como um dos princípios basilares das atividades do Poder Legislativo, com base na necessidade de controle e fiscalização dos cidadãos em face de seus representantes. O entendimento do Tribunal alterou-se no tempo em relação a esse ponto, mas a questão central que perpassa diversos de

15 Houve a tentativa de inclusão de regra geral a respeito do tema pela Proposta de Emenda à Constituição nº 43, de 2013 (Senado Federal), que, neste ponto, foi rejeitada.

seus julgados é: seria a publicidade do voto parlamentar um princípio constitucional - passível, portanto, de regulamentação por parte da legislação infraconstitucional - ou seria verdadeira regra constitucional, de modo que suas exceções são somente aquelas constantes no texto constitucional?

O STF proferiu diversos julgados em que se questionaram leis e normas regimentais que determinavam a votação legislativa em escrutínio secreto para abertura e julgamento de crime de responsabilidade[16], eleição indireta pela Assembleia Legislativa para os cargos de Governador e Vice-Governador[17], votação em processo disciplinar para cassação de mandato parlamentar[18] e eleição das mesas das Casas Legislativas[19]. O exame da jurisprudência do Tribunal revela uma oscilação entre julgados em que se reconhece que há uma regra geral de publicidade dos trabalhos legislativos implicitamente prevista na Constituição Federal e julgados que apontam para a possibilidade de a lei ou os regimentos internos das Casas Legislativas estabelecerem novas hipóteses de votação secreta, para além daquelas fixadas na Constituição (REZENDE, 2019). Conforme entendimento mais recente do Tribunal, a publicidade é compreendida como um princípio, de modo que são constitucionais as normas regimentais que disciplinam a votação secreta para outros casos justificados não previstos na Constituição Federal, como a eleição das Mesas do Poder Legislativo[20].

Há, também, diversas decisões monocráticas do STF em que são concedidas ordens em *habeas corpus* de modo a assegurar a presença física dos interessados no momento de discussão e votação de proposições em Plenário, sem prejuízo de restrições a manifestações ou limitações das instalações dos recintos parlamentares previstas nos regimentos internos das casas legislativas. Os fundamentos de tais decisões, contudo, são basicamente restritos ao direito de liberdade de locomoção e de acesso

16 STF, Pleno, MS 21.564, Redator para Acórdão Min. Carlos Velloso, j. 22/09/1993; STF, Pleno, ADPF-MC 378, Redator para Acórdão Min. Roberto Barroso, j.17/12/2015.

17 STF, Pleno, ADI 1.057, Rel. Min. Celso de Mello, j. 20/04/1994.

18 STF, Pleno, ADI 2.461, Rel. Min. Gilmar Mendes, j. 12/05/2005.

19 STF, Decisão Monocrática, MS 36.228 MC, Rel. Min. Marco Aurélio, j. 09/01/2019, STF, Decisão Monocrática, MS 36.169, Rel. Min. Marco Aurélio, j. 04/02/2019; e STF, Decisão Monocrática, SS 5.272 MC, Rel. Min. Dias Toffoli, j. 09/01/2019.

20 Para o exame detalhado da jurisprudência do Tribunal sobre a incidência da publicidade nos trabalhos legislativos, ver Rezende (2019).

a locais abertos ao público, sem maiores aprofundamentos a respeito do princípio da publicidade sobre as atividades legislativas[21].

Não é necessário revisitar toda a jurisprudência do STF para constatar dois pontos relevantes.

Em primeiro lugar, os julgados que mais se aprofundaram no tema da publicidade dos trabalhos parlamentares dizem respeito a votações não legislativas, ou seja, decisões sobre atos concretos relacionados a determinadas situações ou pessoas específicas: julgamento de crime de responsabilidade pelo chefe do Poder Executivo, cassação de mandato parlamentar, eleição indireta no caso de dupla vacância para mandatários do Poder Executivo ou eleição das Mesas das Casas Legislativas.

O segundo ponto que se revela importante do exame da jurisprudência do STF a respeito do tema é que a discussão até então travada sobre o princípio da publicidade aos trabalhos parlamentares ainda é restrita ao elemento da discussão e votação nos recintos parlamentares e não recaiu sobre diversos outros momentos do processo legislativo em que pode haver a sua incidência. No caso do processo legislativo, por exemplo, deve-se investigar a incidência do princípio da publicidade sobre a divulgação das agendas dos parlamentares com atores interessados no processo legislativo, informações produzidas pelos serviços internos de assessoria das Casas Legislativas, publicização dos dados utilizados como base para apresentação de projetos e emendas, entre outros.

O exame das profundas modificações pelas quais passa o processo legislativo no âmbito da União Europeia pode ilustrar as potencialidades do princípio da publicidade.

Houve um "giro de transparência" com o Tratado de Maastricht de 1992, cuja Declaração nº 17 reconhece que a "transparência do processo decisório fortalece a natureza democrática das instituições e a confiança pública na Administração" e com o Relatório Sutherland de 1992, que propunha maior divulgação das atividades do bloco, especialmente as relacionadas à produção normativa (MENDES, 2016, pp. 334-335).

Com a edição da Regulação nº 1.049, de 2001, ainda vigente, houve a previsão em ato normativo do direito de acesso a documentos do

21 Como exemplos de decisões, ver STF, HC-MC 81.527, Decisão monocrática, Rel. Min. Sepúlveda Pertence, j. 21/11/2001, HC 128.141, Decisão monocrática, Rel. Min. Rosa Weber, j. 12/05/2015, e HC 173.415, Decisão monocrática, Pres. Dias Toffoli, j. 23/07/2019.

Parlamento, Conselho e Comissão Europeus.[22] Especificamente sobre o processo legislativo, o item 6 do Preâmbulo do Regulamento nº 1.049, de 2001, estabelece:

> Deverá ser concedido maior acesso aos documentos nos casos em que as instituições ajam no exercício dos seus poderes legislativos, incluindo por delegação, embora simultaneamente, preservando a eficácia do processo decisório institucional. O acesso directo a estes documentos deverá ser tão amplo quanto possível.

A partir desse ato normativo, construiu-se a jurisprudência do Tribunal Geral e do Tribunal de Justiça Europeus, que ampliaram as possibilidades de exercício do direito ao acesso à informação em relação ao processo legislativo.[23] A seguir são apresentados os dois principais casos.

Em 2008, o Tribunal de Justiça da União Europeia julgou o caso *Suécia e Turco v. Conselho da União Europeia,* em que se buscava, com base na Regulação nº 1.049, de 2001, o acesso a um parecer jurídico interno do Serviço Jurídico do Conselho da União Europeia a respeito de uma minuta de diretiva sobre concessão de asilo a refugiados. O Conselho negou acesso ao documento, sob argumento de que o sigilo do parecer estava garantido pelo Regulamento nº 1.049, pelo fato de se tratar de uma "consulta jurídica", nos termos de seu art. 4º, nº 2, com o objetivo de avaliar a compatibilidade da proposta de diretiva com o direito comunitário.[24]

---

22 No Preâmbulo da Regulação nº 1.049, de 2001, da União Europeia, foi reconhecido que a abertura (*openness*) gera mais "legitimidade, eficácia e responsabilidade da Administração perante os cidadãos num sistema democrático. A abertura contribui para o reforço dos princípios da democracia e do respeito dos direitos fundamentais consagrados no artigo 6º do Tratado da União Europeia e na Carta dos Direitos Fundamentais da União Europeia".

23 Para uma revisão da jurisprudência dos tribunais europeus, ver Mendes (2016).

24 Regulamento nº 1.049, de 2001, da União Europeia:
Art. 4º, nº 2: "As instituições recusarão o acesso aos documentos cuja divulgação pudesse prejudicar a protecção de:
- interesses comerciais das pessoas singulares ou colectivas, incluindo a propriedade intelectual,
- processos judiciais e consultas jurídicas,
- objectivos de actividades de inspecção, inquérito e auditoria, excepto quando um interesse público superior imponha a divulgação."

O Tribunal de Justiça enfatizou a importância do direito de acesso a documentos para o exercício pleno da cidadania em âmbito europeu, especialmente no processo legislativo:

> Estas considerações são, sem dúvida, particularmente pertinentes quando o Conselho age na qualidade de legislador, como resulta do sexto considerando do Regulamento n.º 1049/2001, segundo o qual deverá ser concedido maior acesso aos documentos precisamente nesse caso. A transparência neste domínio contribui para reforçar a democracia, permitindo aos cidadãos fiscalizar todas as informações que constituíram o fundamento de um acto legislativo. Com efeito, a possibilidade, para os cidadãos, de conhecer os fundamentos dos actos legislativos é uma condição do exercício efectivo, por estes últimos, dos seus direitos democráticos.[25]

Especificamente sobre o risco de prejuízo ao processo legislativo e ao desacreditamento da legislação em nível comunitário, o Tribunal pontuou:

> No que respeita, em primeiro lugar, ao receio expresso pelo Conselho de que a divulgação de um parecer do seu Serviço Jurídico relativo a uma proposta legislativa possa criar uma dúvida sobre a legalidade do acto legislativo em causa, há que assinalar que é precisamente a transparência neste domínio que, ao permitir que as divergências entre vários pontos de vista sejam abertamente debatidas, contribui para conferir às instituições maior legitimidade aos olhos dos cidadãos europeus e para aumentar a confiança dos mesmos. De facto, é sobretudo a falta de informação e de debate que é susceptível de fazer nascer dúvidas no espírito dos cidadãos, não só quanto à legalidade de um acto isolado mas também quanto à legitimidade de todo o processo decisório.
>
> Por outro lado, o risco de nascerem dúvidas no espírito dos cidadãos europeus quanto à legalidade de um acto adoptado pelo legislador comunitário, pelo facto de o Serviço Jurídico do Conselho ter emitido um parecer desfavorável quanto a esse acto, não se concretizaria na maioria das vezes se a fundamentação desse acto fosse reforçada de modo a pôr em evidência as razões pelas quais esse parecer desfavorável não foi seguido.[26]

25 Tribunal de Justiça da União Europeia, *Suécia e Turco v. Conselho*, j. 01/07/2008, item 46.

26 Tribunal de Justiça da União Europeia, *Suécia e Turco v. Conselho*, 2008, itens 59 e 60.

Com base nas passagens acima, o Tribunal deixou consignado que eventual risco para o processo legislativo em termos, de um lado, de credibilidade e confiança, e, de outro lado, risco de pressões indevidas em face da divulgação dos pareceres jurídicos deveria ser justificada com base em dados concretos e não meramente hipotéticos e abstratos. Isso porque, em princípio, há um dever de divulgar todos os documentos pertinentes ao processo legislativo, inclusive aos pareceres internos produzidos a respeito das matérias em discussão.[27] Diante disso, o Tribunal cassou a decisão administrativa do Conselho que negou acesso ao parecer jurídico em questão.

Em 2018, outra decisão de grande relevância do Tribunal Geral da União Europeia foi proferida a respeito do tema. No caso *De Capitani v. Parlamento*, foi questionado um ato do Parlamento Europeu que negou acesso a documentos utilizados em rodadas de negociação (os chamados "trílogos")[28] entre a Comissão, Parlamento e Conselho Europeus durante o processo legislativo de proposta para alterar as regras sobre proteção de dados e de composição da direção da Europol (Agência para a Cooperação no Cumprimento da Lei).

Com base na Regulação nº 1.049, de 2001, uma pessoa solicitou acesso a uma tabela utilizada nas negociações em andamento durante o processo legislativo com quatro colunas que apontavam as propostas da Comissão, do Parlamento e do Conselho Europeus, e a quarta coluna registrava as propostas consensuadas durante a negociação entre as três instituições. O Parlamento concedeu acesso às três primeiras colunas, mas negou acesso à quarta, sob o argumento de que poderia haver "prejuízo grave" para o processo legislativo ainda em andamento, pelo fato de que os legisladores poderiam sofrer maiores pressões externas, o que diminuiria a confiança dos Estados-Membro no processo decisório e colocaria em risco a obtenção de um acordo.

O Tribunal Geral rejeitou os argumentos do Parlamento. Em primeiro lugar, o Tribunal Geral retomou o item 6 do Preâmbulo da Resolução

27 Tribunal de Justiça da União Europeia, *Suécia e Turco v. Conselho*, 2008, item 68.

28 Nas palavras do Tribunal Geral: "[...] um trílogo é uma reunião tripartida informal, na qual participam representantes do Parlamento, do Conselho e da Comissão. O objetivo destes contactos é procurar rapidamente um acordo sobre um conjunto de alterações aceitáveis para o Parlamento e o Conselho, acordo que, em seguida, deve ainda ser aprovado por estas instituições em conformidade com os seus procedimentos internos respetivos. As discussões legislativas que têm lugar num trílogo podem versar tanto sobre questões políticas como sobre questões técnico-jurídicas". (Tribunal Geral da União Europeia, *De Capitani v. Parlamento*, j. 22/03/2018, item 68).

nº 1.049, de 2001, e as razões de decidir acima expostas do Tribunal de Justiça no caso *Suécia e Turco v. Conselho* para fixar que a transparência no processo legislativo deve ser ainda maior do que nos demais processos administrativos e judiciais do bloco, enfatizando que: "Os princípios da publicidade e da transparência são, pois, inerentes, aos processos legislativos da União."[29]

Em seguida, a Corte reconheceu que realmente pode haver maior pressão sobre os parlamentares no caso de divulgação de documentos relacionados a negociações em andamento durante o processo legislativo. Contudo, nas palavras da Corte:

> [...] importa salientar, primeiro, no que respeita à afirmação de que o acesso, durante o trílogo, à quarta coluna dos documentos em causa aumentaria a pressão pública sobre o relator, os relatores-sombra e os grupos políticos, que, num sistema fundado no princípio da legitimidade democrática, os colegisladores devem responder pelos seus atos perante o público. O exercício, pelos cidadãos, dos seus direitos democráticos pressupõe a possibilidade de seguir ao pormenor o processo decisório nas instituições que participam nos processos legislativos e de ter acesso a todas as informações pertinentes [...]. Além disso, o artigo 10º, nº 3, TUE determina que todos os cidadãos têm o direito de participar na vida democrática da União e que as decisões devem ser tomadas de forma tão aberta e tão próxima dos cidadãos quanto possível. Assim, a manifestação da opinião pública relativamente a uma qualquer proposta ou acordo legislativo provisório alcançado no âmbito de um trílogo e contido na quarta coluna dos quadros dos trílogos faz parte integrante do exercício dos direitos democráticos dos cidadãos da União, tanto mais que, como salientado no n.º 72, supra, os referidos acordos são, em seguida, geralmente adotados sem alterações substanciais pelos colegisladores.[30]

Da argumentação da Corte, fica clara a ligação entre os princípios da participação e da publicidade no processo legislativo na União Europeia: não há possibilidade de participação social efetiva no processo legislativo – "parte integrante do exercício dos direitos democráticos dos cidadãos" – sem o devido acesso a informações produzidas durante o processo legislativo e já documentadas, ainda que em versão preliminar e passível de mudança durante a tramitação da proposta.

29 Tribunal Geral da União Europeia, *De Capitani v. Parlamento*, 2018, item 80.

30 Tribunal Geral da União Europeia, *De Capitani v. Parlamento*, 2018, item 98.

Já do ponto de vista da teoria política, é relevante examinar uma das mais conhecidas defesas da ideia de publicidade dos trabalhos parlamentares, feita por Jeremy Bentham e tida como obra pioneira e até hoje de referência sobre o tema (ELSTER, 2015, p. 1). Em obra publicada em 1791, Bentham apresentava diversas razões pelas quais os trabalhos parlamentares deveriam ser públicos mediante a divulgação de informações à população em geral. Lembre-se de que, naquele momento, as atividades do Parlamento britânico eram em linhas gerais secretas, e suas normas internas proibiam a entrada de terceiros nas suas sessões, a publicação do ocorrido durante a tomada de decisão e até mesmo a divulgação do conteúdo dos projetos de lei em discussão. Somente havia a distribuição de um jornal da Casa dos Comuns exclusivamente aos parlamentares (BENTHAM, 2011, p. 292).

Bentham sustentava que a publicidade compele os membros da assembleia a exercerem corretamente seu dever de ofício, uma vez que o "tribunal da opinião pública" (conjunto abstrato de pessoas que se interesse pelos assuntos políticos) é mais poderoso do que todos os outros, reunindo a "sabedoria e justiça" da nação para punir ou premiar os representantes, seja por meio de avaliações em suas reputações, seja por meio da não reeleição. Bentham abertamente rejeitava as declarações de direitos e a instituição do controle judicial de atos do Poder Legislativo como instrumentos de controle do poder político, pois entendia que haveria uma indevida transferência de poderes aos juízes por intermédio de cláusulas abertas e sem significado preciso. Por isso ele destacava que o exercício do poder político somente poderia ser controlado pelo "tribunal da opinião pública", sendo a publicidade a mais importante característica do arranjo institucional destinado a evitar os desvios na política (POSTEMA, 2019, p. 268-273).

Em sua visão, a publicidade reforça a confiança do povo e seu consentimento às medidas do Parlamento, afasta segredos, fortalece os argumentos da maioria após à contraposição aos da minoria e incentiva o debate público sobre assuntos políticos. Ela também permite que os representados contribuam mais ativamente com os trabalhos parlamentares com demandas e informações e escolham melhor os representantes nas próximas eleições (BENTHAM, 2011, p. 278-283).

Bentham também apontava possíveis argumentos contrários à publicidade dos trabalhos parlamentares – que, na sua visão, seriam infundados. Ele rejeitava a ideia de que o povo não teria capacidade de avaliar ("julgar") os parlamentares, pois sempre haveria um grupo pequeno de pessoas com interesse em debater os assuntos políticos e capacidade intelectual para tanto, cujos juízos seriam adotados pelas demais pessoas. Além disso, ele destacava que a necessidade de "julgar" os representantes é condição inexorável das sociedades modernas: "uma nação que pudesse suspender seu julgamento não seria composta de homens comuns, mas de filósofos" (BENTHAM, 2011, p. 284). Ainda sobre a relação do povo com os parlamentares, Bentham rejeitava a existência de risco de responsabilização indevida de um parlamentar frente aos demais ou o surgimento de demagogos favorecidos pela publicidade de seus trabalhos, dizendo que "o povo sabe distinguir seus amigos e seus bajuladores" (BENTHAM, 2011, p. 285).

Um último argumento contrário à publicidade dos trabalhos legislativos afastado por Bentham merece destaque: a possível pressão do monarca – ou, atualmente, do Poder Executivo – sobre os parlamentares. Ele argumentava que a melhor proteção do Parlamento em face do "soberano" é a própria publicidade, uma vez que, independentemente do grau de abertura dos trabalhos parlamentares, o monarca teria seus "espiões" infiltrados e que as atividades parlamentares sempre seriam de seu conhecimento. É por essa razão que ele afirma que o regime da publicidade é o "regime da desconfiança", de modo que somente ela pode assegurar que os interesses pessoais daqueles que recebem poder não sejam perseguidos em detrimento dos interesses do povo (BENTHAM, 2011, p. 286).

Como conclusão de seu argumento, Bentham defende que diversas informações do processo legislativo devem ser públicas: o assunto e conteúdo das proposições, os discursos a respeito, o número e o nome dos votantes, bem como as informações utilizadas como fundamento para tomada de decisão. Destaque-se: a apresentação prévia das razões que embasam a tomada de uma decisão é de importância crucial para Bentham, pois isso permite tratar os homens como seres racionais, afastando-se o exercício do poder político da força bruta – aqui são emblemáticas suas críticas ao *common law* da época de que seria um "direito do cão" (*dog law*) por não oferecer razões públicas prévias para justificar normas jurídicas cogentes criadas judicialmente *a posteriori* de modo retroativo (POSTEMA, 2019, p. 277). Somente em caráter excepcional seria admitido o sigilo dos trabalhos parlamentares, em casos de insegurança ou ameaça institucional. Bentham, portanto, já antecipava argumentos da filosofia política de que o oferecimento de razões públicas faz parte da experiência humana, especialmente da vida em sociedade, como será aprofundado abaixo a respeito do princípio da deliberação.

Deve ser reconhecida a força da argumentação de Bentham e o fato de que diversas questões trazidas por ele permanecem no debate político e jurídico até os dias de hoje. Contudo, ele adota um estilo ensaístico, revestido de alto grau de abstração e sem uma preocupação empírica das ciências sociais – que começavam a dar seus primeiros passos do ponto de vista metodológico à época. Bentham, na verdade, oferece um conjunto de argumentos normativos favoráveis e contrários à publicidade dos trabalhos parlamentares, mas deve ser reconhecido que sem base empírica sólida para além de alguns exemplos historicamente determinados.

Bentham, em outros escritos, como destaca Vermeule, acaba por cometer uma contradição ao analisar a possibilidade de utilização de turnos de votação aberta e secreta para a definição do resultado de uma decisão parlamentar e afirmar que a votação secreta seria a que revelaria a vontade "verdadeira" dos representantes, que estariam menos sujeitos a pressões indevidas. Na verdade, a definição da discussão e votação aberta ou secreta depende de uma série de fatores altamente contextuais e que não podem ser submetidos a um regramento generalizante absoluto e apriorístico por um modelo ou outro (VERMEULE, 2015, pp. 219-220).

Em face desses exemplos e argumentos, qual é o significado do princípio da publicidade para o processo legislativo na Constituição Federal de 1988?

Para compreender o significado normativo do princípio da publicidade é necessário reconhecer que ele concorre com outros princípios norteadores dos trabalhos parlamentares e do processo legislativo e que deve ser avaliado contextualmente. Como todo princípio, ele aponta para um estado ideal de coisas de tornar pública toda informação produzida no e para o processo legislativo. Entretanto, não há uma fórmula rígida de publicidade que permita, *a priori*, estabelecer todas as regras sobre quais atos, documentos e eventos devem ter sua divulgação feita pelo poder público. Há argumento, aliás, de que a publicidade dos debates legislativos seria uma "faca de dois gumes": de um lado, há ganhos em termos da apresentação de justificativas mais complexas e com base no bem comum para tomada de decisão; já em deliberações secretas, há maior possibilidade de consideração de argumentos contrários e mudança de posições inicialmente adotadas (BÄCHTIGER, 2014, p. 154).

A posição aqui adotada é a de que a publicidade, como princípio constitucional, exige que sejam disponibilizadas ao público o maior número de informações produzidas para e no processo legislativo, ainda que excepcionalmente possa ser restringida. Retomando-se os argumentos de Bentham, a publicidade é verdadeira pedra de toque em um sistema representativo, mesmo que se adotem outros mecanismos de controle do poder político como a positivação de direitos fundamentais e o controle jurisdicional de constitucionalidade das leis. Sem uma ampla publicidade, há uma quebra no fluxo comunicacional que reforça o vínculo permanente que se estabelece entre representantes e representados. A representação como atividade política exige que os representados tenham informações suficientes para poder constantemente renovar esse vínculo e participar da construção coletiva do debate sobre assuntos políticos. Há aqui uma relação umbilical entre publicidade e participação social.

Isso permite identificar uma nova possibilidade de compreensão do princípio da publicidade no processo legislativo, que extrapola a simples divulgação de algumas informações oficiais a critério dos órgãos públicos responsáveis para abarcar um direito, em princípio, de as pessoas terem acesso a todos os documentos produzidos pelo poder público e utilizados para fundamentar a tomada de decisão política. Como norma que estabelece um estado ideal de coisas, ela pode ser restringida em situações excepcionais, sobretudo em casos envolvendo pessoas específicas ou situações estratégicas de grave repercussão interna ou externa.

Contudo, tendo em vista que a publicidade é uma das exigências que decorre de um sistema democrático, não há uma cláusula geral de sigilo de informações e documentos do processo legislativo, mas - ao contrário - um direito a obter acesso a informações e documentos do poder público[31]. O aumento da transparência justamente é um fator de legitimidade dos sistemas democráticos e permite o reforço de confiança, ganho informacional e, especialmente, é elemento fundamental para possibilitar a participação do cidadão na condução da vida pública. Isso possibilita novas interpretações da Lei de Acesso à Informação (Lei nº 12.527, de 18 de novembro de 2011) e sua aplicação ao processo legislativo, como será visto no Capítulo 5.

31 Em face dessas razões, deve ser feita a interpretação do art. 53, § 6º, da Constituição Federal, que assegura a prerrogativa parlamentar de não testemunhar sobre pessoas e informações recebidas no exercício do mandato, à luz do princípio da publicidade do devido processo legislativo. Esse dispositivo é claramente direcionado a evitar a responsabilização civil, administrativa ou penal de pessoas que levam informações a conhecimento dos parlamentares, desobrigando o testemunho em procedimentos ou processos com essa finalidade. Desse dispositivo, entretanto, não decorre uma cláusula geral de sigilo para toda a atividade parlamentar, especialmente tendo em vista a natureza pública do processo legislativo enquanto prática social de tomada de decisão coletiva.

Uma observação importante é que, como todo princípio, a publicidade admite diversos graus de concretização, que pode variar conforme o conteúdo da informação em questão, o público que deve ter acesso a ela, o tempo e o suporte físico ou digital em que se materializa, entre outros. Ela exige, *prima facie*, que exista a disponibilização ativa de informações com os recursos tecnológicos disponíveis, especialmente na internet e em bancos de dados pesquisáveis por formas automatizadas de coleta de dados.

Neste ponto, é necessário examinar o conceito de "transparência", já que ambos guardam proximidade semântica. Muitos autores equiparam os dois conceitos como idênticos sendo relacionados às ideias de obtenção de informações e divulgação de atos do poder público. Autores clássicos como Kant e Bentham expressamente fazem referência ao conceito de publicidade; entretanto, nas citações em trabalhos acadêmicos de língua inglesa, a expressão "*publicity*" passa a ser cada vez menos utilizada em favor de "*transparency*" a partir da década de 1980 (BAUME, 2018, p. 204-207).

A ideia de transparência tem adquirido contornos de unanimidade e ampla aceitação. São poucos os questionamentos sobre o valor da transparência, e muitas reflexões sobre o tema se resumem a rechaçar espécies negativas de transparência, sem colocá-las em questionamento. Há o surgimento dos Estudos Críticos da Transparência que justamente questionam seu valor e seus limites nas sociedades contemporâneas. Nesse sentido, argumenta-se que a transparência seria um "conceito mágico", pois tem alto grau de abstração, forte apelo normativo, uma pretensa possibilidade de resolver problemas sociais e uma relação com diversos campos sociais, sem necessariamente resolver as oposições entre visões antagônicas sobre as questões enfrentadas, mas colocando-se acima delas (ALLOA; THOMÄ, 2018, pp. 28-29).[32]

32 Em visão crítica sobre o tema, Alloa e Thomä destacam:
"Elencam-se dez diferentes sentidos pelos quais a palavra 'transparência' é utilizada:
1. Transparência como acessibilidade: garantindo o acesso informativo a todos os cidadãos e implementando um 'direito de saber'.
2. Transparência como justiça processual: salvaguardar o devido processo para todas as partes envolvidas.
3. Transparência como *accountability*: ao tornar as decisões disponíveis para o público, as partes interessadas devem desenvolver um senso aguçado de responsabilidade e melhor *accountability*.
4. Transparência como redução da assimetria: contra práticas de sigilo, que dão a certos atores um poder excessivo sobre determinados setores; entende-se que a divulgação geralmente restabelece um certo equilíbrio de poder.

Não é necessário ingressar em uma disputa terminológica a respeito do significado das expressões publicidade e transparência para a defesa do presente argumento. Adota-se o termo mais tradicional de publicidade por ser mais comum ao discurso político e jurídico brasileiros, além de ser norma expressamente prevista no *caput* do art. 37, da Constituição Federal. Mais importante do que delimitar conceitualmente uma suposta diferença entre os conceitos é apontar que deve haver uma reflexão específica sobre a projeção de efeitos do princípio da publicidade sobre o processo legislativo.

Com base nas considerações de Bentham, pode-se identificar duas dimensões de projeção da publicidade sobre o processo legislativo: a) sobre o procedimento de tomada de decisão e b) sobre as razões que fundamentam a decisão política (LICHT; NAURIN, 2015, p. 135). Há algum grau de sobreposição entre essas duas dimensões, mas elas ajudam a esclarecer o alcance da exigência de publicidade.

A publicidade sobre o procedimento aponta para a disponibilização de informações a respeito das interações ocorridas entre as pessoas que participam diretamente do processo de tomada de decisão. Em princípio, há um dever de divulgação da interação, especialmente por meio de documentos, dos parlamentares entre si, com os demais órgãos públicos, sobretudo o Poder Executivo, tendo em vista seu protagonismo no processo legislativo, e com os demais agentes privados.

Não se trata, entretanto, de entender que toda e qualquer interação entre os parlamentares deve ser publicizada. Na mesma linha do que destacado acima sobre a participação social, provavelmente a maioria das interações entre os parlamentares é feita em caráter informal,

5. Transparência como um bem público: quando as ações são colocadas sob o escrutínio público, reduzindo (se não removendo completamente) ações impulsionadas por interesse próprio.
6. Transparência como racionalização: exigência de que os atores ofereçam razões para suas ações levem a uma melhoria generalizada dos padrões de comportamento racional.
7. Transparência como formadora de verdade: obrigando as pessoas a se manifestar, o engano, a falsidade e a duplicidade são dissipados.
8. Transparência como moralização: onde tudo está permanentemente sob exposição, os indivíduos são forçados a agir virtuosamente.
9. Transparência como (auto-)conhecimento: apenas uma pessoa que conhece ela mesma sabe em que pode confiar e pelo que pode explicar.
10. Transparência como autenticidade: somente onde nada é retido podem as coisas ser genuínas e as pessoas verdadeiras consigo mesmas" (ALLOA; THOMÄ, 2018, pp. 39-40).

sendo, portanto, praticamente inviável exigir que cada uma delas seja registrada e divulgada. Ademais, como será visto adiante, negociação e barganha são estratégias decisórias legítimas no processo político e, em algum grau, ocorrem em encontros informais e não registrados. De toda sorte, especialmente em relação às interações de maior relevância para o processo de tomada de decisão política entre os parlamentares, em que há informações documentadas, há maior exigência da publicidade por sua ampla divulgação. A prática do Congresso Nacional brasileiro, neste ponto, será examinada em maiores detalhes no Capítulo 5.

Já a publicidade sobre as razões que fundamentam a decisão política refere-se aos diversos argumentos de ordem moral, política, jurídica, econômica e social, bem como as suposições de fato tomadas como verdadeiras para o processo de decisão. Aqui são relevantes os subsídios de caráter técnico que os parlamentares utilizam para formar sua convicção, sejam produzidos interna ou externamente ao Parlamento.

Como Bentham já apontava, a exposição dos fundamentos de tomada de decisão é imprescindível para que os cidadãos em geral sejam tratados como capazes de formular juízos sobre os representantes e não apenas seguir seus comandos com base em preferências não justificadas. Trata-se, aliás, de uma dimensão da dignidade do ser humano que deve ser tratado como um agente moral autônomo e que deve receber justificativas sobre normas coercitivamente impostas a ele, um dos elementos da "cultura de justificação", em contraposição à "cultura de autoridade". Por sua importância política e jurídica, essa dimensão da publicidade de Bentham é abaixo examinada no que se refere ao princípio da deliberação.

As reflexões acima são exemplos de como o princípio da publicidade pode produzir efeitos sobre o processo legislativo e, portanto, de seu papel central como uma das normas jurídicas mais relevantes para se refletir sobre seu desenho institucional. Como todo princípio, não se trata de conferir-lhe valor absoluto ou de regra rígida que exija a divulgação de cada interação ou informação disponível no processo legislativo, uma vez que há outros princípios relevantes que, caso adotada uma regra de publicidade ilimitada, sofreriam grandes e injustificadas restrições, como da deliberação, que deve acomodar algum grau de negociação e barganhas, bem como da eficiência para que efetivamente sejam tomadas soluções em tempo hábil aptas a resolver problemas de ação coletiva.

Essas considerações têm diversos impactos para o processo legislativo. Adiante, seguem três exemplos em que há incidência do princípio da publicidade em diferentes momentos do processo legislativo e que são relevantes para a reflexão sobre seu desenho institucional.

Em primeiro lugar, a publicidade exige que o conteúdo normativo das propostas em discussão seja de conhecimento da sociedade em geral, para que exista a real possibilidade de participação social e controle das atividades dos parlamentares. Nesse sentido, Waldron chama a atenção para o fato de que a prática legislativa é marcada por uma "canonicidade textual", ou seja, a característica de que sempre deve haver um texto cujas exatas palavras são de conhecimento durante o procedimento deliberativo e que são objeto de consideração, com o objetivo de evitar o "pesadelo das pessoas falando indefinidamente por razões conflitantes e falhando em fazer o tipo de contato com as contribuições umas das outras (sintética ou dialeticamente) que a deliberação prática requer" (WALDRON, 1999, p. 79-80).

As regras de apresentação de proposições, emendas, debates e votação são todas orientadas de modo a respeitar a textualidade da proposição em discussão: não há a criação de normas jurídicas baseadas em ideais gerais e abstratas que, ao final do procedimento, são transformadas em texto legal. De modo diverso, desde o início do procedimento já há um texto normativo proposto que pode ser modificado durante sua apreciação, mas que serve de base para as discussões legislativas. Desse modo, a publicidade exige que exista a possibilidade real de conhecimento da proposição textual em debate e não apenas o tema de fundo. Um texto obscuro, modificado às pressas às últimas horas de debate, sem disponibilização pública ampla e votado em prazo muito exíguo não atende às exigências do princípio da publicidade.

Em segundo lugar, a publicidade exige que idealmente se divulguem os documentos produzidos e utilizados durante o processo legislativo para subsidiar os parlamentares. Tendo em vista tanto a publicidade do procedimento quanto do conteúdo das proposições, há a exigência de que existam mecanismos formais pelos quais os parlamentares e demais pessoas interessadas possam ter acesso a documentos internos e externos do processo legislativo. Pouco adiantaria conhecer os textos em debate, caso os subsídios normativos e empíricos que são levados aos decisores sejam secretos, uma vez que haveria pouca capacidade de os interessados participarem e controlarem as atividades dos representantes. Como será visto no próximo item, aqui há uma relação direta com o ideal de deliberação, que exige que as decisões políticas sejam tomadas de modo racional com base em razões públicas minimamente imparciais e generalizantes. Nesse contexto, sem o conhecimento das informações e dos argumentos levados em consideração pelos representantes, há maior espaço para a tomada de decisões políticas arbitrárias e injustificadas.

Uma terceira dimensão da publicidade é o conhecimento da interação entre os parlamentares e os atores externos ao processo legislativo - prática conhecida como *lobby*, acima destacada. Novamente aqui, enquanto princípio, a publicidade exige que sejam divulgadas essas interações e informações levadas a conhecimento dos decisores para que os demais atores participantes do processo legislativo possam se posicionar em face dos argumentos colocados para debate. Como exposto acima, o presente trabalho não tem por objetivo investigar as diferentes formas de regulamentar essa atividade, mas, de todo modo, é importante frisar que a publicidade apresenta eficácia normativa que exige, em princípio, que também a interação com atores externos seja, em grau razoável, divulgada.

Em face dessas considerações, o princípio da publicidade do devido processo legislativo revela a necessidade de se investigar até que ponto o processo de tomada de decisão pelo Poder Legislativo deve ser fundado em razões públicas amplamente divulgadas. Esse é o objeto do próximo item.

4.5. Deliberação

Na Constituição Federal de 1988, há diversas normas que exigem expressamente "discussão" das proposições legislativas: art. 58, § 2º, inciso I; art. 60, § 2º; art. 64, *caput*; art. 65, *caput*; e art. 11, parágrafo único, do ADCT. Nesses dispositivos, "discussão" é compreendida pelo STF apenas como requisito formal da oportunidade de debate oral em comissão ou Plenário para troca de argumentos pelos parlamentares no momento que precede a votação[33]. Diante deste cenário, deve ser questionado: qual o significado constitucional da exigência de discussão de proposições legislativas?

Como visto, a ideia de representação substantiva cria um vínculo permanente entre representantes e representados, de modo que exista um fluxo de comunicação contínuo entre ambos. Isso possibilita que o

33 Ver, por exemplo, a posição da maioria do Tribunal na ADI 4.425, Redator para o Acórdão Min. Luiz Fux, j. 14/03/2013, já examinada no Capítulo 3 a respeito dos turnos de discussão e votação das emendas constitucionais.

exercício do poder político não seja o resultado de puro arbítrio ou de apenas preferências injustificadas, mas de escolhas mediadas pela deliberação, aqui entendida em uma visão minimalista no sentido de "comunicação mútua que envolve ponderação e reflexão sobre preferências, valores e interesses em matérias de interesse comum" (BÄCHTIGER, *et al.*, 2018, p. 1).

É importante relembrar que, como salienta Habermas, trata-se de característica marcante das sociedades contemporâneas, capaz de ultrapassar uma contraposição rígida entre legalidade e legitimidade do direito justamente pelo caráter discursivo da sua produção. Em outras palavras, não se trata de um ideal político distante, mas de prática já presente nas democracias atuais em que a legitimidade do sistema político depende, entre outros, do oferecimento de razões públicas para a tomada de decisões (HABERMAS, 2018, p. 872). Cabe relembrar aqui a ideia de "cultura de justificação", formulada por Ethienne Mureinik, em que o oferecimento de razões é entendido como um dos elementos centrais da legitimidade dos sistemas políticos contemporâneos.

Isso significa que a expressão "discussão" contida no texto constitucional é apenas uma das práticas institucionalizadas do processo legislativo em que é possível a troca de argumentos de maneira pública. Na verdade, o caráter deliberativo das democracias contemporâneas, inclusive a brasileira, está presente durante todas as etapas do processo legislativo e não apenas naquela formalmente designada como "discussão".

Deve-se, portanto, realizar uma interpretação ampla da exigência de "discussão" das proposições legislativas para que seja identificado um princípio de deliberação, que, idealmente, exige a troca de argumentos de natureza pública entre os parlamentares, inclusive com a consideração de posições divergentes ou minoritárias, e entre os parlamentares e a sociedade em geral, para além do momento formal de debates orais nas comissões ou Plenário das Casas Legislativas, bem como o oferecimento de razões que justifiquem a tomada da decisão legislativa em relação a cada dispositivo normativo e respectiva norma jurídica objetos de consideração parlamentar.

Entretanto, a deliberação nem sempre foi vista como algo positivo ou relevante no processo legislativo.

Rousseau, ao tentar diferenciar a vontade geral da vontade de todos, entendia que as votações pelos cidadãos deveriam ocorrer "sem nenhuma comunicação entre si", para que fossem evitados os riscos de determinados grupos deturparem a formação individual das vontades

(ROUSSEAU, 2018, pp. 45-46). De forma semelhante, Condorcet não acreditava na capacidade de a deliberação gerar melhores resultados, mas, pelo contrário, o ideal seria que cada pessoa refletisse por si mesma para não ser seduzida pela oratória dos mais eloquentes que poderiam levar a uma decisão equivocada ou prematura (ELSTER, 2015, p. 154).

Também em tom crítico da ideia de deliberação no processo legislativo, Hans Linde, no artigo paradigmático examinado no Capítulo anterior, argumentava que as leis nem sempre são precedidas de extensos debates ou apresentação de razões, sendo até admitido que se aprovem leis sem qualquer justificativa. Dessa forma, a deliberação não seria uma das marcas características dos Parlamentos (LINDE, 1975, p. 232). Na mesma linha, afirma-se que a expectativa de algum grau relevante de deliberação no processo legislativo é irrealista do ponto de vista empírico e indesejável do ponto de vista normativo, tendo em vista os incentivos para que os agentes ocultem informações e se comportem de modo oportunístico no intuito de fazer prevalecer suas preferências na tomada de decisão coletiva (FRICKEY; SMITH, 2002, pp. 37-39).

Diante de tais críticas, há sentido em se falar na possibilidade empírica de deliberação no processo legislativo e, para além disso, sua centralidade como um ideal normativo nesse modelo de produção do direito? A resposta é sim para as duas perguntas.

Primeiramente, a deliberação nos Parlamentos já é prática que conta com vários séculos de existência. Uma das grandes marcas das democracias representativas contemporâneas é ser deliberativa, no sentido de que se exigem razões públicas para que as decisões políticas possam se revestir de legitimidade. A tomada de decisões pelos diversos órgãos do aparato estatal sem a apresentação de justificativas ou mediante justificativas exclusivamente particulares viola essa prática e enfraquece a pretensão de legitimidade do sistema político.

Além disso, o caráter deliberativo das democracias contemporâneas mostra que não há um único órgão estatal ou ator social que monopolize o discurso sobre quais decisões devem ser adotadas. Há, na verdade, uma prática deliberativa altamente descentralizada em que discursos produzidos socialmente em ambientes com diferentes graus de institucionalização se entrecruzam para influenciar a tomada de decisão política. Sem dúvidas o debate institucionalizado pelo processo legislativo é um lócus privilegiado e central nessa prática, embora não seja o único.

Contudo, apenas constatar que há o oferecimento público de razões para tomada de decisões políticas em ambiente parlamentar ainda é insuficiente para compreender as exigências do princípio da deliberação. As críticas de um suposto irrealismo da deliberação nos Parlamentos poderiam ser facilmente adaptadas para se apontar que haveria uma prática de troca de razões apenas formal e burocrática, uma espécie de "faz de conta" em que as decisões são tomadas previamente ao processo de deliberação apenas com a exteriorização posterior de justificativas. Aqui a frase célebre atribuída a Tancredo Neves adquire grande relevância: "Só se faz reunião após estar tudo combinado" (FRAGA, 2017, p. 300). Trata-se do expediente de se argumentar e barganhar em reuniões fechadas, com poucas lideranças e, após se chegar a um acordo, fazer o debate público com grande eloquência retórica, mas sem a finalidade de convencer os participantes do debate, uma vez que as posições já foram definidas.

Corroborando essa possível crítica, há uma classificação de dois perfis de deliberação institucional em interno e externo. No modelo interno, os participantes trocam argumentos entre si com o objetivo de convencimento mútuo. Já no modelo externo, os participantes estão preocupados em marcar posições políticas, ideológicas ou morais objetivando dialogar com pessoas fora da instituição, apenas secundariamente tendo por objetivo convencer os demais participantes do debate (FEREJOHN; PASQUINO, 2004, p. 1692). Diversos estudos da ciência política empírica que demonstram existir fortes influências eleitorais e partidárias no comportamento legislativo dos parlamentares fortalecem a hipótese de que os Parlamentos seguem a lógica da deliberação externa. Nesse sentido, haveria baixas expectativas sociais de natureza deliberativa em relação ao Parlamento, ou seja, haveria pouca demanda social de que sejam apresentadas razões públicas que justifiquem a tomada de decisão legislativa: "Razões são, nesse sentido, opcionais no Legislativo: se você tem os votos, não precisa também das razões" (FEREJOHN, 2008, p. 206).

As críticas acima devem ser compreendidas em seus devidos termos.

Primeiramente, embora os estudos empíricos da ciência política realmente apontem para a grande força desempenhada por fatores eleitorais e partidários como vetores de influência no processo de tomada de decisão legislativa, não se deve entender que elas determinam total e necessariamente o comportamento parlamentar. Essa é, aliás, uma importante crítica feita ao modelo da escolha racional aplicado ao comportamento parlamentar, uma vez que nem sempre é possível explicá-lo exclusivamente por esses dois fatores e, em casos em que há menor polarização política, há maior consideração de argumentos contrários na busca por uma solução comum (BÄCHTIGER, 2014, p. 156). O modelo da escolha racional também pressupõe uma consistência de crenças e posições internas que dificilmente se encontram em um indivíduo, tendo em vista que essas preferências são transformadas durante o processo deliberativo, de modo que sua capacidade explicativa do comportamento parlamentar é afetada por outros fatores para além de uma suposta racionalidade instrumental individual pela busca de votos (MACKIE, 2006, p. 281) – o que dialoga diretamente com o caráter construtivista da representação política, exposto no Capítulo 2.

Para além disso, a deliberação pode gerar benefícios positivos em termos epistêmicos, de reforço de valores comunitários, do sentimento de respeito às posições divergentes e de educar os participantes da prática deliberativa sobre o conteúdo em debate e das habilidades necessárias para deliberação (MENDES, 2013, p. 22-23).

No que se refere ao potencial epistêmico da deliberação como troca pública de argumentos, ela permite a identificação de novas informações relevantes para a questão a ser decidida, demarcando posições e colaborando com a construção de preferências dentro e fora do Parlamento. Mesmo o discurso político estratégico e autointeressado faz parte do processo de aprendizado e formação de preferências (ALMEIDA, 2018, p. 11). Isso significa que há um potencial epistêmico na deliberação que não pode ser rejeitado de plano. Desde a metáfora de Aristóteles de que o "banquete em que muitos contribuem é melhor do que um organizado apenas por uma pessoa", há a percepção de que a troca de argumentos pode enriquecer a tomada de decisão revelando informações desconhecidas para alguns de seus participantes (ESTLUND; LANDEMORE, 2018, pp. 120-121). Embora o debate sobre o valor epistêmico da deliberação continue em andamento e já conte com algumas pesquisas empíricas que examinam em que situações ele é mais presente, é suficiente aqui apontar seu potencial, de modo que deve ser considerado um dos fatores relevantes a justificar a importância do princípio da deliberação como um dos estruturantes do devido processo legislativo.[34]

Conectada ao seu potencial epistêmico, a deliberação permite que sejam publicizados posicionamentos minoritários ou diferentes nuances dos argumentos da maioria para que exista a vocalização de demandas que dificilmente reverberariam no discurso oficial institucionalizado

34 Para uma visão ampla sobre o debate contemporâneo do valor epistêmico da democracia, ver Estlund e Landemore (2018).

caso a decisão fosse tomada por um ou poucos agentes públicos – ainda que fossem apresentadas justificativas para tanto. Isso cria uma ligação do princípio da deliberação com o princípio da igualdade política, para que os diversos discursos sociais com pretensão de influenciar a tomada de decisão legislativa possam encontrar canais institucionalizados de expressão, afastando-se uma pretensa uniformidade ou homogeneidade de posicionamentos e interesses. A atividade substantiva de representação política envolve a defesa dos interesses também das minorias, de modo que a deliberação é uma prática de valor central para externalizar essas posições e para exigir razões públicas das maiorias para a tomada de decisão.

Por fim, a exigência de apresentação e troca pública de argumentos para a tomada de decisão política constrange, em algum grau, as alternativas efetivamente disponíveis, dificultando (mas não impedindo absolutamente) a escolha de alternativas que sejam fruto exclusivamente de preferências particularistas e injustificadas (*naked preferences*). Essa limitação das opções politicamente viáveis por meio da exigência de argumentos de natureza pública ocorre ainda que os emissores dessas razões não acreditem nelas. Jon Elster denomina esse fenômeno de "força civilizatória da hipocrisia", derivada da publicização dos argumentos oferecidos para a tomada de uma decisão, sendo suas palavras:

> O principal argumento que eu tentei fazer é que um padrão deliberativo pode levar a resultados independentemente dos motivos dos participantes. Pelo fato de haver normas poderosas contrárias à utilização descarada do interesse ou preconceito, os emissores terão que justificar suas propostas pelo interesse público. Como há normas poderosas contrárias ao uso de ameaças, eles devem disfarçá-las de avisos. Além disso – e este é o ponto-chave de uma perspectiva comportamental – as propostas serão *modificadas e também disfarçadas.*
>
> [...]
>
> De modo geral, o efeito de uma audiência é substituir a linguagem do interesse pela linguagem da razão e substituir razões passionais por imparciais. A presença de um público torna especialmente difícil aparentar estar motivado apenas por autointeresse. Mesmo que um companheiro de Assembleia não ficasse chocado, a audiência ficaria. Em geral, esta *força civilizatória da hipocrisia* é o efeito desejável da publicidade. Não é de todo preciso dizer como o Juiz Brandeis que 'a luz do sol é o melhor desinfetante'. Eu prefiro La Rochefocauld: "A hipocrisia é a homenagem que o vício paga à virtude". A publicidade

> não elimina os motivos pessoais, mas força ou induz os emissores a escondê-las. (ELSTER, 1998, pp. 104-111).

As passagens acima revelam que a deliberação pública gera efeitos positivos no processo de tomada de decisão, independentemente das convicções íntimas dos decisores. A necessidade de oferecer argumentos com base em razões públicas constrange as opções disponíveis a serem exteriorizadas, pois nem sempre será possível tomar a decisão desejada com base em razões individualistas e, ao mesmo tempo, justificá-las pautando-se em razões públicas. Essa prática também gera um ônus de consistência argumentativa em casos futuros em situações semelhantes, de modo que a tomada de uma decisão política com base em um argumento no presente cria a expectativa de que ele seja novamente adotado no futuro em situação semelhante.

Em face do exposto, é necessário fazer duas observações para a correta compreensão do princípio da deliberação na elaboração legislativa. A primeira é relacionada ao afastamento da ideia de consenso como objetivo a ser perseguido em todas as deliberações políticas e, como decorrência, a segunda aponta para a compatibilidade do princípio da deliberação com regras de tomada de decisão não-deliberativas de agregação de votos, como a regra da maioria.

Em primeiro lugar, não se pode confundir a deliberação (prática coletiva de troca pública de argumentos e consideração de posições divergentes para tomada de decisão) com o consenso. Na literatura da democracia deliberativa, "consenso" usualmente surge com três significados: a) um objetivo a ser alcançado na deliberação; b) o quórum de unanimidade para aprovação de uma matéria (em oposição à regra da maioria ou supermaiorias); e c) um resultado na decisão que pode ocorrer ou não (ESTLUND; LANDEMORE, 2018, p. 124).

Originalmente, os primeiros teóricos da democracia deliberativa como Joshua Cohen, John Rawls e Habermas, em seus trabalhos iniciais, apontavam na direção de que o ideal de uma sociedade democrática seria atingir o consenso mediante a deliberação. Trata-se, entretanto, de ideia posteriormente rejeitada por grande parte da literatura, tendo em vista o caráter plural das sociedades contemporâneas, em que – como destacado por Waldron – há um forte desacordo moral sobre a maior parte das questões políticas a serem decididas coletivamente (BÄCHTIGER *et al.*, 2018, pp. 7-12). O próprio Habermas, em momento posterior, destaca que a ideia de consenso não é adequada para explicar o arranjo institucional das democracias contemporâneas para tomada de decisões políticas ordinárias e que "tanto o discurso quanto a barganha são formas legítimas de alcançar um acordo político" (HABERMAS, 2018, p. 874).

Jon Elster, em revisão a suas obras anteriores, claramente rejeita a viabilidade de se definir que o consenso é o principal objetivo a ser perseguido no desenho institucional das democracias. Em suas palavras:

> Há muitos anos, escrevi: "Em vez de agregar ou filtrar preferências, o sistema político deve ser estabelecido com o objetivo de mudá-las por meio de debate público ou confronto. O *input* para o mecanismo de escolha social não seriam as preferências cruas, possivelmente egoístas ou irracionais... mas preferências informadas e empáticas... Não haveria [então] a necessidade de um mecanismo de agregação, uma vez que uma discussão racional tenderia a produzir preferências unânimes. [...]" Como corretamente observado por Christian List e seus coautores, a primeira declaração é irremediavelmente ingênua. (ELSTER, 2013, p. 92).

Fica claro que o resultado da deliberação nem sempre é o consenso, mas, pelo menos, o desacordo mais bem informado com argumentos favoráveis e contrários, revelação de novas informações, construção de preferências individuais e coletivas e o posicionamento para a tomada de decisão. Em outras palavras, a deliberação não é em si mesma um método de tomada de decisão, embora ela seja uma etapa necessária, para tanto, em uma democracia representativa e deliberativa, que geralmente prevê mecanismos de tomada de decisão por agregação de votos com diferentes quóruns de maioria.

Como adiantado acima, há, aqui, uma fundamental relação de complementariedade entre o princípio da deliberação e o princípio da igualdade política, de modo que a troca de argumentos no ambiente institucionalizado do processo legislativo possa ser ampla no sentido de refletir diferentes visões sobre o tema a ser decidido, até mesmo das minorias políticas, mas que, ao final, culmina em processo de agregação de votos dos representantes, em que cada voto conta exatamente o mesmo para o resultado final. Caso o consenso fosse exigido em toda e qualquer deliberação política, haveria a possibilidade de veto individual a qualquer matéria – o que violaria a ideia de igualdade política. Como ressalta David Estlund em poucas palavras: "Nessa perspectiva, o término ideal da deliberação não é o acordo, mas o desacordo acompanhado por uma regra de decisão não-deliberativa" (ESTLUND; LANDEMORE, 2018, p. 124).

Ademais, deve ser reconhecido que o princípio da deliberação, embora demande a apresentação de argumentos fundados em razões públicas para a tomada de decisão política, não deve ser compreendido em um sentido muito exigente de que - sob pena de sua violação - essas razões deveriam ser totalmente imparciais ou amplamente aceitas socialmente ou ainda serem profundas e detalhadas sobre cada uma das modificações normativas que se deseja aprovar.

Considerando-se as características plurais das democracias contemporâneas, são admitidos na prática política deliberativa os discursos fundados em retórica e ideologia (entendida como a utilização de crenças e valores para legitimar comportamentos e o uso de ideais políticos para interpretar fatos sociais), afastando-se a necessidade de emprego de uma suposta razão imparcial idealizada do processo de tomada de decisões políticas (URBINATI, 2006, p. 119-120). Esse processo admite, em algum grau, processos de negociação e barganha para construção de entendimentos e resolução de controvérsias (ELSTER, 2013, pp. 34-35). No caso do processo legislativo, essas características são ainda mais acentuadas, tendo em vista a possibilidade de as negociações envolverem a aprovação, modificação ou rejeição de uma proposta em relação a outra, por vezes de temas completamente distintos.

Como ressalta Nadia Urbinati (2006, p. 118), em crítica a uma suposta razão imparcial depurada de elementos ideológicos:

> As decisões nunca são uma mera avaliação racional-instrumental dos prós e contras, porque, como vimos no primeiro capítulo, os atores não são recipientes neutros ou passivos de ideias, mas elaboradores com uma persuasão mais ou menos profunda de que sua posição é boa ou a correta. Isso dá à deliberação um caráter retórico e ideológico inevitável, que a teoria do discurso infelizmente dissipou, mas a representação política cria e implica. Isso não significa que a política de representação exclui argumentos racionais baseados em premissas imparciais. Embora seja importante que as pessoas acreditem nas ideias que seus representantes representam e simbolizam, a representação democrática não implica apenas aceitação, mas aceitação crítica.

Essas colocações sobre os argumentos admitidos no discurso político permitem compreender o significado da deliberação no processo legislativo e uma suposta almejada "racionalidade" do legislador.

Há, na verdade, visões diferentes sobre racionalidade em geral e sua aplicabilidade ao discurso político e ao processo legislativo. De início, deve ser rejeitada uma visão solipsista de racionalidade (como a pressuposta por Descartes e Rousseau), em que um indivíduo de modo isolado poderia atingir a verdade mediante um exercício da razão, pois isso significaria adotar pressupostos metafísicos da possibilidade de conhecimento do mundo de modo direto sem a necessidade da mediação pela linguagem e comunicação com outras pessoas. Nesse sentido, Luc Wintgens aponta a "falácia racionalista" da modernidade de que haveria um sujeito examinando uma realidade objetiva e que todas as pessoas dotadas de racionalidade a veriam da mesma maneira que o observador, ignorando o ponto de vista das pessoas que realizam a observação (WINTGENS, 2012, p. 95).

Uma visão de racionalidade mais modesta aponta para uma capacidade de resolver problemas de modo justificado. Essa capacidade de resolver problemas é altamente dependente do contexto concreto em que é utilizada, uma vez que diversas limitações de tempo, capacidade cognitiva, atenção, recursos, ambiente social, entre outras, condicionam o seu exercício. Como destaca Wintgens (2013, pp. 8-9), a racionalidade humana é, essencialmente, uma "racionalidade limitada", que opera dentro desses contextos.

Também não se deve adotar uma visão reducionista do processo legislativo de que haveria "o" legislador, em uma indevida antropomorfização da prática social legislativa (BARBOSA, 2010, p. 97). A produção legislativa de normas é uma prática social em que participam centenas de parlamentares e milhares – talvez milhões – de pessoas por meio de diversos tipos de discursos e interações. Idealizar a figura de "um" legislador leva à ficção de que haveria uma possível única motivação para a tomada de decisão – o que é manifestamente contrário à prática legislativa.

Na verdade, o processo legislativo, do ponto de vista de sua deliberação, é marcado pela discussão e votação em "textos canônicos" – para retomar a expressão de Waldron –, ou seja, palavras específicas que poderão se tornar lei, e as motivações subjacentes podem ou não ser compartilhadas por mais de um parlamentar. A exigência de "canonicidade" dos textos em debate não é mero fruto do acaso, mas verdadeira exigência dos princípios da publicidade, deliberação e eficiência, para que se saiba exatamente sobre quais palavras se debate com a expectativa de se tornarem textos legais revestidos de autoridade destinados a alterar o *status quo*.

Considerando que o processo deliberativo de tomada de decisão em arenas legislativas é marcado por discursos de diversas naturezas, inclusive ideológicos, não se deve partir de um pressuposto de que haveria uma suposta imparcialidade ou postura científica que possa guiar a tomada de decisão política apenas por critérios técnicos ou objetivos. Pelo contrário, o discurso legislativo é flexível e permeável o suficiente para permitir que diferentes visões de mundo possam ser justificadas à luz de diferentes valores, narrativas e ideologias. Isso significa afastar qualquer pretensão substantiva de um ideal de racionalidade como uma suposta faculdade humana de compreender o mundo ou identificar ações moralmente corretas de modo isolado ou independente da interação com outros seres humanos.

As pessoas que participam do processo legislativo, inclusive os parlamentares, não são agraciadas com infinitos recursos de tempo e conhecimento para tomada da decisão, de modo a conhecer absolutamente todos os aspectos possivelmente relevantes em favor de um curso de ação e suas alternativas. Isso leva a "racionalidade" possível dentro do processo legislativo a ser, na verdade, uma postura dos legisladores de justificar como uma decisão é tomada em face da complexidade fática e normativa existente, das possíveis consequências futuras das alternativas em jogo e dos valores envolvidos a serem ponderados.[35]

Essa necessidade de justificação é inerente às ideias de democracia representativa, deliberativa e Estado de Direito, em que o exercício do poder político deve ocorrer com base em razões públicas na busca de se evitar o arbítrio (KRISTAN, 2013, p. 59-60). Como visto, admitir o exercício do poder político fora das estruturas representativas e deliberativas é afastar-se da prática democrática contemporânea, que exige justamente a consideração pública dos interesses dos representados.

Neste ponto ressurge com toda a força a constatação de que houve uma mudança no padrão de prática política contemporânea de uma "cultura de autoridade" para uma "cultura de justificação", em que a legitimidade do exercício do poder político não decorre apenas de competência formal para a prática de um ato, mas também das razões que são apresentadas para tanto.

Isso mostra que não se pode aceitar a ideia de que o processo de elaboração das leis dispensaria a apresentação de justificativas. Há uma exigência, derivada do princípio da deliberação do devido processo legislativo, de que, sejam apresentadas razões para a tomada da decisão legislativa para que seja respeitado o caráter discursivo e representativo das democracias contemporâneas.

35 Para uma discussão da repercussão dessa visão sobre os cânones tradicionais da hermenêutica jurídica, ver Wintgens (2013).

Indo além, Ana Paula de Barcellos defende a existência de um "direito fundamental a um devido procedimento na elaboração normativa", cujo conteúdo mínimo seria "o dever de o proponente da norma apresentar, de forma pública, as razões pelas quais considera que tal norma deve ser editada e as informações que as fundamentam" (BARCELLOS, 2016, p. 74). Nesse sentido, a autora entende que deveria haver a apresentação pública da realização do teste de proporcionalidade da medida proposta já no momento da apresentação da proposição legislativa, sendo "natural e esperado que haja alguma articulação explícita" de seus três subtestes de adequação, necessidade e proporcionalidade em sentido estrito (BARCELLOS, 2016, pp. 117-118). Ampliando essa exigência, Luiz Fernando Gomes Estevez defende a existência de um "parâmetro" do devido processo legislativo de que deve haver a produção de novas informações pelo Poder Legislativo para a tomada de decisão.

Essa proposta será examinada em maiores detalhes no Capítulo 7. De todo modo, deixa-se desde já registrado que ela aponta na direção certa de que há, pelo menos em princípio, um dever de apresentar justificativas por parte dos parlamentares durante o processo de elaboração normativa. Essas justificativas englobam não apenas o mérito da decisão parlamentar a ser sustentada por razões morais, ideológicas, econômicas, sociais, entre outras, mas também razões jurídicas que demonstrem que ela é uma dentre as opções legislativas admitidas pela Constituição.

É crucial ter em mente que toda a atividade estatal – inclusive a normativo-legislativa –, em última análise, tem por objetivo concretizar direitos fundamentais. Em suas diversas frentes de atuação, o Estado é um instrumento para proteção e promoção dos direitos fundamentais, o que significa que a atividade estatal não deve apenas respeitá-los não os violando, mas efetivamente protegê-los criando as condições para que eles não sejam violados por terceiros e, também, para que eles possam ser usufruídos por todos os seus titulares. Isso é verdadeiro para todos os tipos de direitos fundamentais, seja em sua dimensão de defesa em face da atividade estatal, seja em sua dimensão de prestação de utilidades pelo poder público.

Não se trata, portanto, apenas do dever *prima facie* de apresentar as razões jurídicas relacionadas à constitucionalidade da norma que se pretende adotar. Considerando que a finalidade das leis – ressalte-se: de toda a atividade estatal – é, em última medida, proteger e promover os direitos fundamentais, um dos aspectos do princípio da deliberação no processo legislativo é o de que as normas assim produzidas se aproximem desse objetivo.

Dessa forma, a institucionalização do processo legislativo por meio de suas regras deve ter como um de seus objetivos a criação de procedimento que permita o oferecimento de razões para a tomada de decisão em que se considerem os impactos gerados pelas normas produzidas. Não se trata apenas de se pensar no arranjo institucional do processo legislativo para evitar que normas inconstitucionais sejam aprovadas pelo Parlamento, mas de criar um procedimento que permita revelar, dentro do possível, quais são os prováveis resultados em termos de implementação de direitos fundamentais de diferentes alternativas admitidas pela Constituição e pelo direito.

No caso da atividade legislativa, essas considerações acerca dos impactos sobre os direitos fundamentais são ainda mais relevantes considerando-se que, praticamente na totalidade dos casos, proteger e fomentar um direito fundamental significa restringir outro. Até mesmo a questão de investimento de recursos públicos ou criação de custos para agentes privados deve ser avaliada também em relação ao provável impacto a ser produzido nos direitos fundamentais. Como ressalta Ana Paula de Barcellos, devem ser apresentadas não apenas justificativas genéricas sobre os impactos em relação aos direitos fundamentais, mas os dados concretos mensuráveis existentes e esperados com a medida legislativa proposta (BARCELLOS, 2016, pp. 176-188).

Não obstante, adianta-se que este trabalho adota uma versão flexível de justificação no processo legislativo sem a exigência necessária de que – salvo regras constitucionais em sentido contrário como, por exemplo, a estabelecida no art. 113 do ADCT – sejam apresentados determinados argumentos jurídicos ou econômicos específicos sobre cada dispositivo normativo em uma determinada proposição para que se entenda respeitado o princípio da deliberação.

Isso porque se trata de um processo de elaboração de normas cujo discurso é muito mais diverso do que o discurso jurídico, admitindo variados tipos de razões e narrativas, inclusive acordos e negociações. Além disso, como destaca João Trindade Cavalcante Filho (2021b, p. 185), não é raro que na prática do Congresso Nacional exista uma "contaminação" de argumentos de mérito nos argumentos jurídicos apresentados durante os momentos de controle parlamentar preventivo de constitucionalidade. Desse modo, estabelecer uma regra rígida de apresentação de determinados argumentos jurídicos durante o processo legislativo sob pena de inconstitucionalidade formal da norma a ser editada poderia acabar por reduzir sua abertura discursiva, ainda que, *prima facie*, a apresentação desses argumentos jurídicos seja necessária. O mesmo pode ser dito para os argumentos econômicos.

Diante disso, o princípio da deliberação não exige a tomada de decisão com determinado tipo de conteúdo objetivamente avaliável por critérios independentes dos sujeitos – uma vez que a própria racionalidade humana limitada não permite isso. O que o princípio da deliberação exige é a apresentação de argumentos que apontem para a consideração dos fatos relevantes existentes e disponíveis no momento da tomada de decisão, as bases jurídicas para que ela seja tomada e como ela provavelmente impactará na realidade, tendo em vista seus valores e objetivos a serem alcançados[36].

Em síntese, idealmente o princípio da deliberação exige a apresentação de razões de natureza pública jurídicas, políticas, econômicas, morais e sociais as mais profundas possíveis sobre cada modificação normativa colocada em debate no processo legislativo. Não obstante, há, de um lado, uma série de limitações informacionais, cognitivas e de tempo para tanto e, de outro, exigências do princípio da eficiência do devido processo legislativo para que uma solução a um problema coletivo seja definida em tempo hábil e com os recursos e informações disponíveis. Dessa forma, deve-se entender atendido o princípio da deliberação no caso de apresentação de argumentos de natureza pública capazes de justificar as principais modificações normativas adotadas na via legislativa – sendo a profundidade dessas razões relevante para determinação do grau de deferência para com a decisão legislativa no momento de seu controle judicial, como será visto.

Por fim, há duas propostas difundidas de sistematização de diretrizes para elaboração de leis "racionais", elaboradas por Manuel Atienza e Luc Wintgens.

---

36 Uma questão relacionada ao princípio da deliberação no processo legislativo diz respeito à possibilidade de "fechamento de questão" pelos partidos e a possível perda do mandato parlamentar. Como destaca Clèmerson Merlin Clève, a Constituição Federal de 1988 – diferentemente da Emenda Constitucional nº 1/1969 – não mais prevê a possibilidade de perda de mandato parlamentar no caso de descumprimento das diretrizes partidárias, o que foi reconhecido na Resolução nº 22.610/2007 do Tribunal Superior Eleitoral. Ainda que o art. 17, § 1º, da Constituição preveja a competência para os partidos estabelecerem "normas de disciplina e fidelidade partidária", eventuais sanções serão de caráter interno ao partido (como perda de prerrogativas decorrentes do partido, desligamento temporário da bancada e, no limite, expulsão do partido), sem, entretanto, afastar-se a validade do voto parlamentar proferido conforme a mais ampla liberdade de convicção e sem a possibilidade de perda do mandato (CLÈVE, 2012, pp. 64-68).

Manuel Atienza apresenta uma proposta de diferenciar cinco níveis de sua "racionalidade" da lei: R1) racionalidade linguística - clareza e precisão comunicacional do texto legislativo; R2) racionalidade jurídico-formal - compatibilidade com demais normas do direito vigente de modo sistemático, consistente e coerente; R3) racionalidade pragmática - capacidade de gerar aceitação e cumprimento das normas pelos seus destinatários; R4) racionalidade teleológica - capacidade de alcançar certos objetivos tidos por desejáveis; e R5) racionalidade ética - compatibilidade com valores morais e políticos superiores (ATIENZA, 1989, pp. 385-386).

A proposta acima não traduz um *checklist* obrigatório que condicionaria a validade da norma legislativa produzida (OLIVER-LALANA, 2013, p. 142). Trata-se de diretivas para a elaboração mais adequada das leis. Além disso, esses cinco níveis de "racionalidade" podem entrar em conflito entre si, de modo que a questão de quais devem prevalecer na elaboração de uma lei em específico é uma questão valorativa e não apenas cognitiva (ATIENZA, 1989, p. 388). Em outras palavras, no momento de aplicação dessas diretrizes, os legisladores devem fazer escolhas com base em outros critérios normativos, pois nem sempre é possível manter, ao máximo, os cinco níveis de "racionalidade".

Luc Wintgens também apresenta os seus quatro princípios da legisprudência, ou seja, as diretivas para elaboração de leis "racionais", que - novamente em plano ideal - recaem sobre cada dispositivo normativo e norma jurídica de uma proposição legislativa. São eles: 1) coerência - inteligibilidade do texto e coerência gramatical, histórica, teleológica, sistemática e com teorias morais e políticas mais abrangentes utilizadas como apoio para construção de normas legislativas; 2) alternatividade - justificativa sobre o porquê da criação de norma restringido a liberdade do indivíduo é melhor do que não criá-la; 3) temporalidade - justificativa da necessidade de, no momento de edição da norma, restringir a liberdade individual e permanência dessa justificativa no tempo; e 4) densidade normativa - se houver, justificativa do tipo de sanção imposta para o descumprimento da norma.

Assim como Atienza, Wintgens salienta que não se trata de exigências rígidas para a legislação sob pena de invalidade, mas de um ideal regulativo a ser utilizado pelos legisladores para que sejam adotadas leis suficientemente justificadas, ainda que nem sempre as melhores de um determinado ponto de vista substantivo (WINTGENS, 2012, pp. 282-284). "Racionalidade" da lei, portanto, deve ser compreendida não como uma característica absoluta, presente ou não em uma norma legislativa, mas como *continuum* presente em maior ou menor medida conforme sua justificação (OLIVER-LALANA, 2013, p. 143)[37].

Diante disso, é importante registrar que não é possível exigir o mesmo grau de "racionalidade" da lei e dos atos administrativos, judiciais ou atos privados. Isso porque o processo de elaboração legislativa é marcado por forte limitação cognitiva, de tempo, recursos e atenção dos Parlamentos ("racionalidade limitada" do legislador, como acima exposto) e, além disso, o discurso legitimamente admitido nessa prática é muito mais plural e diversificado do que o discurso jurídico de concretização ou aplicação de normas jurídicas (ainda que normas constitucionais). Dessa forma, qualquer proposta de melhora da qualidade da lei ou de sua "racionalidade" deve ser vista com cautela, pois exigir uma pretensa tecnicidade do processo legislativo acabaria por suprimir o papel vital que ele cumpre em uma democracia: ser um momento institucionalizado de cruzamento de fluxos comunicativos com a pretensão de influenciar a adoção de normas vinculantes para toda a comunidade política de modo plural e aberto a diferentes tipos de discursos e narrativas.

Como será visto no Capítulo 7, isso ainda é mais relevante quando se discute a possibilidade de controle judicial da "racionalidade" da lei e dos fatos e prognoses adotados no momento de sua elaboração. Nesse ponto, a reflexão sobre a racionalidade da lei (características desejadas em uma lei) liga-se à racionalidade dos legisladores e do discurso legislativo (capacidade de resolução de problemas políticos coletivos por meio do oferecimento de razões públicas): o processo de produção legislativa deve ser devidamente fundamentado de modo que seja avaliada a postura do legislador em lidar com a complexidade do mundo presente, tendo em vista as possíveis repercussões fáticas e normativas da norma a ser adotada.

Embora essas considerações estejam ainda em um alto nível de abstração, é possível identificar a exigência decorrente do princípio da

37 Como ressalta Roberta Simões Nascimento, uma teoria completa sobre a argumentação legislativa e sua racionalidade, entendida como os requisitos normativos para avaliação dessa prática discursiva, ainda é um projeto em construção. Em obra de grande profundidade, a autora examina em perspectiva comparada diferentes propostas teóricas de autores brasileiros e espanhóis sobre o tema para concluir que o desenvolvimento de uma teoria da argumentação legislativa deve articular muitos elementos diferentes da teoria política e da teoria do direito como, por exemplo, o papel da legislação na interpretação jurídica e da jurisdição constitucional em uma democracia, a sinceridade das razões ventiladas por parlamentares durante os debates parlamentares, racionalidade humana e vieses cognitivos, entre outros (NASCIMENTO, 2019, Capítulo V).

deliberação de que, na medida do possível, sejam evitados os vieses de julgamento que atrapalhem a devida consideração dos fatos e argumentos relevantes para a tomada de uma decisão. Por meio do princípio da deliberação, há uma pretensão de se afastarem do discurso legislativo argumentos fundados em preconceito, erro manifesto, fraudes, autointeresse desmedido, entre outros (ELSTER, 2013, p. 16). Como ressalta Vermeule (2003, p. 17): "O processo legislativo deve encorajar os representantes a revelar as informações privadas que possuem e, ao mesmo tempo, evitar patologias deliberativas".

Do princípio da deliberação, portanto, decorrem deveres de institucionalização do processo legislativo por meio de regras que evitem ou diminuam as possibilidades de vieses, erros e preconceitos influenciarem a tomada da decisão legislativa. Também há a possibilidade de – em casos excepcionais – identificar-se um vício formal de inconstitucionalidade, caso o processo de tomada de decisão viole substancialmente as exigências do princípio da deliberação em razão de substancial distorção no processo de apresentação e troca pública de argumentos. Aqui há uma interseção clara já identificada na jurisprudência do STF acima examinada com o princípio da moralidade nos trabalhos legislativos para que se sejam evitadas fraudes ou corrupção no momento da tomada de decisão.

Como será visto nos Capítulos 5 e 6, as principais regras sobre a deliberação no Congresso Nacional estão dispostas em seus regimentos internos. Será feita uma avaliação da prática legislativa e dessas regras regimentais para se identificar em que medida as regras atualmente vigentes criam as condições necessárias para a apresentação e troca de argumentos em consonância com o princípio da deliberação do devido processo legislativo.

Além disso, no Capítulo 7, será abordada a questão sobre quais são as possibilidades do controle jurisdicional do processo legislativo com base no princípio da deliberação. Embora o STF ainda não tenha tratado especificamente deste tema, será visto que já houve a manifestação de posições de Ministros que entendem pela possibilidade de examinar os argumentos apresentados durante o processo legislativo como elemento relevante para o controle de constitucionalidade formal e material das normas legais editadas.

4.6. Eficiência

Por fim, o último princípio estruturante do devido processo legislativo é aqui denominado de eficiência. Não há dispositivo expresso na

Constituição Federal sobre o princípio da eficiência aplicado ao processo legislativo. De todo modo, o STF tem entendimento de que os princípios do caput do art. 37 da Constituição aplicam-se às atividades parlamentares, inclusive ao processo legislativo[38].

Um dos casos em que se tangenciou o tema foi a ADI 1.635 (Rel. Min. Maurício Corrêa, j. 19/10/2000). Nesse caso, questionava-se a regra do § 4º do art. 35 do RICD, que limita em cinco o número de comissões parlamentares de inquérito em funcionamento na Câmara dos Deputados, salvo se aprovada pela maioria da Casa por projeto de resolução de iniciativa de um terço de seus membros. Alegava-se a inconstitucionalidade do dispositivo perante o § 3º do art. 58 da Constituição, que não estabelece um limite máximo de CPIs no Congresso Nacional criadas por requerimento da minoria parlamentar.

Após citar a autonomia da Câmara dos Deputados para estabelecer seu regimento interno, conforme o art. 51, incisos III e IV, da Constituição Federal, o Relator, Min. Maurício Corrêa, fez importantes considerações sobre a limitação dos recursos disponíveis para o exercício das atividades parlamentares, tendo sido acompanhado pela maioria do Tribunal no entendimento pela constitucionalidade do dispositivo impugnado. Em suas palavras:

> O ideal seria que as CPIs pudessem funcionar organizando-se ilimitadamente, porque quanto mais fiscalização das ações governamentais, tanto melhor para um País que ainda caminha na busca da consolidação da cidadania. Porém, Democracia exige disciplina, disciplina que há que coexistir com as garantias constitucionais já assentadas em nosso ordenamento maior a fim de que deixem elas de ser meramente visões programáticas para que converterem em institutos permanentes.
>
> [...]
>
> Ademais, como ficou explicitado, o limite de cinco comissões parlamentares de inquérito tem como primordial objetivo evitar que não se esvazie a função essencial do Poder Legislativo, que é a elaboração das leis. Além disso, o número excessivo de comissões seria prejudicial a seu próprio funcionamento, visto que não haveria condições de tempo, de espaço, de material nem de pessoal, para se montar uma infraestrutura adequada aos objetivos colimados. Enfim, o dis-

38 Veja-se o caso sobre a emendas ao orçamento, em que o STF entendeu pela incidência dos princípios da Administração Pública às atividades do Poder Legislativo (STF, Pleno, ADPF 850, Rel. Min. Rosa Weber, j. 19/12/2022).

> positivo em apreço, ao invés de contrariar a Carta Fundamental, cria mecanismos para viabilizar o funcionamento das comissões parlamentares de inquérito.[39]

Embora nesse julgado não apareça a palavra "eficiência", a ideia de mobilização de recursos escassos para o desempenho das atividades parlamentares, especialmente o processo legislativo, foi a principal razão de decidir do caso.

Existem várias definições de eficiência, muitas delas associadas a questões econômicas ou orçamentárias, tendo em vista a necessária otimização de recursos públicos para a execução de políticas sociais. Entretanto, desde já, a noção de eficiência deve ser compreendida de forma mais abrangente, pois não diz respeito apenas a questões econômicas, mas à relação entre quais recursos escassos são mobilizados para a produção de um ato estatal direcionado a uma finalidade específica.

Em profunda obra sobre o princípio da eficiência no processo judicial, João Gilberto Gonçalves Filho aponta que se trata de princípio abrangente que estabelece a exigência de uma relação adequada entre meios utilizados para a produção do provimento jurisdicional e que pode ser compreendido a partir de quatro subprincípios: a) efetividade (potencial de resolver o conflito social posto em juízo e de entregar o bem da vida demandado a quem de direito), b) celeridade, c) segurança jurídica e d) economicidade ou economia processual (redução de etapas procedimentais desnecessárias e manutenção dos efeitos jurídicos de atos com possíveis vícios que não geram prejuízo) (GONÇALVES FILHO, 2010, p. 20-84).

Por sua vez, no âmbito do processo legislativo, há proposta de adoção de um amplo conceito de eficiência que abarque questões relacionadas a tempo de tramitação e regimes de urgência, consultas públicas, transparência, participação social, planejamento, coordenação de atores e uso de tecnologias da informação (VOERMANS; NAPEL; PASSCHIE, 2017, p. 284).

A partir dessas propostas, como já houve especificação acima dos princípios da publicidade e participação social, eficiência aqui aponta para ideia de que o processo legislativo deve mobilizar recursos escassos para produzir leis que apresentem "eficácia, eficiência e efetividade, ou seja, que a lei possa cumprir os seus objetivos, que os benefícios

39 STF, Pleno, ADI 1.635, Rel. Min. Maurício Corrêa, j. 19/10/2000, pp. 11-12.

da lei justifiquem os seus custos e que a lei seja aceita por seus destinatários" (ALMEIDA, 2009, p. 90; em sentido semelhante WINTGENS, 2013, pp. 19-20).

O princípio da eficiência do devido processo legislativo, portanto, exige o estabelecimento de uma relação adequada entre a mobilização de recursos escassos e a tomada de decisão legislativa para resolução de um problema socialmente relevante. Adaptando-se as ponderações de João Gilberto Gonçalves Filho, o princípio da eficiência do devido processo legislativo exige que, idealmente, seja estruturado um processo de tomada de decisão legislativa que permita a adoção de soluções adequadas aos problemas e questões sociais em jogo (efetividade), em tempo célere (celeridade), com previsibilidade procedimental (segurança jurídica) e sem implicar a utilização de recursos escassos de maneira desnecessária ou excessiva (economicidade ou economia procedimental). Abaixo examinam-se essas quatro dimensões do princípio da eficiência do devido processo legislativo.

Em relação à efetividade do processo legislativo enquanto atividade estatal destinada à produção de um ato legislativo com potencial de enfrentar questões coletivas postas no debate público, aqui entram as reflexões sobre a qualidade da lei, ou seja, que o processo legislativo produza "leis bem feitas e leis boas" (HESPANHA, 2013).

Embora a discussão aprofundada sobre os deveres dos legisladores no momento de elaboração da lei possa remontar há muito antes (basta pensar na publicação de *Principles of Morals and Legislation*, de Benhtam, em 1789), a reflexão jurídica sobre o assunto começa a exercer maior influência na prática legislativa, especialmente nos EUA e na Europa, a partir de 1970, destacando-se a obra de Peter Noll como um dos precursores da reflexão teórica sobre o tema à época (PRETE, 2019, p. 44). Uma série de iniciativas – diretamente relacionadas à prática da Análise de Impacto Regulatório (*Regulatory Impact Assessment*) – foi tomada para simplificar o arcabouço normativo legislativo-regulatório aliada ao objetivo de reduzir custos de cumprimento da legislação, bem como o atingimento de objetivos de desenvolvimento econômico e social mediante políticas públicas.

Nesse sentido, há uma revitalização da "Ciência da Legislação" como um conhecimento interdisciplinar prático para elaboração de leis válidas e melhores, considerando os diversos aspectos que influenciam a tomada da decisão legislativa. Como uma das dimensões da "Ciência da Legislação", há o estudo da legística, entendida como reunião de saberes, destinado a estudar e propor soluções para o problema do aumento exponencial da quantidade de normas legislativas e as dificuldades que dele derivam como crescente complexificação, insegurança jurídica, crise de efetividade e legitimidade e desafio de se atingir os objetivos pretendidos (PRETE, 2019, p. 44).

A legística pode ser classificada em três dimensões: formal (clareza, não contradição e comunicabilidade dos textos legislativos); material (conteúdo adequado da lei com resultados sociais benéficos e com legitimidade e respeito social); e organizacional (estruturas internas do processo legislativo responsáveis por aplicar o conhecimento da legística) (MORAES, 2007, p. 59; 70; 225).

No que se refere à legística formal, objetiva-se a produção de normas que sejam claras, precisas e não contraditórias. Victor Nunes Leal já aventava que as leis deveriam ser inteligíveis tanto para o especialista quanto para o cidadão em geral, de modo que elas possam ser cumpridas, oferecendo-se o mínimo de segurança jurídica (LEAL, 1945, p. 440). Da mesma maneira, Gilmar Ferreira Mendes destaca que as normas devem ser "pautadas pela precisão e clareza, permitindo que o destinatário das disposições possa identificar a nova situação jurídica e as circunstâncias que dela decorrem. Devem ser evitadas, assim, as formulações obscuras, imprecisas, confusas ou contraditórias" (MENDES, 2007, p. 13).

Em relação à legística material, no próximo Capítulo, serão explorados maiores detalhes sobre seu desenvolvimento na prática legislativa, especialmente mediante a Análise de Impacto Regulatório tanto no Brasil quanto nos EUA e União Europeia. De todo modo, adianta-se que, no Brasil, a despeito das inovações feitas pela Emenda Constitucional nº 95, de 2016, mediante a inclusão dos arts. 113 e 114 do ADCT para que sejam feitas estimativas de impacto orçamentário-financeiro em proposições legislativas, ainda falta uma política legislativo-regulatória clara e institucionalizada que incorpore os grandes avanços já realizados em outros países a esse respeito.

Em sua dimensão organizacional, a legística está centrada na institucionalização de órgãos e etapas do processo legislativo que permitam a aplicação de seus conhecimentos na formulação da lei – o que é especialmente relevante ao se examinar o princípio da eficiência quanto efetividade do processo legislativo. Como será visto abaixo, a forma de organização parlamentar mais disseminada no direito comparado é a divisão dos Parlamentos em comissões parlamentares, justamente com o objetivo de se produzir atos legislativos mais adequados às realidades que se pretende regular.

A revitalização da "Ciência da Legislação" e a legística em sua dimensão organizacional contudo, não podem ser confundidas com uma suposta burocratização do processo legislativo ou adoção de um paradigma tecnocrático para produção das leis, em que órgãos de apoio do processo legislativo assumam o protagonismo durante o processo decisório. Como visto, a produção legislativa em uma democracia representativo-deliberativa tem por pressuposto a grande divergência moral e política entre os diversos atores sociais, é permeável a discursos ideológicos e narrativas pessoais, não resulta necessariamente no consenso e, além disso, deve ser calcada em um fluxo comunicacional constante em que essas divergências sejam ventiladas e ressaltadas para não haver a indevida transformação da atividade política em técnica com fundamentos pseudocientíficos. Isso significa que a decisão legislativa é sempre marcada fortemente por uma componente política no sentido de ser uma opção pela concretização de determinados princípios mediante uma das várias alternativas constitucionalmente admitidas, o que jamais poderá ser reduzido a um mero exercício técnico não problematizável.

Já em relação à dimensão da celeridade do princípio da eficiência do devido processo legislativo, exige-se que a solução legislativa seja adotada em espaço de tempo razoável para solução das questões sociais postas em debate.

Os estudos prévios, a propositura, o debate e a votação são etapas que consomem tempo para serem bem conduzidas. Idealmente, haveria tempo ilimitado para essas atividades de modo que as melhores decisões pudessem ser encontradas considerando-se absolutamente todas as informações e argumentos relevantes sobre o tema em debate. A realidade, entretanto, é que as sociedades contemporâneas estão imersas nas "circunstâncias da política", para retomar as considerações de Waldron, tendo em vista que é necessário, em período relativamente curto, encontrar soluções coletivas em ambiente de profundos desacordos morais e incertezas fáticas. Por isso, o processo legislativo deve ocorrer em lapso temporal que possibilite que as soluções para os problemas de ação coletiva sejam implementadas em prazo razoável, sob pena de perpetuarem-se esses problemas indefinidamente.

Desse modo, o tempo é um dos fatores-chave a ser considerado na dimensão da celeridade do princípio da eficiência do devido processo legislativo, que permite organizar os demais recursos a serem mobilizados durante a elaboração legislativa. De um lado, um processo legislativo muito moroso não responde adequadamente às exigências das "circunstâncias da política" e da necessidade de tomada de decisões para problemas coletivos presentes. Isso exige que sejam criados procedimentos que permitam o desenrolar das etapas do processo legislativo conforme a premência da situação a ser enfrentada por via da legislação, inclusive os regimes de urgência abaixo examinados. De outro lado, um processo legislativo extremamente célere, corre o risco de esvaziar o significado de todos os princípios estruturantes do devido processo legislativo, pois poderá inviabilizar o exercício das prerrogativas das minorias parlamentares, a participação social mediante interlocução com os parlamentares, a publicidade mínima dos atos parlamentares para que se tornem de conhecimento público, a deliberação mediante apresentação de argumentos dentro e fora do Parlamento e a definição de soluções adequadas para os problemas coletivos enfrentados.

Por ser o processo legislativo um conjunto de atos encadeados destinado à produção de um ato estatal final, é inerente à ideia de eficiência o princípio da segurança jurídica. Exige-se uma limitação de tempo e de foco no estudo dos problemas a serem enfrentados pela legislação, de modo que, de um lado, tenha-se previsibilidade de quais questões serão analisadas e quais procedimentos serão utilizados para tanto e, de outro lado, que o *iter* procedimental seja constituído por etapas que se iniciem e encerrem claramente.

Neste ponto, podem ser aplicados por analogia alguns dos princípios e regras de natureza procedimental do processo judicial ao processo legislativo. Como exemplo, como reconhecido pelo STF na já mencionada ADI 1.254 (Rel. Min. Sepúlveda Pertence, j. 09/12/2000), pode-se mencionar a regra de preclusão consumativa de atos do processo legislativo – no caso a votação para manutenção do veto do Poder Executivo –, para que não se repitam atos já praticados em prejuízo da eficiência e segurança jurídica.

No que se refere à dimensão da economicidade ou economia processual, como toda atividade humana, o processo legislativo é desenvolvido com a utilização de recursos escassos – elementos necessários para a produção legislativa, mas que somente podem ser utilizados em quantidades e qualidades determinadas. Os recursos orçamentários do poder público e os recursos econômicos dos agentes privados são elementos importantes tanto para custear a própria atividade estatal de produção legislativa e a atividade privada de participação nesse processo.

Para além dos recursos econômicos e orçamentários, há diversos outros tipos de recursos que são mobilizados pelo processo legislativo para que se possam produzir normas jurídicas.

Entre eles está a capacidade de os órgãos responsáveis pela produção legislativa apreciarem e debaterem as propostas, de modo que exista o aprofundamento necessário para conhecimento e ponderação das diversas questões em jogo. De fato, se houver um número muito grande de propostas que devam ser estudadas e debatidas no mesmo intervalo de tempo haveria pouca capacidade de aprofundamento em cada uma delas. É natural que no processo legislativo existam filtros de acesso para a apresentação de projetos, bem como outros mecanismos de seleção de agenda para definir quais serão ou não objeto de deliberação e votação. Neste ponto também são decisivas regras a respeito da atribuição de urgência a certas proposições para que situações sociais excepcionais possam ser resolvidas em curto espaço de tempo, preservando o resultado útil da medida legislativa a ser adotada.

O processo legislativo também mobiliza outro tipo de recurso: a atenção social e capacidade de mobilização em torno dos temas debatidos. Não é possível que as pessoas e os diversos grupos sociais acompanhem a todo momento um número muito grande de propostas legislativas. Isso se relaciona diretamente à compreensão da atividade de representação política como prática que ocorre em um fluxo contínuo de redes de comunicação institucionalizadas ou não, que interagem para formação de agendas públicas pelos poderes constituídos. No limite, a escassez desse recurso frente à demanda de acompanhamento das propostas legislativas em exame pode criar restrições a outros princípios estruturantes do devido processo legislativo como a participação social e a publicidade.

Diante dessa escassez de recursos, a economicidade ou economia processual pode ser compreendida como princípio da instrumentalidade das formas ou da "economia legislativa", nas palavras de Tomás Vidal Marin (MARIN, 2004, p. 154), no sentido de uma exigência de redução de etapas procedimentais desnecessárias e manutenção dos efeitos jurídicos de atos procedimentais que a despeito de alguma irregularidade não violem os princípios do devido processo legislativo ou outras normas constitucionais.

É importante reconhecer que a grande maioria das regras que disciplinam o processo legislativo está prevista em normas dos regimentos internos, fruto da autonomia e discricionariedade procedimentais dos Parlamentos. Há, no processo legislativo, a incidência do princípio da instrumentalidade das formas como exigência do princípio da eficiência, no sentido de que especialmente as regras regimentais devem ser compreendidas como mecanismos de se chegar a uma solução política viável e em tempo hábil, que possa contar com o apoio da maioria em determinado momento, o que pode justificar o afastamento de regras regimentais e a restrição dos demais princípios estruturantes do devido processo legislativo, conforme o caso concreto.

Em face do exposto, o princípio da eficiência do devido processo legislativo exige que, tanto quanto viável, o processo legislativo seja estruturado de modo a produzir as melhores normas jurídicas, tendo em vista seus impactos para a proteção e promoção dos direitos fundamentais, com os menores custos possíveis para a execução da própria atividade legislativa (recursos orçamentários, recursos de agentes privados, tempo, capacidade de trabalho dos órgãos responsáveis e atenção social) e com previsibilidade procedimental sem a repetição de etapas e fases desnecessárias para a tomada da decisão legislativa. Há, igualmente, estados de coisas ideais determinados pelo princípio da eficiência que são contrários entre si e que demandam algum tipo de equilíbrio – basta pensar no caso de exigirem recursos orçamentários muito elevados para pesquisa de qual solução legislativa deva ser adotada.

A partir dessas reflexões, ainda que considerado em sua dimensão ideal, o princípio da eficiência no processo legislativo levanta uma série de questões de quais procedimentos podem ser adotados para sua concretização. Ele, na maior parte das vezes, funciona como um contraponto constitucional para justificar a restrição aos demais princípios do devido processo legislativo, que, idealmente, exigem maior protagonismo das minorias parlamentares, a maior participação social, publicidade irrestrita das negociações parlamentares e as razões mais densas e embasadas possíveis. É, portanto, necessário examinar como as regras constitucionais, legais e regimentais disciplinam a interface do princípio da eficiência com os demais princípios do devido processo legislativo no direito brasileiro. Esse será o objeto dos Capítulos 5 e 6, no que se refere à apresentação, deliberação e votação de proposições na prática do Congresso Nacional.

5

A ELABORAÇÃO E INICIATIVA DE PROPOSIÇÕES LEGISLATIVAS NO CONGRESSO NACIONAL

Fixados os contornos dos princípios estruturantes do devido processo legislativo, é o momento de investigar como eles se traduzem no desenho institucional do processo legislativo federal brasileiro e qual é a prática do Congresso Nacional a esse respeito. O objetivo aqui é, de um lado, oferecer novas possibilidades de compreensão de suas regras à luz dos princípios do devido processo legislativo, e, de outro lado, fazer uma avaliação crítica da prática legislativa em busca de pontos de aprimoramento.

Deve ser relembrado que a Constituição Federal, seguindo a tradição constitucional brasileira, contempla ampla autonomia ao Poder Legislativo para disciplinar seus procedimentos mediante seus regimentos internos. Desse modo, um dos principais focos de análise *de lege lata* e *de lege ferenda* recai sobre os regimentos das Casas do Congresso Nacional.

É importante reiterar os objetivos e as limitações de uma análise empírica da prática do processo legislativo para um trabalho jurídico. Não se almeja revisitar toda a extensa literatura a respeito – em sua maioria, da ciência política – para apresentar novos modelos explicativos da relação entre Poder Executivo e Poder Legislativo ou do comportamento parlamentar. Trata-se de tarefas que escapam a um trabalho jurídico e que utilizam ferramental metodológico diverso do dogmático. O objetivo não é explicar as causas do comportamento parlamentar ou da atividade legislativa no Brasil. Almeja-se, com o exame empírico, revelar aspectos sensíveis do desenho institucional do processo legislativo na prática, à luz dos princípios do devido processo legislativo apresentados no Capítulo anterior, sem a pretensão de generalizar afirmações do ponto de vista estatístico ou causal.

Diante disso, devem ser destacados os principais recortes metodológicos feitos na pesquisa.

Além da utilização dos dados já disponíveis na literatura, foi realizado levantamento próprio de dados relativos à elaboração das leis ordinárias promulgadas durante a 55ª Legislatura (fevereiro de 2015 a janeiro de 2019). No total, 707 leis ordinárias foram promulgadas no período.

O exame feito tem por objeto as diferentes etapas de elaboração das 707 leis ordinárias promulgadas durante a 55ª Legislatura. Nesse conjunto, há leis que foram fruto de projetos de lei e medidas provisórias. Desse modo, não se investiga especificamente o processo de elaboração de Emendas à Constituição, leis complementares, decretos legislativos e resoluções das Casas Legislativas. Esse recorte é justificado pelo fato de as leis ordinárias serem a espécie legislativa normativa mais comum entre as previstas no art. 59 da Constituição Federal.

Considerando-se o objetivo do presente trabalho em oferecer subsídios dogmáticos para compreender o processo de produção de normas jurídicas pela via legislativa, não foram objeto de análise mais detalhada as leis ordinárias estritamente orçamentárias (PPA, LDO, LOA e leis de créditos adicionais, extraordinários e suplementares), pois submetidas a normas constitucionais específicas e destinadas a disciplinar a realização do gasto público em concreto, e leis honoríficas, que criam datas comemorativas, inscrevem o nome de pessoas em livros de homenagens, nomeiam bens públicos, entre outros. Para fins de identificação, denominam-se as leis cujo processo legislativo foi objeto de exame de "leis gerais". A Tabela 1, a seguir, expressa a quantidade de leis nessas categorias.

Tabela 1 - Quantitativo de leis ordinárias por categoria – 55ª Legislatura (2015-2019)

Origem das Leis	Quantidade	%
Leis gerais	**387**	**54,74**
MP	115	16,27
PL	272	38,47
Leis honoríficas	**146**	**20,65**
PL	146	20,65
Leis orçamentárias	**174**	**24,61**
MP	12	1,70
PL	162	22,91
Total	**707**	**100,00**

Fonte: Elaborada pelo autor.

Somadas, as leis de natureza orçamentária e honoríficas totalizam 320 leis – por volta de 45% da produção de leis ordinárias do período. Evidentemente, trata-se de parcela muito relevante da produção legislativa, mas que não será objeto de análise aprofundada. Os projetos de lei e as medidas provisórias de natureza orçamentária seguem regras constitucionais e regimentais próprias, especialmente as do art. 166 da Constituição Federal, que se afastam das leis ordinárias gerais e as leis honoríficas. Além disso, a atuação parlamentar no processo orçamentário segue lógica própria e diferente da arena legislativa, considerando as maiores possibilidades de posturas individualistas em uma lógica distributivista de atuação em benefício dos redutos eleitorais dos parlamentares (ARAÚJO; SILVA, 2012, p. 72; ALVES, 2014, p. 10).

O foco deste capítulo e do próximo, portanto, recai sobre as 387 leis ordinárias gerais promulgadas na 55ª Legislatura, que efetivamente criam normas jurídicas para reger a conduta de particulares ou estruturam a atuação da Administração Pública por meio de criação e modificação de políticas públicas, de cargos públicos, entre outros. Para fins de denominação, elas são aqui designadas de "leis gerais", afastando as leis orçamentárias e as leis honoríficas. Por essa razão, serão examinadas em maiores detalhes as regras dos Regimentos Internos da Câmara dos Deputados e do Senado Federal sobre a apreciação de projetos de lei ordinária, bem como do Regimento Comum do Congresso Nacional naquilo que diz respeito à apreciação das medidas provisórias.

As etapas abaixo examinadas do processo legislativo federal são inspiradas na classificação de José Afonso da Silva que divide o procedimento legislativo em: a) iniciativa, b) exame pelas comissões, c) discussão em Plenário, d) votação e e) revisão (SILVA, 2017, p. 284). Nesse sentido, o presente Capítulo tem por objeto o momento de iniciativa legislativa, divida a análise em dois itens: a) a elaboração do texto da proposição legislativa e b) o regime jurídico de sua apresentação perante o Congresso Nacional e sua tramitação. Em cada item serão examinadas as principais regras constitucionais, legais e regimentais a respeito dos temas em exame, bem como eventuais discussões doutrinárias e da jurisprudência do STF. Já no Capítulo 6, serão examinadas as demais etapas de discussão e votação, sintetizadas, para fins deste trabalho, como deliberação e votação das proposições legislativas.

No primeiro item, será examinado o desenho institucional do processo de elaboração das proposições legislativas, especialmente em face dos princípios da deliberação e eficiência do devido processo legislativo, que exigem a apresentação pública de razões para a tomada de decisões que efetivamente sejam capazes de criar condições para que os problemas coletivos sejam endereçados. Será feito o exame das exigências estabelecidas pela Lei Complementar nº 95, de 26 de fevereiro de 1998, pelas políticas legislativas do Poder Executivo e Poder Legislativo federais e pelo art. 113 do ADCT, que exige estimativas de impacto orçamentário-financeiro das proposições legislativas.

No segundo item, será demonstrado que a iniciativa legislativa é um dos elementos decisivos do processo legislativo, pois a autoria de uma proposição impacta diretamente em seu curso procedimental, o tempo de tramitação e a probabilidade de ela ser transformada em lei. Serão analisadas as semelhanças e diferenças entre autoria do Poder Executivo e dos parlamentares individualmente nas proposições que se transformam em leis ordinárias, a fim de serem identificados os pontos sensíveis do desenho institucional do processo legislativo federal, especialmente considerando-se a questão da autoria individual parlamentar de projetos de lei.

5.1. A elaboração das proposições legislativas: a ausência de uma efetiva política pública legislativo-regulatória

Tem crescido a atenção dada às técnicas de elaboração normativa dos projetos de lei e de outros atos normativos. Aqui são relevantes as exigências do princípio da eficiência do devido processo legislativo, especialmente no que se refere às reflexões da legística, como um conjunto de conhecimentos destinado a criar normas jurídicas claras, coerentes com o ordenamento jurídico e cuja implementação seja efetiva, tendo em vista seus objetivos.

Esse reconhecimento identifica diretrizes para além da legística formal, no intuito de estabelecer métodos e procedimentos para a tomada de uma boa decisão normativa, justificada com base em pressupostos de fato e estimativas de impacto mais sólidas apresentados publicamente. Isso exige uma política legislativo-regulatória cujo desenho institucional regule a produção de outras normas, tendo em vista as características desejáveis do procedimento de sua elaboração e de seu conteúdo, ultrapassando os requisitos jurídicos tradicionais de competência, *quóruns* de deliberação ou regras sobre turnos de discussão e votação. Como definida por Felipe de Paula: "uma política legislativo-regulatória deve ser entendida como uma política pública voltada ao aperfeiçoamento do processo de elaboração de instrumentos normativos e, fundamentalmente, ao incremento da qualidade das normas" (PAULA, 2016, p. 16).

A Constituição Federal, até pouco tempo, não continha nenhuma disposição expressa sobre os requisitos informacionais destinados a subsidiar a elaboração das leis e dos atos normativos em geral, tampouco disposições relacionadas a seu modo de elaboração e diretrizes de qualidades desejadas. Havia somente a previsão genérica, em seu art. 59, parágrafo único, de que: "Lei complementar disporá sobre a elaboração, redação, alteração e consolidação das leis". Com a Emenda Constitucional nº 95, de 15 de dezembro de 2016, foi acrescentado o art. 113 do ADCT, que exige a apresentação de estimativas de impacto orçamentário-financeiro para proposições legislativas. De todo modo, a Constituição não estabelece maiores requisitos ou diretrizes para a elaboração das leis.

No próximo subitem será investigado o papel ainda limitado desempenhado pela Lei Complementar nº 95, de 26 de fevereiro de 1998, que regulamenta o art. 59 da Constituição. Em seguida, examinam-se outros atos normativos, especialmente no âmbito do Poder Executivo federal, que vão além da Lei Complementar nº 95, de 1998, a fim de estabelecer algumas diretrizes para a elaboração das leis, mas cuja efetividade ainda é pequena. Por fim, será analisado o art. 113 do ADCT, que de modo pioneiro, exige um mínimo de informações a serem apresentadas para a tomada de decisão no processo legislativo, em casos de impactos orçamentário-financeiros.

5.1.1. O alcance restrito da Lei Complementar nº 95, de 1998, e sua regulamentação

A Lei Complementar nº 95, de 26 de fevereiro de 1998, estabelece normas para a elaboração, a redação, a alteração e a consolidação das leis. A Lei trata, basicamente, da estruturação textual e da consolidação das leis. Contudo, seu alcance é muito restrito, pois apresenta poucos dispositivos relativos a como garantir melhor qualidade à legislação (SALINAS, 2013, p. 244).

De fato, as principais disposições da Lei Complementar nº 95, de 1998, são normas de legística formal, que objetivam ganhos de clareza textual, simplificação redacional e, consequentemente, segurança jurídica. São normas de fundamental importância, especialmente para a concretização do princípio da eficiência do devido processo legislativo, pois permitem que as normas jurídicas instituídas por atos legislativos possam ser mais facilmente compreendidas, sem incompatibilidades com o ordenamento jurídico e com maior segurança jurídica para que suas finalidades sejam atingidas.

Ocorre que se trata apenas de um primeiro passo na direção dos ganhos de qualidade da legislação como exigido pelo princípio da eficiência. Como já apontado, cada vez mais há atenção às exigências de produção de normas jurídicas que alcancem os resultados almejados, especialmente para a concretização de políticas públicas - objeto da legística material.

Para além da eficiência, há também a exigência do princípio da deliberação do devido processo legislativo de que as normas sejam construídas com base em uma postura de reconhecimento das limitações cognitivas do legislador individual e do Parlamento coletivamente, bem como das informações e dos argumentos disponíveis no momento de tomada da decisão, o que exige um processo de justificação de tomada da decisão à luz dessas circunstâncias. Oferecer publicamente as razões para a tomada de decisão legislativa, portanto, não é mera faculdade dos tomadores de decisão, mas verdadeira exigência constitucional decorrentes dos princípios da deliberação e da publicidade.

Regulamentando a Lei Complementar nº 95, de 1998, no âmbito do Poder Executivo federal, há o Decreto nº 9.191, de 1º de novembro de 2017, que estabelece normas para a elaboração de minutas apresentadas pelos Ministros de Estado de atos normativos a serem editados pelo Presidente da República, abarcando, entre outros, as medidas provisórias e os projetos de lei ordinária. Esse Decreto revogou a normatização anterior constante do Decreto nº 4.176, de 28 de março de 2002.

Dividido em nove capítulos, o Decreto nº 9.191, de 2017, estabelece regras sobre a elaboração, redação, articulação, e alteração de atos normativos, diretrizes para a produção de pareceres jurídicos e de mérito sobre as propostas, além da possibilidade de realização de consultas públicas prévias para a elaboração desses atos como importante instrumento de participação social desde a fase de elaboração das minutas dos projetos e atos normativos.

O Decreto nº 9.191, de 2017, estabelece requisitos para a Exposição de Motivos do Ministro de Estado da área competente a ser encaminhada para o Presidente da República quando da sugestão de apresentação de projeto de lei ou adoção de medida provisória, bem como quais documentos devem acompanhá-la. Veja-se:

> **Exposição de motivos**
>
> Art. 27. A exposição de motivos deverá:
>
> I - justificar e fundamentar, de forma clara e objetiva, a edição do ato normativo, com:

a) a síntese do problema cuja proposição do ato normativo visa a solucionar;

b) a justificativa para a edição do ato normativo na forma proposta; e

c) a identificação dos atingidos pela norma;

II - na hipótese de a proposta de ato normativo gerar despesas, diretas ou indiretas, ou gerar diminuição de receita para o ente público, demonstrar o atendimento ao disposto nos art. 14, art. 16 e art. 17 da Lei Complementar nº 101, de 4 de maio de 2000, e no art. 107 do Ato das Disposições Constitucionais Transitórias;

III - no caso de proposta de medida provisória, demonstrar, objetivamente, a relevância e a urgência; e

IV - ser assinada pelo Ministro de Estado proponente.

[...]

Documentos que acompanham a exposição de motivos

Art. 30. Serão enviados juntamente à exposição de motivos, além de outros documentos necessários à sua análise:

I - a proposta do ato normativo;

II - o parecer jurídico;

III - o parecer de mérito; e

IV - os pareceres e as manifestações aos quais os documentos de que tratam os incisos II e III façam remissão.

Por fim, há um conjunto de perguntas no Anexo do Decreto, que, nos termos de seu art. 13, deverão ser observadas na elaboração dos projetos de lei e das medidas provisórias.

No Anexo, há perguntas relacionadas a diretrizes de legística formal e - indo além das exigências da Lei Complementar nº 95, de 1998 - legística material sobre as preocupações apontadas acima, como possibilidade de impugnação perante o Poder Judiciário (item 2.3.7), restrição a direitos fundamentais (item 10), análise de custos e benefícios (item 16) e exigências de simplificação administrativa (item 17). Essas questões caminham na direção de instituir diretrizes de legística material no âmbito do Poder Executivo, de modo a integrar diferentes áreas do conhecimento na formulação de políticas públicas, examinando alternativas sobre diversos pontos de vista, entre eles o jurídico.

Aqui deve ser reconhecida a existência, pelo menos no plano normativo, de uma verdadeira política legislativo-regulatória por parte do Poder Executivo federal. Há a previsão de diretrizes a serem seguidas por meio de normas jurídicas vinculantes internas à Administração Pública federal no momento da edição de medidas provisórias ou apresentação de projetos de lei por parte do Presidente da República. Trata-se de iniciativa muito salutar que, desde o Decreto nº 4.176, de 2002, é inspirada em boas práticas legislativo-regulatórias internacionais.

Também há a positiva previsão, nos arts. 40 a 43 do Decreto nº 9.191, de 2017, de que poderá haver consultas públicas da proposta de ato normativo a ser submetida ao Presidente da República. A iniciativa da abertura da consulta pública deverá partir do ministério ou órgão que propor a adoção do ato normativo e será decidida pela Casa Civil. Tais dispositivos claramente são concretizações do princípio da participação social no processo legislativo, pois permitem que a sociedade como um todo ofereça contribuições no momento de elaboração das proposições legislativas de autoria do Poder Executivo antes de elas serem submetidas ao Congresso Nacional.

Contudo, a despeito da previsão normativa dessas diretrizes, elas ainda não foram capazes de transformar o modo de produção normativa do Poder Executivo.

O Decreto nº 9.191, de 2017, em boa medida reproduz as disposições do Decreto nº 4.176, de 2002, em relação ao qual já havia o diagnóstico de pouca efetividade de suas exigências. Continua a não haver obrigatoriedade de redução por escrito das considerações feitas sobre as perguntas do Anexo e tampouco há alguma sanção expressa para a falta de sua utilização. As perguntas do Anexo podem funcionar como um roteiro útil, mas, na prática, apresentam um déficit de institucionalização, por não preverem mecanismos de fiscalização e controle da sua devida utilização. Os responsáveis pela elaboração das minutas de atos normativos do Poder Executivo federal acabam encarando suas disposições como meras questões burocráticas e sem maiores impactos na prática normativa (SALINAS, 2013, p. 247; PAULA, 2016, p. 114).

Também não há a prática de se realizarem as consultas públicas previstas nos arts. 40 a 43 do Decreto nº 9.191/2017. Foi formulado pedido de acesso à informação para saber quantas consultas públicas foram feitas desde a entrada em vigor do Decreto nº 9.191/2017 e quais atos normativos ou projetos de lei foram editados depois de realizadas. Conforme a resposta recebida, até 30 de março de 2021, somente houve a realização de duas consultas públicas e nenhuma delas resultou em ato normativo ou projeto de lei[1].

1 Casa Civil da Presidência da República, resposta ao Pedido de Acesso à Informação NUP 00137.003418/2021-66, de 30/03/2021.

Mesmo após a formulação da proposição respectiva, verifica-se que o Decreto nº 9.191, de 2017, não implica necessariamente o aprofundamento do debate público sobre as justificativas que fundamentam a respectiva proposição apresentada ao Congresso Nacional.

Ao se examinarem as medidas provisórias e os projetos de lei de iniciativa do Poder Executivo federal que se transformaram em leis ordinárias gerais durante a 55ª Legislatura (2015-2019), em nenhuma das 115 medidas provisórias e dos 37 projetos de lei de iniciativa do Poder Executivo aprovados no período houve o envio ao Congresso Nacional das respostas aos questionamentos do Anexo do Decreto nº 9.191, de 2017, tampouco dos pareceres de mérito, pareceres jurídicos ou outros estudos utilizados para a formulação da Exposição de Motivos e do texto normativo e das respectivas justificativas, conforme a previsão do art. 30 do Decreto. Especialmente nos casos em que há impacto orçamentário-financeiro, pode haver vício de inconstitucionalidade, como será visto adiante, em razão das exigências do art. 113 do ADCT, caso essas informações não sejam apresentadas durante a tramitação da matéria. Em geral, as Exposições de Motivos Ministeriais apresentam justificação de grande abstração e generalidade sem aprofundar os argumentos jurídicos, políticos, econômicos e sociais favoráveis ao ato proposto.

Houve casos, ainda, em que a Exposição de Motivos Ministerial encaminhada ao Presidente da República e ao Congresso Nacional fazia menção a esses documentos que estariam "anexos" a ela. Contudo, pelo menos considerada a documentação enviada ao Congresso Nacional, eles não chegaram a ser enviados de fato.

Como exemplo, a Lei nº 12.599, de 23 de março de 2012, criou o Regime Especial de Tributação para Desenvolvimento da Atividade de Exibição Cinematográfica (Recine), que instituiu suspensões de cobranças e isenções de tributos federais para compra e venda de materiais e equipamentos para estruturação de cinemas (arts. 12 a 14). Inicialmente, os benefícios eram passíveis de utilização até março de 2017.

A Medida Provisória nº 770, de 27 de março de 2017, estendeu o prazo para utilização de tais benefícios até 31 de dezembro de 2017. Em sua Exposição de Motivos (Exposição de Motivos nº 9/2017/ MinC-MF), há menção à estimativa de impacto de renúncia fiscal: "O volume de renúncia fiscal prevista para o exercício de 2017 é inferior a R$ 11 milhões, conforme memória de cálculo anexa a essa EMI [Exposição de Motivos Interministerial], um custo tributário pequeno, principalmente a se comparar com os benefícios esperados".

Contudo, como consta da Nota Técnica da Consultoria de Orçamentos, Fiscalização e Controle do Senado Federal nº 12, de 2017, essa memória de cálculo "anexa" não foi encaminhada ao Congresso Nacional – o que impede a avaliação da correção da estimativa feita pelo Poder Executivo. A MPV nº 770, de 2017, foi convertida na Lei nº 13.524, de 27 de novembro de 2017, e, por meio de emenda parlamentar, houve a extensão do prazo do Recine para 31 de dezembro de 2019 – ou seja, mais dois anos para além do inicialmente previsto. Não houve novas estimativas de impacto orçamentário-financeiro nem pelo Poder Executivo nem pelo Poder Legislativo.

O mesmo ocorreu, por exemplo, com as Medidas Provisórias nº 796 e 780, de 2017.

Trata-se de expedientes que não se podem admitir em face do princípio da publicidade, da deliberação e da eficiência do devido processo legislativo. Entre os procedimentos estatais, o processo legislativo é um dos que mais exige transparência de informações sobre o que foi e está sendo considerado relevante para a tomada de uma decisão juridicamente vinculante para toda a sociedade.

Como visto, a ideia de representação política pressupõe um vínculo permanente e contínuo, renovado por meio da comunicação entre representantes e representados, sendo o processo legislativo um dos principais ambientes institucionalizados em que isso ocorre. Interromper ou obstruir esses canais de comunicação são restrições ao princípio da publicidade, que justamente é uma das bases do devido processo legislativo em sistemas representativos, e, portanto, somente deve ser admitido em circunstâncias absolutamente excepcionais, por exemplo, em que existam informações pessoais sigilosas ou informações sensíveis do ponto de vista diplomático ou de segurança nacional.

Relembrem-se aqui os julgados nessa linha dos Tribunais da União Europeia expostos no Capítulo 4 (*Suécia e Turvo v. Conselho da União Europeia* e *De Capitani v. Parlamento*), que podem auxiliar a compreender a importância da publicidade no processo legislativo como instrumento de participação e controle social, bem como de tomada de decisão mais bem informada pelos parlamentares.

Nesse sentido, concretizando o princípio constitucional da publicidade e o art. 5º, inciso XXXIII, da Constituição Federal, a Lei de Acesso à Informação (Lei nº 12.527, de 18 de novembro de 2011), aplica-se indistintamente a todos os órgãos públicos, incluindo o Poder Executivo e Poder Legislativo, conforme seu art. 1º, parágrafo único, inciso I.

No que se refere ao acesso a documentos que embasam a tomada de decisões pelo poder público, o art. 7º, § 3º, da Lei dispõe: "O direito de acesso aos documentos ou às informações neles contidas utilizados como fundamento da tomada de decisão e do ato administrativo será assegurado com a edição do ato decisório respectivo."

O Decreto nº 7.724, de 16 de maio de 2012, que regulamenta a Lei de Acesso à Informação no âmbito do Poder Executivo federal, em seus arts. 3º, inciso XII, e art. 20, dispõe que os documentos preparatórios são o "documento formal utilizado como fundamento da tomada de decisão ou de ato administrativo, a exemplo de pareceres e notas técnicas" e devem ter seu acesso liberado após a tomada da respectiva decisão ou de ato administrativo.

A palavra "decisão" - prevista nos dispositivos acima destacados - aqui deve ser compreendida à luz do princípio da publicidade do devido processo legislativo e, portanto, abarca a edição de medidas provisórias e a apresentação de projetos de lei. Dessa maneira, os pareceres de mérito e jurídicos previstos no Decreto nº 9.191, de 2017, que contêm os fundamentos para a tomada de decisão pela Presidência da República devem ser publicizados desde o momento inicial do processo legislativo, ou seja, edição da medida provisória ou apresentação do projeto de lei.

Ainda que relativa a proposta de emenda à Constituição, essa questão surgiu claramente durante a tramitação da PEC nº 287/2016, por meio do qual o Poder Executivo propôs a Reforma da Previdência. Durante a tramitação da proposição no Congresso Nacional, foi formulado pedido de acesso à informação relativo aos pareceres e estudos que embasaram a PEC. Em grau recursal, a Controladoria-Geral da União (CGU) entendeu que os documentos que embasam a apresentação de proposição legislativa são documentos preparatórios e, portanto, uma vez apresentada a proposição, devem ser submetidos a ampla publicidade[2].

De maneira semelhante, a mesma questão surgiu quando da apresentação da PEC nº 6/2019, por meio da qual o Poder Executivo propôs nova Reforma da Previdência, que levou à Emenda Constitucional nº 103, de 2019. Formulado pedido de acesso aos documentos que embasaram a formulação da PEC nº 6/2019, foi decretado sigilo sobre os estudos e pareceres a respeito. Contudo, novamente em grau recursal, a CGU reiterou seu entendimento de que, uma vez apresentada a proposi-

2 CGU, Parecer no Processo NUP 16853.003502/2017-48, de 29/09/2017.

ção legislativa perante o Congresso Nacional, os documentos preparatórios devem ser amplamente divulgados. Veja-se:

> 9. Nesse contexto, embora a LAI e o seu Decreto regulamentador não citem expressamente o momento em que se dá a decisão final do processo em tela, entende-se que, com a finalização do texto da PEC e seu encaminhado ao Poder Legislativo, a decisão final que cabe ao Poder Executivo já foi devidamente tomada. Isso porquê o Poder Legislativo, em seu processo deliberativo, deve proceder a debate público autônomo, tornando-se imprescindível a observância do princípio da máxima publicidade, a fim de viabilizar amplo e efetivo escrutínio nacional acerca do tema.[3]

Na mesma linha do entendimento da CGU acima exposto, além do princípio da publicidade, os princípios da deliberação e eficiência do devido processo legislativo também apontam para a interpretação dos dispositivos legais e regulamentares no sentido da necessária divulgação e o encaminhamento ao Congresso Nacional dos documentos utilizados como base para elaboração de projetos de lei e medidas provisórias pelo Poder Executivo. A efetiva troca de argumentos sobre uma proposição deve se fundar também nos elementos de fato e de direito utilizados para sua apresentação para que a construção de preferências coletivas possa ocorrer com mais informações e de modo transparente. Com isso, também haverá o aumento da quantidade e qualidade das informações disponíveis para a tomada da decisão legislativa, o que poderá impactar positivamente na qualidade do texto a ser submetido à votação.

Vistas as principais normas regentes do processo de elaboração das proposições legislativas no Poder Executivo federal, cabe investigar se há disposições semelhantes em relação às propostas formuladas diretamente pelo Congresso Nacional. A resposta é infelizmente negativa.

Cabe destacar que não há um ato normativo institucionalizado como o Decreto nº 9.191, de 2017, que institua uma verdadeira política legislativo-regulatória no âmbito do Congresso Nacional. Os regimentos internos da Câmara dos Deputados e do Senado Federal não contêm dispositivos expressos que revelem diretrizes claras sobre legística material no momento de elaboração e deliberação das proposições legislativas, aplicando-se apenas os dispositivos de legística formal contidas na Lei Complementar nº 95, de 1998. O RISF contém dispositivo sobre os

3 CGU, Parecer no Processo NUP 16853.001246/2019-16, de 10/06/2019, p. 4.

"princípios" do processo legislativo, entretanto, nenhum deles expressa diretrizes sobre legística em sentido material.[4]

Como será aprofundado abaixo, ambos os Regimentos estabelecem que todos os projetos deverão ser fundamentados, mas não são previstos os requisitos ou elementos que deverão constar da justificação dos projetos, sendo frequentes justificações sintéticas e superficiais que não aprofundam o regime jurídico proposto e as razões para tanto.

Há manuais de redação elaborados por diferentes órgãos das Casas, como, por exemplo, o "Manual de Redação da Câmara dos Deputados"[5] ou "Manual de Redação Parlamentar e Legislativa" da Consultoria do Senado Federal[6]. Entretanto, não contam com força obrigatória – nem

4 RISF Art. 412. A legitimidade na elaboração de norma legal é assegurada pela observância rigorosa das disposições regimentais, mediante os seguintes princípios básicos:
I – a participação plena e igualitária dos Senadores em todas as atividades legislativas, respeitados os limites regimentais;
II – modificação da norma regimental apenas por norma legislativa competente, cumpridos rigorosamente os procedimentos regimentais;
III – impossibilidade de prevalência sobre norma regimental de acordo de lideranças ou decisão de Plenário, exceto quando tomada por unanimidade mediante voto nominal, resguardado o quorum mínimo de três quintos dos votos dos membros da Casa;
IV – nulidade de qualquer decisão que contrarie norma regimental;
V – prevalência de norma especial sobre a geral;
VI – decisão dos casos omissos de acordo com a analogia e os princípios gerais de Direito;
VII – preservação dos direitos das minorias;
VIII – definição normativa, a ser observada pela Mesa em questão de ordem decidida pela Presidência;
IX – decisão colegiada, ressalvadas as competências específicas estabelecidas neste Regimento;
X – impossibilidade de tomada de decisões sem a observância do quórum regimental estabelecido;
XI – pauta de decisões feita com antecedência tal que possibilite a todos os Senadores seu devido conhecimento;
XII – publicidade das decisões tomadas, exceção feita aos casos específicos previstos neste Regimento;
XIII – possibilidade de ampla negociação política somente por meio de procedimentos regimentais previstos.

5 BRASIL. Congresso Nacional. Câmara dos Deputados. **Manual de redação**. Brasília: Câmara dos Deputados, Coordenação de Publicações, 2004. Disponível em: http://bd.camara.gov.br/bd/handle/bdcamara/5604. Acesso em: 04 fev. 2022.

6 BRASIL. Senado Federal. **Manual de Redação Parlamentar e Legislativa**. Brasília: Senado Federal, Consultoria Legislativa, 2006. Disponível em: https://www2.senado.leg.br/bdsf/bitstream/handle/id/70466/Manual%20de%20Redacao.pdf?sequence=1. Acesso em: 04 fev. 2022.

mesmo por normas internas regimentais – e têm por foco questões eminentemente redacionais e estilísticas.

Em relação à regulamentação da Lei de Acesso à Informação no âmbito do Congresso Nacional, não há dispositivos específicos sobre o acesso aos documentos utilizados como base para tomada de decisão no processo legislativo, sendo as normas regulamentadoras basicamente direcionadas aos aspectos administrativos das Casas[7]. Uma possibilidade, *de lege ferenda,* seria disciplinar o acesso a determinados documentos que embasaram a apresentação de um projeto de autoria parlamentar durante o processo legislativo, nos termos do § 3º do art. 7º da Lei de Acesso à Informação, com inspiração no Decreto nº 9.191, de 2017[8].

5.1.2. A inexistente Análise de Impacto Legislativo no processo legislativo federal brasileiro

No direito comparado, há em curso uma verdadeira transformação das políticas legislativo-regulatórias. Deve ser destacado que a Organização para a Cooperação e Desenvolvimento Econômico (OCDE), por meio de sua Comissão de Política Regulatória, vem há décadas estimulando a adoção de políticas e regramentos a respeito da produção de normas jurídicas. Para a referida Comissão, "regulação" é entendida de forma abrangente e abarca não somente os regulamentos infralegais, mas a própria legislação primária que deve ser aprovada pelos Parlamentos, como as leis em geral (OCDE, 2018).

Não é objetivo deste trabalho fazer uma revisão das diversas ferramentas e estratégias regulatórias hoje existentes na experiência internacional, que passam por simplificação normativa, incorporação de *insights* das ciências comportamentais, experimentos legislativos, cláusulas de revisão obrigatória *(sunset clauses*), entre outros.[9]

7 Ato da Mesa nº 45, de 2012, da Câmara dos Deputados, e Ato da Comissão Diretora nº 9, de 2012, do Senado Federal.

8 Como exemplo, o Projeto de Lei nº 2.444, de 2019, do Deputado José Guimarães (PT-CE), que propõe a alteração da redação do § 3º do art. 7º da Lei de Acesso à Informação para estabelecer um amplo acesso a documentos relacionados ao processo legislativo ainda durante a tramitação de uma proposição.

9 Para uma revisão de literatura, comparação da experiência brasileira da política regulatória do Poder Executivo federal com a dos EUA e da União Europeia e a defesa da expansão da AIR no direito brasileiro, ver Paula (2016).

Entre as práticas mais difundidas está a Análise de Impacto Regulatório (AIR), entendida como "abordagem sistemática para avaliar criticamente os efeitos positivos e negativos de regulações e alternativas não-regulatórias propostas e existentes"[10]. Nesse sentido, cunhou-se a expressão Avaliação de Impacto Legislativo (AIL), como espécie de AIR, para denotar essa abordagem especificamente direcionada aos atos legislativos (MENEGUIN, 2017, p. 89).

Há basicamente dois tipos de AIR considerando-se o momento de sua realização: a *ex ante*, realizada no momento anterior à adoção de um ato normativo para avaliação dos prováveis efeitos que serão por ele gerados; e a *ex post*, realizada após a edição de um ato normativo para avaliação de seus resultados.

Naturalmente não se trata de procedimentos que garantam em absoluto maior qualidade ou celeridade do processo de elaboração normativa, mas, que fornecem mais informações para que a tomada de decisão política seja realizada. Cass Sunstein, ao descrever as mudanças da prática regulatória no Poder Executivo federal dos EUA, pontua os benefícios desse procedimento prévio, centrado no levantamento detalhado de informações sobre propostas em discussão:

> O que eu vi foi importante e, à sua maneira, até inspirador: um impacto significativo e benéfico de uma análise sustentada das prováveis consequências da regulação e uma avaliação cuidadosa de seus custos e benefícios. Essa avaliação poderia submeter os argumentos de terceiros autointeressados a um escrutínio crítico. Ela poderia ampliar a visão sobre o problema. Poderia, e o fez, especificar e esclarecer os interesses, muitas vezes reunindo as pessoas, independentemente do que ouviram ou sobre o que achavam que estavam mais preocupados. (SUNSTEIN, 2013, Cap. 7).

No direito brasileiro, há uma definição de AIR no Decreto nº 10.411, de 30 de junho de 2020, que regulamenta a Lei Geral das Agências Reguladoras federais (Lei nº 13.848, de 25 de junho de 2019) e Lei de Liberdade Econômica (Lei nº 13.874, de 20 de setembro de 2019). Em seu art. 2º, inciso I, dispõe o Decreto que a AIR é: "procedimento, a partir da definição de problema regulatório, de avaliação prévia à edição dos atos normativos de que trata este Decreto, que conterá informações e dados sobre os seus prováveis efeitos, para verificar a razoabilidade do

10 OECD. **Regulatory impact analysis**. Disponível em: https://www.oecd.org/regreform/regulatory-policy/ria.htm. Acesso em: 23 mar. 2021.

impacto e subsidiar a tomada de decisão". Entretanto, por expressa previsão de seu art. 1º, § 3º, ele não se aplica aos atos a serem submetidos ao Congresso Nacional, como projetos de lei ordinária ou medidas provisórias.

Seguindo o Decreto, a AIR é um conjunto de ferramentas técnicas que pode ser utilizada para avaliar as diferentes propostas de atos normativos antes de sua elaboração (*ex ante*). Não se trata de um roteiro pronto e acabado, mas que permite uma combinação de diversas abordagens. Seguindo as boas práticas internacionais, o Decreto nº 10.411, de 2021, prevê as seguintes metodologias para AIR: "I - análise multicritério; II - análise de custo-benefício; III - análise de custo-efetividade; IV - análise de custo; V - análise de risco; ou VI - análise risco-risco."[11]

Cada uma delas tem um foco específico, mas deve ser afastada a ideia de que a AIR se resume a uma avaliação exclusivamente econômica da normatização proposta. Embora uma das metodologias mais difundidas de AIR seja a análise custo-benefício (*cost benefit analysis)*, em que é feita uma análise comparativa entre os custos a serem suportados pelo poder público e agentes privados e os benefícios esperados (OCDE, 2018, pp. 64-66), há outros modelos como a análise multicritério, que se objetiva identificar impactos sociais das medidas em exame. Há países, como a Holanda, que identificam no procedimento da AIR os impactos ambientais, de igualdade de gênero, igualdade de oportunidades e outras (OCDE, 2018, p. 216). Neste ponto, também deve ser destacada a iniciativa de Portugal de instituir a obrigatoriedade da AIR de gênero para as proposições de autoria do Governo, nos termos da Lei nº 4, de 9 de fevereiro de 2018[12].

As boas práticas internacionais recomendadas pela OCDE preveem a adoção da Análise de Impacto Regulatório para a regulação, especialmente a legislação primária que somente pode ser adotada por meio de aprovação nos Parlamentos. Destaca-se que praticamente todos os 38

11 Para detalhamento de cada uma dessas modalidades, ver "Avaliação de Políticas Públicas - Guia prático de análise *ex ante*" e "Avaliação de Políticas Públicas - Guia prático de análise *ex post*", 2018, ambos elaborados pela Casa Civil da Presidência da República.

12 Lei nº 4, de 9 de fevereiro de 2018: "Art. 1º São objeto de avaliação prévia de impacto de género os projetos de atos normativos elaborados pela administração central e regional, bem como os projetos e propostas de lei submetidos à Assembleia da República."

países da OCDE adotam a Análise de Impacto Regulatório *ex ante* obrigatória, pelo menos para os projetos de lei de maior repercussão (OCDE, 2021, p. 73). Isso porque a realização da AIR consome recursos escassos, como tempo, atenção institucional e pessoal, sendo destinada, via de regra, não a todas as propostas normativas, mas especialmente às mais relevantes.

Uma prática interessante e que serve de exemplo é a realizada no âmbito da União Europeia. Desde 2003 e atualizada nos termos do "Acordo Interinstitucional sobre Legislar Melhor", de 13 de abril de 2016, como regra geral, as propostas legislativas devem ser acompanhadas de uma Avaliação de Impacto a ser elaborada pela Comissão Europeia, com aspectos econômicos, sociais e ambientais.[13] Não se trata de estudo técnico feito a portas fechadas nos gabinetes: antes de apresentar a proposição legislativa, a Comissão deve realizar amplas "consultas públicas em moldes abertos e transparentes, assegurando que as modalidades e prazos dessas consultas públicas permitam uma participação tão ampla quanto possível" (item 19 do Acordo).

Caso a Avaliação não seja realizada ou enviada ao Parlamento Europeu, a comissão parlamentar responsável pode suspender a tramitação da proposição legislativa para solicitar que a Comissão apresente a Avaliação ou uma unidade própria do Parlamento (a "Unidade de Avaliação de Impacto" – *Impact Assessment Unit*) realize o estudo. Essa Unidade também examina a qualidade da Avaliação de Impacto produzida pela Comissão, podendo produzir relatórios, produzir seus próprios estudos e realizar audiências com especialistas para debater a Avaliação apresentada. Caso uma comissão decida ser importante realizar uma Avaliação de Impacto de alguma emenda substancial, ela incumbe a Unidade de Avaliação de Impacto para selecionar es-

13 Item 12 do Acordo Interinstitucional sobre Legislar Melhor, de 2016: "As avaliações de impacto deverão abranger a existência, a amplitude e as consequências de um problema e a questão de saber se é necessária uma ação da União. As avaliações de impacto deverão definir soluções alternativas e, se possível, os potenciais custos e benefícios a curto e longo prazo, determinando o seu impacto económico, ambiental e social de forma integrada e equilibrada graças a análises qualitativas e quantitativas. Os princípios da subsidiariedade e da proporcionalidade deverão ser plenamente respeitados, bem como os direitos humanos. As avaliações de impacto deverão também abordar, sempre que possível, o "custo da não-Europa" e o impacto das diferentes opções na competitividade e nos encargos administrativos, atendendo especialmente às PME (segundo o princípio "pensar primeiro em pequena escala"), aos aspetos digitais e ao impacto territorial. As avaliações de impacto deverão basear-se em informações exatas, objetivas e completas, e ser proporcionadas no que diz respeito ao âmbito de aplicação e incidência.".

pecialistas imparciais externos ao Parlamento para realizá-las (UNIÃO EUROPEIA, 2017).

No caso da prática legislativa federal brasileira, contudo, o Decreto nº 10.411, de 2017, em seu art. 1º, § 3º, expressamente afasta suas disposições dos decretos presidenciais e atos a serem submetidos ao Congresso Nacional, como os projetos de lei ordinária e medidas provisórias, que continuam regidos pelo Decreto nº 9.191, de 2017. Uma possibilidade aqui seria partir do modelo de AIR previsto no Decreto nº 10.411, de 2017, e adaptá-lo para a elaboração de propostas legislativas pelo Poder Executivo federal, criando uma política de Análise de Impacto Legislativo.

Já no âmbito do Congresso Nacional, não há a institucionalização da AIR *ex ante* - aqui denominado de Análise de Impacto Legislativo (AIL) - por meio de regras internas ou de estruturas organizacionais com essa finalidade.

De todo modo, uma das iniciativas recentes que caminha nesse sentido é a avaliação periódica de políticas públicas, inscrita no art. 96-B do RISF pela Resolução nº 44, de 17 de setembro de 2013. A cada ano, as comissões permanentes farão avaliação do "impacto das políticas públicas e das atividades meio de suporte para sua execução" implementadas pelo Poder Executivo federal, ao final elaborando um relatório.

Trata-se da avaliação *ex post* que começa a produzir os primeiros resultados positivos de controle e fiscalização, bem como de identificação de pontos a serem aprimorados na legislação[14]. É curioso perceber que, da experiência de praticamente todos os países da OCDE, primeiro é institucionalizada a avaliação *ex ante* para, posteriormente, criarem-se as condições para realização da avaliação *ex post*. Não foi a opção tomada pelo Senado Federal.

Na mesma linha da AIR *ex post*, a partir da Emenda Constitucional nº 109, de 15 de março de 2021, o § 16 do art. 37 da Constituição Federal estabelece: "Os órgãos e entidades da administração pública, individual ou conjuntamente, devem realizar avaliação das políticas públicas, inclusive com divulgação do objeto a ser avaliado e dos resultados alcançados, na forma da lei". Nos termos do § 16 do art. 165 da Constituição,

14 De 2014 a 2017 foram produzidos 42 relatórios em 12 comissões permanentes do Senado Federal, que resultaram em 608 recomendações de ações pelos Poderes Executivo e Legislativo, sem, entretanto, uma identificação clara de quais medidas foram adotadas na prática (STILBEN, 2018).

as leis orçamentárias deverão "observar, no que couber, os resultados do monitoramento e da avaliação de políticas públicas previstos no § 16 do art. 37". Novamente, trata-se da institucionalização – agora em nível constitucional – do dever de avaliar e monitorar políticas públicas (e o aparato normativo que lhes dão suporte) *ex post,* sem a previsão clara do dever de realizar a AIL *ex ante,* ou seja, antes da apresentação ou durante a apreciação das proposições legislativas.

Esse quadro, portanto, revela importantes conclusões. O Poder Executivo vem avançando na construção de uma política legislativo-regulatória que abrange tanto os atos a serem enviados ao Congresso Nacional (especialmente os projetos de lei ordinária e medidas provisórias) e decretos (regidos pelo Decreto nº 9.191, de 2017), quanto atos normativos administrativos abaixo do nível de decreto (regidos pelo Decreto nº 10.411, de 2020).

De todo modo, as maiores exigências institucionalizadas de avaliação de impacto, transparência e participação social estão nos atos normativos de menor nível hierárquico, sendo que as medidas provisórias, projetos de lei e decretos seguem regidos por diretrizes mais flexíveis e que, na prática, muitas vezes não são seguidas pelo Poder Executivo. Já o Poder Legislativo sequer tem uma política legislativa definida em ato normativo para a Análise de Impacto Legislativo, tendo o Senado Federal institucionalizado a prática de avaliação *ex post* de políticas públicas, antes mesmo de prever a realização de análise de impacto *ex ante.*

A expansão da Análise de Impacto Legislativo é fundamental para que se tenha ganhos no debate público a ser feito sobre as propostas com prováveis ganhos informacionais no momento de tomada da decisão, em concretização dos princípios da deliberação e da eficiência do devido processo legislativo. Ela também é importante, pois permite que haja a possibilidade de uma participação social qualificada já na construção inicial do texto a ser apresentado como proposição legislativa ou durante sua apreciação. Como se refere a processo custoso e demorado, não se trata de exigir que toda a proposta legislativa tenha a Análise de Impacto *ex ante,* mas criar regras de prioridade e seleção das propostas de maior relevância e impacto econômico-social. Como ressalta Alexandre Cunha Filho, isso pode ser feito mediante regras que incidam já no momento de apresentação da proposta ou durante sua tramitação perante as comissões ou Plenário (CUNHA FILHO, 2017, pp. 164-167).

Em conclusão do tópico, *de lege ferenda,* seria interessante que o Poder Executivo, seguindo as boas práticas internacionais, expandisse sua política legislativo-regulatória, especialmente a exigência de Análise de Impacto também para a legislação primária, como projetos de lei e medidas provisórias. Trata-se de medida que criará uma verdadeira cultura de planejamento, avaliação e monitoramento das políticas públicas e da legislação. Além disso, no âmbito do Poder Legislativo é urgente a previsão de mecanismos de política legislativo-regulatória, com diretrizes de legística material em nível regimental para que ganhem o atributo da vinculatividade e, com isso, maior difusão nas práticas legislativas.

5.1.3. O art. 113 do ADCT: a exigência constitucional de estimativas de impacto orçamentário-financeiro de proposições legislativas

A Emenda Constitucional nº 95, de 2016, acrescentou o art. 113 ao ADCT: "A proposição legislativa que crie ou altere despesa obrigatória ou renúncia de receita deverá ser acompanhada da estimativa do seu impacto orçamentário e financeiro."

Esse dispositivo estabelece verdadeira regra a respeito do dever de consideração dos custos orçamentários e financeiros de uma medida que crie ou altere despesa obrigatória[15] ou implique renúncia de receita durante a tramitação da proposição legislativa. Essa exigência se coaduna com os princípios da publicidade, deliberação e eficiência do devido processo legislativo, porque permite um considerável ganho informacional sobre as alternativas em consideração mediante a troca de argumentos de modo transparente e fundadas em pressupostos e prognoses fáticos para a tomada de uma melhor decisão legislativa.

A primeira constatação a ser feita em relação ao dispositivo é que sua textualidade é ainda tímida em face da necessária adoção de Análise de Impacto Legislativo no processo legislativo federal, como visto no item anterior. O art. 113 do ADCT somente faz referência ao impacto orçamentário-financeiro, de modo que não fica claro se deverá haver também a indicação de outros possíveis impactos (sociais e ambientais, por exemplo) ou quais são os benefícios que se desejam obter mediante as medidas propostas. Contudo, como será visto adiante, já há posicionamentos no STF de que tal dispositivo deve ter interpretação mais ampla.

15 No caso da renúncia de receitas tributárias, já existia esse dever de estimativa de impacto orçamentário com base no art. 14 da Lei de Responsabilidade Fiscal (Lei Complementar nº 101, de 4 de maio de 2000). Esse dever, entretanto, era frequentemente desrespeitado, provavelmente em razão do entendimento vigente no STF pela impossibilidade de seu controle judicial (CORREA NETO, 2019).

Ainda não há normas nos Regimentos Internos das Casas do Congresso Nacional regulamentando tal dispositivo constitucional. Essa lacuna colabora para a manutenção de uma série de dúvidas dogmáticas sobre o alcance do dispositivo constitucional. As principais questões são: a) abrangência ou não do art. 113, do ADCT, para todos os entes da federação, b) momento do processo legislativo em que tal compatibilidade deve ser apresentada, c) o nível de profundidade das estimativas exigidas e d) efeitos da incompatibilidade de um ato legislativo com os dispositivos mencionados.

A primeira questão é se ele seria aplicável também aos Estados, Distrito Federal e Municípios. Isso porque há menção expressa, no art. 106 do ADCT, bem como em outros dispositivos da Emenda Constitucional nº 95, de 2016, de que o "Novo Regime Fiscal" é criado apenas no âmbito da União. Argumenta-se que tal dispositivo não seria extensível para os demais entes federativos, uma vez que a literalidade de todo o texto da Emenda Constitucional nº 95, de 2016, é direcionada à União e que, não há um "princípio de equilíbrio fiscal" genérico na Constituição Federal aplicável a todos os entes federativos (SCAFF, 2019).

O Supremo Tribunal Federal já teve a oportunidade de se manifestar sobre essa questão. Na ADI 5.186 (Pleno, Rel. Min. Alexandre de Morais, j. 15/11/2019), foi questionada lei estadual que havia concedido isenção de ICMS para igrejas e templos religiosos para além da imunidade tributária prevista no art. 150, inciso VI, da Constituição Federal. Nos termos do voto do Relator, Min. Alexandre de Moraes, o Tribunal – com o voto vencido do Min. Marco Aurélio – entendeu que o art. 113 do ADCT se aplica a todos os entes federativos por se tratar de norma geral de direito financeiro e, antes de ser definitivamente votado pelo Poder Legislativo estadual, deveria o respectivo projeto de lei estar acompanhado de estimativa de impacto orçamentário-financeiro. Como isso não ocorreu no caso avaliado, foi declarada a inconstitucionalidade formal da lei estadual questionada.

Na ADI 6.074 (Pleno, Rel. Min. Rosa Weber, j. 21/12/2020), questionou-se lei estadual que concedeu benefício de isenção de IPVA para pessoas portadoras de doenças graves. Nos termos do voto da Relatora, Min. Rosa Weber, foi declarada a inconstitucionalidade da norma pela falta de prévio exame de impacto orçamentário-financeiro durante a tramitação do respectivo projeto de lei, sendo vencidos os Ministros Marco Aurélio e Edson Fachin, que entenderam que o art. 113 do ADCT não se aplica a Estados e Municípios.

Em interessante passagem, a Relatora vai além da literalidade do texto constitucional e aponta que "Ao não cumprir a norma constitucional, o legislador de Roraima criou lei sem a prévia deliberação sobre o custo-benefício da isenção para o Estado".[16] Embora não fique claro se se trata de um dever decorrente do art. 113 do ADCT, a análise de custo-benefício é considerada de fundamental importância pela Relatora em passagem seguida pela maioria do Tribunal.

Trata-se de decisões que devem ser louvadas, pois, embora a Emenda Constitucional nº 95, de 2016, tenha instituído o "Novo Regime Fiscal" no âmbito da União, a redação do art. 113 do ADCT não faz nenhuma ressalva ao seu âmbito de incidência. Esse dispositivo deve ser interpretado à luz dos princípios do devido processo legislativo, especialmente da deliberação e eficiência, no intuito de permitir melhor conhecimento dos impactos das alternativas propostas e otimizar a utilização dos recursos públicos para viabilizar soluções legislativas que efetivamente resolvam problemas coletivos. À luz desses princípios, não há nenhuma justificativa forte o suficiente para criar uma restrição ao âmbito de incidência da norma em questão para afastar-se esse dever constitucional dos demais entes federativos.

Um aspecto ainda inexplorado na jurisprudência do Tribunal refere-se à estimativa de impactos orçamentários-financeiros para outros entes da federação decorrentes de proposta legislativa da União.

Como exemplo da 55ª Legislatura, pode-se mencionar a Lei nº 13.711, de 24 de agosto de 2018, fruto da Medida Provisória nº 833, de 27 de maio de 2018, que concedeu isenção de pedágio para os eixos suspensos de veículos de transportes de cargas. Nos termos do art. 1º, § 1º, da Lei: "O disposto no caput deste artigo abrange as vias terrestres federais, estaduais, distritais e municipais, inclusive as concedidas." Não foram apresentadas as estimativas de impacto orçamentário-financeiro nem para a União, nem para os demais entes federativos durante a tramitação da MPV nº 833, de 2017.

Aqui deve ser reconhecido que há o dever de estimar os impactos orçamentários e financeiros, inclusive sobre os demais entes federativos. Já existe entendimento pacificado no STF considerando que a legislação federal pode estabelecer ônus orçamentários e financeiros para

16 ADI 6.074, Pleno, Rel. Min Rosa Weber, j. 18/12/2020, p. 6.

os demais entes federativos[17]. Com isso, cabe entender que também esses impactos devem ser conhecidos durante a tramitação da proposição no processo legislativo federal para que possa existir uma decisão mais bem informada a respeito.

Isso porque a interpretação do art. 113 do ADCT, à luz dos princípios do devido processo legislativo e da cooperação federativa, leva à exigência de que essas informações já estejam disponíveis durante o processo de tomada de decisão. Especialmente no caso em que há repercussões orçamentário-financeiras para outros entes federativos, é ainda mais necessário que essas informações sejam de conhecimento dos parlamentares para que não sejam criadas obrigações para estados e municípios com base em informações superficiais e que possam levar a uma deterioração de suas capacidades de executar as tarefas que lhes são constitucionalmente impostas. A partir da Emenda Constitucional nº 128, de 22 de dezembro de 2022, que inseriu o § 7º no art. 167 da Constituição Federal, essa interpretação faz ainda mais sentido para que seja possível estabelecer a respectiva fonte de custeio necessária para suportar a despesa prevista para os demais entes federativos.

Em relação aos destinatários do dever de apresentar as estimativas exigidas pelo art. 113 do ADCT, deve ser afastada interpretação de que somente o autor da proposição original poderia apresentá-las, sob pena de inconstitucionalidade do ato normativo resultante. Em outras palavras, não se trata de dever que somente pode ser cumprido no ato de iniciativa legislativa.

Considerando-se que o processo legislativo é o momento no qual serão apresentadas as justificativas públicas para a tomada de decisão, como exigem os princípios da publicidade, deliberação e eficiência, é possível que esses argumentos sejam apresentados durante todo o processo deliberativo até o encerramento da discussão da proposição e antes de iniciada a votação. É claro que o ideal é que a proposição, no ato de sua apresentação, já seja instruída com as estimativas. Entretanto, é possível que, no momento da apresentação da proposição, sejam feitas estimativas ainda incipientes e que não atendam ao mínimo constitucionalmente exigido. Nesse caso, o processo legislativo é justamente instrumento para se produzirem mais informações para a tomada de decisão. Aqui devem ser retomadas as críticas de uma indevida "antro-

17 Ver, por exemplo, a discussão em que se declarou a constitucionalidade da fixação do piso salarial do magistério para todos os entes federativos por meio de lei federal (STF, Pleno, ADI nº 4.167, Rel. Min Joaquim Barbosa, j. 27/04/2011).

pomorfização do legislador", uma vez que o processo legislativo é uma prática essencialmente coletiva e não tarefa de suposto ou idealizado único legislador.

Além disso, especialmente no caso de projetos de lei de iniciativa parlamentar, não é razoável exigir-se a apresentação das estimativas orçamentárias já no momento de apresentação da proposição. Como será visto, a iniciativa parlamentar guarda significativa diferença em relação à iniciativa do Poder Executivo, pois ela não é previamente discutida ou examinada pelo Legislativo – para a iniciativa parlamentar individual o próprio processo legislativo é instrumento de seleção e apreciação de propostas. Para não se estabelecer um elevado ônus argumentativo já no momento de apresentação individual dos projetos de iniciativa parlamentar (ônus que recairá de modo ainda mais pesado sobre as minorias, considerada sua menor estrutura para produção e sistematização de informações orçamentário-financeiras), deve ser admitido que durante a tramitação dos projetos sejam produzidas as estimativas necessárias para que se atenda ao comando do art. 113 do ADCT.

Em outras palavras, exigir uma estimativa orçamentário-financeira já no momento de apresentação da proposição legislativa levaria a uma violação ao princípio da igualdade política, tendo em vista o elevado ônus estabelecido para os projetos de lei de iniciativa parlamentar, especialmente das minorias, se comparados às capacidades informacionais das maiorias e do Poder Executivo. Deve-se, portanto, admitir que essas informações sejam apresentadas durante a etapa de deliberação no Parlamento.

Por razões semelhantes, não se deve fazer exigências de grande profundidade de estimativa de impacto orçamentário-financeiro para que se considerem atendidas as exigências do art. 113 do ADCT. Como visto no Capítulo 4, a racionalidade limitada dos legisladores impede que sejam exigidas estimativas com alto grau de precisão e correção no futuro, pois isso cria custos informacionais e de processamento dessas informações praticamente inatingíveis na prática legislativa, que lida com diversos tipos de constrições de tempo, estrutura de apoio, atenção política e social.

De todo modo, o ponto levantado pela Min. Rosa Weber no julgamento da ADI 6.074, acima mencionado, é relevante: não basta uma simples apresentação dos custos desacompanhada dos benefícios esperados pela medida, ainda que de forma preliminar. Isso porque, à luz do princípio da eficiência do devido processo legislativo, a avaliação dos custos de uma medida nada significa do ponto de vista moral, político, econômico ou social, se não for acompanhada dos benefícios esperados. A finalidade subjacente a esse novo dispositivo constitucional é justamente permitir uma deliberação mais bem informada por parte do Poder Legislativo e apenas apresentar o lado dos custos é insuficiente para tanto.

Faz-se uma ressalva: não se pode confundir os institutos jurídicos e entender que o art. 113 do ADCT exige uma Avaliação de Impacto Legislativo *ex ante* completa de cada proposição legislativa, pois, além de extrapolar em muito a literalidade do texto constitucional, como visto, trata-se de procedimento complexo, passível de ser realizado por diferentes metodologias e que consome recursos escassos, como tempo, atenção política e pessoal dedicado à tarefa.

De todo modo, a estimativa de impacto orçamentário deve apresentar, em termos diretos, os valores esperados de impacto orçamentário-financeiro com as "premissas e metodologia de cálculo utilizadas" (art. 16, § 2º, LRF), bem como os benefícios esperados com a medida. Trata-se de mínima exigência para que se possa avaliar a plausibilidade ou não da estimativa realizada, não sendo suficiente apenas um número desacompanhado do raciocínio utilizado para se chegar a ele. Embora esta seja exigência de natureza simples, a prática legislativa atual ainda não a atende completamente, como exposto acima sobre o Decreto nº 9.191, de 2017.

Por fim, surge a questão dos efeitos jurídicos da produção de uma norma jurídica legislativa em desconformidade com o art. 113 do ADCT. Deve ser reconhecido o acerto das decisões acima mencionadas do STF que declaram, sem ressalvas, a inconstitucionalidade formal (ou seja, a invalidade) de leis promulgadas sem a observância da nova exigência constitucional. Não se trata de caso de mera ineficácia, pois a regra do art. 113 do ADCT é uma verdadeira concretização dos princípios da deliberação e eficiência do devido processo legislativo, exigindo que no momento da decisão legislativa sejam levadas em consideração essas informações. Como destacou o Deputado Darcísio Perondi, Relator na Comissão Especial da PEC nº 241, de 2016, que resultou na EC nº 96, de 2017, acrescentando o art. 113 ao ADCT:

> As despesas obrigatórias só surgem com a concordância e a autorização do Congresso Nacional. Para que a estrutura do Novo Regime Fiscal se mantenha, e para que consigamos os resultados esperados, é fundamental que o Congresso, ao debater as proposições, tenha a oportunidade de conhecer os respectivos impactos orçamentário e financeiro.[18]

18 Relatório do Dep. Darcísio Perondi, aprovado pela Comissão Especial para exame da PEC nº 241, de 2016, proferido em 06/10/2016, pp. 49-50.

O art. 113 do ADCT, portanto, não é uma norma que apenas condiciona os efeitos de um ato legislativo elaborado com base em processo legislativo defeituoso: ele é verdadeiro requisito de constitucionalidade (ou seja, validade) para aprovação de atos legislativos, de modo que a falta das informações por ele exigidas vicia o próprio processo legislativo e o seu produto, uma vez que não será possível tomar uma decisão fundada nas informações mínimas que a Constituição Federal entende ser necessárias.[19]

Considerando-se as 387 leis gerais da 55ª Legislatura, verifica-se que a introdução do art. 113 ao ADCT ainda não implicou uma mudança clara no intuito de se apresentarem as estimativas orçamentário-financeiras com premissas e metodologia de cálculo. A seguir, apresentam-se dois exemplos.

A Medida Provisória nº 777, de 21 de setembro de 2017, alterou os critérios de remuneração de recursos do Fundo de Participação PIS-PASEP, Fundo de Amparo ao Trabalhador (FAT) e Fundo da Marinha Mercante (FMM), quando utilizados em operações de financiamento de terceiros.

Nos termos da Exposição de Motivos, que acompanhou a MPV, o objetivo era elevar a remuneração dos Fundos por meio de nova taxa com maior correspondência aos valores de mercado e diminuir os subsídios concedidos pelas instituições financeiras oficiais que os administram. Em seu art. 16, era previsto mecanismo por meio do qual a União poderia "equalizar as taxas de financiamento no âmbito do Profrota Pesqueira", ou seja, subsidiar com recursos públicos a diferença da taxa de juros dos financiamentos deste programa com aquelas praticadas a mercado. Não houve estimativas de impacto-orçamentário financeiro desse dispositivo.

Durante a tramitação da MPV na Comissão Mista, o Senador José Serra levantou Questão de Ordem sobre a falta de estimativa de impacto econômico-financeiro do art. 16 da MPV, em afronta ao art. 113 do ADCT, bem como ao art. 5º, § 1º, da Resolução nº 1, de 2002 do Congresso Nacional[20], solicitando que o Poder Executivo ou o Relator da

19 Em sentido contrário, há decisão do TCU que entendeu que o art. 113 do ADCT estabeleceria apenas um requisito de eficácia do ato legislativo promulgado sem as estimativas necessárias (Acórdão 2.198/2020, Rel. Min. Vital do Rêgo).

20 Resolução nº 1, de 2002 do Congresso Nacional: "Art. 5º [...]
§ 1º O exame de compatibilidade e adequação orçamentária e financeira das Medidas Provisórias abrange a análise da repercussão sobre a receita ou a despesa pública da União e da implicação quanto ao atendimento das normas orçamentárias

matéria apresentassem as estimativas. A Questão de Ordem foi deferida pelo Presidente da Comissão, mas, em grau de recurso, o Plenário da Comissão Mista cassou a decisão do Presidente, indeferindo-a.

Como outro exemplo, a Lei nº 13.606, de 9 de janeiro de 2018, instituiu o Programa de Regularização Rural (PRR), além de outras modificações em tributos. Conforme suas previsões, houve um desconto de 100% das multas e juros de mora devidos em razão do não pagamento de contribuições à seguridade social do empregador rural. Além disso, foi reduzida a alíquota da contribuição devida pelo empregador rural pessoa física e pelo segurado especial de 2% para 1,2% e, também, redução da alíquota da contribuição devida pelo empregador rural pessoa jurídica de 2,5% para 1,7% (arts. 14 e 15 da Lei).

A Lei foi fruto do Projeto de Lei nº 9.206, de 2017, de autoria de Deputados, mas não houve apresentação de estimativas de seu impacto orçamentário-financeiro seja pelos autores da proposição, seja pelos relatores. O Projeto foi apresentado em 28 de novembro de 2017, sendo objeto de pedidos de urgência tanto na Câmara dos Deputados quanto no Senado Federal. Ele não foi objeto de nenhum parecer colegiado e recebeu pareceres diretamente em Plenário por sua aprovação. Dezesseis dias após sua apresentação, ele foi aprovado no Plenário do Senado Federal, tendo sido parcialmente vetado pelo Presidente da República, que, entretanto, não identificou problemas na matéria em face do art. 113 do ADCT. Após a promulgação da Lei, houve alerta do TCU à Presidência da República apontando sua incompatibilidade em face do art. 113 do ADCT (TCU, Acórdão nº 1.360, Rel. Min. Vital do Rêgo, j. 13/06/2018). Em avaliação de versão anterior e mais modesta do Programa, a Receita Federal estimou que a renúncia de receitas tenha sido superior a R$ 7,6 bilhões (BRASIL, 2017, p. 6).

Não obstante os exemplos acima, deve ser reconhecido que o art. 113 do ADCT é um passo importante na concretização dos princípios da deliberação e eficiência do devido processo legislativo, estabelecendo um dever de apresentar fundamentação para proposições em norma constitucional vinculante e passível de controle judicial. Contudo, mais importante do que o controle judicial do processo de elaboração normativa, é adotar, na prática, uma política pública de melhora da qualidade legislativa que seja implementada e monitorada pelos próprios poderes

e financeiras vigentes, em especial a conformidade com a Lei Complementar nº 101, de 4 de maio de 2000, a lei do plano plurianual, a lei de diretrizes orçamentárias e a lei orçamentária da União. [...]"

políticos, ou seja, Executivo e Legislativo. De todo modo, o art. 113 do ADCT é uma iniciativa importante em direção dos avanços experimentados por outros países com a prática da Análise de Impacto Regulatório e outros instrumentos de política legislativo-regulatória.

5.2. A iniciativa legislativa: autoria e tempo de tramitação

Examinadas as principais regras sobre a elaboração das proposições legislativas a serem submetidas ao Congresso Nacional, o presente item avalia basicamente dois elementos centrais do processo legislativo federal: a autoria das proposições e sua relação com o tempo de tramitação.

5.2.1. A autoria das proposições legislativas: o conteúdo jurídico da iniciativa legislativa

A Constituição Federal fixa as regras da iniciativa legislativa. Nos termos de seu art. 61, a iniciativa de projeto de lei cabe a "qualquer membro ou Comissão da Câmara dos Deputados, do Senado Federal ou do Congresso Nacional, ao Presidente da República, ao Supremo Tribunal Federal, aos Tribunais Superiores, ao Procurador-Geral da República e aos cidadãos".[21]

Seguindo a tradição das demais constituições republicanas brasileiras (exceto a de 1937), foi prevista a iniciativa individual dos parlamentares ao lado do Poder Executivo. Embora existam matérias de iniciativa privativa do Presidente da República (art. 61, § 1º, e art. 165

21 Desde a promulgação da Constituição Federal de 1988 não houve do ponto de vista jurídico-regimental, nenhuma lei efetivamente de iniciativa popular. Isso porque há uma impossibilidade técnica de a Câmara dos Deputados conferir a veracidade das informações relacionadas à inscrição eleitoral dos subscritores da proposta. A prática parlamentar, portanto, é no sentido de que algum parlamentar apresente formalmente como de sua autoria um projeto que conte com os apoios necessários.
Somente com a decisão monocrática proferida pelo Min. Luiz Fux no Mandado de Segurança nº 34.530 (j. 14/12/2016), passou a Câmara dos Deputados a autuar e tramitar os projetos de inciativa popular com essa natureza, não obstante a permanência de dificuldades técnicas. Conforme manifestação da Secretaria-Geral da Mesa da Câmara dos Deputados, de 20 de março de 2017, anexada ao PL 4.850/2016, não é possível verificar a veracidade do nome e título de eleitor dos apoiadores do projeto, pois não há o acesso a bancos de dados que permitam essa conferência. Para atendimento da decisão proferida pelo Min. Luiz Fux, foi feita apenas conferência da presença ou não das informações na lista de apoiadores do Projeto, presumindo-se verdadeiras as informações constantes do projeto.

da Constituição Federal), há ampla competência para que os parlamentares apresentem projetos de lei sobre os temas e com os conteúdos que entenderem pertinentes. Também é prevista a possibilidade de o Presidente da República editar medidas provisórias com força de lei (art. 59, inciso V, e art. 62, *caput*, da Constituição Federal), que deverão ser apreciadas pelo Congresso Nacional[22].

Os Regimentos Internos tanto da Câmara dos Deputados (art. 109, § 1º, RICD) quanto do Senado Federal (art. 91, art. 243 e art. 245, RISF) estabelecem a possibilidade de iniciativa parlamentar individual, coletiva ou de comissão, sendo que todos os projetos deverão ser fundamentados (art. 103, RICD, e art. 238, RISF); não há, entretanto, os requisitos ou elementos que deverão constar da justificação dos projetos. No caso da Câmara dos Deputados, é previsto que os projetos não poderão conter duas ou mais matérias diversas (art. 111, § 2º, RICD).

Os Regimentos Internos da Câmara dos Deputados (art. 137, § 1º) e do Senado Federal (art. 48, XI) também estabelecem a competência do Presidente das Casas de fazer um juízo inicial de admissibilidade dos projetos de lei, rejeitando os que apresentarem problemas formais graves, inconstitucionalidades ou desrespeito às normas regimentais. Nos dois casos, há possibilidade de recurso ao Plenário das Casas, ouvida a CCJ.

Diante dessas previsões normativas, a primeira constatação a ser feita é a de que não há maiores requisitos substanciais para apresentação de projetos de lei de iniciativa parlamentar no direito brasileiro, pois basta a assinatura de um único parlamentar para que uma proposta de texto normativo com uma justificação, ainda que singela, seja convertida em projeto de lei. Reforça-se o diagnóstico acima da falta de uma clara política regulatório-legislativa no Congresso Nacional, uma vez que não há dispositivos nos regimentos internos relacionados a normas de legística material incidentes já no momento de apresentação dos projetos, em prejuízo da maior concretização dos princípios da deliberação e eficiência do devido processo legislativo.

Diante de tal regramento constitucional e regimental, os contornos jurídicos do poder de iniciativa legislativa são entendidos no direito brasileiro como "o ato por que se propõe a adoção de direito novo" (FERREIRA FILHO, 2012, p. 228). José Afonso da Silva (2017,

22 Para duas obras específicas e profundas sobre o regramento constitucional e papel desempenhado pela medida provisória nas relações entre Poder Executivo e Legislativo federais, ver Amaral Júnior (2012) e Sampaio (2007).

p. 139) o define nos seguintes termos: "poder de escolha da matéria e dos interesses a serem tutelados pela ordem jurídica, atribuído a um órgão público, individual ou coletivo, que o exerce mediante apresentação de um projeto de lei ou decreto legislativo ao Parlamento".

Aqui é necessária uma complementação, pois não é apenas o poder de escolher a "matéria e os interesses", mas efetivamente propor um texto normativo – retomando as considerações sobre o princípio da publicidade e da deliberação do devido processo legislativo e a centralidade dos textos normativos como marca de "canonicidade" do processo legislativo, conforme a terminologia de Waldron.

Em outras palavras, a iniciativa legislativa confere a seu titular o poder-dever de efetivamente apresentar uma proposta de texto normativo para a modificação do ordenamento jurídico e é sobre essa proposta de texto normativo que devem recair eventuais emendas, a deliberação e a votação dos parlamentares. Essa constatação é de grande importância para se oferecerem diretrizes sobre a participação social, discussão de proposições e regras de emendamento, como será visto abaixo.

Um tema ainda pouco explorado no Brasil diz respeito aos efeitos jurídicos do exercício do poder de iniciativa legislativa, especialmente sobre a criação ou não de um dever de apreciação ou pelo menos tramitação da respectiva proposição.

Em exame do direito português, Guilherme Rozeira (2015, pp. 104-108) identifica três correntes que defendem diferentes consequências jurídicas para o exercício da iniciativa legislativa.

A primeira é denominada posição "minimalista", pois entende que o conteúdo jurídico do poder de iniciativa legislativa é de exigir que ele seja recebido, autuado e distribuído para estudo. A partir do exercício da iniciativa, permite-se ao Parlamento exercer uma faculdade de impulsionar o processo legislativo. De acordo com essa visão, não há a obrigatoriedade de emissão de relatório ou parecer por parte de comissão, tampouco pronunciamento definitivo sobre a proposição por parte do Poder Legislativo.

A segunda posição é denominada de "intermediária". De acordo com essa visão, com a apresentação de um projeto de lei, há a obrigação de se determinar a deliberação sobre a proposição, mediante a apresentação de relatório por parlamentar designado. Ainda que, para essa corrente, não exista a obrigação de pronunciar-se definitivamente sobre a proposição, o Parlamento deve realizar o exame dela, podendo entender que não se trata do caso de levá-la à votação.

Já a terceira posição é denominada "maximalista", pois entende que a iniciativa legislativa gera um verdadeiro direito a um "provimento" legislativo, ou seja, uma pretensão de que a proposta efetivamente seja votada definitivamente pelo Parlamento, seja por sua aprovação, seja por sua rejeição.

Gustavo Rozeira, ao examinar o direito português, entende que a posição maximalista é a correta e constitucionalmente protegida, pois implica reconhecer o processo legislativo como verdadeiro processo e que, portanto, exige um ato final de seu encerramento, assim como o processo administrativo ou judicial (ROZEIRA, 2015, p. 110-115). O autor entende que é possível demandar judicialmente a apreciação de projetos de lei de iniciativa parlamentar, nos sistemas em que há ações judiciais próprias para a proteção de direitos fundamentais, como o recurso de amparo do direito espanhol (ROZEIRA, 2013, pp. 45-46).

No caso brasileiro, a posição maximalista é defendida por José Afonso da Silva, que entende existir um verdadeiro direito do titular da iniciativa legislativa em ver definitivamente apreciado um projeto de lei. Para o autor, a apresentação do projeto de lei culmina em duas pretensões: a) pretensão imediata de ver definitivamente apreciado o projeto por um "provimento legislativo"; e b) pretensão mediata de ver o conteúdo proposto transformado em norma jurídica vinculante (SILVA, 2017, pp. 192-193). Como fundamento, o autor aponta dispositivos regimentais da Câmara dos Deputados que apontariam nesse sentido[23]. Não fica claro se esse seria um direito também de estatura constitucional e se poderia ser exercido judicialmente.

23 Nas palavras do autor: "De fato, quanto à obrigação de determinar o exame do projeto, temos o art. 53 do RICD, segundo o qual, antes da deliberação do Plenário, os projetos serão apreciados pelas Comissões de Mérito, de Finanças e Tributação e de Constituição e Justiça e Cidadania; o art. 132, § 1º, do RICD, reforça dizendo que antes da deliberação do Plenário haverá manifestação das Comissões competentes, e a distribuição de matéria às Comissões será feita por despacho do Presidente (RICD, art. 139); e o art. 128: "Nenhuma proposição será submetida a discussão e votação sem parecer escrito da Comissão competente, exceto nos casos previstos neste Regimento". Do onde se vê que o exame é obrigatório. Quanto à obrigação de deliberar sobre o projeto, temos, por exemplo, o disposto no § 3º do art. 86, que determina que a proposição *entrará* na Ordem do Dia desde que tenha parecer das Comissões a que foi distribuída; o art. 148 diz, em reforço, que todo projeto será *submetido a turno único*, salvo proposta de emenda constitucional e projeto de lei complementar e os demais casos expressos no Regimento. A cada discussão segue-se a votação. Donde se vê que a Câmara é obrigada a deliberar sobre todo projeto apresentado." (SILVA, 2017, pp. 174-175).

Diante dessas três correntes, qual deve ser a compreensão do conteúdo da iniciativa legislativa no Brasil?

A primeira constatação é a de que não há nenhuma regra constitucional geral a esse respeito. Há, como já mencionado, a previsão dos titulares do poder de iniciativa legislativa, mas a Constituição não estabelece nenhuma regra a respeito dos efeitos jurídicos da apresentação de um projeto de lei. Em duas hipóteses é previsto o efeito jurídico para apresentação de proposições de autoria do Presidente da República: o trancamento da pauta das Casas do Congresso Nacional em razão do decurso de prazo sem apreciação definitiva (art. 62, § 6º, e art. 64, § 2º, para medidas provisórias e projetos de lei com urgência constitucional). De todo modo, não há os contornos de um dever em geral de apreciação das proposições legislativas.

Também não há previsão expressa nos Regimentos Internos de que há um tal dever de distribuição para exame ou apreciação em definitivo das proposições. Os dispositivos regimentais, inclusive os indicados por José Afonso da Silva, na verdade, apenas estabelecem requisitos para a tramitação das proposições para que haja o cumprimento de etapas preliminares – no caso, a apreciação pelas comissões, discussão e votação – das quais não decorre claramente um dever de apreciação dos projetos. Além disso, como será aprofundado adiante, ambos os Regimentos Internos estabelecem que os projetos em tramitação não apreciados serão arquivados ao final da legislatura, com algumas exceções, sem estabelecer nenhuma outra sanção nesse caso.

Diante da falta de previsão normativa, não se pode aceitar a ideia de que existiria um dever de apreciação do mérito dos projetos de lei decorrente da iniciativa legislativa pelo fato de que o processo legislativo – em semelhança ao processo judicial e ao processo administrativo – deveria ser encerrado por um "provimento final".

Aqui são pertinentes as considerações já feitas no Capítulo 3 sobre a indevida aproximação do processo legislativo à dogmática da teoria geral do processo, fortemente influenciada pela dogmática do processo judicial. Não há no processo legislativo uma vedação ao *non liquet,* ou seja, não há a exigência, por si só, do dever de decidibilidade colegiada sobre cada projeto de lei validamente apresentado em semelhança ao modelo característico do processo judicial ou do contencioso administrativo. A função do processo legislativo de ser um momento institucionalizado da troca de argumentos, permeável a diversos discursos sociais, em ambiente igualitário, público, deliberativo e com a necessidade de resolver problemas de ação coletiva, escapa ao modelo adversarial de resolução de controvérsias em casos concretos. Aliás, a própria não-decisão legislativa é uma decisão politicamente válida e muito comum na prática parlamentar.

De todo modo, o melhor argumento em favor da posição maximalista ou da intermediária seria o de entender que a obrigação de examinar os projetos de lei propostos decorreria do princípio da igualdade política, considerando-se que as minorias políticas teriam o direito de ver apreciadas suas proposições, ainda que fossem poucas as chances de vê-las aprovadas. As proposições de iniciativa parlamentar das minorias seriam uma forma de forçar o debate público institucionalizado sobre os temas considerados relevantes por uma parcela do povo.

Deve-se, então, entender que do princípio da igualdade política do devido processo legislativo decorre o dever de exame (posição intermediária) ou de decisão colegiada definitiva (posição maximalista) de todas as proposições legislativas submetidas ao Parlamento? A resposta é novamente negativa.

Como é fácil perceber, o princípio da igualdade entra em colisão com os demais princípios do devido processo legislativo, de modo que não poderá ser satisfeito em toda sua extensão. Aqui é especialmente relevante perceber que o princípio da eficiência do devido processo legislativo exige que os recursos escassos disponíveis para a produção legislativa sejam alocados para os projetos que tenham maior relevo político e interesse da comunidade. Como será visto, as regras de tramitação das proposições legislativas acabam por estabelecer uma espécie de "filtro" sobre quais serão levadas a uma deliberação colegiada definitiva pelo Parlamento.

Caso existisse um dever de exame ou decisão definitiva colegiada de todo projeto apresentado perante o Congresso Nacional, haveria o risco de violar-se a própria igualdade política, na medida em que as minorias – no limite, apenas um parlamentar – poderiam apresentar uma quantidade muito grande de projetos, que, na prática, poderiam inviabilizar a apreciação daqueles considerados mais relevantes pela maioria.

Retomando a ideia de que o princípio da igualdade é um dos princípios estruturantes do devido processo legislativo, em especial no seu papel de proteção às minorias, há somente um dever *prima facie* (e não definitivo) de que todas as proposições sejam apreciadas. Em outras palavras, é verdade que, idealmente, todas as proposições apresentadas deveriam ser examinadas em profundidade, contar com a participação de atores externos ao Parlamento em diversos momentos do processo legislativo, ser acompanhada de amplos estudos sobre os problemas a serem resolvidos e soluções possíveis a serem amplamente debatidas antes da tomada de decisão. Ocorre que, em razão das "circunstâncias da política", devem ser criados mecanismos procedimentais pelos quais se canalizem os recursos escassos para as proposições consideradas mais relevantes em determinado momento.

Desse modo, à luz do direito federal brasileiro vigente, a melhor compreensão da natureza jurídica da iniciativa legislativa é oferecida pela corrente minimalista, ou seja, trata-se do exercício de um poder jurídico que exige seu recebimento, autuação e distribuição para as comissões competentes, possibilitando a deliberação sobre uma proposta por parte do Poder Legislativo. Da iniciativa legislativa, portanto, não decorre um dever de exame obrigatório pelas comissões ou de deliberação colegiada em Plenário.

Caracterizado o significado jurídico da iniciativa legislativa, cabe destacar que já vêm de longa data fortes críticas doutrinárias à iniciativa parlamentar individual das leis e, *de lege ferenda*, propostas para reduzi-la ou suprimi-la no direito brasileiro. Trata-se de críticas em linha semelhante àquelas expostas no Capítulo 2 sobre uma suposta inadequação dos Parlamentos para função de legislar - aqui aplicadas ao poder de iniciativa legislativa individual dos parlamentares.

Como um dos exemplos mais claros e conhecidos de crítico à iniciativa legislativa parlamentar individual, Francisco Campos, em artigo no qual explicava as diretrizes do texto constitucional de 1937, apontava a inaptidão dos parlamentares para formulação dos projetos de lei cada vez mais complexos e técnicos. Vale lembrar que a Constituição de 1937 foi a única da histórica republicana a não atribuir ao parlamentar individualmente a iniciativa das leis (art. 64, § 1º), sendo necessário um terço dos parlamentares de uma das Casas do Congresso Nacional para tanto. Nas palavras de Francisco Campos (1938, pp. 21-22):

> Os processos parlamentares continuaram os mesmos e a função dos parlamentos passou a ser infinitamente mais complexa e mais difícil. Ora, um corpo constituído de acordo com os critérios que presidem à constituição do parlamento é inepto às novas funções que pretende exercer. Capacidade política não implica capacidade técnica, e a legislação é hoje uma técnica que exige o concurso de vários conhecimentos e de várias técnicas. Da incapacidade do parlamento para a função legislativa resulta a falta de rendimento do seu trabalho. Não só o parlamento funciona a maior parte do tempo no vazio, fugindo assim à execução de uma tarefa acima das suas forças e que não

> pode ser realizada mediante os defeituosos processos parlamentares, como, quando aborda a tarefa, o faz, a maior parte das vezes, de pontos de vista estranhos aos interesses em jogo, considerando as questões mais no plano do interesse político ou das exigências eleitorais do que no seu plano próprio e adequado. Um corpo numeroso, constituído de várias tendências de grupos e até de matizes individuais não reúne, evidentemente, os requisitos próprios a uma obra legislativa homogênea e consistente.

Em linha semelhante à defendida por Francisco Campos, Josaphat Marinho propunha a "redução da iniciativa pessoal e desordenada de projetos e de emendas, condicionando-se o curso de tais proposições ao apoio de Partido, ou de seus representantes" (MARINHO, 1983, p. 120). Nesse sentido, o Regimento Interno do Senado Federal anterior, de 1959, previa em seu art. 247, dispositivo aplicável aos projetos de lei, que "A proposição apresentada em Plenário será submetida a apoiamento, de pelo menos, cinco Senadores, senão contiver esse número de assinaturas". Tal dispositivo não foi repetido no vigente RISF adotado em 1970.

Rosah Russomano de Mendonça Lima também criticava a inaptidão dos legisladores "leigos" para a elaboração legislativa e defendia a criação de um terceiro órgão do Congresso Nacional, "composto exclusivamente de juristas, sociólogos, economistas e filólogos, de reconhecido saber e proficiência todos indicados e escolhidos, de comum acôrdo, pelo Parlamento, integrado de seus dois ramos, pelo Executivo e pelo Judiciário", responsável pela elaboração dos projetos de lei por provocação dos atores constitucionalmente legitimados (LIMA, 1951, p. 691).

Em sentido semelhante, Manoel Gonçalves Ferreira Filho defende a elaboração das "leis de arbitragem" ("leis que situam o indivíduo na sociedade, que definem seu *estado*") por um "colégio de juristas" indicados pelo Poder Judiciário, dentre nomes indicados pelo governo, entidades relacionadas ao meio jurídico e academia (FERREIRA FILHO, 2012, pp. 301-302).

Uma das críticas mais contundentes à iniciativa parlamentar individual é feita por José Afonso da Silva. O autor aponta que a iniciativa legislativa parlamentar seria apenas "secundária e meramente integrativa" em face da iniciativa legislativa do Poder Executivo, além de "elemento perturbador do processo legislativo". Em suas palavras:

> Realmente, a iniciativa parlamentar – afirma-se – é uma iniciativa individual que, mesmo vinculando-se à orientação política do Partido a que pertence quem a exercita, é destinada a satisfazer o campo de

> interesses marginais. De fato, os projetos de lei de iniciativa parlamentar, ainda quando superiores em número àqueles de iniciativa governamental, somente em mínima parte dão lugar a leis.
> Isso se explica porque o parlamentar tende a satisfazer primordialmente sua clientela eleitoral, os interesses de seu Colégio Eleitoral. [...] Certo que, no mais das vezes, a iniciativa, aqui, visa tão só ao aspecto eleitoral, sem a preocupação da formação de leis – mas ainda assim ela surge como elemento perturbador do processo legislativo. (SILVA, 2017, pp. 152-153).

Dos argumentos acima, há duas afirmações relevantes que merecem maior análise. A primeira diz respeito à quantidade de projetos de lei apresentados por parlamentares em relação ao total de leis promulgadas ("taxa de conversão"), tendo em vista que o Poder Executivo seria muito mais bem sucedido em aprovar seus projetos do que os parlamentares. A segunda refere-se aos interesses protegidos pelos projetos de lei oferecidos pelos parlamentares, que seriam apenas destinados a satisfazer "interesses marginais" e eleitorais, sendo que a elaboração normativa é matéria "técnica" que deve ser confiada a um corpo de especialistas.

Quanto à primeira afirmação ela é verdadeira. Apenas para se ter dimensão da quantidade de proposituras de projetos de lei e medidas provisórias na 55ª Legislatura, observem-se os dados da Tabela 2, extraídos dos sites das Casas do Congresso Naciona:

Tabela 2 - Projetos de lei e medidas provisórias apresentados e aprovados pelos Poderes Executivo e Legislativo – 55ª Legislatura (2015-2019)

Autor	Apresentados	Aprovados	Taxa de sucesso
Executivo	455	328	72,09%
Legislativo	12.916	361	2,79%
Total	**13.371**	**689**	**5,15%**

Fonte: Elaborada pelo autor.

Os dados revelam a grande quantidade de projetos de lei apresentados pelos parlamentares se comparada ao Poder Executivo. Além disso, relembrando os dados expostos no Capítulo 2, no plano do direito comparado, seja em sistemas presidencialistas, seja em sistemas parlamentaristas, em 50 países pesquisados por Sebastian

Saiegh, a taxa de aprovação dos projetos de iniciativa do Poder Executivo ficou entre 70 e 80%, ao passo que os projetos de iniciativa parlamentar, apenas 20%.

Como também já visto, especificamente no caso brasileiro, há diversas pesquisas empíricas que apontam para uma taxa de sucesso do Poder Executivo ainda maior em face do Legislativo – o que é corroborado pelos dados supracitados. Isso pode ser explicado pelo fato de que, comparável somente ao Congresso dos EUA, em que não há iniciativa legislativa atribuída ao Poder Executivo federal, provavelmente o Congresso Nacional brasileiro é um dos mais produtivos do mundo em termos de quantidade de projetos de lei apresentados (RODRIGUES, 2014, p. 3).

Esses números, contudo, dizem muito pouco sobre o arranjo institucional do processo legislativo e do papel desempenhado pelos projetos de iniciativa parlamentar. Considerando-se que o Chefe do Poder Executivo exerce o poder de iniciativa legislativa monocraticamente, é natural se esperar que exista uma quantidade muito maior de projetos apresentados por centenas de outros legitimados – no caso, os parlamentares.

Como visto, o Decreto nº 9.191, de 1º de novembro de 2017, que estabelece normas para a apresentação de minutas de projetos de lei e medidas provisórias ao Presidente da República, prevê uma série de etapas procedimentais prévias internas ao Poder Executivo até que elas sejam assinadas pelo Presidente. Já no Poder Legislativo, não há essas etapas; na prática, não há uma seleção interna prévia de quais projetos serão ou não apresentados, bem como qual formatação textual e justificativa serão a eles oferecida. Dessa forma, o filtro para apresentação de projetos de lei pelo Poder Legislativo é muito menor, sendo que a relevância das matérias apresentadas será avaliada durante a própria tramitação legislativa (FIGUEIREDO; LIMONGI, 2001, p. 54).

A alta taxa de sucesso dos projetos de iniciativa do Executivo em comparação com o Legislativo, na verdade, ajuda a afastar o argumento de que a iniciativa parlamentar seria um "elemento perturbador" do processo legislativo, pois a capacidade de mobilização de atenção, recursos institucionais e apoio popular permite que o Executivo avance com a sua agenda legislativa sem que os projetos de iniciativa parlamentar criem grandes dificuldades para tanto.

Na verdade, as altas taxas de aprovação do Executivo em sistemas parlamentaristas e presidencialistas, incluindo o Brasil, não são uma deficiência do Legislativo, mas resultado do modelo institucional que permite ao Executivo mobilizar recursos institucionais e antecipar a reação dos parlamentares. Se identificar que terá um projeto rejeitado, o Presidente da República sequer chega a apresentá-lo (LIMONGI, 2006, p. 19).

Retomando-se as observações sobre a expansão da função de governo a cargo do Poder Executivo e a existência de diversas matérias administrativas e orçamentárias que são de sua iniciativa privativa no direito brasileiro, é natural que exista um maior número de projetos de sua autoria aprovados, pois o contrário provavelmente significaria a paralisia de boa parte das atividades do poder público.

Para além da questão das "taxas de sucesso" dos projetos de autoria do Poder Executivo e dos parlamentares, a afirmativa de que os projetos de iniciativa parlamentar procurariam atender, no mais das vezes, a interesses "marginais" também requer uma avaliação empírica mais acurada.

A literatura da ciência política aponta que há diferentes teorias possíveis para tentar explicar o comportamento parlamentar, inclusive a apresentação de projetos, sendo uma delas a distributivista, em que o parlamentar utilizaria os recursos institucionais à sua disposição (incluindo a apresentação de projetos de lei) para gerar benefícios concretos e restritos a seus redutos eleitorais na busca dos votos para sua reeleição. Com base nesse modelo, os projetos de lei de um parlamentar tenderiam a ser destinados a atender interesses específicos de seus redutos eleitores, gerando benefícios concentrados para eles e custos difusos para toda a sociedade (FIGUEIREDO; LIMONGI, 2001, p. 196).

Não obstante, no caso brasileiro pesquisas apontam em sentido contrário. Isso ocorre uma vez que o modelo distributivista, inspirado na literatura americana, não diferencia claramente a arena orçamentária da arena legislativa (lembrando que todas as matérias legislativas, até as orçamentárias, são iniciadas pelos parlamentares no Congresso dos EUA) (ARAÚJO; SILVA, 2011, pp. 25-26). Ainda que existam estudos empíricos no Brasil que demonstrem a maior preocupação dos parlamentares brasileiros em oferecerem emendas individuais aos projetos de lei de orçamento anual para beneficiarem seus redutos eleitorais, o mesmo não pode ser dito automaticamente em relação aos projetos de lei de iniciativa parlamentar. Não há, na prática, uma identificação clara de conteúdo predominantemente paroquial ou clientelista nos projetos de lei apresentados pelos parlamentares; pelo contrário: pesquisas indicam que a maioria dos projetos tem abrangência nacional e conteúdo abstrato[24].

Por fim, como visto, a respeito do princípio da eficiência do devido processo legislativo, é verdade que, tanto no direito brasileiro quanto na experiência comparada, tem ganhado terreno os desenvolvimentos da legística como conhecimento interdisciplinar cujo objetivo é apresentar diretrizes para uma elaboração legislativa que leve à melhor qualidade da lei. Entretanto, a tarefa de elaboração legislativa jamais se reduz a uma dimensão "técnica", sendo o processo legislativo uma prática social institucionalizada central em uma democracia representativa e deliberativa que se abre para os diferentes discursos presentes na esfera pública. A apresentação de um projeto de lei, portanto, não é o cumprimento de uma competência técnica, mas uma manifestação política que, a partir da proposição de um texto normativo, canaliza o debate público para um problema de ação coletiva e que deve ser resolvido também por um processo de natureza eminentemente político: o processo legislativo.

Em face disso, o ponto aqui é afastar como premissa normativa e sem maior comprovação empírica o argumento de que a iniciativa parlamentar, na prática, seria um instrumento a favor de interesses "marginais" e "secundários". Além de os projetos de iniciativa individual serem manifestação de natureza política, os estudos empíricos sinalizam que, no caso da prática legislativa federal brasileira, há sim projetos de diversas dimensões e objetivos de iniciativa parlamentar, sendo que a maioria deles é destinada a atender interesses nacionais e não de grupos específicos.

Para além da questão do conteúdo dos projetos apresentados, os dados da 55ª Legislatura (2015-2019) colhidos neste trabalho mostram que existe um verdadeiro compartilhamento do poder de iniciativa parlamentar entre Executivo e Legislativo, tendo em vista as leis ordinárias gerais promulgadas no período, como expressam os dados da Tabela 3.

---

24 Para uma revisão de literatura e dos estudos empíricos sobre o tema, ver Alves (2014), Mancuso (2020) e Felisbino (2009).

Tabela 3 - Leis Ordinárias aprovadas na 55ª Legislatura (2015-2019) por autoria

Autor	Leis Ordinárias	%
Executivo	**152**	**39,28**
MP	115	29,72
PL	37	9,56
Legislativo	**217**	**56,07**
Câmara dos Deputados	**129**	**33,33**
Deputado	127	32,82
Comissão Deputados	2	0,52
Senado Federal	**85**	**21,96**
Senador	84	21,71
Comissão Senadores	1	0,26
Comissão Mista	**3**	**0,78**
Comissão Mista	3	0,78
DPU	**1**	**0,26**
MPU	**1**	**0,26**
PGR	**1**	**0,26**
Judiciário	**15**	**3,88**
Total	**387**	**100,00**

Fonte: Elaborada pelo autor.

Nota-se, conforme os dados da Tabela 3, que a maioria das 387 leis gerais promulgadas durante a 55ª Legislatura (55,93%) tiveram origem no Poder Legislativo, havendo amplo predomínio de projetos de lei de iniciativa parlamentar individual. Também chama a atenção o alto número de leis ordinárias de iniciativa do Senado Federal. Quase 22% do total de leis gerais do período foi de iniciativa de Senadores da República. Esse dado aponta para o afastamento de percepções de que, pelo menos no período examinado, o Senado seria uma Casa essencialmente revisora e com papel secundário na iniciativa legislativa.

Os dados acima corroboram análise feita por Felipe de Paula, que constatou que, no período de 2007 a 2012, praticamente metade das leis ordinárias de maior impacto foram originadas no Poder Legislativo (PAULA, 2016, pp. 172-174). Na mesma direção, muitas matérias de alto impacto econômico e social promulgadas na 55ª Legislatura foram de iniciativa do Parlamento. Como exemplos de leis de iniciativa parlamentar no período pesquisado, mencionam-se:

a) Lei nº 13.709, de 14 de agosto de 2018 (Lei Geral de Proteção de Dados);

b) Lei nº 13.606, de 9 de janeiro de 2018, que institui o Programa de Regularização Tributária Rural;

c) Lei nº 13.576, de 26 de dezembro de 2017 (Política Nacional de Biocombustíveis);

d) Lei nº 13.445, de 24 maio de 2017 (Lei de Migração);

e) Lei nº 13.303, de 30 de junho de 2016 (Lei das Estatais);

f) Lei nº 13.146, de 6 de julho de 2015 (Estatuto da Pessoa com Deficiência);

g) Lei nº 13.105, de 16 de março de 2015 (Código de Processo Civil).

Diante desses dados, duas reflexões são importantes para compreensão dos contornos jurídicos da iniciativa legislativa parlamentar no direito federal brasileiro.

Aqui deve ser reconhecida que a possibilidade de apresentação individual de projetos de lei por parte dos parlamentares é uma das principais regras de submaioria (na terminologia de Vermeule) que concretiza o princípio da igualdade no processo legislativo. Ela permite que, potencialmente, todo e qualquer parlamentar selecione a matéria e o interesse a serem debatidos com a formulação de um texto normativo a ser adotado de forma vinculante pela comunidade política. Essa é uma das principais formas de transformação de demandas sociais difusas presentes na esfera pública em uma demanda institucionalizada, apta, portanto, a desencadear o debate público organizado em torno de uma proposta de texto normativo.

Em complementação, a competência individual dos parlamentares para apresentação de projetos de lei é uma marca do direito constitucional brasileiro e estrangeiro. Como exemplo, além dos EUA, praticamente todos os países da Europa também contam com essa possibilidade. Uma das poucas exceções é o caso espanhol, em que a iniciativa legislativa é confiada pela Constituição (art. 81.1) aos órgãos colegiados do Parlamento, mas, mesmo assim, entende-se possível a submissão de sugestões legislativas individuais dos parlamentares (ROZEIRA, 2015, p. 121)[25].

Diante de tais constatações, deve-se rejeitar a visão de que a iniciativa parlamentar individual seria um problema em si mesmo no arranjo institucional do processo legislativo. A iniciativa parlamentar, na prática, não é um simples meio de atender a interesses "marginais" ou "secundários", mas um dos principais instrumentos à disposição da minoria política que concretiza o princípio da igualdade no processo legislativo, pois permite transformar discursos e demandas sociais difusas na esfera pública em texto a ser potencialmente transformado em lei, mobilizando os atores interessados.

Além dessa função de viabilizar a atuação das minorias, a quantidade relevante de leis ordinárias de iniciativa parlamentar promulgadas no período examinado mostra que ela é também um importante instrumento para o Poder Legislativo estabelecer sua agenda em face do Poder Executivo colocando o processo legislativo e seu potencial democrático no centro do debate público sobre a construção de soluções para os problemas a serem enfrentados coletivamente.

Não se deve, portanto, reduzir ou suprimir a iniciativa legislativa parlamentar individual, pois ela é um dos principais mecanismos pelos quais se concretiza o princípio da igualdade política do devido processo legislativo. O necessário é, como exige o princípio da eficiência, criar um

25 Questão relacionada foi judicializada na Corte Constitucional da África do Sul no caso *Oriani-Ambrosini v Sisulu* (j. 09/10/2012). De um lado, o art. 73 (2) da Constituição da África do Sul estabelece que os membros da Assembleia Nacional têm o direito de apresentar projetos de lei. De outro lado, seu art. 55 estabelece que compete à Assembleia Nacional dar início ao processo legislativo. O Regimento Interno da Assembleia Nacional estabelecia que um parlamentar somente pode apresentar um projeto de lei após ser aceito pelo Presidente da Casa, receber parecer favorável por uma Comissão e ser aprovado preliminarmente em Plenário. No caso concreto, um membro da minoria parlamentar da Assembleia Nacional questionou o Presidente da Casa sobre a possibilidade de apresentação de projeto de lei diretamente sem as formalidades do Regimento – o que fora negado pelo Presidente.
A questão foi levada à Corte Constitucional que reconheceu a inconstitucionalidade das normas regimentais, reforçando a importância do direito de iniciativa individual parlamentar como instrumento de igualdade e participação política das minorias. Nas palavras da Corte: "A nossa é uma democracia constitucional que é projetada para garantir que os sem voz sejam ouvidos e que mesmo aqueles de nós que, dada a escolha, prefeririam não dar atenção às opiniões dos marginalizados ou das minorias impotentes, ouçam" (item 43 da decisão).

arranjo institucional que permita uma racionalização do processo legislativo com a canalização dos recursos escassos para as proposições politicamente mais relevantes (especialmente tempo, atenção institucional e social e recursos informacionais de análise das proposições) para a tomada de decisões em tempo politicamente hábil pelo Parlamento. Para tanto, devem ser avaliados como o desenho institucional do processo legislativo permite a seleção das propostas mais relevantes, filtrando as que não serão objeto de apreciação colegiada definitiva pelo Parlamento e que serão arquivadas após determinado prazo.

5.2.2. A relação entre autoria, tempo de tramitação e arquivamento das proposições legislativas

Mantendo a tradição constitucional brasileira, a Constituição Federal não estabelece regras detalhadas de prazos e de encerramento da tramitação de uma proposição legislativa, caso não seja apreciada de modo colegiado pelo Parlamento.

É possível ao Presidente da República requerer urgência para os projetos de sua iniciativa, cuja consequência jurídica é trancar a pauta dos Plenários das Casas do Congresso Nacional, caso não apreciado em 45 dias em cada uma (art. 64 da Constituição Federal), mas sem prazo determinado para apreciação e sem a outrora vigente aprovação tácita do projeto como existia no regime constitucional anterior (art. 51, Emenda Constitucional nº 1, de 1969)[26].

---

26 Emenda Constitucional nº 1, de 1969:
"Art. 51. O Presidente da República poderá enviar ao Congresso Nacional projetos de lei sôbre qualquer matéria, os quais, se o solicitar, serão apreciados dentro de quarenta e cinco dias, a contar do seu recebimento na Câmara dos Deputados, e de igual prazo no Senado Federal."
§ 1º A solicitação do prazo mencionado nêste artigo poderá ser feita depois da remessa do projeto e em qualquer fase de seu andamento
§ 2º Se o Presidente da República julgar urgente o projeto, poderá solicitar que a sua apreciação seja feita em sessão conjunta do Congresso Nacional, dentro do prazo de quarenta dias.
§ 3º Na falta de deliberação dentro dos prazos estipulados nêste artigo e parágrafos anteriores, considerar-se-ão aprovados os projetos.
§ 4º A apreciação das emendas do Senado Federal pela Câmara dos Deputados far-se-á, nos casos previstos nêste artigo e em seu § 1º, no prazo de dez dias; findo êste, serão tidas por aprovadas, se não tiver havido deliberação.
§ 5º Os prazos do artigo 48, dêste artigo e de seus parágrafos e do § 1º do artigo 55 não correrão nos períodos de recesso do Congresso Nacional.
§ 6º O disposto nêste artigo não se aplicará aos projetos de codificação.".

Uma das poucas exceções em que a Constituição de 1988 estabelece um limite temporal para os trabalhos legislativos é o caso das medidas provisórias, que devem ser examinadas pelo Congresso Nacional no prazo de 60 dias, prorrogáveis por igual período e suspendido durante o recesso parlamentar, sob pena de perda de eficácia (art. 62, § 3º).

Os Regimentos Internos também não estabelecem um prazo fixo para a apreciação das proposições em geral. Embora existam prazos internos para apresentação de emendas, relatórios e pareceres, não há a previsão de prazos para a apreciação colegiada de uma proposição. Como será visto, há uma regra geral de que as proposições devem ser apreciadas dentro da legislatura em que são apresentadas, sob pena de arquivamento.

Diante dessas regras, há uma percepção generalizada de que o processo legislativo é moroso e lento, levando mais tempo do que deveria para que sejam tomadas as decisões políticas necessárias.

A seguir, a Tabela 4 traz os dados relativos às leis gerais ordinárias promulgadas durante a 55ª Legislatura.

Tabela 4 - Média de dias para a promulgação de proposições legislativas por autoria na 55ª Legislatura (2015-2019)

Autor	Quantidade de leis	Média de dias entre a apresentação e a promulgação
Executivo	152	293,44
MP	115	163,96
PL	37	695,89
Legislativo	217	1895,76
Deputado	127	1848,55
Senador	84	2062,39
Comissão Deputados	2	180,00
Comissão Senadores	1	142,00
Comissão Mista	3	956,67
DPU	1	853,00
MPU	1	2403,00
PGR	1	1201,00
Judiciário	15	600,87
Total	**387**	**1210,27**

Fonte: Elaborada pelo autor.

Na média, as leis ordinárias gerais na 55ª Legislatura levaram 1.210 dias (pouco mais de três anos) para serem promulgadas a partir da data da apresentação da respectiva proposição. Contudo, há grandes diferenças no tempo de tramitação conforme o veículo normativo (medida provisória ou projeto de lei) e o autor da iniciativa legislativa. Especificamente no caso dos projetos de lei ordinária, os que foram de iniciativa do Poder Executivo levaram, em média, por volta de três vezes menos tempo para serem promulgados do que os de iniciativa parlamentar.

Considerando-se que, na média, os projetos de lei de iniciativa parlamentar levam mais de cinco anos para serem convertidos em lei, é fácil perceber que muitas vezes um projeto tramita durante várias legislaturas antes de ser definitivamente aprovado pelo Parlamento. Nesse sentido, a Tabela 5 expressa os momentos de apresentação das proposições que deram origem às 387 leis gerais promulgadas na 55ª Legislatura (2015-2019):

Tabela 5 - Momento de apresentação das proposições legislativas que resultaram em leis ordinárias promulgadas na 55ª Legislatura (2015-2019)

Proposições apresentadas antes ou depois do início da 55ª Legislatura	
Antes	165
Depois	222
Total	**387**

Fonte: Elaborada pelo autor.

Dos dados acima, constata-se que quase metade (42,6%) das leis promulgadas no período foram iniciadas em legislaturas anteriores.

A título de ilustração, menciona-se o Projeto de Lei nº 4.302, de 1998, convertido na Lei nº 13.429, de 31 de março de 2017, que modificou as regras sobre terceirização de serviços. O Projeto foi apresentado pela Presidência da República em 19 de março de 1998, sendo inicialmente aprovado pela Câmara dos Deputados em 13 de dezembro de 2000. Após o recebimento do Substitutivo aprovado pelo Senado em 17 de dezembro de 2002, o Projeto teve sua tramitação estendida em fase final por mais de 15 anos para que a Câmara dos Deputados examinasse a versão aprovada pelo Senado somente em 2017.

Corroborando os dados supracitados, outro estudo revela que, entre 1995 e 2006, as proposições submetidas ao Plenário da Câmara dos

Deputados de iniciativa do Poder Executivo tiveram tempo médio de tramitação de cerca de 270 dias em face de aproximadamente 960 das oriundas do Poder Legislativo (NUNES, 2011, p. 39). Em pesquisa com projetos de lei de 2002 a 2015, também se constatou que, na maior parte dos anos, o tempo para aprovação de projetos do Executivo é menos da metade do que os de autoria parlamentar (VIEIRA, 2017, p. 54).

As diferenças de tempo de apreciação das medidas provisórias são facilmente explicáveis pelas regras constitucionais que estabelecem prazo para sua apreciação sob pena de perderem a eficácia jurídica. Já em relação aos projetos de lei, há outros fatores relevantes. É possível que o Presidente da República solicite urgência constitucional para os projetos de lei de sua autoria (art. 64, § 1º, Constituição Federal) ou mobilize sua base parlamentar para que sejam feitos pedidos de urgência regimental pelos próprios congressistas.

Além disso, como visto no item anterior sobre o Decreto nº 9.191, de 2017, há diversas etapas internas ao Poder Executivo até que se chegue à apresentação de um projeto de lei ou medida provisória publicamente, ao passo que no Poder Legislativo, o próprio processo legislativo é mecanismo de filtro de relevância das proposições. Enquanto no Poder Executivo uma proposta pode estar sendo discutida durante meses ou anos antes de ser submetida ao Congresso Nacional, o projeto de lei de iniciativa parlamentar, muitas vezes, é apresentado por apenas um único signatário com o intuito de trazer a público o debate sobre sua proposta para que seja amadurecida durante o processo legislativo. Isso faz com que o tempo de tramitação dos projetos de lei de iniciativa parlamentar naturalmente seja maior do que aqueles apresentados pelo Executivo, pois para eles o processo legislativo é, também, um momento de seleção das propostas consideradas mais relevantes e adequadas para uma efetiva apreciação.

Não foi possível identificar uma relação clara de celeridade na tramitação das proposições e seu impacto econômico e social. Apenas como exemplo, das 387 leis ordinárias, 35 (8,9%) foram aprovadas nas duas Casas do Congresso Nacional em menos de 100 dias, muitas de grande impacto econômico e social.[27] Os dados levantados, portanto, não permi-

27 Como exemplos: Lei nº 13.723, de 4 de outubro de 2018 (Dispõe sobre a concessão de subvenção econômica à comercialização de óleo diesel); Lei nº 13.703, de 8 de agosto de 2018 (Institui a Política Nacional de Pisos Mínimos do Transporte Rodoviário de Cargas); Lei nº 13.606, de 9 de janeiro de 2018 (Institui o Programa de Regularização Tributária Rural (PRR); Lei nº 13.576, de 26 de dezembro de 2017

tem afirmar que exista uma relação clara entre o conteúdo do projeto e o tempo para sua tramitação.

Em face disso, a afirmação de que o processo legislativo é moroso deve ser vista com parcimônia. Ao se diferenciar o tempo de tramitação de medidas provisórias e projetos de lei ordinária, há aqui uma significativa diferença explicada em grande medida pelos prazos constitucionais estabelecidos para as primeiras. Considerando-se os projetos de lei ordinária de autoria do Poder Executivo e do Legislativo, ainda há diferença substancial, mas deve ser lembrado que o processo de elaboração normativa no Executivo pode ter começado há meses ou anos antes de que a proposta ou medida provisória seja apresentada publicamente. Essa avaliação colabora para relativizar o viés de crítica aos projetos de lei de iniciativa parlamentar, como anteriormente apontado.

Não se tem a pretensão de afirmar que o processo legislativo demora mais ou menos do que deveria. Isso demandaria estudos de caso com base em uma análise de cada problema socialmente relevante e quais foram as atividades legislativas do Congresso Nacional – o que escapa em muito à presente análise. De todo modo, uma constatação é clara: os tempos de tramitação são muito discrepantes e muitas matérias de alto impacto tramitaram rapidamente em poucos dias ou meses nas duas Casas do Congresso Nacional. Isso revela que, tão importante quanto examinar o tempo que se leva para promulgar as leis ordinárias, é necessário investigar como elas são apreciadas pelas Comissões e Plenários das Casas Legislativas para fazer uma avaliação da prática do Congresso Nacional à luz dos princípios do devido processo legislativo.

Além disso, não se deve descartar que o tempo de amadurecimento das propostas legislativas apresenta possíveis virtudes em ambientes democráticos.

Como visto nos capítulos anteriores, é da essência do processo legislativo ser uma prática que constantemente renova os laços de representação política em ambiente institucionalizado que exige a apresentação pública de argumentos com participação das minorias e demais atores sociais interessados e para a busca das melhores soluções possíveis em determinado contexto. A maior passagem do tempo para apreciação de

(Dispõe sobre a Política Nacional de Biocombustíveis – RenovaBio); Lei nº 13.506, de 13 de novembro de 2017 (Dispõe sobre o processo administrativo sancionador na esfera de atuação do Banco Central do Brasil e da Comissão de Valores Mobiliários;); e Lei nº 13.142, de 6 de julho de 2015 (Majoração de sanções penais por crimes praticados contra agentes de segurança pública).

um projeto pode permitir maior influência da minoria, participação social, deliberação e qualidade do texto legislativo, ainda que ao custo de uma demora maior para que a decisão política seja tomada.

Em defesa dessas possíveis virtudes da maturação das questões políticas mediante o processo legislativo, retomam-se as palavras de José Eduardo Cardozo (2009, p. 82):

> O fato é, porém, que os processos de tomada de decisão parlamentar são lentos. E podemos dizer em defesa do óbvio que é inteiramente natural que eles devam ser. Todo e qualquer processo de tomada de decisão que viaja por tantos caminhos colegiados para sua elaboração é muito mais lenta. Sempre exige debate, respeito a diferentes opiniões, desenvolvimento de convicções e decisões por maioria. Na verdade, é uma lei natural, intrínseca aos fatos da vida, que as decisões democráticas serão muito mais lentas do que decisões autoritárias. Um déspota ou um ditador pode decidir o que quer tão rapidamente quanto desejado. Ele consulta quem ele quer, se e quando ele desejar ouvir antes de decidir. Para ele, a distância entre o querer e o editar de um ato de governo é apenas a distância entre o cérebro e a mão que segura a caneta que assina a assinatura. Não há pensamento divergente, não precisa convencer qualquer outra pessoa ou formar uma maioria. A única obstrução que poderia existir é falta de tinta na caneta.

Dessa forma, pode ser construída a hipótese de que, em razão do maior tempo de duração do processo legislativo, haveria também maior possibilidade de exame das matérias e, consequentemente, de que um maior número de projetos fosse objeto de deliberação colegiada definitiva pelo Parlamento, em homenagem a seu potencial democrático como defendido na passagem supracitada.

Essa hipótese – pelo menos em relação à quantidade total de projetos de lei apresentados ao Congresso Nacional – não se confirma pelos dados quando se comparam especialmente os números dos projetos de iniciativa parlamentar nas Casas do Congresso Nacional que ao final da legislatura são arquivados. Isso porque a forma ordinária de encerramento da tramitação dos projetos de lei é o arquivamento ao final da legislatura sem votação colegiada definitiva sobre a matéria.

Na Câmara dos Deputados, embora não tenha sido possível apurar o número exato pelas informações disponibilizadas publicamente pela Casa, há fortes indícios de que a grande maioria dos projetos de lei de iniciativa parlamentar é arquivada sem ter uma deliberação definitiva colegiada pela aprovação ou rejeição da matéria. Para além da grande quantidade de projetos apresentados e das pequenas históricas taxas de sucesso, em pesquisa sobre os 1.403 projetos apresentados na Câmara dos Deputados no ano de 1995, verificou-se que 743 (52%) foram arquivados ao final da legislatura de 1999 sem deliberação por esgotamento da legislatura, retirada do autor ou devolução do projeto pelo Presidente da Casa, e ainda houve novos arquivamentos desses projetos por decurso das legislaturas em 2003 e 2007 (GOMES, 2007, pp. 31-38).

No Caso do Senado Federal, para o período pesquisado da 55ª Legislatura, houve apresentação de 2.145 projetos de lei por senadores e o arquivamento ao final da legislatura de 2.093 projetos (97,5 % do total) (SENADO FEDERAL, 2018, p. 105). Embora muitos projetos em tramitação tenham sido apresentados em legislaturas anteriores (em razão da permissividade das regras regimentais, como será visto adiante), o indício aqui também é forte de que a forma mais usual de encerramento da tramitação dos projetos de lei, especialmente de autoria parlamentar, é o arquivamento sem apreciação definitiva colegiada do mérito da proposição.

Portanto, no Congresso Nacional, uma pequena minoria de projetos e, consequentemente, de demandas sociais institucionalizadas transformadas em proposta de texto normativo é, na prática, avaliada por uma decisão expressa colegiada e definitiva do Poder Legislativo. Essa é, aliás, uma característica compartilhada entre os 50 países da já mencionada pesquisa de Saiegh: é frequente que proposições legislativas sejam arquivadas sem manifestação definitiva de mérito pelos Parlamentos (SAIEGH, 2016, pp. 483-448).

No caso brasileiro, isso ocorre a despeito do fato de os Regimentos Internos das Casas do Congresso Nacional serem amplamente permissivos em relação à continuidade da tramitação de proposições. Há uma regra geral de que as proposições devem ser arquivadas ao final da legislatura. Contudo, há diversas exceções, sendo as principais: as matérias originárias de outros Poderes, já com pareceres favoráveis, que tenham tramitado em outra Casa, de iniciativa popular e, no caso do Senado Federal, apresentada por parlamentar no último ano de mandato. Além dessas exceções, há a possibilidade de requerimentos de desarquivamento para continuidade da tramitação da proposição[28].

28 Regimento Interno da Câmara dos Deputados:
"Art. 105. Finda a legislatura, arquivar-se-ão todas as proposições que no seu decurso tenham sido submetidas à deliberação da Câmara e ainda se encontrem em tramitação, bem como as que abram crédito suplementar, com pareceres ou sem eles, salvo as:

Diferentemente do caso brasileiro, no direito comparado, a maior parte dos 50 países pesquisados por Saeigh adota a regra de que um projeto deve ser apreciado dentro de uma sessão legislativa, sob pena de serem arquivados (SAIEGH, 2016, p. 483). Como variação, há o exemplo dos EUA, no qual se entende existir uma regra que veda uma legislatura vincular a outra (POSNER; VERMEULE, 2002). Por essa razão, na tramitação dos projetos no Congresso dos EUA todas as proposições legislativas apresentadas em uma legislatura são arquivadas ao seu término, sem exceção, lembrando que no plano federal a legislatura tem duração de apenas dois anos (SINCLAIR, 2017, p. 90).

Já o modelo federal brasileiro permite que uma proposição continue em tramitação por muitos anos, até mesmo décadas – sendo emble-

---

I – com pareceres favoráveis de todas as Comissões;
II – já aprovadas em turno único, em primeiro ou segundo turno;
III – que tenham tramitado pelo Senado, ou dele originárias;
IV – de iniciativa popular;
V – de iniciativa de outro Poder ou do Procurador-Geral da República.
Parágrafo único. A proposição poderá ser desarquivada mediante requerimento do Autor, ou Autores, dentro dos primeiros cento e oitenta dias da primeira sessão legislativa ordinária da legislatura subsequente, retomando a tramitação desde o estágio em que se encontrava."
Regimento Interno do Senado:
"Art. 332. Ao final da legislatura serão arquivadas todas as proposições em tramitação no Senado, exceto:
I – as originárias da Câmara ou por ela revisadas;
II – as de autoria de Senadores que permaneçam no exercício o de mandato ou que tenham sido reeleitos;
III – as apresentadas por Senadores no último ano de mandato;
IV – as com parecer favorável das comissões;
V – as que tratem de matéria de competência exclusiva do Congresso Nacional (Const., art. 49);
VI – as que tratem de matéria de competência privativa do Senado Federal (Const., art. 52);
VII – pedido de sustação de processo contra Senador em andamento no Supremo Tribunal Federal (Const., art. 53, §§ 3º e 4º, EC nº 35/2001).
§ 1º Em qualquer das hipóteses dos incisos do caput, será automaticamente arquivada a proposição que se encontre em tramitação há duas legislaturas, salvo se requerida a continuidade de sua tramitação por 1/3 (um terço) dos Senadores, até 60 (sessenta) dias após o início da primeira sessão legislativa da legislatura seguinte ao arquivamento, e aprovado o seu desarquivamento pelo Plenário do Senado.
§ 2º Na hipótese do § 1º, se a proposição desarquivada não tiver a sua tramitação concluída, nessa legislatura, será, ao final dela, arquivada definitivamente".

mático o mencionado exemplo da Lei nº 13.429, de 2017 (terceirização de serviços), que tramitou no Congresso Nacional por quase vinte anos. Isso gera a situação de um projeto apresentado por uma legislatura anterior ser aprovado em outra com uma composição diferente.

Como visto acima, não se trata de situação excepcional, pelo contrário: mais de 40% das leis ordinárias promulgadas durante a 55ª Legislatura (2015-2019) foram apresentadas em legislaturas anteriores. Desse modo, para fins de apreciação de proposições legislativas, um suposto "princípio da unidade da legislatura", no Brasil é muito mitigado (SILVA, 2017, p. 54), pois há largas possibilidades de que uma matéria iniciada há anos seja apreciada no presente.

Não se trata aqui de afirmar que as regras permissivas de continuidade de tramitação das proposições legislativas são inconstitucionais. Elas fomentam o princípio da eficiência do devido processo legislativo, ao permitir o aproveitamento da análise e do debate sobre uma proposição em tramitação, e da deliberação, ao ampliar o tempo de dedicação a um projeto que pode ser de vários anos. Do ponto de vista desses princípios, quanto mais informações e troca de argumentos sobre uma proposta, melhor.

Não obstante esses pontos positivos, as regras permissivas de arquivamento geram o aumento significativo dos projetos a serem examinados, em prejuízo do próprio princípio da eficiência, uma vez que mais matérias deverão ser objetos de exame, criando dificuldades para se selecionar as propostas mais relevantes a receberem a atenção institucional do Parlamento e da sociedade como um todo.

Em acréscimo, elas permitem que um projeto seja aprovado em composições distintas no modelo bicameral, mesmo que a proposição não tenha apoio das duas Casas dentro do período de uma mesma legislatura. Isso pode afastar a composição atual de uma das Casas do debate contemporâneo e decisivo sobre um projeto a ser aprovado – como ocorreu em relação ao Senado Federal no caso da Lei nº 13.429, de 13 de março de 2017 (terceirização de serviços).

Considerando-se que todos os anos dezenas de milhares de projetos de lei estão em tramitação na Câmara dos Deputados e do Senado Federal (como já mencionado, em fevereiro de 2022, tramitavam por volta de 29.000 projetos de lei na Câmara dos Deputados e 2.700 projetos de lei no Senado Federal) e somente uma parcela muito pequena deles chega a uma deliberação colegiada definitiva, isso levanta duas questões sensíveis com possíveis aprimoramentos *de lege ferenda*.

De um lado, devem ser estabelecidos mecanismos procedimentais claros e transparentes que permitam a seleção das propostas consideradas mais relevantes para que sejam objeto de apreciação colegiada pelo Parlamento.

Como será visto no Capítulo 6, na prática, os regimes de urgência funcionam como o principal mecanismo de seleção das propostas legislativas, o que cria uma série de questionamentos à luz dos princípios do devido processo legislativo, em razão das reduzidas possibilidades de os parlamentares saberem de antemão quais proposições serão votadas, de as demais pessoas interessadas participarem do processo legislativo e da diminuição da possibilidade de troca de argumentos sobre as matérias em apreciação.

Um possível aprimoramento seria estabelecer que uma proposição legislativa deveria reunir apoiamentos de outros parlamentares para avançar de uma comissão para outra ou para o Plenário, como regra geral a conferir maior previsibilidade à tramitação das matérias com maior saliência política. Não se trata de condicionar a apresentação de proposições individuais pelos parlamentares, mas de estabelecer exigências de apoio político para o avanço de projetos já apresentados. Poderiam ser estabelecidas regras de submaioria com quóruns crescentes (de 1/10 a 2/5 dos parlamentares) para que uma proposição chegue à deliberação em Plenário mesmo que tenha apoio apenas da minoria, sem prejuízo das regras do regime de urgência à disposição das maiorias, em circunstâncias excepcionais. Esse modelo permitiria aos parlamentares e à sociedade como um todo terem maior conhecimento do apoio político a uma proposição, canalizando a atenção e os recursos escassos do processo legislativo para aquelas consideradas mais relevantes.

De outro lado, a manutenção da tramitação das proposições legislativas sem deliberação definitiva por longos períodos pode gerar problemas de sobrecarga de trabalho no Parlamento. A tramitação simultânea de milhares de projetos de lei – muitos apresentados em legislaturas anteriores – aumenta consideravelmente o número de temas e propostas que exigem atenção dos parlamentares. Portanto, as regras de arquivamento das proposições são um dos principais mecanismos de concretização dos princípios do devido processo legislativo, especialmente o da eficiência, pois são filtros que permitem uma redução do número de proposições a serem submetidas ao debate público, concentrando esforços naquelas que obtiverem maior apoio político dentro e fora do Parlamento.

Neste ponto, seria desejável, *de lege ferenda* e aproximando-se do direito comparado, regras mais rígidas para o arquivamento de proposições, reduzindo as exceções à regra do arquivamento ao final da legislatura na tentativa de minimizar o longo tempo de tramitação de proposições, a quantidade de proposições em tramitação e a situação em que a composição atual de uma das Casas é praticamente alijada do debate sobre uma proposição, que fora aprovada pela Casa em uma legislatura anterior.

De todo modo, ainda que somente uma parcela muito pequena das proposições chegue a uma deliberação final no Congresso, poder-se-ia pensar na hipótese de que, pelo menos em relação aos projetos e medidas provisórias que se transformam em lei, o tempo de tramitação médio das proposições permitiria um exame profundo, com participação social e deliberação efetiva.

Surge, então, a interessante questão do ponto de vista do arranjo institucional do processo legislativo de se definir quais mecanismos estarão à disposição das maiorias e minorias para poderem promover suas pautas, concentrar esforços, possibilitar a participação social, exigir maiores informações de atores internos e externos ao processo legislativo e levar as proposições para votação. Esses mecanismos serão objeto do próximo Capítulo em que se examinará a deliberação e a votação no Congresso Nacional.

6

DELIBERAÇÃO E VOTAÇÃO NO CONGRESSO NACIONAL

Realizada a análise do momento de elaboração e apresentação das proposições legislativas, passa-se ao exame das normas e da prática da deliberação e votação no Congresso Nacional. Retomando-se a ideia de deliberação como troca pública de argumentos para a tomada de uma decisão, tanto as deliberações quanto as votações acontecem destacadamente em dois ambientes institucionalizados no processo legislativo: nas Comissões e no Plenário das Casas Legislativas. Entretanto, deve ser relembrado que a deliberação é uma prática mais ampla, em que há a apresentação pública de argumentos no processo legislativo que vai além dos momentos formais de manifestação oral durante a "discussão" da matéria.

Nesse sentido, no presente Capítulo, será investigado o papel das Comissões do Congresso Nacional e o procedimento perante o Plenário, com definição da agenda, discussão e votação. Como o foco deste trabalho é no desenho institucional do processo legislativo especialmente em suas fases no Congresso Nacional, não será objeto de exame aprofundado as etapas de sanção ou o veto dos projetos pelo Presidente da República ou momentos complementares do processo legislativo como a promulgação e publicação.

Conforme as conclusões dos capítulos anteriores, os princípios do devido processo legislativo exigem a instituição de um procedimento que permita a tomada de decisão coletiva a partir de diferentes discursos, em ambiente igualitário entre representantes e entre representados, com ampla participação social e troca pública de argumentos para fundamentação da tomada de decisão tendo em vista as necessidades de ação coletiva em tempo hábil para solucionar os problemas presentes.

Apenas para fins de ilustração do cenário atual da prática do processo legislativo, poder-se-ia pressupor três condições desejáveis em circunstâncias normais para o processo legislativo concreto de uma lei à luz dos princípios do devido processo legislativo: a) regime de tramitação ordinária, sem urgência constitucional ou regimental; b) pelo menos uma audiência pública em cada Casa do Congresso Nacional para ampliar as possibilidades de participação social; e c) que cada Comissão designada para proferir parecer sobre a matéria efetivamente o faça de maneira colegiada, ou seja, sem ser substituída em Plenário pela manifestação de um único parlamentar.

Das 387 leis gerais que foram objeto de exame mais detalhado neste trabalho, apenas o processo de elaboração de duas (0,04%) satisfez essas três condições ao mesmo tempo durante a 55ª Legislatura (2015-2019): o Projeto de Lei do Senado nº 166, de 2010, que resultou no Código de Processo Civil (Lei nº 13.105, de 16 de março de 2015) e o Projeto de Lei do Senado nº 434, de 2011, que dispôs sobre a profissão de aeronauta. Caso se flexibilize a exigência de audiência pública em cada Casa do Congresso Nacional para pelo menos uma em qualquer das Casas, a situação não muda significativamente: apenas o processo de elaboração de dez leis (2,58% do total de 387 leis ordinárias gerais promulgadas no período) satisfez esse critério ampliado.[1]

Diante desses fatos singelos, a hipótese com a qual se trabalha é que, muitas vezes, o processo legislativo – contrariando o senso comum – não é desenvolvido com longos debates e pouca decisão, mas altamente fragmentado, tendo em vista que há muitos projetos e assuntos sendo debatidos simultaneamente sem uma agenda clara e previsível. Em decorrência do forte controle dos trabalhos legislativos pelos mecanismos institucionais à disposição do Poder Executivo e das lideranças partidárias, mobiliza-se a aprovação de proposições legislativas por meio de regimes de urgência e outros expedientes, com pouca participação social formalizada nos projetos que efetivamente são transformadas em norma

1 São elas: Lei nº 13.105, de 16 de março de 2015 (Código de Processo Civil); Lei nº 13.180, de 22 de outubro de 2015 (Dispõe sobre a profissão de artesão); Lei nº 13.278, de 2 de maio de 2016 (Altera o § 6º do art. 26 da Lei nº 9.394, de 20 de dezembro de 1996, que fixa as diretrizes e bases da educação nacional, referente ao ensino da arte); Lei nº 13.311, de 11 de julho de 2016 (Institui normas gerais para a ocupação e utilização de área pública urbana por equipamentos urbanos do tipo quiosque, trailer , feira e banca de venda de jornais e de revistas); Lei nº 13.369, de 12 de dezembro de 2016 (Dispõe sobre o exercício da profissão de designer de interiores e ambientes); Lei nº 13.411, de 28 de dezembro de 2016 (Dispõe sobre a vigilância sanitária a que ficam sujeitos os medicamentos, as drogas, os insumos farmacêuticos e correlatos); Lei nº 13.475, de 28 de agosto de 2017 (Dispõe sobre o exercício da profissão de aeronauta); Lei nº 13.639, de 22 de março de 2018 (Cria Conselhos de Técnicos Industriais e Agrícolas); Lei nº 13.655, de 25 de abril de 2018 (Altera a Lei de Introdução às Normas do Direito Brasileiro); e Lei 13.796, de 3 de janeiro de 2019 (Fixa, em virtude de escusa de consciência, prestações alternativas à aplicação de provas e à frequência a aulas realizadas em dia de guarda religiosa).

jurídica, muitas vezes com a votação de propostas de textos normativos cuja redação é substancialmente alterada já nas fases finais de deliberação em Plenário, o que implica um prejuízo para a atividade instrutória das comissões e para a participação social, e com limitadas possibilidades de a minoria influenciar o processo de tomada de decisão. Como será visto, o "processo legislativo ordinário", na prática, é a exceção.

6.1. O processo legislativo nas Comissões

As comissões parlamentares estão previstas em texto constitucional desde a Constituição Imperial de 1824 e passaram por diversas transformações durante nossa história constitucional.[2] A Constituição Federal de 1988, em seu art. 58, determina que "o Congresso Nacional e suas Casas terão comissões permanentes e temporárias", ampliando significativamente suas atribuições. São previstas diretamente no texto constitucional as:

a) comissões permanentes (art. 58, *caput*);

b) comissões temporárias (art. 58, *caput*);

c) comissões parlamentares de inquérito (art. 58, § 3º);

d) comissão representativa (art. 58, § 4º); e

e) comissão mista de orçamento (art. 166, § 1º).

É prevista a exigência de proporcionalidade partidária para as comissões, de modo que elas reflitam, "tanto quanto possível", a composição de forças dos "partidos ou blocos parlamentares" (art. 58, § 1º). A análise aqui será concentrada nas comissões permanentes e temporárias, que podem exercer função legislativa de modo mais direto.[3]

Do ponto de vista ideal e teórico, caso houvesse recursos e tempo praticamente infinitos, todas as proposições legislativas seriam debatidas em Plenário, com a composição completa das casas legislativas. Contudo, retomando as "circunstâncias da política" identificadas por Waldron e o princípio da eficiência do devido processo legislativo, é

2 Para um exame aprofundado da evolução das comissões parlamentares no direito brasileiro, ver Casseb (2008).

3 É importante lembrar que o STF já fixou o entendimento de que as CPIs também podem ser criadas com o objetivo de investigar fatos para fins de aprimoramento da legislação (como exemplo, MS nº 33.751, 1ª T., Rel. p/ Acórdão Min. Edson Fachin, j. 15.12.2015).

facilmente perceptível que deve haver instrumentos de ganhos de especialização, celeridade e otimização de recursos para a apreciação das proposições.

Para tanto, há praticamente um consenso na doutrina jurídica brasileira de que as comissões parlamentares são de central relevância para o processo legislativo.

Diversos autores enfatizam a necessidade de especialização dos parlamentares para dar conta da complexidade do exame em tempo hábil das proposições legislativas, em conformação do aqui denominado princípio da eficiência do devido processo legislativo (FERREIRA FILHO, 2012, p. 155; CASSEB, 2008, p. 16; FERRAZ, 2014, p. 1090). José Afonso da Silva aponta que as comissões surgem em decorrência de um "princípio instintivo, espontâneo e comumente admitido de método de organização do trabalho; surgiriam por um imperativo da divisão do trabalho e também sob o fundamento de que a discussão dos pormenores é impossível a uma Assembleia numerosa" (SILVA, 2017, p. 101). Em sentido semelhante, "a comissão é como um microcosmo do plenário, permitindo a celeridade e o aperfeiçoamento técnico do processo legislativo. [...] É, por assim dizer, uma divisão de trabalho para facilitar a tarefa da Assembleia." (BASTOS; MARTINS, 1995, p. 258).

Para além dos argumentos acima retratados, os estudos da ciência política procuram explicar o papel de fato desempenhado pelas comissões nas democracias representativas. Em síntese da literatura, Shane Martin (2014) menciona que há três teorias mais difundidas para tentar explicar o papel desempenhado pelas comissões no Poder Legislativo.

A primeira é denominada de distributiva, no sentido de que parlamentares utilizariam as comissões para redirecionar recursos públicos para políticas setorizadas ou localizadas para seus redutos eleitorais. Desse modo, as comissões seriam espaços destinados à barganha entre os parlamentares que buscariam otimizar os recursos orçamentários à sua disposição para criar mecanismos de fortalecimento das políticas públicas dos locais onde desejam obter votos na próxima eleição.

A segunda é a chamada teoria informacional. Ela compreende que a motivação dos parlamentares ao criarem as comissões é delegar competências para órgãos fracionários especializados, em razão de terem informações imperfeitas sobre quais são as políticas de sua preferência. Mediante o trabalho desses órgãos fracionários será necessário menos tempo e esforço para a produção das informações relevantes, o que permitirá a tomada de uma melhor decisão em Plenário. Não se trata apenas de um ganho de tempo e recursos pela divisão de trabalho, mas de especialização informacional pelos parlamentares, o que gera uma melhora do desempenho do Parlamento como um todo.

Mudando a unidade de análise do parlamentar individual para os partidos, a terceira teoria é fundada na ideia dos cartéis partidários e apresenta a hipótese de que as comissões são um dos arranjos utilizados pelos partidos políticos para terem maior controle sobre o comportamento de seus parlamentares. Os líderes partidários, por serem os responsáveis pela indicação dos membros das comissões, utilizariam as indicações e exonerações como forma de premiar ou punir a fidelidade dos seus liderados. Isso permitiria aos partidos um grande controle do comportamento dos parlamentares pela possibilidade de indicação ou destituição das comissões.

No caso brasileiro, em um dos trabalhos mais conhecidos da área, há críticas à aplicação direta desses modelos para compreender a realidade das comissões no Congresso Nacional, tendo em vista que as comissões permanentes não têm regras de composição e poderes institucionais tão decisivos em favor dos parlamentares individualmente quanto nos EUA (PEREIRA; MUELLER, 2000).

Os autores, então, apresentam indícios de que, no Brasil, o Poder Executivo, por ter amplas ferramentas de influência no processo legislativo, utiliza as comissões como forma de vetar previamente proposições contrárias a seus interesses para que não cheguem ao Plenário. Ele influencia a nomeação dos membros das comissões junto às lideranças partidárias, que têm grande discricionariedade em indicar e substituir os parlamentares das comissões. O Poder Executivo seleciona propostas que devem ser vetadas pelas comissões (seja por uma decisão de rejeição, seja pela ausência de exame mediante parecer) e outras que devem seguir para Plenário em regime de urgência, o que, como será visto adiante, na prática possibilita a supressão do exame colegiado da proposição pelas comissões.

Isso leva à hipótese de que as comissões, pelo menos em alguns casos, não teriam o papel informacional de subsidiar a tomada de decisão em Plenário, mas sim de selecionar as propostas que devem ser impulsionadas e quais não devem chegar a uma deliberação final de Plenário ou deliberação terminativa (FIGUEIREDO; LIMONGI, 1994, p. 21; AMARAL, 2009, pp. 134-135).

Relembrando os dados apresentados no Capítulo 5, de que a grande maioria maciça dos projetos de lei de iniciativa parlamentar é arquivado ao final da legislatura sem votação definitiva pelas Casas do Congresso Nacional, surge a hipótese de que as comissões exercem um papel de "filtro" das proposições que serão efetivamente deliberadas de modo colegiado pelo Parlamento. Essa hipótese será investigada a seguir.

Diante dessa breve retomada dos argumentos sobre o papel das comissões no processo legislativo, é relevante conhecer o regramento constitucional e regimental dos trabalhos das comissões parlamentares no Congresso Nacional para poder avaliar as opções desse arranjo institucional à luz dos princípios do devido processo legislativo. Para tanto, serão investigados: a) a organização dos trabalhos e o exame feito pelas comissões mediante seus pareceres colegiados; e b) a participação social em suas atividades.

6.1.1. A organização dos trabalhos e pareceres das comissões permanentes do Congresso Nacional

Com exceção da comissão mista para exame de medidas provisórias (art. 62, § 9º)[4] e comissão mista para apreciação de projetos de natureza orçamentária (art. 166, § 1º), a Constituição não estabelece uma regra obrigatória de exame dos projetos de lei pelas comissões permanentes ou temporárias.

Contudo, há uma regra geral de exame das proposições pelas comissões prevista nos arts. 53 e 128 do RICD e art. 253 do RISF, cabendo ao Presidente das Casas determinar o envio das matérias a elas (art. 17, inciso II, alínea "a", RICD e art. 48, inciso X, RISF). Nesse sentido, José Afonso da Silva aponta a existência de um "princípio do exame prévio dos projetos por Comissões Permanentes" – o que se entende ser verdadeira regra regimental nesse sentido. Caso não determinado pelo Presidente, é admitido requerimento de qualquer parlamentar a ser decidido pelo Plenário para que uma determinada comissão possa examinar a matéria (art. 117, inciso VIII, RICD e art. 279, inciso I, RISF).

O RICD, em seu art. 22, inciso I, define as comissões permanentes como:

4 Como decidiu o STF na ADI nº 4.029 (Pleno, Rel. Min. Luiz Fux, j. 08.03.2012), a Constituição Federal exige a edição de parecer da comissão mista sobre medida provisória, não podendo tal exame colegiado ser dispensado sob pena de inconstitucionalidade formal da respectiva lei de conversão.

> [...] as de caráter técnico-legislativo ou especializado integrantes da estrutura institucional da Casa, co-partícipes e agentes do processo legiferante, que têm por finalidade apreciar os assuntos ou proposições submetidos ao seu exame e sobre eles deliberar, assim como exercer o acompanhamento dos planos e programas governamentais e a fiscalização orçamentária da União, no âmbito dos respectivos campos temáticos e áreas de atuação.

O RICD, em seu art. 24, também prevê diversas outras competências para as Comissões Permanentes, especialmente destinadas ao exercício de atividades de fiscalização e controle dos atos do Poder Executivo.[5]

5 RICD: "Art. 24. Às Comissões Permanentes, em razão da matéria de sua competência, e às demais Comissões, no que lhes for aplicável, cabe: I – discutir e votar as proposições sujeitas à deliberação do Plenário que lhes forem distribuídas; II – discutir e votar projetos de lei, dispensada a competência do Plenário, salvo o disposto no § 2º do art. 132 e excetuados os projetos: a) de lei complementar; b) de código; c) de iniciativa popular; d) de Comissão; e) relativos a matéria que não possa ser objeto de delegação, consoante o § 1º do art. 68 da Constituição Federal; f) oriundos do Senado, ou por ele emendados, que tenham sido aprovados pelo Plenário de qualquer das Casas; g) que tenham recebido pareceres divergentes; h) em regime de urgência; III – realizar audiências públicas com entidades da sociedade civil; IV – convocar Ministro de Estado para prestar, pessoalmente, informações sobre assunto previamente determinado, ou conceder-lhe audiência para expor assunto de relevância de seu ministério; V – encaminhar, através da Mesa, pedidos escritos de informação a Ministro de Estado; VI – receber petições, reclamações ou representações de qualquer pessoa contra atos ou omissões das autoridades ou entidades públicas, na forma do art. 253; VII – solicitar depoimento de qualquer autoridade ou cidadão; VIII – acompanhar e apreciar programas de obras, planos nacionais, regionais e setoriais de desenvolvimento e sobre eles emitir parecer, em articulação com a Comissão Mista Permanente de que trata o art. 166, § 1º, da Constituição Federal; IX – exercer o acompanhamento e a fiscalização contábil, financeira, orçamentária, operacional e patrimonial da União e das entidades da administração direta e indireta, incluídas as fundações e sociedades instituídas e mantidas pelo Poder Público federal, em articulação com a Comissão Mista Permanente de que trata o art. 166, § 1º, da Constituição Federal; X – determinar a realização, com o auxílio do Tribunal de Contas da União, de diligências, perícias, inspeções e auditorias de natureza contábil, financeira, orçamentária, operacional e patrimonial, nas unidades administrativas dos Poderes Legislativo, Executivo e Judiciário, da administração direta e indireta, incluídas as fundações e sociedades instituídas e mantidas pelo Poder Público federal; XI – exercer a fiscalização e o controle dos atos do Poder Executivo, incluídos os da administração indireta; XII – propor a sustação dos atos normativos do Poder Executivo que exorbitem do poder regulamentar ou dos limites de delegação legislativa, elaborando o respectivo decreto legislativo; XIII – estudar qualquer assunto compreendido no respectivo campo temático ou área de atividade, podendo pro-

Atualmente o RICD prevê a existência de 30 Comissões Permanentes temáticas (art. 32, RICD).

As Comissões Temporárias, por seu turno, são "as criadas para apreciar determinado assunto, que se extinguem ao término da legislatura, ou antes dele, quando alcançado o fim a que se destinam ou expirado seu prazo de duração" (art. 22, inciso II, RICD). Devem ser criadas comissões temporárias especiais para a apreciação de Emendas à Constituição, projetos de código e "matéria de competência de mais de quatro Comissões que devam pronunciar-se quanto ao mérito" – neste último caso por decisão da Presidência da Câmara, requerimento de líder ou Presidente de Comissão (art. 34, RICD).

Embora não defina o conceito de comissão permanente, o RISF, por sua vez, define as comissões temporárias internas como "as previstas no Regimento para finalidade específica". Um exemplo é a comissão temporária para apreciação dos projetos de código (art. 374, RISF). De todo modo, às comissões competem, além das atribuições constitucionais, outras atribuições de acompanhar e fiscalizar políticas governamentais, estudar assuntos de atribuição do Senado, realizar diligências, entre outros.[6] Atualmente há 16 Comissões permanentes temáticas no Senado Federal (art. 77, RISF).

---

mover, em seu âmbito, conferências, exposições, palestras ou seminários; XIV – solicitar audiência ou colaboração de órgãos ou entidades da administração pública direta, indireta ou fundacional, e da sociedade civil, para elucidação de matéria sujeita a seu pronunciamento, não implicando a diligência dilação dos prazos."

---

6 RISF: "Art. 90. Às comissões compete:
I – discutir e votar projeto de lei nos termos do art. 91 (Const., art. 58, § 2º, I); II – realizar audiências públicas com entidades da sociedade civil (Const., art. 58, § 2º, II); III – convocar Ministros de Estado ou quaisquer titulares de órgãos diretamente subordinados à Presidência da República para prestarem informações sobre assuntos inerentes a suas atribuições e ouvir os Ministros quando no exercício da faculdade prevista no art. 50, § 1º, da Constituição (Const., arts. 50 e 58, § 2º, III); IV – receber petições, reclamações, representações ou queixas de qualquer pessoa contra atos ou omissões das autoridades ou entidades públicas (Const., art. 58, § 2º, IV); V – solicitar depoimento de qualquer autoridade ou cidadão (Const., art. 58, § 2º, V); VI – apreciar programas de obras, planos nacionais, regionais e setoriais de desenvolvimento e sobre eles emitir parecer (Const., art. 58, § 2º, VI); VII – propor a sustação dos atos normativos do Poder Executivo que exorbitem do poder regulamentar (Const., art. 49, V); VIII – acompanhar junto ao Governo a elaboração da proposta orçamentária, bem como sua execução; IX – acompanhar, fiscalizar e controlar as políticas governamentais pertinentes às áreas de sua competência; X – exercer a fiscalização e controle dos atos do Poder Executivo,

Em ambas as Casas, novamente nos termos do art. 58, § 1º, da Constituição, é previsto que as Comissões serão compostas pela regra da proporcionalidade partidária. Na Câmara, há a previsão de que a proporcionalidade é calculada no início dos trabalhos da legislatura e mantida até o seu encerramento (art. 26, RICD). No Senado Federal, é prevista a regra de que a proporcionalidade é calculada no início da primeira e da terceira sessões legislativas ordinárias de cada legislatura (art. 79, RISF). Em ambas as Casas é previsto que o líder do partido ou bloco parlamentar indicará os membros de cada Comissão, e ele pode destituir ou substituir os membros da comissão a qualquer tempo (art. 10, VI e art. 28, RICD, e art. 81 RISF)[7] – o que gera grande concentração de poder nos líderes partidários e não gera incentivos para a permanência e especialização dos parlamentares nas comissões temáticas, uma vez que poderão ser trocados de comissão por decisão unilateral do líder (ESTEVES, 2017, p. 148).

Há também a previsão regimental de que, mesmo sem ser membros das Comissões, os deputados ou senadores podem participar de suas atividades discutindo as matérias, sem, entretanto, proferir voto – prerrogativa restrita aos membros da Comissão (art. 50, § 3º, RICD e art. 112, RISF).

A Presidência das Comissões é definida mediante eleição (art. 39, RICD, e art. 88, RISF), na qual são eleitos Presidente e três Vice-Presidentes (Câmara dos Deputados) e Presidente e Vice-Presidente (Senado Federal). Na prática, entretanto, há um acordo entre as lideranças partidárias para definir quais Presidências caberão a quais partidos, conforme a proporcionalidade partidária.[8] Em relação às medidas provisórias, nos termos da Resolução nº 1, de 2002, do Congresso Nacional, assim como nas comissões permanentes e temporárias das Casas, cabe

incluídos os da administração indireta, e quanto às questões relativas à competência privativa do Senado (Const., arts. 49, X, e 52, V a IX); XI – estudar qualquer assunto compreendido nas atribuições do Senado, propondo as medidas legislativas cabíveis; XII – opinar sobre o mérito das proposições submetidas ao seu exame, emitindo o respectivo parecer; XIII – realizar diligência."

7 No Senado Federal, a exceção são os parlamentares que exercerem a presidência de Comissão, que somente poderão ser destituídos após autorização da bancada.

8 Como exemplos, ver https://agenciabrasil.ebc.com.br/politica/noticia/2016-04/com-atraso-camara-define-partidos-que-vao-ocupar-presidencia-de-comissoes https://www12.senado.leg.br/radio/1/noticia/2021/02/08/presidente-do-senado-se-reune-com-lideres-para-definir-presidencias-das-comissoes

aos líderes partidários fazerem a indicação dos membros da comissão mista que apreciará a medida provisória, composta por 13 Deputados e 13 Senadores, respeitada a proporcionalidade partidária de cada Casa (art. 2º, §§ 2º e 3º), sendo Presidente e Vice-Presidente eleitos pelos membros da Comissão, alternadamente entre as Casas.

Entre suas principais atribuições, cabe ao Presidente da Comissão convocar as reuniões, definir sua pauta, designar os relatores das matérias e resolver questões de ordem surgidas durante as reuniões (art. 41, RICD, e art. 89, RISF). Não há nos Regimentos Internos regras expressas que definam critérios rígidos de prioridade para a designação da pauta pelos Presidentes das Comissões e critérios específicos para nomeação de relatores, para além da proporcionalidade partidária no caso do Senado (art. 126, RISF), o que, na prática, implica grande discricionariedade no exercício dessas competências. No caso das comissões mistas de medidas provisórias, há previsão de que os relatores deverão pertencer a Casa diferente da do Presidente da comissão, mas também não há critérios mais específicos para essa designação.

Há pesquisas empíricas que apontam que a falta de critérios mais rígidos para a definição dos relatores implica uma concentração de relatorias em parlamentares da base de apoio do Poder Executivo, dificultando que as minorias efetivamente relatem as proposições que serão transformadas em lei (FIGUEIREDO, 2012, p. 15; AMARAL, 2009, p. 151). Deve ser ressaltada que a figura do relator é de grande relevância para a tramitação da matéria, uma vez que ele detém prerrogativas regimentais de uso da palavra e emendamento, que, na prática, não são concedidas aos demais parlamentares. Embora exista a possibilidade de apresentação de votos em separado por outros parlamentares, identifica-se uma tendência de aprovação ou rejeição das emendas conforme a posição do relator (CRUZ, 2009, p. 104).

As manifestações colegiadas das comissões se dão por meio dos pareceres. Trata-se de documento pelo qual a maioria da comissão expressa sua posição em relação a um projeto, com suas considerações jurídicas e fáticas sobre a norma que se pretende adotar. Nos regimentos internos consta a previsão genérica de que os pareceres serão conclusivos sobre a aprovação ou rejeição da matéria (art. 129, RICD[9], e art. 133,

9 RICD "Art. 129. O parecer por escrito constará de três partes:
I - relatório, em que se fará exposição circunstanciada da matéria em exame;
II - voto do Relator, em termos objetivos, com a sua opinião sobre a conveniência da aprovação ou rejeição, total ou parcial, da matéria, ou sobre a necessidade de

RISF[10]). No caso da Câmara dos Deputados, exige-se relatório, voto do Relator e parecer da Comissão, sem, entretanto, maiores exigências ao conteúdo dos pareceres.

Deve ser ressaltada a grande relevância dos pareceres colegiados das comissões para o princípio da deliberação do devido processo legislativo. Na prática legislativa, para além dos argumentos iniciais apresentados na justificativa da proposição, é especialmente nos pareceres das Comissões que se reconstrói a proposta em debate, tanto seu conteúdo quanto seu *iter* procedimental, analisam-se em maior profundidade os pressupostos jurídicos e de fato da norma que se pretende editar e os diversos argumentos substantivos de natureza política, econômica, moral, entre outros, em favor ou contra a proposta. Ainda que não esgotem os momentos de troca de argumentos durante o processo legislativo, nos pareceres há grande potencial de se apresentarem as justificativas jurídicas e substantivas para a tomada da decisão legislativa.

No processo legislativo federal é muito frequente que os pareceres das comissões sejam propostos pelo relator e os demais membros da comissão adiram aos fundamentos e sua conclusão. Trata-se de modelo que se aproxima do *per curiam* em que há uma posição efetivamente colegiada com razões e conclusões comuns à maioria dos membros da comissão[11]. Embora seja possível que os membros da comissão ofereçam argumentos concorrentes ou divergentes em votos em separado (art. 57, incisos X e XV, RICD, e art. 132, § 6º, RISF), nas 387 leis ordinárias promulgadas na 55ª Legislatura (2015-2019), em todos os casos de parecer colegiado houve uma maioria formada que concordou integralmente com o voto prevalecente em sua fundamentação e conclusão.

Expostas as principais regras constitucionais e regimentais sobre as comissões no Congresso Nacional, é relevante identificar qual foi o

---

dar-lhe substitutivo ou oferecer-lhe emenda;
III - parecer da Comissão, com as conclusões desta e a indicação dos Deputados votantes e respectivos voto."

---

10 RISF: "Art. 133. Todo parecer deve ser conclusivo em relação à matéria a que se referir, podendo a conclusão ser:
I - pela aprovação, total ou parcial;
II - pela rejeição;
III - pelo arquivamento;
[...]"

11 Para a classificação dos diferentes modelos deliberativos de tribunais - aqui adaptado para o processo de tomada de decisão no Parlamento -, ver Klafke (2019).

papel desempenhado concretamente pelas comissões na aprovação das 387 leis ordinárias gerais da 55ª Legislatura (2015-2019). A Tabela 6 apresenta os dados para os 272 projetos de lei e as 115 medidas provisórias que originaram leis ordinárias no período.

Tabela 6 - Quantitativo de leis ordinárias promulgadas durante a 55ª Legislatura que tiveram pelo menos um parecer colegiado de Comissão

Houve algum parecer colegiado?	Em quantas proposições?	%
MP	**115**	**100,00**
sim	115	100,00
PL	**272**	**100,00**
em nenhuma das Casas	20	7,35
somente na CD	9	3,31
somente no SF	46	16,91
ambas as Casas	197	72,43
Total	**387**	

Fonte: Elaborada pelo autor.

Em relação aos projetos de lei, verifica-se que quase 30% das leis ordinárias aprovadas no período não contaram com pelo menos um parecer colegiado de cada uma das Casas do Congresso Nacional, com destaque para a ausência de parecer colegiado da Câmara dos Deputados em por volta de 25% dos casos – o que reforça a hipótese de que em muitos casos as comissões não concretizam todo seu potencial de produzir informações para a melhor tomada de decisão em Plenário. Isso significa que, nesses casos, foi proferido um parecer monocrático em substituição às comissões das Casas diretamente em Plenário. Houve casos de leis de grande relevância que não foram objeto de nenhum parecer colegiado de comissão durante sua tramitação no Congresso Nacional[12].

12 Como exemplos, Lei nº 13.487, de 6 de outubro de 2017 (Altera as Leis n º 9.504, de 30 de setembro de 1997, e 9.096, de 19 de setembro de 1995, para instituir o Fundo Especial de Financiamento de Campanha (FEFC) e extinguir a propaganda

Trata-se de número alto que aponta para uma prática no Congresso Nacional em que, rotineiramente, aprovam-se projetos de lei sem o exame colegiado de suas Comissões. A prática de adotarem-se decisões legislativas sem pareceres colegiados das Comissões fragiliza o potencial explicativo da teoria informacional acima descrita e, também, a concretização do princípio da deliberação do devido processo legislativo, considerando-se que é nas comissões que estão as maiores oportunidades de ganhos informacionais, debates, participação social e ganhos na qualidade do texto a ser adotado.

Há uma diferença sensível em relação ao número de medidas provisórias que resultaram em leis ordinárias no período que foram objeto de parecer colegiado. Nesse caso, o percentual é de 100%, ou seja, em todos os casos houve a edição do parecer colegiado pela comissão mista, previsto no art. 62, § 9º, da Constituição Federal.

A explicação disso decorre da decisão do STF na ADI nº 4.029 (Pleno, Rel. Min. Luiz Fux, j. 08.03.2012) que fixou o entendimento da inconstitucionalidade de lei fruto de medida provisória sem o parecer da comissão mista. Aqui curiosamente a tramitação de medidas provisórias é, sob o ponto de vista da edição dos pareceres colegiados, mais consentânea ao princípio da deliberação do devido processo legislativo do que a tramitação de projetos de lei ordinária, uma vez que sempre é embasado em pelo menos um parecer colegiado para estudo da matéria. Embora a edição de um parecer colegiado não seja, por si só, uma garantia de qualidade deliberativa, ela permite maior apresentação pública de argumentos, reflexão e debate do que um parecer monocrático. Em outras etapas do processo legislativo, isso também será destacado.

Outro dado aponta no mesmo sentido da reduzida participação das comissões no processo de elaboração das leis ordinárias. Vale observar,

partidária no rádio e na televisão); Lei nº13.142, de 6 de julho de 2015 (Altera os arts. 121 e 129 do Decreto-Lei nº 2.848, de 7 de dezembro de 1940 (Código Penal), e o art. 1º da Lei nº 8.072, de 25 de julho de 1990 (Lei de Crimes Hediondos)); Lei nº 13.107, de 24 de março de 2015 (Altera as Leis n os 9.096, de 19 de setembro de 1995, e 9.504, de 30 de setembro de 1997, para dispor sobre fusão de partidos políticos); Lei nº 13.260, de 16 de março de 2016 (Regulamenta o disposto no inciso XLIII do art. 5º da Constituição Federal, disciplinando o terrorismo, tratando de disposições investigatórias e processuais e reformulando o conceito de organização terrorista; e altera as Leis n º 7.960, de 21 de dezembro de 1989, e 12.850, de 2 de agosto de 2013); Lei nº 13.303, de 30 de junho de 2016 (Dispõe sobre o estatuto jurídico da empresa pública, da sociedade de economia mista e de suas subsidiárias, no âmbito da União, dos Estados, do Distrito Federal e dos Municípios).

na Tabela 7, os dados relativos à quantidade de proposições convertidas em lei na 55ª Legislatura (2015-2019) em que o parecer colegiado de alguma das Comissões foi substituído por parecer monocrático em Plenário.

Tabela 7 – Quantitativo de proposições convertidas em lei na 55ª Legislatura (2015-2019) que receberam pareceres monocráticos de Plenário em substituição a alguma das Comissões

Houve parecer monocrático de Plenário em substituição à Comissão?	Em quantas proposições?	%
MP	**115**	**100,00**
Não	115	100,00
PL	**272**	**100,00**
Em nenhuma das Casas	140	51,47
Somente na CD	69	25,37
Somente no SF	13	4,78
Ambas as Casas	50	18,38
Total	**387**	

Fonte: Elaborada pelo autor.

Os dados revelam que por volta da metade dos projetos de lei ordinária que se transformaram em leis gerais na 55ª Legislatura não receberam os pareceres de todas as Comissões para as quais haviam sido despachados. Em outras palavras, nesses casos, pelo menos uma das comissões competentes teve seu parecer colegiado substituído em Plenário por parecer monocrático. As razões para tanto são associadas a requerimentos de urgência que implicam frequentemente a retirada dos projetos das comissões e o envio direto para o Plenário.

Os pareceres monocráticos em substituição às comissões, do ponto de vista jurídico, devem conter as mesmas informações dos pareceres colegiados. Contudo, especialmente no caso da Câmara dos Deputados, é frequente que os pareceres monocráticos em Plenário sejam extremamente sintéticos com apenas uma ou duas frases sobre a proposição.

Exemplo emblemático foi o da tramitação na Câmara dos Deputados do Projeto de Lei nº 8.703, de 2017, que culminou na Lei nº 13.487, de 6 de outubro de 2017, que criou o Fundo Especial de Financiamento de Campanha, cuja estimativa de recursos, apenas para as eleições de 2018, era de R$ 900 milhões. Após ser submetido ao regime de urgência regimental, houve pareceres monocráticos de um mesmo parlamentar em substituição à Comissão de Finanças e Tributação e de Constituição, Justiça e de Cidadania. A seguir reproduz-se o inteiro teor dos dois pareceres monocráticos, proferidos em Plenário pelo Dep. Vicente Cândido:

> Sr. Presidente, Sras. e Srs. Deputados, pela Comissão de Finanças e Tributação, voto pela adequação orçamentária e financeira; e, no mérito, pela aprovação do PL 8.703/17.
>
> Sr. Presidente, Sras. e Srs. Deputados, pela Comissão de Constituição de Justiça e de Cidadania, voto pela constitucionalidade, juridicidade e boa técnica legislativa; e, no mérito, pela aprovação do PL 8.703/17.

Infelizmente não são episódios isolados, sendo relativamente comuns na prática deliberativa do Congresso Nacional. Nesse sentido, João Trindade Cavalcante Filho refere-se ao "desastre dos pareceres de Plenário", uma vez que não se trata da postura isolada de um ou outro parlamentar, mas de uma verdadeira prática rotineira que esvazia em grande medida o potencial deliberativo da apreciação das proposições legislativas pelo Parlamento (CAVALCANTE FILHO, 2021b).

Para além da redução do potencial de construção coletiva de argumentos dos pareceres monocráticos se comparados aos pareceres colegiados das comissões, a prática do Congresso Nacional é discutir e votar o projeto no mesmo dia em que foi proferido o parecer monocrático em Plenário. Isso leva a uma extrema redução do tempo disponível para maturação dentro e fora do Parlamento dos argumentos (eventualmente) apresentados, configurando, no mínimo, forte restrição a praticamente todos os princípios estruturantes do devido processo legislativo. Essa questão será aprofundada abaixo, ao se tratar dos regimes de urgência.

Essa tendência de se afastarem as comissões permanentes do processo legislativo em concreto não é exclusividade brasileira. Em relação ao Congresso dos EUA, por exemplo, alerta-se que, de 2007 a 2014, 33% das principais leis do período não passaram por nenhuma comissão na Câmara dos Representantes (SINCLAIR, 2017, p. 18). Trata-se de cenário cada vez mais frequente em razão da acentuada polarização política que leva a práticas de afastamento das regras ordinárias de tramitação legislativa, especialmente mediante o exame direto em Plenário das proposições sem parecer das comissões (OLESZEK, 2020, p. 2).

Para além da questão da elaboração dos pareceres colegiados pelas comissões, é relevante identificar como desempenham suas funções nos casos em que aprovam projetos de lei sem a necessidade de manifestação do Plenário da respectiva Casa. Utilizando-se a terminologia inspirada no direito italiano e no espanhol proposta por Paulo Adib Casseb, pode-se denominar esse rito de "procedimento deliberante" (também chamado de "conclusivo", nos termos do art. 24 do RICD, ou de "terminativo", conforme art. 91 do RISF) no qual uma proposição é aprovada definitivamente por uma comissão sem a necessidade de ir a Plenário (CASSEB, 2008, p. 53).

A Constituição Federal, em seu art. 58, § 2º, inciso I, estabelece que às comissões compete discutir e votar projetos sem a necessidade de deliberação final do Plenário, com a possibilidade de recurso por 1/10 dos membros da respectiva Casa. Embora exista alguma controvérsia doutrinária no direito comparado se se trataria de uma delegação do Plenário das Casas para suas comissões, no caso brasileiro, a verdade é que os regimentos internos estabelecem casos de adoção do procedimento deliberante sem a necessidade de votação prévia em Plenário para tanto.

O RICD estabelece, em seu art. 24, uma ampla possibilidade de submissão dos projetos de lei ao procedimento deliberante, disciplinando expressamente as exceções:

> Art. 24. Às Comissões Permanentes, em razão da matéria de sua competência, e às demais Comissões, no que lhes for aplicável, cabe:
>
> I - discutir e votar as proposições sujeitas à deliberação do Plenário que lhes forem distribuídas;
>
> II - discutir e votar projetos de lei, dispensada a competência do Plenário, salvo o disposto no § 2º do art. 132 e excetuados os projetos:
>
> às demais Comissões, no que lhes for aplicável, cabe:
>
> a) de lei complementar;
>
> b) de código;
>
> c) de iniciativa popular;
>
> d) de Comissão;
>
> e) relativos a matéria que não possa ser objeto de delegação, consoante o § 1º do art. 68 da Constituição Federal;
>
> f) oriundos do Senado, ou por ele emendados, que tenham sido aprovados pelo Plenário de qualquer das Casas;
>
> g) que tenham recebido pareceres divergentes;
>
> h) em regime de urgência.

Já o RISF, em seu art. 91, disciplina expressamente os casos em que será automaticamente adotado o procedimento deliberante, além de outros em que poderá ser atribuída tal competência para as comissões, mediante decisão do Presidente da Casa, ouvidas as lideranças partidárias.[13] As hipóteses de procedimento deliberante automático no RISF são:

> Art. 91. Às comissões, no âmbito de suas atribuições, cabe, dispensada a competência do Plenário, nos termos do art. 58, § 2º, I, da Constituição, discutir e votar:
>
> I - projetos de lei ordinária de autoria de Senador, ressalvado projeto de código;
>
> II - projetos de resolução que versem sobre a suspensão da execução, no todo ou em parte, de lei declarada inconstitucional por decisão definitiva do Supremo Tribunal Federal (Const., art. 52, X).
>
> III - projetos de decreto legislativo de que trata o § 1º do art. 223 da Constituição Federal. [14]

A Tabela 8, a seguir, expressa os dados de tramitação deliberante nos 272 projetos de lei transformados em lei ordinária durante a 55ª Legislatura (2015-2019), ou seja, sem votação no Plenário de pelo menos uma das Casas durante toda sua tramitação.

---

13 RISF: "Art. 91 § 1º O Presidente do Senado, ouvidas as lideranças, poderá conferir às comissões competência para apreciar, terminativamente, as seguintes matérias: I - tratados ou acordos internacionais (Const., art. 49, I); II - autorização para a exploração e o aproveitamento de recursos hídricos e a pesquisa e lavra de riquezas minerais em terras indígenas (Const., art. 49, XVI); III - alienação ou concessão de terras públicas com área superior a dois mil e quinhentos hectares (Const., art. 49, XVII); IV - projetos de lei da Câmara de iniciativa parlamentar que tiverem sido aprovados, em decisão terminativa, por comissão daquela Casa; V - indicações e proposições diversas, exceto: a) projeto de resolução que altere o Regimento Interno; b) projetos de resolução a que se referem os arts. 52, V a IX, e 155, §§ 1º, IV, e 2º, IV e V, da Constituição; c) proposta de emenda à Constituição."

14 Há um entendimento na prática do Senado Federal de que, por interpretação *a contrario sensu* do art. 91 do RISF, seria vedada a tramitação terminativa de projeto de lei de autoria do Poder Executivo.

Tabela 8 - Quantidade de projetos de lei ordinária aprovados exclusivamente em procedimento deliberante pelas Comissões na 55ª Legislatura (2015-2019)

Houve aprovação exclusivamente deliberante?	**Em quantas proposições?**	**%**
Em nenhuma das Casas	127	46,69
Somente CD	75	27,57
Somente SF	11	4,04
Ambas as Casas	59	21,69
Total	**272**	**100,00**

Fonte: Elaborada pelo autor.

Os dados acima apontam que em aproximadamente 20% dos projetos de lei ordinária convertidos em leis promulgadas na 55ª Legislatura foi empregado exclusivamente o procedimento deliberante em ambas as Casas do Congresso Nacional. Em outras palavras, em aproximadamente 80% dos casos um projeto de lei passou pelo Plenário de alguma das Casas em algum momento do processo legislativo. É interessante ver que, em sua grande maioria, se trata de matérias de menor impacto social e econômico, e nenhuma delas foi de autoria do Poder Executivo. Esse número corrobora pesquisas anteriores que constataram que, entre 1989 e 1994, apenas 16% e, entre 1985 a 1998, apenas por volta de 8% dos projetos de lei aprovados foram em procedimento deliberante na Câmara dos Deputados (PEREIRA; MUELLER, 2000, pp. 49-50; FIGUEIREDO; LIMONGI, 2001, p. 58). Diante desses dados, a apreciação definitiva pelas comissões no Congresso Nacional, embora apresente número relevante, não é a regra na prática legislativa.

Diante desse perfil de atuação das comissões, quais conclusões podem ser extraídas?

A doutrina jurídica faz a defesa normativa da existência do modelo de comissões especialmente com base em razões próximas do modelo da teoria informacional utilizada pela ciência política. Em outras palavras, as razões normativas para a existência das comissões são justamente possibilitar um ganho de eficiência nos trabalhos mediante a especialização dos parlamentares, permitindo que o Plenário tome melhores decisões à luz dos estudos produzidos pelos órgãos fracionários. Essa aproximação, entretanto, apresenta dois problemas.

O primeiro é um certo formalismo ao se fazer a defesa da existência das comissões a partir de um dos vários modelos utilizados pela ciência política positiva para explicar sua existência. É verdade que uma das possíveis explicações para a existência das comissões é efetivamente sua capacidade de gerar maiores informações e, dessa maneira, possibilitar que os parlamentares em plenário possam tomar decisões que mais se ajustem às suas preferências. Esse potencial, entretanto, é muitas vezes reduzido na prática do Congresso Nacional pela possibilidade de requerimentos de urgência que retiram os projetos das comissões, cujos pareceres colegiados serão substituídos por relatórios monocráticos oferecidos diretamente em Plenário.

Isso reforça a hipótese de que, em diversos casos, as comissões funcionam mais como um mecanismo de veto e seleção das proposições que chegarão ou não a Plenário, sendo o comportamento dos parlamentares mais bem explicado pela teoria distributivista ou do controle partidário sobre os membros das comissões. Naturalmente existe a possibilidade de que a melhor explicação seja um modelo que combine essas três perspectivas ou ainda algum outro a ser desenvolvido. Essas hipóteses são corroboradas pelos dados obtidos acima da 55ª Legislatura, considerando-se que por volta de 30% dos projetos de lei ordinária não tiveram pareceres colegiados de alguma das Casas do Congresso Nacional e por volta de metade delas não recebeu todos os pareceres das comissões para as quais havia sido despachada.

A realidade da existência das comissões é extremamente complexa, havendo diversos vetores de influência no comportamento dos parlamentares nas comissões que buscam gerar resultados concretos para seus eleitores, evitar o avanço de propostas pouco relevantes ou consideradas indesejadas, revelar informações úteis ao processo legislativo e ainda devem se alinhar às orientações das lideranças (muitas vezes em consonância com o Poder Executivo) no desempenho de sua tarefa.

A avaliação jurídica do arranjo institucional das comissões deve, portanto, levar em conta esses vetores para que seus trabalhos possam ser desenvolvidos à luz dos princípios do devido processo legislativo. No mínimo, deve ser afastada uma pressuposição sem base empírica de que o arranjo institucional do processo legislativo, no que se refere às comissões, tem por objetivo exclusivo gerar um ganho informacional relevante simplesmente por sua previsão constitucional ou regimental.

Na verdade, como visto, as regras de tramitação legislativa referentes às comissões no processo legislativo federal brasileiro são: a) fortemente concentradoras de poder em seus Presidentes, que, na prática, podem fixar suas pautas e designar os relatores das matérias; b) não estabelecem exigências mínimas de conteúdo dos pareceres a serem apresentados pelas Comissões; c) com exceção das medidas provisórias, não criam um regime jurídico que favoreça o exame colegiado das proposições pelas comissões, tendo em vista que em praticamente metade dos projetos de lei ordinária examinados alguma das comissões foi substituída por um único parlamentar em Plenário; e d) a despeito da previsão constitucional, não implicam a adoção do procedimento deliberante em ambas as Casas do Congresso Nacional na grande maioria dos casos.

Isso levanta questões importantes em face dos princípios do devido processo legislativo, pois há fortes restrições ao princípio da deliberação, já que as comissões, em muitos casos, não desempenham seu papel de apresentar, de modo colegiado, novas informações e argumentos presentes na esfera pública para o processo de tomada de decisão.

O segundo problema da justificativa normativa da existência das comissões com base em razões próximas da teoria informacional, fundadas na ideia da divisão de trabalho e eficiência, é que ela remonta a uma visão de que o único ou principal fundamento do processo legislativo seria a regra da maioria, como criticado no Capítulo 3. A ideia seria a de que, como as comissões devem guardar proporcionalidade partidária em relação ao Plenário, o espelhamento de forças nos órgãos fracionários permitiria o estudo da matéria e eventual tomada de decisão mais célere da mesma forma que o Parlamento todo tomaria.

Entretanto, quando se examinam os demais princípios estruturantes do devido processo legislativo, o potencial da justificativa normativa das comissões é bastante ampliado. Não se trata apenas de um método de divisão de trabalho em busca de celeridade e especialização, cujo objetivo é permitir uma tomada de decisão mais bem informada pelo Plenário. As comissões são um *lócus* privilegiado para os trabalhos parlamentares dos representantes das minorias políticas, que naturalmente tem grandes dificuldades de exercer suas prerrogativas direto em Plenário.

Além disso, é nos trabalhos das comissões que se faz presente com mais intensidade a participação social formalizada. Embora haja a previsão no art. 91 do RICD da existência de uma "Comissão Geral" no Plenário, em que é possível o debate de matérias relevantes e projetos de lei de iniciativa popular com outras pessoas para além dos parlamentares, e, no Senado Federal, existam as sessões de debates temáticos (art. 154, inciso IV e § 7º, RISF), é nas comissões onde se realizam com frequência as audiências públicas e outros instrumentos de participação social, como será visto em maiores detalhes abaixo. Por fim, nas comissões a publicidade dos trabalhos legislativos é ampliada, na medida em que permite que os diversos segmentos sociais acompanhem as proposições relativas de seu interesse em comissões de eixos temáticos, diminuindo os custos desse monitoramento, caso comparado com toda a atividade legislativa em desenvolvimento no Parlamento.

Em face dos princípios do devido processo legislativo, portanto, a atuação das comissões adquire redobrada importância, pois permite a formação de preferências durante o processo legislativo não apenas dos membros no Plenário (em modelo próximo ao proposto pelas teorias informacionais), mas dos próprios parlamentares da comissão, dos atores externos interessados que participam do processo legislativo por canais institucionalizados e pela sociedade como um todo, que acompanha o debate legislativo mais detalhado e aprofundado. Além do ganho informacional, há potencial ganho, em última análise, de legitimidade democrática, pois há maiores possibilidades de atuação das minorias parlamentares, acompanhamento e participação social.

Do ponto de vista do princípio da deliberação e das regras dos regimentos internos das Casas do Congresso Nacional, a apreciação pelas comissões deve ser a regra. Naturalmente, não se trata de afirmar a existência de uma regra jurídica constitucional fechada de que todos os projetos e proposições devem ser apreciados pelas comissões – como já afastado no Capítulo anterior ao se examinarem as teorias maximalistas ou intermediárias da iniciativa legislativa. Como visto, adota-se a teoria minimalista da iniciativa legislativa, de modo que as matérias devem ser enviadas para comissão para que ela realize juízo político de quais serão submetidas a maior exame ou não. Além disso, há as situações de regimes de urgência, em que o princípio da eficiência justifica a tomada de decisão em tempo muito mais célere do que o usual.

Entretanto, como será aprofundado abaixo, a reiterada utilização dos regimes de urgência para afastar o exame colegiado das comissões das proposições em andamento pode gerar distorções em face dos princípios do devido processo legislativo. Isso não somente porque pode haver informações relevantes a serem levantadas a respeito do projeto para uma melhor deliberação em Plenário e que não foram reveladas durante a fase de apreciação pelas comissões, mas especialmente porque, por mais bem preparado que tenha sido um projeto de lei com o maior número de razões favoráveis e contrárias a ele, as comissões não têm apenas o papel informacional.

As comissões têm o potencial de permitir: a) chamar a atenção da opinião pública para os temas que estão em debate; b) às minorias parlamentares fazerem-se ouvir com mais facilidade em um órgão colegiado muito menor do que o Plenário; c) a participação qualificada da sociedade no processo legislativo, oferecendo sugestões e críticas específicas ao texto em debate e não somente ao tema político de fundo (como exige a ideia de "canonicidade" das proposições legislativas); e d) a avaliação mais profunda dos argumentos feita em ambiente politicamente mais arrefecido do que o Plenário para ganho de qualidade das propostas em discussão.

Em face disso, diversos pontos de aprimoramento podem ser sugeridos, especialmente tendo em vista prerrogativas procedimentais fundadas em regras de submaiorias.

Um possível aperfeiçoamento seria estabelecer a possibilidade de as minorias políticas terem maiores poderes de pauta nas comissões, como a indicação de uma quantidade determinada de projetos a cada sessão legislativa ou definir a pauta de algumas de suas reuniões. Como será visto adiante, há exemplos no direito comparado que contemplam essa possibilidade para o plenário dos Parlamentos e que poderia ser adaptada para a realidade das comissões. Outro possível ponto de aperfeiçoamento seria instituir outras formas mais igualitárias de indicação dos relatores, como o sorteio[15] ou, como no caso da União Europeia, mediante um sistema de pontos atribuídos a cada grupo parlamentar, conforme o tamanho de sua bancada, que pleiteiam as relatorias com base na utilização desses pontos (COSTELLO; THOMSON, 2010, p. 221).

Também seria interessante prever a figura de um "relator da oposição", com poderes processuais de participar mais ativamente do processo de negociação e deliberação sobre a matéria. Trata-se de conferir efetivos poderes às minorias parlamentares por meio da designação de um membro da comissão para examinar a matéria e influenciar o processo de tomada de decisão. Há uma série de prerrogativas que podem ser avaliadas como possibilidade de um pedido de vista com prazo diferenciado, possibilidade de determinação de audiência pública ou outras formas de participação social, possivelmente com uma regra de maioria qualificada na comissão para afastar esses poderes.

Um modelo interessante que pode servir de inspiração para o "relator da oposição" é o adotado pelo Parlamento Europeu. Conforme o art. 74.1 e art. 215 do Regimento Interno do Parlamento Europeu, as negociações entre Parlamento, Comissão e Conselho são chefiadas pelo

15 Houve proposta nesse sentido no Senado Federal mediante o Projeto de Resolução do Senado nº 77, de 2013.

relator e presididas pelo Presidente da respectiva comissão temática, mas há a possibilidade de os "relatores-sombra" (*shadow rapporteur*) – parlamentares designados pelos seus próprios blocos parlamentares – acompanharem as negociações entre Parlamento e demais órgãos da União Europeia.[16] Trata-se de mecanismo que permite que especialmente os membros de partidos menores tomem parte nas negociações em âmbito europeu e influenciem a tomada de decisão nas negociações durante o processo legislativo (HÄGE; RINGE, 2019).

Nesse mesmo sentido, na Itália, o art. 79.12 do Regimento Interno da Câmara dos Deputados contém previsão da possibilidade de um "relator da minoria", designado pelos parlamentares vencidos em uma comissão, para relatar e, eventualmente, apresentar um texto alternativo ao Plenário[17]. No caso do Senado da República, conforme o art. 31.1 e 43.6 de seu Regimento Interno, admite-se também que não membros da comissão apresentem um "relatório da minoria", ainda que sem direito ao voto na comissão[18].

Esse modelo permite ir além das possibilidades atuais no Congresso Nacional de os membros das comissões proferirem votos em separado, pois confere prerrogativas procedimentais ao "relator da oposição" ou "relator da minoria" de influenciar a tomada de decisão. Trata-se aqui de uma importante regra de submaioria, na terminologia de Vermeule, em que a minoria pode participar mais ativamente dos trabalhos legislativos.

16 Regimento Interno do Parlamento Europeu:
"Art. 74.1 A equipa de negociações do Parlamento é chefiada pelo relator e presidida pelo presidente da comissão competente ou por um vice-presidente designado pelo presidente. A equipa é constituída, pelo menos, pelos relatores-sombra de cada grupo político que deseje participar."
"Art. 215. Os grupos políticos podem designar um relator-sombra para cada relatório, que acompanha o andamento do relatório em causa e procura alcançar compromissos em nome do grupo no seio da comissão. Os nomes dos relatores-sombra são comunicados ao presidente da comissão."

17 Regimento Interno da Câmara dos Deputados da Itália: Art. 79.12 [...] Os Grupos dissidentes podem designar, também em conjunto, relatores da minoria. Cada relatório minoritário tem um texto próprio, ainda que parcialmente alternativo ao texto da Comissão, formulado em artigos correspondentes a este último."

18 Regimento Interno do Senado da República da Itália:
Art. 31.1 "Cada Senador pode participar das sessões de Comissões diferentes daquelas a que pertence, sem direito a voto."
Art. 43.6 "É sempre permitida a apresentação de relatórios da minoria."

Por fim, novamente com base no direito comparado relacionado às diretrizes de legística material e ampliação da Avaliação de Impacto Legislativo, seria interessante adotar regras regimentais a fim de que os pareceres apresentem os impactos da decisão legislativa em discussão, justifiquem a necessidade ou não de se realizar diligências e consultas populares para instruir a matéria, façam referência à posição da minoria parlamentar ou de órgãos técnicos que participaram da elaboração legislativa, como regras de concretização dos princípios da igualdade política, participação social, deliberação e eficiência do devido processo legislativo.[19]

Adotando-se as constatações supramencionadas de que o potencial democrático das comissões vai além do aspecto informacional, no próximo item serão examinadas as possibilidades de participação social em seus trabalhos.

6.1.2. Participação social institucionalizada nas comissões

Como exposto no Capítulo 4, embora não exista uma regra constitucional expressa a respeito da necessidade da participação social no processo legislativo, há diversos dispositivos constitucionais dos quais se pode extrair um princípio nesse sentido estruturante do devido processo legislativo.

19 A esse respeito, o art. 79.4 do Regimento Interno da Câmara dos Deputados da Itália apresenta diversas informações a serem obtidas durante a atividade instrutória das comissões:
"Durante o exame no referente, a Comissão adquire os elementos de conhecimento necessários para verificar a qualidade e eficácia das disposições contidas no texto. Para isso, a investigação leva em consideração os seguintes aspectos:
a) a necessidade de intervenção legislativa, no que respeita à possibilidade de atingir os seus fins recorrendo a outras fontes que não a lei;
b) conformidade da disciplina proposta com a Constituição, sua compatibilidade com a legislação da União Europeia e respeito pelas competências das regiões e autonomias locais;
c) a definição dos objetivos da intervenção e a adequação dos meios identificados para os atingir, a adequação dos prazos previstos para a implementação da disciplina, bem como os encargos para a administração pública, cidadãos e empresas;
d) a inequívoca e clareza do significado das definições e disposições, bem como a adequada disposição da matéria em artigos e parágrafos."
Como outros exemplos, há o § 66, 2, do Regimento Interno da Câmara Federal da Alemanha (*Bundestag*) que exige que os pareceres façam menção à posição das comissões anteriores e da minoria parlamentar e o art. 137º, do Regimento Interno da Assembleia da República Portuguesa, que exige que os pareceres obrigatoriamente contenham em anexo a Nota Técnica elaborada pelos serviços de apoio da Casa.

Como visto, o principal instrumento de participação social no processo legislativo é o próprio vínculo de representação política, que permite a todo e qualquer interessado (mesmo que não ostente a condição de cidadão enquanto titular de direitos políticos *stricto sensu*) entrar em interações formais e informais com os parlamentares para apresentar seus argumentos a favor ou contra uma proposta. Lembre-se que a participação social no processo legislativo ocorre por diversos meios e espaços com maior ou menor grau de institucionalização, em que há narrativas plurais sobre a elaboração legislativa dentro e fora do Parlamento.

A participação social formalizada no processo legislativo está longe, portanto, de retratar a totalidade das interações entre os parlamentares e a sociedade. De todo modo, ela deve ser objeto de atenção específica e, consequentemente, de regulação jurídica para que existam momentos, critérios e formas de registro e divulgação de algumas dessas interações dos parlamentares com a sociedade em geral. Retomando as colocações de Ana Paula de Barcellos, a institucionalização da participação social reduz custos de monitoramento e de participação, eleva a atenção pública sobre os projetos em debate facilitando a articulação social e parlamentar e aumenta a possibilidade de influência de grupos com menor acesso às vias informais de interação (BARCELLOS, 2016, p. 204).

Na sequência, são examinadas as possibilidades mais frequentemente utilizadas de participação social formalizada no processo legislativo, especificamente, nas comissões, destacando-se as audiências públicas, as sugestões legislativas, o envio de documentos e os mecanismos digitais de participação.

Para as modalidades de participação social formalizada é útil utilizar um esquema conceitual proposto por Achong Fung (2006, p. 66-75), a respeito de três eixos sobre os quais é possível conceber as formas institucionalizadas de participação social em processos decisórios ("quem, como e qual impacto decisório").

O primeiro eixo refere-se a quem pode participar do processo de tomada de decisão. Há um contínuo de possibilidades, desde arranjos que permitem a participação de todo e qualquer interessado, passando por convite a pessoas de grupos específicos até a participação apenas de *experts* e autoridades públicas.

O segundo eixo refere-se à forma de comunicação e eventual tomada de decisão. Em um dos extremos há modelos em que somente algumas pessoas são autorizadas a falar, outros em que há possibilidade de perguntas pontuais, até a ampla troca de argumentos e tomada de posicionamento coletivo por agregação ou consenso.

Por fim, o terceiro eixo refere-se ao impacto da participação no processo de tomada de decisão. Aqui há variação desde a manifestação pública de opinião com poucas expectativas de impacto, conselhos e sugestões que podem ser levadas em consideração pelas autoridades competentes até a tomada de uma decisão vinculante.

Não há uma fórmula apriorística que defina como esses eixos devem ser concretizados em diversos ambientes públicos e privados de tomada de decisão. De todo modo, eles oferecem um substrato analítico interessante para compreender os modelos vigentes e imaginar possíveis modelos alternativos.

A forma mais usual de participação social formalizada no processo legislativo na experiência dos países democráticos é por meio das audiências públicas (FUNG, 2015, p. 1).

No Brasil, não é diferente. Todos os anos as Casas do Congresso Nacional realizam centenas ou milhares de audiências públicas. De 2007 a 2015 (53ª e 54ª Legislatura) foram realizadas 2.978 audiências públicas na Câmara dos Deputados (média 349 por sessão legislativa) (RESENDE, 2018, p. 96). Entre 2011 e 2014, foram realizadas 1.095 audiências públicas no Senado Federal (NASCIMENTO, 2015, p. 19-20).

A Constituição Federal estabelece a possibilidade de as comissões das Casas Legislativas do Congresso Nacional realizarem "audiências públicas com entidades da sociedade civil" (art. 58, § 2º, inciso II). Chama a atenção o fato de que as audiências contam com a presença de "entidades da sociedade civil" e não do cidadão ou de pessoas em geral. Embora não se tenha uma proibição de participação em audiência pública de pessoas desvinculadas de entidades, essa expressão já aponta para uma tendência de se privilegiar a participação de atores institucionais e não do cidadão em geral nesses momentos. Retomando a estrutura analítica de Archon Fung, há aqui uma diretriz de participação somente para alguns atores sociais e não para a sociedade como um todo.

Na mesma linha da Constituição, o RICD e o RISF estabelecem que as comissões poderão realizar audiência pública com entidade da sociedade civil mediante proposta de qualquer parlamentar membro da comissão ou de entidade interessada, que deverá ser aprovado pela maioria da comissão (art. 255, RICD, e art. 93, RISF). Aprovada a realização da audiência pública, serão convidados as "autoridades, as pessoas interessadas e os especialistas ligados às entidades participantes", de modo que haja defensores e opositores das medidas em debate (art. 256, *caput*, e § 1º, RICD, e, no mesmo sentido, art. 94, § 1º, RISF). O convidado fará exposição, sem interrupções, e, ao final, o membro da comissão poderá fazer questionamentos (art. 256, §§ 2º a 5º, RICD, e art. 94, §§ 2º e 3º, RISF). A reunião é encerrada, lavrando-se a ata com os pronunciamentos e documentos (art. 258, RICD, e art. 95, RISF). Não é prevista formalmente a interação entre os convidados nem a possibilidade da adoção de uma declaração ou posicionamento conjunto, mas apenas uma manifestação em formato de palestra sobre o projeto ou tema em discussão.

Do regime jurídico acima, salta aos olhos que as comissões têm a discricionariedade de escolherem quando convocar uma audiência pública ou não. Não há critérios para orientar os casos em que isso deverá ocorrer; há previsão apenas da finalidade para a qual se realizam as audiências públicas, que é, basicamente, auxiliar na instrução da matéria, ou seja, a audiência pública é regulamentada pelos regimentos como se fosse apenas um instrumento informacional para o processo legislativo à disposição dos parlamentares. A única exceção prevista em lei ou regimento em que é obrigatório realizar audiências públicas é relativa aos projetos de lei honoríficos para instituição de datas comemorativas, nos termos da Lei nº 12.345, de 9 de dezembro de 2010,[20] , além do já mencionado art. 6º da Convenção nº 169 da OIT sobre povos indígenas e tribais.

Os Regimentos Internos das Casas do Congresso Nacional contêm regras fundamentais para a concretização dos princípios da igualdade política, da participação social e deliberação do devido processo legislativo, por meio das previsões de que deverá haver convidados favoráveis e contrários às medidas em discussão. Contudo, novamente não há cri-

---

20 Lei nº 12.345/2010: "Art. 1º A instituição de datas comemorativas que vigorem no território nacional obedecerá ao critério da alta significação para os diferentes segmentos profissionais, políticos, religiosos, culturais e étnicos que compõem a sociedade brasileira.
Art. 2º A definição do critério de alta significação será dada, em cada caso, por meio de consultas e audiências públicas realizadas, devidamente documentadas, com organizações e associações legalmente reconhecidas e vinculadas aos segmentos interessados.
Art. 3º A abertura e os resultados das consultas e audiências públicas para a definição do critério de alta significação serão objeto de ampla divulgação pelos meios oficiais, facultando-se a participação dos veículos de comunicação social privados.
Art. 4º A proposição de data comemorativa será objeto de projeto de lei, acompanhado de comprovação da realização de consultas e/ou audiências públicas a amplos setores da população, conforme estabelecido no art. 2º desta Lei.".

térios específicos para a identificação de quem serão as instituições a participar dos debates. Isso possibilita que, para além da discricionariedade de realizar ou não a audiência, há grande margem de escolha sobre quem serão os convidados a participar (OLIVEIRA, 2010, p. 179). É prevista a possibilidade de entidades solicitarem a realização da audiência, mas nenhum procedimento ou critério substantivo para decidir se o pedido será atendido ou se a entidade solicitante será convidada.

Além da grande discricionariedade para decidir se haverá a audiência pública e quem serão os convidados, pesquisas apontam o baixo comparecimento dos parlamentares a elas (RESENDE, 2018, p. 81; BARROS; MONTEIRO; SANTOS, 2018, p. 157). O próprio RISF (art. 93, § 2º) permite a realização da audiência pública com a presença apenas de dois parlamentares membros da comissão. Atualmente, as audiências são gravadas com a produção de notas taquigráficas para posterior consulta, possibilitando os desejados ganhos informacionais por meio da gravação e destaque da atenção pública para o tema em debate. Contudo, a falta de presença dos parlamentares impossibilita a interação em tempo real com os convidados, dificultando que as informações consideradas relevantes pelos parlamentares sejam expostas na audiência.

Diante desse cenário, utilizando-se das categorias de análise de participação social propostas por Archon Fung, as audiências públicas no processo legislativo federal brasileiro adotam uma forte seletividade nos participantes ("instituições" e especialistas, preferencialmente), um modelo rígido de comunicação entre os participantes na forma de uma palestra sem interação imediata, mas apenas com diálogo pontual com os parlamentares, e sem um documento ou tomada de posição coletiva como produto final, sendo as exposições apenas reduzidas a termo.

A despeito das centenas ou milhares de audiências públicas realizadas todos os anos no Congresso Nacional, cabe investigar quantas são realizadas nas comissões para debater especificamente os projetos de lei e medidas provisórias que foram convertidas em leis ordinárias. Para tanto, apresenta-se, na Tabela 9, a quantidade de proposições que deram origem às 387 leis gerais na 55ª Legislatura sobre as quais foram realizadas audiências públicas nas comissões permanentes e comissões mistas de apreciação de medidas provisórias.

Tabela 9 - Quantidade de proposições convertidas em lei ordinária durante a 55ª Legislatura (2015-2019) sobre as quais se realizou audiência pública

Houve alguma audiência pública?	Em quantas proposições?	%
MP	**115**	**100,00**
Não	51	44,35
Sim	64	55,65
PL	**272**	**100,00**
Não	233	85,66
Ambas as Casas	7	2,57
Somente na CD	21	7,72
Somente no SF	11	4,04
Total	**387**	**100,00**

Fonte: Elaborada pelo autor.

Os números acima chamam a atenção. Dos 272 projetos de lei ordinária que efetivamente se transformam em lei durante a 55ª Legislatura, somente em 39 (por volta de 15%) houve a realização de audiências públicas especificamente destinadas a debater os projetos de lei em apreciação nas comissões. Esses dados revelam que há relativamente pouca participação social formalizada por meio de audiências públicas nos projetos de lei ordinária, uma vez que na grande maioria dos casos não se utilizou de tal mecanismo.

De outro lado, nas comissões mistas para apreciação de medidas provisórias, houve a realização de audiências públicas em 64 (55,65%) das 115 medidas provisórias que se transformaram em lei ordinária durante a 55ª Legislatura.

Esses dados afastam a percepção de que haveria menos participação social formalizada no processo legislativo das medidas provisórias do que projetos de lei ordinária. Como já apontado, há diversas matérias de alto impacto social e econômico tanto nos projetos de lei, quanto nas medidas provisórias examinadas no período, de modo que é pouco plausível supor que essa diferença de participação social seja decorrência exclusiva do conteúdo das proposições.

Embora não se tenha uma explicação causal para tanto, no presente, uma hipótese é que, como visto no item anterior, em virtude da maior previsibilidade e rigidez das regras de tramitação das medidas provisórias (como a edição obrigatória de parecer colegiado pela comissão mista, nos termos do art. 62, § 9º, da Constituição Federal), há maiores condições de a sociedade se mobilizar e pressionar os parlamentares para que realizem audiências públicas antes da edição do parecer. Como não há a possibilidade de, a qualquer momento, um requerimento de urgência retirar uma matéria de uma comissão, isso facilita a criação das oportunidades para a realização das audiências públicas. Também pode haver maior interesse dos parlamentares em realizar tais eventos, uma vez que as matérias objeto de medida provisória são geralmente de alta saliência política e a composição das comissões mistas é *ad hoc*, permitindo que parlamentares com pouco espaço nas principais comissões permanentes se interessem em atrair atenção da opinião pública para a matéria em debate.

Para além da função informacional, retomando as colocações feitas no item anterior sobre o papel das comissões no processo legislativo, as audiências públicas não são apenas instrumentos a serviço dos parlamentares para obter informações. Como visto no Capítulo 3, os fundamentos normativos do processo legislativo vão muito além do interesse da maioria parlamentar ou dos parlamentares como um todo. As audiências públicas são, por si só, instrumento de participação social e, nesse sentido, de ganho de legitimidade democrática à luz dos princípios estruturantes do devido processo legislativo.

Há pesquisa feita mediante entrevistas com participantes de audiências públicas no Congresso Nacional em que os entrevistados consideram importantes as audiências para além de seu aspecto informacional dirigido aos parlamentares, pois possibilitam a divulgação de posicionamentos para a esfera pública em geral e uma possibilidade de melhor interlocução dos participantes inclusive com o Poder Executivo, que também acompanha e participa rotineiramente das audiências (RESENDE, 2018, p. 81-82). Isso reforça a constatação de que os objetivos dos participantes das audiências públicas vão além de apenas levar informações a conhecimento dos parlamentares.

De lege ferenda, seria interessante que existissem regras mais claras para os critérios a serem utilizados na decisão sobre a oportunidade de realização e os convidados de audiências públicas, de modo que também as minorias parlamentares pudessem determinar sua realização e convites em casos específicos.

Há o exemplo do § 70 do Regimento Interno do Parlamento da Alemanha (*Bundestag*) que prevê a possibilidade de um quarto dos membros requererem, de modo obrigatório, a realização de audiência pública para matérias pendentes de apreciação na comissão com a indicação de um número mínimo de convidados. Trata-se de importante regra de submaioria que permite a alteração do rito procedimental da apreciação de uma proposição, mobilizando diferentes segmentos sociais que poderiam ter dificuldades de serem ouvidos durante a tramitação legislativa. Também é prevista a participação de entidades representativas dos entes locais, no caso de proposições que afetem suas finanças ou organização administrativa (§ 69.5 do Regimento Interno)[21].

Há também exemplos do direito português, cuja Constituição, em seus arts. 54º.5, alínea "d", e 56º.2, alínea "a"[22], prevê a participação

21 Regimento Interno do *Bundestag* alemão: "§ 70 Sessões de audiência pública
(1) A fim de fornecer informações sobre um assunto sob sua apreciação, uma comissão pode realizar audiências públicas de especialistas, grupos de interesse e outras pessoas que prestam informações. No caso de matérias despachadas à comissão, ela é obrigada a realizar a audiência a pedido de um quarto de seus membros; no caso de matérias não despachadas a ela, nos termos do § 62 (1), frase 3, uma audiência será realizada por decisão da comissão. A decisão de realizar a audiência somente será tomada se o respectivo requerimento constar da ordem do dia da comissão.
(2) Se for solicitada uma audiência pública por uma minoria dos membros da comissão, de acordo com o parágrafo 1, as pessoas por ela indicadas deverão ser ouvidas. Se a comissão decidir limitar o número de pessoas a serem ouvidas, a minoria pode indicar apenas a proporção do número total de entrevistados a serem ouvidos que corresponda à sua representatividade na comissão."

22 Constituição Portuguesa: "Artigo 54º.5 Constituem direitos das comissões de trabalhadores:
[...]
d) Participar na elaboração da legislação do trabalho e dos planos económico-sociais que contemplem o respetivo sector;
[...]
Artigo 56º
Direitos das associações sindicais e contratação coletiva
[...]
2. Constituem direitos das associações sindicais:
a) Participar na elaboração da legislação do trabalho;
b) Participar na gestão das instituições de segurança social e outras organizações que visem satisfazer os interesses dos trabalhadores;
c) Pronunciar-se sobre os planos económico-sociais e acompanhar a sua execução;
d) Fazer-se representar nos organismos de concertação social, nos termos da lei;
[...]"

obrigatória dos trabalhadores na elaboração legislativa relacionadas à temática do trabalho, sendo que Lei nº 36/1999 também previu a participação de entidades patronais. Como destaca Roger Stiefelmann Leal, o Tribunal Constitucional Português, no Acordão nº 24, de 1992, declarou a inconstitucionalidade formal de uma lei sobre abono alimentação em decorrência da falta de possibilidade de participação dos sindicatos em sua elaboração (LEAL, 2021, pp. 153-154). Para além do texto constitucional, o Regimento da Assembleia da República, em seu art. 141, estabelece a prévia audição da Associação Nacional dos Municípios Portugueses e Associação Nacional das Freguesias de participarem do processo legislativo com impactos para os municípios ou autarquias locais.[23] Aqui há interessante exemplo de outras possibilidade de participação dos entes federativos no processo legislativo federal para além do mecanismo formal de representação política apenas pelos parlamentares.[24]

Para além das audiências públicas, é possível o oferecimento de sugestões legislativas no intuito de sugerir a apresentação de projeto de lei pelas Comissões de Legislação Participativa das Casas. Na Câmara dos Deputados, podem ser oferecidas sugestões legislativas "apresentadas por associações e órgãos de classe, sindicatos e entidades organizadas da sociedade civil, exceto Partidos Políticos". Caso recebam parecer favorável da Comissão de Legislação Participativa, serão transformados em projetos de autoria da Comissão (art. 32, inciso XII, alínea "a", e art. 254, § 1º, RICD). No Senado Federal, há regras semelhantes para a Comissão de Direitos Humanos e Legislação Participativa (art. 102-E, inciso I e parágrafo único, RISF).

Em levantamento do período de 2001 (em que foi apresentada a primeira sugestão legislativa) a 2014, uma pesquisa identificou que foram oferecidas 602 sugestões perante a Comissão de Legislação Participativa da Câmara dos Deputados, apresentadas por 102 entidades. Dessas, por volta de 70% eram propostas de interesse mais amplo e 30% de grupos

23 Regimento da Assembleia da República Portuguesa: "Artigo 141º
Audição da ANMP e da ANAFRE
A comissão parlamentar competente deve promover a consulta da Associação Nacional de Municípios Portugueses e da Associação Nacional de Freguesias sempre que se trate de projetos ou propostas de lei respeitantes às autarquias locais ou outras iniciativas que o justifiquem.".

24 Cabe relembrar aqui as críticas de Marta Arretche de que os parlamentares federais, tanto deputados quanto senadores, tem seu comportamento parlamentar fortemente influenciado pelo pertencimento ou não à coalização presidencial e não com base nas bancadas estaduais (ARRECTHE, 2012).

econômicos ou do funcionalismo público mais específicos. Dessas 602 sugestões, 193 foram aprovadas e transformaram-se em projetos de lei. Apenas uma foi transformada em Lei (Lei nº 11.419, de 19 de dezembro de 2006, que trata do processo judicial eletrônico), cuja sugestão fora apresentada pela Associação dos Juízes Federais do Brasil – Ajufe (DINIZ; HEBLING; COUTO, 2016).

Conforme os dados levantados por este trabalho, das 387 leis ordinárias gerais promulgadas na 55ª Legislatura (2015-2019) nenhuma foi fruto de sugestão legislativa, o que corrobora o diagnóstico acima feito, do impacto modesto dessa via de participação social no processo legislativo.

Outra possibilidade de participação social no processo legislativo é o envio de petições e manifestações por escrito, com base no direito de petição, nos termos do art. 5º, inciso XXXIV, alínea "a", da Constituição Federal. No caso da Câmara dos Deputados, elas "serão recebidas e examinadas pela Ouvidoria Parlamentar, pelas Comissões ou pela Mesa, conforme o caso" (art. 253, *caput*, RICD). No Senado Federal, há previsão de que tais documentos serão recebidos pelas comissões, para distribuição para Relatores e votação de pareceres (art. 96, RISF). Neste ponto, o Senado Federal adota uma prática interessante de disponibilizar publicamente na página da internet da respectiva proposição os documentos com as manifestações recebidas de entidades e cidadãos. Já a Câmara dos Deputados não adota tal prática.

Essa prática do Senado Federal é salutar, pois possibilita o compartilhamento de informações recebidas por um parlamentar (geralmente o Presidente da Comissão ou Presidente da Casa) publicamente. Aqui há um ganho informacional imediato, pois permite-se que todos os interessados conheçam as razões que determinado ator leva a conhecimento do Poder Legislativo. Além disso, essa prática é de fundamental importância para a participação social efetiva e para os interessados da sociedade civil como um todo conhecerem a mobilização em torno do tema, podendo participar do processo legislativo em condições mais igualitárias e reduzindo os custos de participação, pois, em vez de terem que se dirigir a cada parlamentar individualmente, basta disponibilizar suas manifestações diretamente na tramitação processual do projeto. Desse modo, para além da prática de algumas comissões e Plenário do Senado Federal, *de lege ferenda*, seria desejável institucionalizar em norma regimental essa disponibilização dos documentos enviados pelos interessados que desejam participar do debate.

Por fim, deve ser destacada a existência de novas formas digitais de participação no processo legislativo. Tanto a Câmara dos Deputados quanto o Senado Federal instituíram iniciativas importantes com o objetivo de aproximar o processo legislativo das pessoas em geral por meio da internet. Aqui retomam-se as observações de que as ferramentas digitais de participação política não devem ser encaradas como substitutos do sistema político representativo, mas ferramentas que aproximam as pessoas do processo legislativo e das demais instâncias institucionalizadas de exercício do poder político. Novamente: representação, participação e deliberação não são elementos contrapostos, mas complementares das democracias contemporâneas.

Na Câmara dos Deputados, foi criado o Programa E-Democracia, em 2009, com o objetivo de permitir a manifestação dos interessados livremente sobre temas pré-selecionados pelos parlamentares ou de interesse dos usuários. Há projetos submetidos a consultas públicas ("Comunidades Legislativas"), eventos interativos, fórum para discussão entre os usuários ("Espaço Livre") e plataforma colaborativa de produção de conteúdo ("Wikilegis")[25].

Uma das ferramentas que se destaca é a realização de audiências públicas interativas, em que, ao lado da exposição dos convidados e interlocução com parlamentares, é possível às pessoas em geral enviarem, pela internet e em tempo real, manifestações e questionamentos para os participantes da audiência. Em levantamento das 319 audiências públicas interativas realizadas de 2011 a 2016, constatou-se, entretanto, pouco interesse dos parlamentares e pouca interação entre eles e os convidados, de um lado, e os participantes virtuais, de outro. Na verdade, houve maior interação (mais de 90%) entre os participantes virtuais desses eventos entre si (BARROS; MONTEIRO; SANTOS, 2018, pp. 162-164).

No Senado Federal, há o Portal E-Cidadania, criado em 2012, com objetivos semelhantes. Há três formas de interação digital: a) "Ideia Legislativa": as ideias com mais de 20 mil apoiadores serão enviadas para a Comissão de Direitos Humanos e Legislação Participativa para fins de exame e eventual apresentação de projeto pela Comissão, em semelhança às sugestões legislativas; b) "Eventos Interativos": participação dos cidadãos mediante manifestações e questionamentos em audiências públicas e outros eventos; e c) "Consulta Pública": em que o usuário pode votar "sim" ou "não" em relação aos projetos em tramitação. Conforme os dados do próprio Portal, de 2012 a janeiro de 2021, 27

25 Para uma análise aprofundada desses instrumentos ver Barros, Monteiro e Santos (2018).

"Ideias Legislativas" foram transformadas em projetos de lei; nenhuma, entretanto, foi aprovada pelo Congresso Nacional. No mesmo período, houve 9.900 proposições que receberam votos em "Consultas Públicas".

No presente trabalho não se fez uma pesquisa para identificar o real impacto dessas formas de participação digital no processo legislativo, mas os indícios acima expostos colaboram com o diagnóstico no sentido de que ainda não produzem influência decisiva no processo de tomada de decisão[26].

Isso não se aplica apenas ao caso do processo legislativo federal brasileiro. Essa percepção também está presente em outros países que adotam mecanismos semelhantes, especialmente pelo fato de os decisores ainda terem poucos incentivos institucionais para incorporar as contribuições dessas novas formas de participação social ao processo decisório, o que pode até levar ao declínio da confiança e legitimidade no sistema político em face da frustração gerada pela falta de impacto da participação (CHRISTENSEN; KARJALAINEN; NURMINEN, 2014).

De todo modo, há diversos modelos de utilização das tecnologias digitais para maior participação social nas atividades do poder público, sendo as maiores dificuldades de natureza política e não tecnológica (FUNG; GILMAN; SHKABATUR, 2013, p. 37). Uma alternativa aqui seria disciplinar em norma regimental que deverá haver consideração dos grupos de argumentos trazidos por meio desses mecanismos digitais nos pareceres das comissões competentes.

Por fim, um modelo inovador que tem conquistado terreno é o dos chamados "mini-públicos" (*mini publics*): um grupo de pessoas, criado e regulado por iniciativa do poder público, que debate um tema específico em determinado intervalo de tempo e toma posição em relação a uma decisão coletiva. Não se trata de uma pesquisa de opinião: o objetivo nesse modelo é efetivamente criar um ambiente institucionalizado em que cidadãos comuns – eleitos por pequenas comunidades ou sorteados – debatem temas previamente definidos, com apoio de servidores públicos e técnicos que subsidiam os participantes de informações. Isso permite obter a manifestação informada dos cidadãos para além dos modelos plebiscitários de consulta popular de uma única votação. Não há, entretanto, exemplo de adoção de tais mecanismos no processo legislativo federal brasileiro.[27]

26 Veja-se, nesse sentido, Mori (2023).

27 Para uma revisão dessas experiências, ver Fung (2006). Uma das suas utilizações recentes foi pelo Senado do Chile em 2020 e início de 2021, em que 400 pessoas

Para além dos instrumentos de participação social anteriormente mencionados, um fato da trajetória política brasileira deve ser ressaltado: há diversas experiências inovadoras de participação direta formalizada das pessoas nos processos públicos de tomada de decisão para além do Poder Legislativo. Destaca-se as experiências dos conselhos de políticas públicas e o orçamento participativo brasileiros, como um dos modelos de experiências bem-sucedidas e que são referência internacional (PATEMAN, 2012, p. 7).

Contudo, mediante a análise da literatura da participação política no Brasil e as suas experiências desde a década de 1970, Ana Cláudia Alves Teixeira conclui que se cristalizou um padrão de se pensarem mecanismos institucionais de participação social direta formalizada apenas em órgãos colegiados com a presença do Poder Executivo, mas não com o Poder Legislativo (TEIXEIRA, 2013, p. 40). Havia até uma Política Nacional de Participação Social no Poder Executivo, criada pelo revogado Decreto nº 8.243, 23 de maio de 2014, que previa diversas diretrizes e mecanismos de participação social nas suas atividades[28]. Mais recentemente foi editado o Decreto nº 11.407, de 31 de janeiro de 2023, que instituiu o Sistema de Participação Social na Administração Pública federal direta. Também devem ser lembradas as experiências perante o Poder Judiciário, especialmente mediante as audiências e consultas públicas perante o STF, bem como os *amici curiae* em diversos tribunais. É necessário aqui pensar em uma política de participação social formalizada especialmente para o Poder Legislativo, com diretrizes e procedimentos mais claros, para além do modelo atual de grande discricionariedade de utilização ou não desses mecanismos.

selecionadas aleatoriamente debateram, no edifício do Congresso Nacional, temas de reforma da previdência e do sistema de saúde com apoio da assessoria parlamentar para subsidiar a tomada da decisão legislativa pelos parlamentares sobre essas matérias.

28 O direito português apresenta interessante exemplo de política de consultas formais a entidades públicas e privadas. Nos termos do Decreto-Lei nº 274, de 2 de outubro de 2009, antes da apresentação de projetos de lei pelo Governo pode haver a consulta direta ou consulta pública a entidades com a respectiva disponibilização à Assembleia da República dos documentos recebidos nessas oportunidades.

6.2. Plenário: agenda, emendas, deliberação e votação

Neste item avaliam-se as principais normas existentes sobre os trabalhos legislativos que ocorrem perante os Plenários das Casas do Congresso Nacional.

Deve ser alertado que não se deve ter grandes expectativas de uma profunda apresentação e troca de argumentos nesse ambiente decisório para as dezenas de milhares de projetos de lei que tramitam no Congresso Nacional todos os anos. Os Plenários são compostos por 513 Deputados e 81 Senadores – o que, do ponto de vista prático, inviabiliza a concessão de um tempo de fala suficiente para que cada parlamentar exponha em profundidade seu ponto de vista, seja ouvido pelos demais, haja respostas e réplicas e, enfim, a tomada da decisão sobre todas as proposições em tramitação.

Como visto nos capítulos anteriores, os vetores de influência do comportamento parlamentar são de diversas ordens, passando por elementos eleitorais, partidários e de coalização em face do Poder Executivo. Além disso, já há mais de um século Bentham chamava a atenção para o problema do absenteísmo dos parlamentares no Plenário, e, atualmente, é frequente que os parlamentares façam discursos e a defesa de proposições normativas para um recinto praticamente vazio (ELSTER, 2013, pp. 155-157). Em constatação sobre o Congresso dos EUA – e que se aplica em alguma medida à prática do Congresso Nacional brasileiro –, Barbara Sinclair aponta que geralmente os parlamentares não estão no Plenário quando ocorrem os debates sobre as proposições, encaminhando-se para o recinto apenas para registrar seu voto (SINCLAIR, 2017, p. 43).

Retomando a ideia do princípio da deliberação do devido processo legislativo, os debates em Plenário são um dos diferentes momentos do processo legislativo em que há a troca de argumentos entre parlamentares, mas não esgotam toda a atividade deliberativa. Eles são um momento de grande destaque no qual são retomados os elementos informacionais mais relevantes produzidos durante a tramitação legislativa para que a Casa possa tomar a decisão o mais bem informada possível. Isso significa que, idealmente, a identificação dos problemas, as alternativas para solução e os argumentos favoráveis e contrários já foram realizados nas comissões por meio da interlocução dos parlamentares entre si, com as demais autoridades públicas e os atores sociais interessados.

Naturalmente, pode haver casos de urgência, em que a tramitação ordinária de um projeto de lei pode levar a uma demora prejudicial para a situação premente a ser resolvida. Nesses casos, a revelação dos principais elementos informacionais para a tomada de decisão e apresentação de argumentos contrários e favoráveis às propostas será feita em Plenário em face da celeridade exigida pelas circunstâncias excepcionais. Essa deve ser a exceção no modo de produção legislativa, não a regra. Contudo, como antecipado, a prática do Congresso Nacional é justamente a contrária: há um grande número de leis aprovadas em regime de urgência, e muitas sem pareceres colegiados das comissões competentes.

6.2.1. Agenda e regimes de urgência

A Constituição Federal não apresenta regras específicas sobre o poder de definição da pauta a ser debatida e votada nas Casas do Congresso Nacional, cabendo aos regimentos internos disciplinar os detalhes do tema.

Há previsões sobre o chamado "trancamento de pauta" por medidas provisórias (art. 62, § 6º)[29], projetos de lei com urgência requerida pelo Presidente da República (art. 64, § 2º) e vetos presidenciais (art. 66, § 4º). Há também uma previsão de definição da pauta pelo Presidente da República, Presidente do Senado Federal, Presidente da Câmara dos Deputados ou maioria dos membros de cada Casa para a convocação de sessão legislativa extraordinária (fora dos períodos de sessão legislativa ordinária de 2 de fevereiro a 17 de julho e 1º de agosto a 22 de dezembro), que, neste caso, somente poderá ter por objeto a matéria específica para a qual foi convocado o Congresso Nacional e eventuais medidas provisórias pendentes de apreciação (art. 57, §§ 6º a 8º). Excetuadas essas normas pontuais, são os regimentos internos que estabelecem as regras de definição de pauta dos trabalhos legislativos.

Na Câmara dos Deputados, cabe ao Presidente da Casa organizar a agenda legislativa mensal e designar as matérias que serão apreciadas na Ordem do Dia, ouvido o Colégio de Líderes, bem como deferir a retirada de proposições da pauta (art. 17, inciso I, alíneas "s" e "t", e inciso II, alínea "b", RICD).

No Regimento Interno atual de 1989, por influência dos trabalhos da Assembleia Nacional Constituinte de 1987-1988, foi institucionalizado o Colégio de Líderes na Câmara dos Deputados (VIEIRA, 2018, p. 95). Ele é composto pelos "Líderes da Maioria, da Minoria, dos Partidos,

29 Vale lembrar o entendimento adotado pelo Presidente da Câmara dos Deputados e ratificado pelo STF de que somente as matérias passíveis de regulação por medida provisória podem ser objeto de trancamento nessa situação (STF, Pleno, MS nº 27.931, Rel. Min. Celso de Mello, j. 29.06/2017).

dos Blocos Parlamentares e do Governo" (art. 20, RICD), sendo que este último não tem direito a voto. O Colégio de Líderes é uma instância consultiva do Presidente da Câmara, na qual as deliberações são tomadas preferencialmente por consenso e, se ele não for possível, por maioria absoluta de votos, considerado o peso proporcional de cada bancada (art. 20, § 2º, RICD). A lógica aqui é que o Colégio de Líderes funcione como um efetivo filtro de agenda legislativa, de modo que nenhum projeto chegue ao Plenário sem a concordância das lideranças partidárias (FELISBINO, 2009, p. 115; FIGUEIREDO; LIMONGI, 2001, pp. 46-48).

Ocorre que esse modelo de atuação do Colégio de Líderes não funciona na prática. Embora existam reuniões frequentes do Colégio, não se adota a regra de decisão por maioria absoluta para manifestação do órgão. No caso de não haver unanimidade, a questão é suspensa e, na prática, é submetida à decisão do Presidente da Câmara de pautar ou não o projeto em Plenário (FIGUEIREDO, 2012, p. 16). Nesse sentido, há forte concentração de poder de agenda no Presidente da Casa, uma vez que, no limite, pode exercer elevado grau de discricionariedade no que será levado à votação.

Some-se a isso o fato de que as reuniões do Colégio de Líderes não são públicas, não sendo permitida a presença de público externo para além dos parlamentares e, geralmente, assessores (FIGUEIREDO, 2012, p. 17). Aqui deve ser reconhecida uma prática que restringe o princípio da publicidade do devido processo legislativo, uma vez que se trata de um dos momentos centrais da tomada de decisão a respeito da agenda do Parlamento.

Naturalmente, não se trata de entender que toda e qualquer interação entre os parlamentares deve ser publicizada ou que essa restrição ao princípio da publicidade implique uma inconstitucionalidade no processo de tomada de decisão legislativa. Como exposto no Capítulo 4, a negociação política é estratégia legítima que faz parte do processo legislativo e, em algum grau, ocorre também em encontros informais e não registrados.

Nesse sentido, mesmo que houvesse a publicidade dessas reuniões, não se deveria esperar que isso mudasse radicalmente a forma de interação entre os parlamentares, pois muitas delas ainda seriam informais e não registradas. Como visto, é possível que, na prática, boa parte das decisões legislativas seja tomada em ambiente informal e fora das regras do processo legislativo. Uma ex-Presidente da Comissão Europeia destacou que, após a publicização por meio de transmissão de televisão das reuniões do Conselho de Ministros, houve o aumento da duração dos almoços informais e não públicos dos integrantes antes da reunião principal (LICHT; NAURIN, 2015, p. 135).

Entende-se, portanto, que o princípio da publicidade não exige, em definitivo, que o conteúdo de todas as interações entre parlamentares seja divulgado, mas cria um dever de apresentar as razões públicas que embasam a tomada das principais decisões parlamentares – inclusive no processo de definição da pauta das Casas Legislativas. Não se trata, portanto, de suprimir a discricionariedade das Casas Legislativas de fixarem sua agenda, mas de exigir razões públicas que permitam o seu controle político pela sociedade. O oferecimento público de critérios para fixação da pauta com base nos cenários políticos atuais, bem como o estabelecimento de uma agenda legislativa com eventuais alterações justificadas poderiam ser instrumentos que fortalecem o princípio da publicidade[30].

Para além das reuniões do Colégio de Líderes, o RICD prevê regras detalhadas sobre quais matérias devem ser incluídas na pauta das sessões deliberativas ordinárias da Casa. Os art. 83 e 159 definem uma ordem fixa de proposições a serem apreciadas pelo Plenário, durante as sessões deliberativas ordinárias, conforme o estágio de sua tramitação.[31]

30 Uma iniciativa positiva no âmbito do Poder Executivo federal é a definição de temas legislativos prioritários como feito por meio, por exemplo, da Portaria do Ministro da Casa Civil nº 667, de 9 de fevereiro de 2022.

31 RICD: "Art. 83. Presente em Plenário a maioria absoluta dos Deputados, mediante verificação de quorum, dar-se-á início à apreciação da pauta, na seguinte ordem: I – redações finais; II – requerimentos de urgência; III – requerimentos de Comissão sujeitos a votação; IV – requerimentos de Deputados dependentes de votação imediata; V – matérias constantes da Ordem do Dia, de acordo com as regras de preferência estabelecidas no Capítulo IX do Título V. Parágrafo único. A ordem estabelecida no caput poderá ser alterada ou interrompida: I – para a posse de Deputados; II – em caso de aprovação de requerimento de: a) preferência; b) adiamento; c) retirada da Ordem do Dia; d) inversão de pauta.
[...]
Art. 159. Denomina-se preferência a primazia na discussão, ou na votação, de uma proposição sobre outra, ou outras. § 1º Os projetos em regime de urgência gozam de preferência sobre os em prioridade, que, a seu turno, têm preferência sobre os de tramitação ordinária e, entre estes, os projetos para os quais tenha sido concedida preferência, seguidos dos que tenham pareceres favoráveis de todas as Comissões a que foram distribuídos. § 2º Haverá entre os projetos em regime de urgência a seguinte ordem de preferência: I – declaração de guerra e correlatos; II – estado de defesa, estado de sítio e intervenção federal nos Estados; III – matéria considerada urgente; IV – acordos internacionais; V – fixação dos efetivos das Forças Armadas. § 3º Entre os projetos em prioridade, as proposições de iniciativa da Mesa ou de

Ocorre que a Resolução da Câmara dos Deputados nº 19, de 17 de outubro de 2012, introduziu modificações regimentais que permitiram uma grande ampliação da designação pelo Presidente da Casa de sessões deliberativas extraordinárias, sendo prevista a possibilidade de não se designar Ordem do Dia para as sessões ordinárias, que se convertem, assim, em sessões de debates (art. 66, § 3º, RICD). Há, também, a previsão de que o Presidente de ofício, por proposta do Colégio de Líderes ou um décimo dos deputados, pode designar matéria para sessão deliberativa extraordinária e que, enquanto ela estiver sendo realizada, não poderá haver sessões deliberativas ordinárias ou reunião das comissões (art. 66, §§ 4º e 5º, RICD).

O impacto dessas modificações foi profundo. Como destaca Fernando Saboia Vieira, na prática elas possibilitam o afastamento das regras rígidas de fixação da pauta e da Ordem do Dia das sessões deliberativas ordinárias para um modelo de grande discricionariedade de fixação da pauta pelo Presidente. Ele destaca que houve um aumento cada vez mais expressivo das sessões deliberativas extraordinárias na Câmara (VIEIRA, 2018, p. 97). Corroborando essa afirmação, segundo dados oficiais da Câmara[32], durante a 55ª Legislatura (2015-2019), houve 115 sessões deliberativas ordinárias e 596 sessões deliberativas extraordinárias no Plenário da Câmara dos Deputados – ou seja, 83,8% das sessões deliberativas do período foram sessões extraordinárias.

No Senado Federal, há regramento semelhante no que se refere aos poderes do Presidente da Casa, cabendo a ele a designação da pauta do Plenário (art. 48, inciso VI, RISF). Não há a previsão de um órgão semelhante ao Colégio de Líderes, mas há uma prática semelhante de uma

Comissões Permanentes têm preferência sobre as demais. § 4º Entre os requerimentos haverá a seguinte precedência: I – O requerimento sobre proposição em Ordem do Dia terá votação preferencial, antes de iniciar-se a discussão ou votação da matéria a que se refira; II – o requerimento de adiamento de discussão, ou de votação, será votado antes da proposição a que disser respeito; III – quando ocorrer a apresentação de mais de um requerimento, o Presidente regulará a preferência pela ordem de apresentação ou, se simultâneos, pela maior importância das matérias a que se reportarem; IV – quando os requerimentos apresentados, na forma do inciso anterior, forem idênticos em seus fins, serão postos em votação conjuntamente, e a adoção de um prejudicará os demais, o mais amplo tendo preferência sobre o mais restrito."

32 Disponível em: https://www2.camara.leg.br/atividade-legislativa/plenario/relatorios-da-atividade-legislativa.

reunião do Presidente com as lideranças partidárias a fim de definir as matérias que serão levadas a deliberação e votação no Plenário. Não é raro que, em uma reunião de líderes ocorrida à tarde, decida-se incluir uma proposição na Ordem do Dia da noite do mesmo dia ou nos dias seguintes. Não há a previsão de uma agenda mensal ou em outra periodicidade na Casa. Da mesma forma como na reunião do Colégio de Líderes na Câmara dos Deputados, as reuniões das lideranças no Senado não são abertas ao público, não se fazendo registros de seus resultados.

Também há previsão da possibilidade de o Presidente do Senado designar sessão deliberativa extraordinária com pauta própria, ouvidas as lideranças partidárias, até no mesmo horário da sessão deliberativa ordinária (art. 154, § 3º, RISF). Desse modo, os mesmos pontos sensíveis acima identificados para a designação da pauta na Câmara dos Deputados estão presentes no Senado Federal.

Diante desse cenário, há uma forte concentração do poder de agenda na figura dos Presidentes das Casas compartilhado, parcialmente, com as lideranças partidárias e os demais parlamentares. Verifica-se que a definição dos itens que serão efetivamente colocados em discussão e votação não obedece a uma agenda prévia (nem mesmo a agenda mensal prevista no RICD). Isso implica grande imprevisibilidade do processo legislativo, tendo em vista não se ter condições de saber quando e quais matérias serão objeto de consideração no Parlamento com grande antecedência.

Vinculada à questão da definição da Ordem do Dia dos Plenários, há a questão dos regimes de urgência. Trata-se de expediente que acelera os prazos e dispensa certas etapas do processo legislativo, tendo em vista a necessidade de decidir uma matéria em curto espaço de tempo. É conhecida a classificação dos ritos do processo legislativo em ordinário e regimes de urgência, seja o constitucional seja o regimental (SILVA, 2017, p. 282).

No chamado processo legislativo ordinário, há diversos prazos de apresentação de emendas, pareceres das comissões e requerimentos para que uma proposição esteja em condições de ser votada nos Plenários. Um dos prazos mais importantes é o chamado interstício regimental, prazo mínimo da edição dos pareceres colegiados das comissões e o início da discussão em Plenário da proposição. Na Câmara dos Deputados, o interstício regimental é de duas sessões entre "a distribuição de avulsos dos pareceres das Comissões e o início da discussão ou votação correspondente" (Art. 150, RICD). No Senado Federal, o interstício é de três dias úteis entre a publicação dos pareceres das comissões e o início da discussão da matéria (art. 280, RISF).

Entretanto, no caso de tramitação de projetos em regime de urgência, esses prazos podem ser alterados.

A Constituição Federal estabelece tramitação com prazos para medidas provisórias e projetos de lei de iniciativa do Presidente da República para os quais ele tenha solicitado urgência (arts. 62 e 64, § 1º, respectivamente). Os regimentos internos também preveem outras hipóteses de urgência.

O RICD estabelece, em seus arts. 152 e 153, que a urgência dispensa "exigências, interstícios ou formalidades regimentais", exceto publicação e distribuições de cópias da proposição e emendas, pareceres das comissões ou parecer monocrático de Relator designado diretamente em Plenário e o *quorum* para deliberação. Como uma das hipóteses frequentemente utilizadas, a maioria absoluta dos deputados ou líderes que representem esse número pode solicitar que uma matéria seja incluída em pauta automaticamente e de modo imediato, ainda que a apresentação do projeto tenha se dado na mesma sessão (art. 155, RICD).

Como forma de evitar a banalização dos regimes de urgência, há a previsão de que "estando em tramitação duas matérias em regime de urgência, em razão de requerimento aprovado pelo Plenário, não se votará outro" (art. 154, § 2º, RICD).

Ocorre que tal disposição não se aplica aos casos de urgência solicitados com base no art. 155 do RICD, por expressão previsão no *caput* deste dispositivo. Desse modo, rotineiramente há muitos projetos que tramitam em regime de urgência regimental, cujas matérias serão incluídas na pauta por juízo de discricionariedade do Presidente (VIEIRA, 2018, p. 95). Apenas como exemplo, em abril de 2022, 1.959 projetos de lei tramitavam em regime de urgência e estavam pendentes de deliberação pelo Plenário da Câmara dos Deputados.

No Senado Federal, há normatização semelhante. O art. 337 do RISF prevê que "A urgência dispensa, durante toda a tramitação da matéria, interstícios, prazos e formalidades regimentais, salvo pareceres, *quorum* para deliberação e distribuição de cópias da proposição principal". Há diferentes regimes de urgência, variando entre mais curtos e mais longos e com diferentes legitimados para requerer a deliberação ao Plenário (art. 336 a 353 do RISF).

Como aponta a literatura da ciência política, os regimes de urgência são muito mais comuns do que à primeira vista pode-se pensar. De 1989 a 1994, a maioria das leis promulgadas (54%) tramitou sob regime de urgência (FIGUEIREDO; LIMONGI, 2001, p. 58). De 1995 a 1998,

36% das leis promulgadas tramitaram em regime de urgência (PEREIRA; MUELLER, 2000, p. 47). Acir Almeida menciona uma tendência de queda do número de matérias aprovadas sob regime de urgência no período de 1989 a 2014, ainda que em patamares elevados (ALMEIDA, 2016, p. 5-6).

A seguir, a Tabela 10 apresenta os dados das leis gerais promulgadas na 55ª Legislatura (2015-2019).

Tabela 10 - Proposições convertidas em lei ordinária na 55ª Legislatura que tramitaram em regime de urgência

Houve tramitação em regime de urgência?	Em quantas proposições?	%
Sim	**273**	**70,54**
Medida provisória	115	29,72
Constitucional (art. 64, § 1º)	7	1,81
Somente na CD regimental	41	10,59
Somente no SF regimental	29	7,49
Ambas as Casas regimental	81	20,93
Não	**114**	**29,46**
Total	**387**	**100,00**

Fonte: Elaborada pelo autor.

Os dados apontam para o claro sentido de que a grande maioria (por volta de 70%) das leis ordinárias gerais promulgadas na 55ª Legislatura tramitou sob regime de urgência, seja constitucional ou regimental, em pelo menos uma das Casas do Congresso Nacional. Sob o ponto de vista da forma corriqueira de se produzirem leis ordinárias, verifica-se que os regimes de urgência são a regra e não a exceção.

A combinação dos poderes concentrados de agenda nos Presidentes das Casas e lideranças, com a frequência da utilização dos regimes de urgência, leva a um cenário de forte restrição a todos os princípios do devido processo legislativo, pois os demais parlamentares têm dificuldade em influenciar a formação da pauta da Casa, saber de antemão o que será objeto de consideração, preparar-se para a deliberação das matérias e fazer sugestões de aprimoramento do texto em debate.

Há também a diminuição das condições de os interessados mobilizarem os recursos necessários para acompanhar os trabalhos e levar sugestões aos parlamentares a respeito das proposições, em prejuízo da possibilidade de participação social. Isso também tende a levar a uma deliberação mais superficial, já que haverá menos tempo para se produzirem as informações necessárias em razão da possibilidade de edição de pareceres monocráticos em substituição às comissões. Embora exista maior celeridade no processo de tomada de decisão, o princípio da eficiência também sofre restrição no ponto em que haverá menores condições de elaboração dos estudos e exames aprofundados para que se tenha um texto normativo com seus custos e benefícios e correspondentes impactos avaliados.

Diante desse quadro, seriam os regimes de urgência previstos nos regimentos internos das Casas do Congresso Nacional inconstitucionais?[33]

Como já destacado em outra oportunidade, a resposta é negativa (PINHEIRO, 2022). Com base na autonomia e discricionariedade procedimentais dos Parlamentos, decorrentes do princípio da separação de poderes e do caráter discursivamente aberto da prática de representação política, não deve ser criada por interpretação dos princípios do devido processo legislativo uma regra constitucional que vede a adoção dos regimes de urgência parlamentar ou que estabeleça uma regra rígida a respeito da necessidade de determinada fundamentação para sua adoção na tramitação legislativa.

Embora a adoção do regime de urgência possa implicar restrição aos princípios do devido processo legislativo, ele é um dos principais mecanismos à disposição das maiorias parlamentares para selecionar os temas considerados mais relevantes em determinado momento para serem objeto de deliberação e votação, em concretização do princípio da eficiência e da tomada da decisão legislativa nas "circunstâncias da política".

De todo modo, como será visto no Capítulo 7, os princípios do devido processo legislativo podem ser utilizados como parâmetros de controle judicial de constitucionalidade, que, em casos de graves distorções

33 Na ADI nº 6.968 (Rel. Min. Edson Fachin, j. 19/05/2022), o STF julgou improcedente pedido de interpretação conforme a Constituição de dispositivos regimentais das Casas do Congresso Nacional para exigir-se fundamentação específica e concreta dos requerimentos de urgência. Nesse caso, decidiu-se que a definição do caráter urgente ou não de uma proposição deve ser feita pelo Parlamento, sem possibilidade de exigência de fundamentação específica para tanto como requisito de constitucionalidade formal de uma proposição legislativa.

no processo de tomada de decisão, podem levar à inconstitucionalidade formal de um ato legislativo. Além disso, eles também influenciam o grau de deferência a ser concedido pelo Poder Judiciário à decisão legislativa, conforme sua maior ou menor concretização em uma situação específica.

Essas considerações são fundamentais para se identificar que a atribuição de urgência a uma determinada matéria é um dos aspectos mais sensíveis do processo legislativo. Caso verificado em um caso concreto que ela implicou uma substancial deturpação dos princípios do devido processo legislativo, poderá haver a inconstitucionalidade formal do ato legislativo resultante. Por ora, basta reconhecer, portanto, que as regras e a prática de atribuição de urgência regimental a uma determinada matéria - ainda que sem fundamentação extensa - não são, *per se*, inconstitucionais, mas que podem ser relevantes para a aferição da constitucionalidade do procedimento de elaboração legislativa como um todo.

Para além da possibilidade de criar requisitos de apoiamento parlamentar para tramitação de determinadas matérias, como visto no Capítulo anterior, três sugestões de *lege ferenda* podem ser feitas aqui.

Uma iniciativa salutar é a existência de uma agenda legislativa anual com determinado número de projetos, formulada com a participação do Poder Executivo, Legislativo e outros atores sociais. Como salienta Felipe de Paula, diversos países como Dinamarca, Suécia, Finlândia, Eslovênia e Reino Unido, adotam a prática de, ao início da sessão legislativa, serem fixados temas prioritários que serão discutidos durante o ano (PAULA, 2016, p. 275). Embora elas possam ser alteradas durante o ano, ainda assim elas geram mais previsibilidade e condições para o aprofundamento do estudo das matérias e participação social no processo legislativo. Soma-se a isso o mecanismo comum no direito comparado da existência de "leituras" de uma proposição legisaltiva, ou seja, mais de um turno de votação de uma matéria em estágio inicial, intermediário e final de apreciação, que permite identificar aquelas com maior viabilidade política.

Tomando-se como exemplo a União Europeia, deve ser lembrado que a Comissão Europeia, que se assemelha ao Poder Executivo nos estados nacionais, detém a prerrogativa exclusiva de iniciar o processo legislativo. O art. 17 do Tratado da União Europeia determina que cabe à Comissão estabelecer a programação plurianual e anual de suas atividades, inclusive as legislativas. O Parlamento Europeu, por decisão da maioria absoluta dos seus membros, e o Conselho, por decisão de maioria simples, podem requerer que a Comissão apresente determinada proposição legislativa. Caso a Comissão não apresente o projeto, ela deverá informar as razões para tanto (art. 225 e art. 241 do Tratado sobre o Funcionamento da União Europeia).

Há um regramento detalhado a esse respeito a partir do "Acordo Interinstitucional entre o Parlamento Europeu, o Conselho da União Europeia e a Comissão Europeia sobre Legislar Melhor", de 13 de abril de 2016 (itens 4 a 11).

Deve haver diálogos entre as instituições para definição da programação legislativa anual[34] que conterá "os temas de grande importância política para o ano seguinte", antes de sua adoção e divulgação pela Comissão. Após a definição e divulgação dos temas do programa anual, haverá uma declaração conjunta das três instituições com "objetivos e prioridades" bem como "temas de grande importância política que deverão ser objeto de tratamento prioritário no processo legislativo". É estabelecido que, caso a Comissão deseje alterar a programação anual, ela deverá apresentar razões e ouvir previamente o Parlamento e o Conselho. Também é fixado prazo de três meses para a Comissão se manifestar a respeito dos requerimentos de apresentação de proposta legislativa feitas por Parlamento e Conselho.

Embora o modelo de sistema de governo da União Europeia se aproxime mais do parlamentarismo, trata-se de exemplo de regras que criam ambiente de maior previsibilidade e transparência para a fixação e alteração das prioridades da agenda legislativa. Em sistemas presidencialistas com separação clara entre Executivo e Legislativo, como o brasileiro, é possível se pensar em modelos de cooperação entre os poderes para que, por exemplo, chegue-se a uma declaração conjunta das Casas do Congresso Nacional entre si e eventualmente com o Poder Executivo sobre as prioridades que serão adotadas em cada sessão legislativa. Embora possam haver alterações das prioridades, sem dúvidas haverá maiores condições de preparação e acompanhamento dos trabalhos legislativos por parte dos parlamentares e atores sociais em geral.

---

34 Acordo Interinstitucional entre o Parlamento Europeu, o Conselho da União Europeia e a Comissão Europeia sobre Legislar Melhor, de 13 de abril de 2016: "O programa de trabalho da Comissão incluirá as principais propostas legislativas e não legislativas para o ano seguinte, incluindo as revogações, as reformulações, as simplificações e as propostas retiradas. Para cada toma, o programa de trabalho da Comissão indicará, na medida do possível, a base jurídica prevista, o tipo de ato jurídico, o calendário indicativo para a adoção pela Comissão e qualquer outra informação de ordem processual, nomeadamente as relativas ao trabalho de avaliação de impacto e de análise.".

A segunda possibilidade de aprimoramento seria desconcentrar juridicamente parcela do poder de agenda do Presidente para atribuir algumas prerrogativas de pautar matérias às minorias.

Alguns países contemplam direitos de as minorias parlamentares, em determinados períodos, fixarem a ordem do dia em algumas sessões.

A Constituição de Portugal estabelece, em seu art. 176.3: "Todos os grupos parlamentares têm direito à determinação da ordem do dia de um certo número de reuniões, segundo critério a estabelecer no Regimento, ressalvando-se sempre a posição dos partidos minoritários ou não representados no Governo." Nos termos do art. 62 e Anexo I do Regimento da Assembleia da República ("direitos potestativos"), conforme o tamanho das bancadas, há direito de fixar a ordem do dia de reuniões do Plenário.[35]

Na França, a Constituição de 1958, em seu art. 48, 5, fixa que "um dia de sessão por mês é reservado para uma ordem do dia decidida por cada Assembleia por iniciativa dos grupos de oposição da Assembleia em causa, bem como de grupos minoritários."

O art. 14.2 do Regimento Interno da Câmara dos Comuns do Parlamento do Reino Unido prevê que em vinte dias, durante a sessão legislativa, a pauta será definida pela minoria parlamentar, sendo dezessete definidas pelo Líder da Minoria e três pelo segundo maior partido de oposição. Os relatos da experiência da Câmara dos Comuns apontam que a grande finalidade desses "dias da oposição" (*opposition days*) não é necessariamente transferir poder decisório para a minoria. Contudo, há a percepção de que se trata de uma importante oportunidade de a oposição chamar a atenção para temas de interesse público e efetivamente constranger a maioria a enfrentar o debate e, eventualmente, tomar uma decisão posteriormente a respeito (DESAI, 2019, p. 6). Aqui deve ser retomada a importância da existência de regras de submaioria que efetivamente concedam poderes procedimentais às minorias para que possam participar e influenciar o debate público e legislativo sobre

35 Anexo I do Regimento da Assembleia da República: "Direito à fixação da ordem do dia: Grupos parlamentares representados no Governo: Por cada décimo do número de Deputados – 1 reunião; Grupos parlamentares não representados no Governo: Até 10 Deputados – 1 reunião; Até 15 Deputados – 2 reuniões; Até um quinto do número de Deputados – 4 reuniões; Por cada décimo do número de Deputados – mais 2 reuniões; Deputados únicos representantes de um partido – 2 reuniões por legislatura."

as questões políticas consideradas relevantes em determinado momento, em concretização do princípio da igualdade política do devido processo legislativo.

Por fim, uma terceira possibilidade de aprimoramento nos casos em que há apreciação de proposições em regime de urgência e substituição de pareceres colegiados das Comissões por parecer monocrático em Plenário, seria a designação de um parlamentar como "relator da oposição", como já sugerido acima para os trabalhos das comissões. Ele teria as mesmas prerrogativas regimentais de tempo de fala e esclarecimentos do relator da matéria. Isso poderia reduzir a assimetria de informação entre maioria e minoria, pois haveria outro parlamentar formalmente designado para proferir parecer sobre a matéria, que poderia trazer mais subsídios para a tomada de decisão, além de exigir fundamentação pública mais detalhada da maioria, apontando falhas e inconsistências no texto em debate.

6.2.2. Emendas em Plenário

A Constituição Federal de 1988 ampliou consideravelmente os poderes de emenda parlamentar, se comparado ao regime constitucional anterior. Nos termos da Emenda Constitucional nº 1, de 1969, art. 55, § 1º, não se admitiam emendas aos decretos-lei expedidos pelo Presidente da República. Havia forte restrição a emendas em projetos de lei de natureza orçamentária, não sendo possíveis as emendas que aumentassem ou alterassem o montante de recursos para determinado órgão ou entidade (art. 65, § 1º, Emenda Constitucional nº 1, de 1969).

Tais restrições deixaram de existir no ordenamento jurídico brasileiro a partir da Constituição Federal de 1988, e a regra geral é pela possibilidade de amplo emendamento das proposições legislativas pelos parlamentares. No texto constitucional há apenas vedações pontuais a emendas para que não elevem despesa em projetos de lei de iniciativa privativa do Poder Executivo ou de organização administrativa das Casas do Congresso Nacional, Poder Judiciário e Ministério Público (art. 63, Constituição Federal). São também previstas regras para as emendas em projetos de lei de natureza orçamentária, que devem se compatibilizar com o plano plurianual e lei de diretrizes orçamentárias, além de indicar os recursos necessários para sua execução, conforme os critérios estabelecidos no art. 166, §§ 3º e 4º, da Constituição Federal.

Havia uma discussão na doutrina jurídica sobre a natureza jurídica do poder de emendas. Uma corrente entendia que ele seria decorrência do poder de iniciativa, contudo, pacificou-se no STF o entendimento de que se trata de poder próprio, não derivado do poder de iniciativa e que foi sensivelmente ampliado com a Constituição Federal de 1988[36]. Trata-se do entendimento correto à luz do princípio da igualdade política do devido processo legislativo, pois permite que a construção legislativa de normas jurídicas se dê em ambiente plural, com participação das minorias e demais atores sociais, tendo ainda em vista o objetivo de aprimorar o texto original.

O RICD estabelece diversas regras para o oferecimento de emendas, e qualquer Deputado pode apresentá-las sem restrições quantitativas.[37] Caso oferecida perante uma comissão, o relator deve proferir relatório e voto sobre ela em conjunto com a proposição principal. Se for oferecida no Plenário, ela será objeto de parecer das comissões competentes, sendo possível a delegação pela comissão competente desse exame para Deputado proferir parecer monocrático diretamente no Plenário, tendo o mesmo relator da comissão sempre que possível (art. 121, RICD). No caso de matéria em regime de urgência, a emenda somente poderá ser apresentada por comissão ou um quinto dos deputados até o início da votação (art. 120, § 4º, RICD).

Também é prevista a impossibilidade de emendas que tratem de "assunto estranho ao projeto em discussão" e a possibilidade de emen-

36 Confira-se, a título de exemplos, o seguinte julgado: "O poder de emendar – que não constitui derivação do poder de iniciar o processo de formação das leis – qualifica-se como prerrogativa deferida aos parlamentares, que se sujeitam, no entanto, quanto ao seu exercício, às restrições impostas, em ***numerus clausus***, pela CF. A CF de 1988, prestigiando o exercício da função parlamentar, afastou muitas das restrições que incidiam, especificamente, no regime constitucional anterior, sobre o poder de emenda reconhecido aos membros do Legislativo. O legislador constituinte, ao assim proceder, certamente pretendeu repudiar a concepção regalista de Estado (***RTJ*** 32/143 - ***RTJ*** 33/107 - ***RTJ*** 34/6 - ***RTJ*** 40/348), que suprimiria, caso ainda prevalecesse, o poder de emenda dos membros do Legislativo. Revela-se plenamente legítimo, desse modo, o exercício do poder de emenda pelos parlamentares, mesmo quando se tratar de projetos de lei sujeitos à reserva de iniciativa de outros órgãos e Poderes do Estado, incidindo, no entanto, sobre essa prerrogativa parlamentar – que é inerente à atividade legislativa –, as restrições decorrentes do próprio texto constitucional (CF, art. 63, I e II), bem assim aquela fundada na exigência de que as emendas de iniciativa parlamentar sempre guardem relação de pertinência ("afinidade lógica") com o objeto da proposição legislativa" (STF, ADI-MC nº 2.681, Rel. Min. Celso de Mello, j. 11.09.2002).

37 As principais regras estão no art. 118 até o art. 125 do RICD.

das aditivas, supressivas, modificativas, substitutivas e aglutinativas (que resultam da fusão de outras emendas entre si ou com o texto original da proposição). É importante destacar que as emendas de mérito, como regra geral, podem ser oferecidas até o encerramento da discussão em Plenário (art. 120, incisos I e II, RICD), com exceção das emendas aglutinativas que podem ser apresentadas já depois de encerrada a discussão no momento de votação de uma parte do projeto ou de emenda por um décimo dos deputados (art. 122, RICD).

O RISF prevê regras semelhantes, ao possibilitar que qualquer Senador apresente emendas sem restrições quantitativas.[38] Há também a previsão de que não serão admitidas emendas "sem relação com a matéria da disposição que se pretenda emendar" ou "em sentido contrário à proposição quando se trate de proposta de emenda à Constituição, projeto de lei ou de resolução" (art. 230, incisos I e II, RISF), bem como o dever de as emendas de Plenário serem examinadas pelas Comissões pertinentes (art. 277, RISF). As emendas podem ser apresentadas nas Comissões ou perante a Mesa, em cinco dias úteis da leitura em Plenário dos pareceres das comissões (art. 235, inciso II, RISF). Se emendada em Plenário, o projeto retorna às comissões para exame (art. 277, RISF). Após a leitura dos pareceres das comissões sobre as emendas de Plenário, o projeto poderá ser incluído na ordem do dia após o interstício regimental (art. 278, RISF). No caso de matéria urgente, poderá haver o oferecimento de emendas até o encerramento da discussão, que será objeto de parecer monocrático imediato ou parecer colegiado das Comissões, conforme o regime específico de urgência solicitado (art. 348, RISF).

No caso de medidas provisórias, poderão ser oferecidas emendas por qualquer parlamentar somente perante a comissão mista no prazo de seis dias de sua publicação, sendo possível ao autor de projeto de lei de matéria semelhante solicitar que ele tramite como emenda. Há também previsão expressa da vedação da apresentação de emendas sem pertinência temática à matéria, sendo possível ao Presidente da comissão mista indeferir liminarmente as emendas que desrespeitarem essa vedação, com possibilidade de recurso ao Plenário da Comissão (art. 1º, §§ 4º e 5º, da Resolução nº 1, de 2002, do Congresso Nacional). Como decidiu o STF na já examinada ADI 5.127, as emendas sem pertinência temática a medidas provisórias violam as normas do devido processo

38 As principais regras sobre emendas estão no RISF, nos arts. 122 a 125, 230 a 234 e 277.

legislativo, pois desnaturam a competência do Presidente da República para selecionar quais matérias são ou não urgentes e relevantes para tramitarem sob o regime de medida provisória, criando um atalho deliberativo por meio de um regime de urgência não previsto para as matérias em geral, reduzindo as possibilidades de participação dos parlamentares em condições igualitárias e de deliberação refletida durante o processo legislativo.

Do ponto de vista do processo legislativo ordinário conforme o procedimento previsto nas normas regimentais, portanto, as emendas deveriam ser apresentas às comissões para exame por meio de parecer colegiado e, no caso de emendas de Plenário, deveria haver o retorno para as comissões competentes para novo parecer colegiado. Há, entretanto, uma prática no processo legislativo de apresentação de emendas substitutivas integrais em Plenário, já após o exame das comissões, ou seja, um texto inteiramente novo, que pode ou não coincidir parcialmente com o texto originalmente proposto, e que não retorna ao exame das comissões.

Vejam-se os dados da 55ª Legislatura (2015-2019):

Tabela 11 - Proposições que tiveram emendas substitutivas integrais em Plenário que não foram examinadas colegiadamente pelas comissões

Houve emenda substitutiva integral de Plenário?	Em quantas proposições?	%
MP	**115**	**100,00**
Não	115	100,00
PL	**272**	**100,00**
Não	204	75,00
Somente na CD	59	21,69
Somente no SF	5	1,84
Ambas as Casas	4	1,47
Total	**387**	

Fonte: Elaborada pelo autor.

Os dados acima revelam que em 68 (25%) dos projetos de lei transformados em lei ordinária na 55ª Legislatura, houve emenda substitutiva integral em Plenário, ou seja, já em fase final de deliberação sobre a matéria, possivelmente com inovações normativas que não foram examinadas pelas comissões e que não puderam ser conhecidas de antemão pelos demais parlamentares. Essa prática é especialmente acentuada na Câmara dos Deputados. Já no que se refere às medidas provisórias, em nenhuma das 115 medidas provisórias isso ocorreu. A explicação para tanto é o fato de não serem admitidas novas emendas fora da comissão mista, como anteriormente mencionado.

Esse cenário aponta para a constatação de que o processo legislativo federal brasileiro é marcado não só pela imprevisibilidade de agenda, como constatado acima, mas também imprevisibilidade do próprio texto normativo em debate, uma vez que, com certa frequência, ele é substancialmente alterado já nas fases finais da tramitação. Isso se traduz em um efetivo prejuízo para praticamente todos os princípios estruturantes do devido processo legislativo, especialmente tendo em vista que o princípio da publicidade exige que seja respeitada a "canocidade" do texto normativo proposto, ou seja, que a deliberação recaia sobre uma proposta determinada previamente e não apenas sobre um amplo tema político de fundo.

Essa prática cria grandes dificuldades para os parlamentares e os interessados em geral avaliarem o conteúdo do texto normativo, pois a sua apresentação já em fase final não oferece o tempo necessário para tanto, havendo forte restrição do princípio da igualdade entre os parlamentares e de participação social. Por fim, a eficiência no que concerne à qualidade do texto normativo tende a ser restringida, uma vez que não haverá maiores espaços para estudos e aprimoramentos do texto apresentado. Talvez o único ganho dessa prática seja a extrema celeridade que imprime ao processo de elaboração normativa.

Esse problema não é exclusivamente brasileiro. Em diversos países como Estados Unidos, Nova Zelândia e Inglaterra, bem como na União Europeia, apontam-se distorções no processo legislativo ordinário, em que a legislação é editada de forma célere e com pouca reflexão. Na experiência comparada, também é criticada a *omnibus legislation*, situação na qual uma série de dispositivos sem pertinência temática é inserida mediante emenda em projeto já em fase avançada de tramitação, dificultando o exame cuidadoso de cada modificação sugerida. Apesar da diversidade de arranjos institucionais, trata-se de prática largamente utilizada para fazer frente às dificuldades de se aprovarem leis nos Parlamentos e que tem sido cada vez mais criticada no direito comparado (HOUSE OF LORDS, 2009; KRUTZ, 2001; MUELLER, 2011; BAR-SIMAN-TOV, 2021).

Da mesma forma como os regimes de urgência, não se trata de afirmar que as emendas substitutivas integrais de Plenário que não retornam às comissões são inconstitucionais *per se*. Entretanto, o seu desvirtuamento na prática de modo a esvaziar a concretização dos princípios estruturantes do devido processo legislativo pode levar à inconstitucionalidade formal do ato assim produzido. Como será visto no Capítulo 7, caso o processo legislativo "como um todo" aponte para a inexistência real da oportunidade de estudo e preparação dos parlamentares para formação de seu juízo e proferimento de voto, com diminutas possibilidades de participação social e deliberação a respeito da proposição dentro e fora do Parlamento, ela poderá ser considerada formalmente inconstitucional.

Como sugestão de *lege ferenda*, poder-se-ia pensar que, caso apresentado um substitutivo em Plenário, ele somente poderia ser objeto de imediata deliberação se não houver oposição de uma minoria qualificada (por exemplo, um terço dos parlamentares). Essa seria uma prerrogativa semelhante a um pedido de vista em Plenário para que a emenda e o projeto fossem enviados às comissões temáticas ou, em casos urgentes, retornassem à pauta após o interstício regimental para que se tenha um tempo mínimo para estudo da matéria e mobilização social por parte dos interessados para influenciar o processo de tomada de decisão. Isso permitiria maior concretização dos princípios do devido processo legislativo, sem grandes prejuízos para a celeridade dos trabalhos parlamentares, quando necessário.

6.2.3. Discussão e votação

Como já exposto, a Constituição Federal contém dispositivos que tratam da "discussão" no âmbito do processo legislativo: art. 58, § 2º, inciso, I; art. 60, § 2º; art. 64, *caput*, art. 65, *caput*; art. 11, parágrafo único do ADCT. No caso das medidas provisórias, há previsão de deliberação separada de seus pressupostos constitucionais e de mérito (art. 62, § 5º). Não há, entretanto, regras constitucionais expressas sobre o modo como deve ser feita essa discussão. Conforme a proposta defendida neste trabalho, "discussão" deve ser compreendida como uma das etapas institucionalizadas da deliberação, entendida como prática mais ampla de apresentação e de troca de argumentos destinada à tomada de decisão.

Os Regimentos Internos das Casas do Congresso Nacional estabelecem importantes regras a esse respeito. Para os projetos de lei ordinária e medidas provisórias, estabelece-se apenas um turno de discussão e votação (art. 148, RICD, e art. 270, RISF). No Senado Federal, se houver substitutivo aprovado, deverá haver turno suplementar, e, se não houver emendas, dá-se o projeto por aprovado; se houver, ele deve retornar às comissões para parecer sobre as emendas ao substitutivo (arts. 282 a 284, RISF).

Na Câmara dos Deputados, as principais regras, de forma resumida, são: a) discussão em conjunto da proposição e emendas (art. 165, RICD); b) dispensa da discussão no caso de projeto com pareceres favoráveis das comissões por decisão do Plenário a requerimento de líder (art. 167, RICD); c) prazo máximo de discussão de quatro sessões para projetos em turno único, exceto projetos de código (arts. 168 e 174, RICD); d) uso da palavra por cinco minutos com preferência do autor e relator da proposição e, em seguida, deputados contrários e favoráveis à matéria, alternadamente (art. 172, RICD), e) encerramento da discussão por ausência de oradores, decurso do prazo regimental ou decisão do Plenário a requerimento de cinco por cento dos deputados, tendo a proposição sendo discutida por, no mínimo, doze oradores (art. 178, RICD).

No caso de urgência regimental, a matéria entra na pauta da Ordem do Dia da próxima sessão deliberativa, sendo possível às comissões solicitarem prazo conjunto de duas sessões para proferir pareceres pendentes sobre a matéria. Se não houver parecer, o Presidente designa deputado para proferir parecer monocrático em substituição à comissão – situação frequente como visto acima. Somente o autor, relator e deputados inscritos podem fazer uso da palavra e por três minutos, alterando favoráveis e contrários, e, após a fala de doze deputados, poderá ser encerrada a discussão por requerimento da maioria absoluta da Casa (art. 157, RICD).

No Senado Federal, há as seguintes regras principais: a) discussão em conjunto da proposição e das emendas (art. 272, RISF); b) dispensa da discussão no caso de projeto com pareceres favoráveis das comissões por decisão do Plenário a requerimento de líder (art. 276, RISF); c) uso da palavra por dez minutos (art. 14, inciso III, e art. 273, RISF); d) encerramento da discussão por ausência de oradores ou decisão do Plenário a requerimento de qualquer Senador, sendo a proposição discutida por, no mínimo, três oradores a favor da matéria e três contra (art. 275, RISF). No caso de urgência, há poucas variações nos regimes previstos no RISF em relação ao RICD, também havendo a possibilidade da edição de pareceres monocráticos em Plenário – prática comum, como visto.

Da mesma forma como a falta de maiores exigências para o conteúdo dos pareceres, os Regimentos Internos limitam-se a estabelecer as regras gerais dos debates parlamentares, sobre o tempo permitido e número mínimo de oradores favoráveis e contrários, no caso de requerimento de encerramento da discussão com oradores ainda inscritos. Neste ponto, Roberta Simões Nascimento chama atenção que no Brasil há espaço para uma disciplina mais rica da estruturação dos debates parlamentares com a possibilidade de definição de objetos e momentos de debates de diferentes aspectos das proposições (NASCIMENTO, 2019, p. 515). Um exemplo seria a separação dos momentos de discussão da constitucionalidade das proposições e do seu mérito, como feito no caso de medidas provisórias, nos termos do art. 62, § 5º, da Constituição Federal.

Já em relação à votação, a Constituição Federal, assim como a maioria dos países democráticos, adota a regra da maioria simples para a tomada de decisões legislativas, inclusive a aprovação das leis ordinárias, nos termos de seu art. 47. Como visto no Capítulo 4, trata-se de regra fundamental para a concretização do princípio da igualdade política, tanto dos representantes quanto dos representados, pois somente permite a mudança do *status quo* por decisão da maioria, ainda que maioria simples, atribuindo o máximo de relevância a cada voto individual em situação de semelhança com os demais.

A primeira observação a ser feita é que a regra do art. 47 da Constituição Federal restringe-se a votações de mérito das proposições, uma vez que são as que efetivamente alteram o ordenamento jurídico. Contudo, nada impede que os regimentos internos estabeleçam *quóruns* de sub e supermaiorias para decisões de caráter estritamente procedimental, como realização de audiências e outras diligências, recursos no processo legislativo, ou outros requerimentos relacionados à deliberação nas comissões ou plenários. Isso permite que sejam criadas regras de sub e supermaiorias para a votação de etapas procedimentais do processo legislativo com outros quóruns para além da maioria simples.

Regulamentando esse dispositivo, os Regimentos Internos das Casas do Congresso Nacional estabelecem dois grandes modelos de votação ostensiva: simbólico (regra geral para os projetos de lei ordinária e medidas provisórias) e nominal (art. 184 a 188, RICD, e art. 292 a 294, RISF).

No processo simbólico, os parlamentares favoráveis permanecem sentados, sendo proclamado o resultado. É possível o pedido de verificação de *quórum* a cada uma hora: a) por seis centésimos dos Deputados ou líderes que representem esse número (art. 185, §§ 1º a 4º, RICD); ou b) um Senador apoiado por mais três Senadores (art. 293, inciso IV, RISF).

No caso de votação nominal, haverá votação individual por cada parlamentar por meio de sistema eletrônico disponibilizado nos Plenários. Na prática, a votação simbólica é poderoso instrumento da maioria parlamentar que acelera as votações e cria dificuldades para as minorias se organizarem e posicionarem-se contra as medidas em discussão. Como exemplo, de 1991 a 2004, constatou-se que 85% dos pedidos de verificação de *quórum* e votação nominal foram feitos pelos partidos de oposição – o que reforça a percepção de que a votação simbólica é instituto utilizado amplamente pelas maiorias (INÁCIO, 2009, p. 357).

Há fortes críticas ao processo de votação simbólica, tanto por sua possível inconstitucionalidade, quanto por suas desvantagens práticas e risco de tomada de decisão sem o debate e a reflexão necessários.

Quanto à sua constitucionalidade, há argumentos de que ela violaria o art. 47 da Constituição Federal, ao permitir que decisões legislativas sejam tomadas sem a presença da maioria absoluta dos membros. Nesse sentido, em comentário a esse artigo da Constituição:

> O voto de liderança consiste no procedimento de tomada de decisão pelas Casas do Congresso Nacional, sem observar obediência às exigências constitucionais. Daí porque ser condenável, e até mesmo passível de arguição, a sua inconstitucionalidade.
>
> Esta modalidade dá-se mediante um processo *simbólico* de votação, que permite aos líderes partidários emitir declaração substitutiva dos membros do Congresso Nacional.
>
> [...] O ato de votar, que compete a cada membro do Poder Legislativo, é pessoal e indelegável. (BASTOS; MARTINS, 1995, p. 45-46).

Em sentido semelhante, em relação ao regime constitucional anterior:

> Segundo esse processo simbólico, o pronunciamento dos líderes partidários representará o voto de seus liderados presentes à sessão. As normas regimentais mencionadas ferem dois princípios básicos que inerem ao próprio sistema de atuação parlamentar: a) o princípio da colegialidade; e b) o princípio da personalidade do voto. A votação parlamentar submete-se, necessariamente, ao princípio da colegialidade, que domina todo o processo legislativo. Acha-se ele inscrito no art. 31 do texto constitucional, impondo que sejam as deliberações de cada Casa e de suas Comissões tomadas por maioria dos votos, presenta a maioria absoluta de seus membros. O voto de liderança, no entanto, ao substituir a manifestação colegial de todos os parla-

> mentares, pelo pronunciamento individual dos líderes partidários, frustra a realização do mandamento constitucional. De outro lado, o direito de votar traduz prerrogativa constitucional ínsita ao próprio exercício do mandato legislativo. Dentre as muitas atribuições parlamentares, avulta, por sua inquestionável essencialidade, o poder-dever de votar, que incumbe, individualmente, a cada membro do Congresso Nacional. (MELLO FILHO, 1986, p. 154).

Há também argumento pela inconstitucionalidade da votação simbólica, uma vez que ela violaria a transparência do processo legislativo (aqui denominado princípio da publicidade) ao não permitir a identificação de quais parlamentares votaram em determinado sentido e não permitir a identificação de quais parlamentares estavam presentes no recinto da votação (ESTEVES, 2017, p. 215-6).

Aqui há uma aproximação da votação simbólica com o voto de liderança. Isso, entretanto, é uma confusão conceitual que deve ser afastada.

A votação simbólica é uma forma de contagem de votos dos presentes. Ela é amplamente utilizada no direito comparado, sendo geralmente designada de "votação por não oposição" (*vote by non-opposition*), sendo uma simplificação do processo de apuração dos votos para matérias que sejam mais consensuais e que não necessitem do voto um a um dos parlamentares (ELSTER, 2013, p. 35).

Já o voto de liderança existia na redação do art. 176 do Regimento Interno da Câmara dos Deputados de 1972, sendo posteriormente revogado no RICD, de 1989. Ele consistia na possibilidade de o líder presente à sessão substituir a presença dos liderados ausentes e votar em nome deles. No direito comparado, essa prática é chamada de "voto por procuração" (*proxy voting*), em que um parlamentar delega poderes a outros para votar em seu nome (FALCÃO, 1987, pp. 18-19).

O *proxy voting* é vedado na grande maioria dos países (VERMEULE, 2007, p. 132). Como exemplo, na França a ampla possibilidade de voto por procuração foi extinta com a Constituição de 1958, sendo admitida apenas em casos excepcionais de doença ou missão no exterior (como nos termos do art. 63 do Regimento Interno do Senado francês). Em 2019, por inclusão do art. 39-A no Regimento Interno da Câmara dos Comuns do Parlamento do Reino Unido, o *proxy voting* foi admitido apenas para gestantes em período de licença e parlamentares por razões médicas.

Após a edição do RICD, de 1989, o novo art. 185 não mais prevê o voto de liderança. Embora ele ainda seja nominalmente previsto no RISF (art. 293, inciso II) e no RCCN (art. 45), não há mais a disposição textual que permitia considerar presentes os liderados ausentes, de modo que o vigente "voto de liderança" não pode ser confundido com o *proxy voting* para representar parlamentares ausentes.

Em relação ao *proxy voting*, Josaphat Marinho já fazia defesa contundente de sua revogação e exigência da presença física dos parlamentares nos recintos de votação (MARINHO, 1983, p. 120). Em sentido semelhante, em 1988, o então Deputado Constituinte Mendes Ribeiro apresentava argumentação contrária em artigo de jornal:

> Há que lutar contra as "tradições ilegais", as irresponsabilidades e ditaduras mansamente aceitas. O voto de liderança é a outra face do arbítrio. A maior praga dos parlamentares, o chamado voto de liderança, deve ter sido criada com a ajuda do famoso e lamentável "jeitinho brasileiro", como sempre conivente com o pior. Instalou-se o sistema sacramentado pelo comodismo. Muita conversa. Pouco voto. O tal voto de liderança resume o plenário da Câmara a meia dúzia de deputados. No Senado, a história se repete. E, no Congresso, por óbvio, não há diferença. As decisões se deslocam para um gabinete. A omissão continuada faz o resto, criando o também tradicional grupo de omissos descontentes. Julgam mais fácil discordar de longe do que não fizeram, do que tentar mudar a engrenagem defeituosa. (RIBEIRO, 1988).

Dois dias após a promulgação da Constituição Federal, em 7 de outubro de 1988, o mesmo Deputado Mendes Ribeiro apresentou questão de ordem ao Presidente do Congresso Nacional formulada durante a votação do Projeto de Resolução nº 1, de 1988, do Congresso Nacional[39]. Submetida a proposição à votação simbólica, foi levantada questão de ordem sobre sua constitucionalidade em face do art. 47 da Constituição:

> SR. MENDES RIBEIRO (PMDB -RS Para uma questão de ordem. Sem revisão do orador) – Sr. Presidente, juramos, ontem, a Constituição brasileira. No seu art. 47 – a Carta é muitíssimo clara – diz que as deliberações devem ser tomadas com a presença da maioria absoluta de seus membros. Se isto não bastasse, o art. 172 do Regimento

39 O Projeto de Resolução nº 1, de 1988, do Congresso Nacional, buscava estender a vigência das regras da Resolução nº 1, de 1987, do Congresso Nacional, que na prática permitiam grande aceleração do processo legislativo, dispensando a manifestação das Comissões em caso de projetos de lei de iniciativa do Executivo e arquivando as Propostas de Emenda à Constituição que não contassem com o apoio de 2/3 dos parlamentares.

> Interno da Câmara dos Deputados diz a mesma coisa, e o art. 177 não deixa tergiversar quanto à orientação, porque ensina que, levantada a questão, o Presidente deve, no painel eletrônico - está no art. 177 - fazer a verificação de quórum. Os arts. 4º, 5º, 6º e 7º do Regimento Comum falam nas atribuições de Liderança, e em nenhum deles está dito que os Líderes votam sem os 280 estarem aqui. Então, invocando, antes de mais nada, e apenas o art. 47 da Constituição, ontem jurada, peço a V. Exa. não determine a votação, ou faça, pelo painel eletrônico, a verificação de quórum. (Muito bem! Palmas)
>
> O SR. PRESIDENTE (Dirceu Carneiro) - Respondendo à questão de ordem levantada pelo nobre Congressista, relativa ao art. 47 da Constituição ontem jurada, de que esta verificação é feita pela lista de presença e na lista de presença consta a presença de 252 Srs. Deputados e 37 Srs. Senadores. Portanto, não há o que argumentar em relação a esse número de presença. Dito isto, concluída a instrução da matéria, e nenhum dos Srs. Parlamentares querendo fazer uso da palavra, passa-se à votação. (Diário do Congresso Nacional, 7 de outubro de 1988, p. 842)

Neste momento, foi reiterada a praxe legislativa de se considerar a presença dos parlamentares pelas listas de presença e não pela presença dos parlamentares na comissão ou no Plenário no momento de votação, o que, na prática, aproxima a votação simbólica do revogado voto de liderança. Trata-se de prática reiterada nos trabalhos das sessões do Congresso Nacional, nas Comissões e nos Plenários das Casas, não sendo raro que um mesmo parlamentar esteja "presente" em mais de uma comissão e no Plenário ao mesmo tempo (SAK, 2016, p. 68; CASSEB, 2008, pp. 241-242).

A questão da constitucionalidade do voto de liderança existente no art. 176 do Regimento Interno da Câmara dos Deputados de 1972 também foi levada ao STF antes mesmo da promulgação da Constituição Federal de 1988. No MS nº 20.499 (Pleno, Rel. Min. Aldir Passarinho, j. 19/08/1987), o STF julgou um caso em que um deputado federal questionava preventivamente um possível ato do Presidente da Câmara dos Deputados que não computaria seu voto em uma votação em Plenário, pelo fato de o líder de seu partido votar em sentido contrário.

Após reconhecer legitimidade ativa ao deputado para questionamento do ato e afastar a incidência da teoria dos atos *interna corporis*, o Tribunal julgou a ação prejudicada pelo fato de ter sido julgada após o término do mandato do parlamentar. De todo modo, em caráter de *obiter dictum*, o Tribunal fez importantes considerações sobre o mérito da questão da constitucionalidade do então art. 176 do Regimento Interno da Câmara dos Deputados de 1972.

Nos termos do parecer da PGR, do então Procurador-Geral Sepúlveda Pertence, em que se defendia a inconstitucionalidade do voto de liderança em face do art. 31 da Emenda Constitucional nº 1 de 1969[40] (com texto semelhante ao art. 47 da Constituição Federal de 1988) e seguido no mérito pelo voto do Relator:

> Por estranho paradoxo, sobrevive, ainda, nos regimentos e na prática, o voto de liderança. Precisamente, de todos os instrumentos referidos, aquele que - além de ter nascido no próprio Congresso e não da Carta outorgada de 1969 - castra, de modo mais fundo, a plenitude do mandato parlamentar e *last but not least* - é de patente inconstitucionalidade.
> [...] já o instituto do voto de liderança faz, dos líderes, mandatários dos seus liderados independentemente ou mesmo contra a vontade deles. Tanto que nem a presença do deputado na sessão e a sua manifestação contrária ao voto do líder impedirão que este tenha o peso do número total da bancada partidária. (PERTENCE, 1985, pp. 59-60).

Mesmo que o Tribunal não tenha se manifestado diretamente sobre a questão da constitucionalidade do voto de liderança, houve a clara definição dos seus contornos jurídicos: trata-se do *proxy voting*, em que o líder presente representa (em sentido formal, para relembrar a terminologia de Hanna Pitkin, exposta no Capítulo 2) os liderados ausentes.

A constitucionalidade do processo de voto da liderança foi novamente questionada perante o STF, ainda com base no regime constitucional anterior. No RE nº 254.559 (Pleno, Rel. Min. Marco Aurélio, j. 20/05/2015), questionava-se a constitucionalidade formal da Lei Complementar nº 56, de 15 de dezembro de 1987 (que instituía regras sobre o Imposto sobre Serviços de Qualquer Natureza - ISS). O argumento era o de que haveria vício no processo de votação na Câmara dos Deputados pela utilização do voto de liderança, e, dessa forma, não se teria atingido o *quórum* de maioria absoluta dos presentes na aprovação da Lei Complementar.

40 Em redação muito semelhante ao atual art. 47 da Constituição Federal de 1988, veja-se a Emenda Constitucional nº 1, de 1969: "Art. 31. Salvo disposição constitucional em contrário, as deliberações de cada Câmara serão tomadas por maioria de votos, presente a maioria de seus membros".

O Tribunal seguiu o Relator, Min. Marco Aurélio, para afastar o possível vício da lei questionada. Contudo, sua argumentação não diferenciou claramente o extinto voto de liderança da vigente votação simbólica.

Em relação à votação simbólica, entendeu-se que não há inconstitucionalidade em si mesmo nessa modalidade de votação, tendo em vista que ele apenas imprime celeridade e racionalidade aos trabalhos legislativos. Em face da presunção de constitucionalidade das leis, da ausência de impugnação por parlamentar perante a Mesa no curso do processo de votação da Lei Complementar nº 56, de 1987, e de qualquer outro elemento que apontasse para a ausência dos parlamentares em Plenário naquela ocasião, não se poderia presumir que sua aprovação tenha se dado com *quórum* inferior ao constitucionalmente previsto. Em suas palavras:

> Não é dado supor o extravagante. Não é dado supor que os senhores Deputados simplesmente ignoraram a exigência do quórum qualificado, em franco desrespeito à Constituição, sem que nenhum deles tenha se insurgido com o pedido de verificação. Não é dado supor que os parlamentares atuaram em ofensa à Carta Maior, tampouco que o Presidente daquela Casa Legislativa declarou falsamente aprovada a proposição quando, em rigor, não se formara a maioria absoluta. A presunção adotada no acórdão recorrido há de ser afastada. Aliás, a prevalecer, todos os atos normativos aprovados em votação simbólica padecerão de inconstitucionalidade, pois, segundo essa óptica, também não haveria certeza sobre haver-se alcançado a maioria simples.[41]

Na sequência, faz-se menção a possíveis "superpoderes" dos líderes, que violariam o princípio democrático. Embora não haja expressa identificação de quais poderes seriam esses, fica claro na passagem que se trata do voto de liderança na modalidade *proxy voting*, em que a presença dos líderes representaria os liderados ausentes. Veja-se:

> [...] Mesmo compreendendo a importância dos líderes, que imprimem racionalidade aos trabalhos, é inegável que conferir superpoderes a alguns parlamentares, em detrimento do mandato exercido por outros, subverte a própria ideia de representação democrática. Não é disso que se trata neste extraordinário, inexistindo, no acórdão recorrido, a notícia de que a Lei Complementar nº 56/87 foi aprovada tão só com a participação dos líderes.[42]

41 STF, RE 254.559, Pleno, Rel. Min. Marco Aurélio, j. 20.05.2015, p. 8.

42 STF, RE 254.559, Pleno, Rel. Min. Marco Aurélio, j. 20.05.2015, p. 9.

Na passagem supracitada há uma importante consideração para fins do devido processo legislativo: como visto, o princípio da igualdade política entre representantes e entre representados impede que o voto de um parlamentar tenha mais peso para fins decisórios do que os demais. Caso isso fosse possível, ocorreria um claro desequilíbrio em prejuízo da função representativa, pois seria reconhecida juridicamente uma concentração de poderes ainda maior nos líderes e que, na prática, criaria uma forma de dispensar que demais parlamentares exerçam os poderes-deveres inerentes a seus mandatos.

Deve ser concluído que, no direito brasileiro, não mais se admite o voto de liderança com características de "voto por procuração" (*proxy voting*) por incompatibilidade com o princípio da igualdade política. Além disso, embora ele fosse previsto no antigo art. 176 do Regimento Interno da Câmara dos Deputados de 1972, tal previsão foi revogada, não se reeditando o texto respectivo no RICD, de 1989. Ainda há, no RISF e no RCCN, a existência de um chamado "voto de liderança", mas sem as características de a presença e voto do líder representarem (em sentido formal) a presença e o voto dos parlamentares ausentes. Nesses casos, a manifestação do líder representa somente o voto dos presentes à sessão no caso de votação pelo meio simbólico ("voto por não-oposição"), sendo sempre permitida a manifestação em sentido contrário do parlamentar que discorde da posição do líder.

Isso significa que o RICD, RISF e o RCCN não admitem nenhum expediente de "presença ficta", ou seja, admitir como presentes os parlamentares efetivamente ausentes à sessão deliberativa[43]. O RISF é ainda mais explícito nesse sentido ao não admitir a contagem de presença à votação a partir das listas, nos termos de seu art. 13, § 2º: "Considerar-se-á ainda ausente o Senador que, embora conste da lista de presença das sessões deliberativas, deixar de comparecer às votações, salvo se em obstrução declarada por líder partidário ou de bloco parlamentar".

---

43 Cabe registrar que, com os avanços tecnológicos e as exigências da pandemia da covid-19, as Casas do Congresso Nacional passaram a utilizar o Sistema de Deliberação Remoto (SDR). Nele permite-se a presença remota às reuniões das comissões e sessões dos Plenários por meio de canais de videochamadas com possibilidade de interação em tempo real entre os parlamentares. Os principais atos normativos que disciplinaram o tema são a Resolução nº 20, de 2022, da Câmara dos Deputados, Ato da Comissão Diretora do Senado Federal nº 8, de 2021, e Ato Conjunto nº 2, de 2020, das Mesas da Câmara dos Deputados e do Senado Federal.

Além da ausência de previsão regimental, qualquer norma que estabelecesse critérios para a "presença ficta" seria inconstitucional (como o revogado voto de liderança por *proxy voting*), pois o art. 47 da Constituição Federal exige que as deliberações em geral sejam "tomadas por maioria dos votos, presente a maioria absoluta de seus membros". Portanto, desde que a votação simbólica não seja compreendida como um revogado voto de liderança ou como expediente que permita a "presença ficta" dos parlamentares no momento da votação, não há que se falar em sua inconstitucionalidade, pois se trata de formato de votação que efetivamente confere celeridade aos trabalhos legislativos, sem dispensar ou impossibilitar que todos os parlamentares presentes exerçam o poder-dever de votar nas proposições submetidas a seu escrutínio.

Isso revela um ponto sensível para a prática legislativa, uma vez que a presença no momento da votação simbólica é, muitas vezes, atestada pela lista de presentes constantes dos painéis eletrônicos e não pela presença real no recinto de votação.

Há, aliás, registros de prática que invertem o sentido das regras regimentais que permitem a verificação de quórum em votação simbólica: sabendo da limitação regimental de verificação de *quórum* a cada uma hora (como acima exposto), requer-se a verificação de *quórum* em uma matéria procedimental ou politicamente menos sensível para que, confirmado o *quórum*, sejam votadas diversas proposições, até no mérito, durante esse intervalo de tempo sem a possibilidade de novo requerimento de verificação. Como aponta Fernando Sabóia Vieira, esse expediente aproxima, na prática, a votação simbólica ao revogado voto de liderança, uma vez que, mesmo que os parlamentares se ausentem do recinto de votação durante esse intervalo de uma hora, sua presença será atestada pelas listas do painel eletrônico e o voto do ausente será tomado como sendo no mesmo sentido do líder (VIEIRA, 2018, p. 84).

Essa prática não pode ser admitida como constitucional. Como visto acima, ainda em relação ao regime constitucional anterior, havia fortes argumentos reconhecidos *a latere* pelo STF pela impossibilidade de se admitir a presença ficta dos parlamentares para fins de votação, por isso já se defendia a inconstitucionalidade do voto de liderança previsto no Regimento Interno da Câmara de 1972.

Com a Constituição Federal de 1988, há ainda mais razões para sustentar a inconstitucionalidade dessa prática, tendo em vista a opção por um sistema democrático, representativo e deliberativo, em que o princípio da igualdade entre representantes no devido processo legislativo exige que cada um deles não tenha maior poder decisório que os demais e que os parlamentares efetivamente possam desempenhar os poderes--deveres inerentes ao exercício do mandato no momento de tomada de decisão sem delegá-lo a terceiros, nem mesmo aos líderes.

A conclusão é que haverá inconstitucionalidade formal de uma decisão legislativa de mérito, caso um ato seja aprovado sem a presença real (física ou eletrônica em tempo real), no momento da votação, da maioria absoluta dos membros, como exige o art. 47 da Constituição Federal. Da mesma maneira, haverá inconstitucionalidade formal de uma norma aprovada por parlamentares em número inferior à maioria dos presentes e não seja possível atestar concretamente que esses votos foram proferidos – ainda que de modo simbólico – pelo número necessário de parlamentares. Nem mesmo a falta de impugnação por parte de parlamentar pode sanar essa inconstitucionalidade, pois, como visto, a regra da maioria simples é regra constitucional obrigatória e um dos principais instrumentos de concretização do princípio da igualdade política de representantes e representados.

Para além da questão de sua constitucionalidade, argumenta-se contrariamente à votação simbólica em razão de seus inconvenientes. Considerando a simplicidade e velocidade do procedimento, há críticas no sentido de que se trata de expediente "às sombras da argumentação e votação", considerando-se que a pessoa que conduz o processo pode ter mais informações do que os demais e levá-los erroneamente a acreditar que a votação simbólica está fundada num suposto e inexistente apoio da maioria (ELSTER, 2013, pp. 35-36). Esse processo também é criticado pelo fato de que ele não criaria incentivos para a estudo e participação dos parlamentares nas matérias em exame (ESTEVES, 2017, p. 166) e dificultaria ou impediria o controle social das votações do Parlamento, uma vez que dificulta identificar como votou cada parlamentar (SILVA, 2021, p. 529).

Essas críticas apontam para a importância de se terem maiores informações sobre as posições dos demais participantes do processo decisório e a divulgação de como cada um deles se posicionou em uma votação. No caso do processo legislativo federal brasileiro, elas perdem um pouco de sua força, pois há a prática (institucionalizada no Colégio de Líderes na Câmara e costumeira pela reunião de Líderes no Senado) de se trocarem informações sobre o apoio à inclusão em pauta e ao mérito de uma proposição. Além disso, o processo de votação simbólico, por expressa definição dos regimentos, é um processo de votação ostensivo, no qual é possível conhecer a posição individual de cada um dos parlamentares – sejam os que concordam com a decisão tomada, sejam os que decidem fazer declaração de voto (art. 182, parágrafo único, RICD e art. 316, RISF). É verdade que isso coloca um ônus adicional ao parlamentar que deseja registrar individualmente sua posição, mas ela é plenamente possível e frequente na prática.

De todo modo, deve ser reforçado: a correta compreensão da votação simbólica no direito brasileiro impede que exista qualquer modalidade de presença ficta, sendo ela somente um processo de votação que simplifica a contagem dos parlamentares efetivamente presentes. Dentro desse entendimento, pode-se entender que se trata de instrumento de celeridade procedimental, que concretiza o princípio da eficiência do devido processo legislativo sem violação aos seus demais princípios estruturantes, com ampla utilização também no direito comparado.

6.2.4. *Os mecanismos de obstrução das minorias parlamentares*

Vistas as principais normas e questões relacionadas à discussão e votação em Plenário, é necessário destacar que as minorias parlamentares são titulares de uma série de prerrogativas procedimentais que podem gerar, de um lado, ganho informacional e deliberativo, e, de outro, atraso e dificuldade na discussão e votação, mediante táticas obstrucionistas cujo objetivo principal é protelar a tomada de decisão de uma determinada matéria.

A forma mais tradicional e conhecida de obstrução é aquela designada formalmente pelos regimentos internos como "obstrução". Os Regimentos Internos da Câmara e do Senado estabelecem como prerrogativa das lideranças comunicar às Mesas que seus parlamentares estão em "obstrução" em determinada matéria, o que significa que, embora estejam presentes na sessão, essa presença não será considerada para fins dos *quóruns* constitucionais e regimentais de votação (art. 82, § 6º, RICD, e art. 13, § 2º, RISF).

Ocorre que, para além da obstrução em sentido formal acima destacada, há uma série de prerrogativas regimentais de obstrução à disposição das minorias para tentarem atrasar ou retirar de pauta a matéria a ser votada. Nesse sentido, obstrução é um tipo de "estratégia de protelação do processo decisório", que abarca uma série de iniciativas durante todo o processo legislativo. Embora de modo imediato essas prerrogativas possam gerar mais participação e deliberação nos trabalhos legislativos, elas levam, de modo indireto, a um atraso e eventual bloqueio na tomada de decisão legislativa. São exemplos os longos discursos, a realização de audiências públicas e outras diligências, os requerimentos procedimentais, entre outros (HIROI; RENNÓ, 2014, p. 9). Como exposto, no direito comparado, um dos exemplos mais conhecidos é o *filibuster* do Senado dos EUA, em que apenas um parlamentar pode, na prática, impedir a votação de um projeto, exceto se houver decisão em sentido contrário de 3/5 dos membros da Casa.

Na Câmara dos Deputados, a prática legislativa cunhou a expressão "kit obstrução" para designar esse conjunto de prerrogativas. Embora no Senado Federal, na prática não se adote a mesma denominação, há também disposições regimentais com poderes semelhantes. Os principais requerimentos que permitem a dilação do processo legislativo[44], sempre sujeitos à deliberação do Plenário, são:

1) preferência para deliberação sobre determinada proposição a requerimento de qualquer Deputado (art. 160, RICD) ou qualquer Senador (art. 311, RISF);

2) retirada de pauta de matéria constante da Ordem do Dia a requerimento de qualquer Deputado (art. 117, inciso VI, RICD) ou Senador (art. 215, inciso II, alínea "e", RISF);

3) adiamento da discussão da matéria por requerimento de líder, autor ou relator (art. 177, RICD) ou qualquer Senador ou comissão do Senado (Art. 279, RISF);

4) discussão artigo por artigo por requerimento de qualquer Senador (art. 300, inciso II, RISF);

5) adiamento da votação a requerimento do líder, autor ou relator (art. 193, RICD) ou qualquer Senador (art. 315, RISF).

44 Além desses, é importante mencionar o destaque para a votação em separado (DVS), pois ele é largamente utilizado no processo legislativo de ambas as Casas. Conforme o tamanho das bancadas, há uma quantidade de DVS que não dependem de aprovação do Plenário e implicam que uma parte da proposição ou emenda seja votada separadamente da proposição principal, forçando mais votações para apreciação da matéria como um todo (art. 161 e 162, inciso VI, RICD, e art. 312, inciso II, e art. 314, inciso III, RISF).
Trata-se de instituto que surgiu na reforma do Regimento da Assembleia Nacional Constituinte, tendo sido posteriormente incorporado ao RICD e ao RISF. Na redação original do art. 161 do RICD, não havia necessidade de deliberação do Plenário sobre os requerimentos de destaque para votação em separado, que podiam ser oferecidos em qualquer quantidade. Em razão da ausência de limites quantitativos, sua utilização foi uma poderosa estratégia de obstrução que levou a uma reforma regimental com nova redação para o dispositivo, com a previsão de limites de DVS automaticamente aprovados sem deliberação do Plenário (VIEIRA, 2018, pp. 80-81). Com essa reforma, reduziu-se o potencial de os DVS serem utilizados de modo indireto como instrumentos protelatórios.

Como alerta Raquel Rocha para o caso da Câmara dos Deputados, em raciocínio aplicável também ao Senado Federal, cada requerimento supramencionado pode ter votação nominal solicitada a cada hora (conforme o art. 185, § 4º, RICD, e art. 293, inciso V, RISF) (ROCHA, 2009, p. 33), o que aumenta consideravelmente o tempo consumido para votações em questões procedimentais secundárias em face do mérito da proposição.

Em ampla pesquisa empírica feita com base em todas as votações nominais na Câmara dos Deputados de 1991 a 2010 (2.370 votações) em proposições legislativas, verificou-se que por volta de 55% das votações nominais foram sobre requerimentos de obstrução no sentido acima, 15% sobre requerimentos para acelerar o processo legislativo ordinário (como requerimentos de urgência, de preferência, de dispensa de leitura de parecer) e apenas 30% de votações no mérito das proposições. Dos requerimentos de obstrução, os mais utilizados foram o Destaque para Votação em Separado (DVS) e o de retirada de pauta (por volta de 40% do total) (HIROI; RENNÓ, 2014).

Como exemplo da 55ª Legislatura (2015-2019), menciona-se o caso do Projeto de Lei nº 3.734, de 2012, de autoria do Poder Executivo, promulgado como Lei nº 13.675, de 11 de junho de 2018. O projeto previa a criação do Sistema Único de Segurança Pública (Susp): uma ampla política pública com diretrizes de atuação, criação de órgãos, normas sobre cooperação federativa, controle da atividade policial e treinamento de agentes de segurança pública.

Após receber parecer favorável da Comissão de Educação e Comissão de Segurança Pública e Combate ao Crime Organizado da Câmara dos Deputados, foi aprovado requerimento de urgência, nos termos do art. 155, do RICD, para que a matéria fosse levada a Plenário. O projeto foi relatado por parecer monocrático em substituição a duas comissões (CCJ e CFT) em 4 de abril de 2018. Em 10 e 11 de abril de 2018, houve a discussão e a votação em Plenário.

Em 10 de abril de 2018, foi apresentado requerimento de retirada de pauta do projeto (art. 117, inciso VI, RICD), tendo sido rejeitado pelo processo nominal de votação em razão de pedido de verificação de *quórum*. Após sete deputados fazerem uso da palavra, houve requerimento de encerramento da discussão (art. 157, § 3º, RICD), para o qual se solicitou verificação de *quórum* pelo processo nominal, tendo sido aprovada. Com o encerramento da discussão, foram apresentadas 17 emendas em plenário. Em substituição a quatro comissões permanentes, houve parecer monocrático imediato apresentado por um único deputado, com uma emenda substitutiva global à matéria. Na sequência, houve dois requerimentos de adiamento da votação por duas sessões e um requerimento de adiamento por uma sessão (art. 193, RICD), tendo este último sido objeto de pedido de verificação de *quórum*, e dois requerimentos de votação da matéria capítulo por capítulo (art. 192, § 6º, RICD, atualmente revogado). Após oito horas de sessão consecutiva, o exame da matéria foi adiado para a sessão seguinte.

O Projeto voltou a ser apreciado no Plenário no dia seguinte, às 13h. Houve rejeição de requerimento de retirada de pauta, com verificação de *quórum*. Depois disso, houve nova modificação feita pelo relator no substitutivo para ajustes no texto proposto, sem retorno às comissões ou reabertura da discussão. Posteriormente, foi apresentado requerimento de preferência de votação de emenda, que foi rejeitado, após novo pedido de verificação do *quórum* rejeitado pelo processo nominal. Com a reabertura da sessão, houve novo requerimento de retirada de pauta, rejeitado pelo processo nominal. Com a aprovação do texto do substitutivo, foram votados cinco requerimentos de destaque para votação em separado de emendas e expressões do projeto, tendo um deles sido aprovado. Ao fim, foi aprovada a redação final da matéria em Plenário.

A verdadeira maratona procedimental acima relatada revela que existem diversos mecanismos regimentais para se tentar protelar a tomada de decisão em uma matéria polarizada. No exemplo acima, houve dezenas de requerimentos e emendas em Plenário que consumiram praticamente dois dias inteiros de deliberação da Câmara dos Deputados. Contudo, esses expedientes não foram capazes de impedir que o projeto fosse apreciado em dois dias consecutivos pela Casa, sem retorno às comissões permanentes para apreciação do substitutivo e outras emendas de Plenário, e sem possibilidades amplas de revelação de novas informações sobre pontos sensíveis ou com novas possibilidades de participação social formalizadas no debate.

Deve-se deixar claro que não se identifica vício de inconstitucionalidade em nenhuma das normas regimentais acima destacadas, em face das normas constitucionais do devido processo legislativo.

De um lado, elas são atribuições de poderes às minorias para requererem alterações no rito procedimental que, pelo processo de apresentação e votação da solicitação, podem impactar no tempo de apreciação da medida. A simples possibilidade da utilização dessas estratégias protelatórias pode aumentar os custos de negociação para que um projeto seja colocado em votação, considerando-se a prática do Colégio de Líderes na Câmara dos Deputados e da reunião de Líderes no Senado

Federal de se tentar alcançar pautas consensuais nos Plenários – momento no qual as minorias poderão fazer negociações com base nesses poderes.[45] O aumento do tempo de tramitação de uma matéria também pode levar a ganhos indiretos informacionais, deliberativos e de participação social.

De outro lado, as estratégias protelatórias não impedem, em última análise, que a vontade da maioria prevaleça como exige o princípio da igualdade política, mas apenas consomem mais tempo para tanto. Considerando as regras que concentram grande poder de agenda nas Presidências das Casas, nas lideranças partidárias e na capacidade de influência do Poder Executivo na tramitação das proposições de seu interesse, essas estratégias não criam obstáculos severos à aprovação dos projetos que contam com o apoio da maioria dos parlamentares.

Esse quadro revela certa disfuncionalidade dos poderes das minorias em face dos princípios do devido processo legislativo.

Por meio dos requerimentos supramencionados não há propriamente a concessão de poder jurídico à minoria parlamentar para alterar o rito procedimental da tramitação das proposições. Não há que se falar aqui em regras de submaioria, como proposto por Vermeule, pois todos os instrumentos destacados são requerimentos a serem deliberados pela maioria em Plenário. Caso a maioria não concorde, não há a alteração procedimental do exame dos projetos (exceto pelo fato de ser votado o próprio requerimento). A exceção aqui é o DVS que, dependendo do tamanho da bancada que o apresenta, não necessita de aprovação do Plenário alterando o procedimento deliberativo ao exigir uma votação separada para uma parte ou emenda para qual se deseja concentrar a atenção.

De todo modo, os requerimentos acima mencionados colaboram para a concretização dos princípios do devido processo legislativo, no máximo, de modo tímido. Caso aprovados, eles podem mudar a agenda do Plenário ou a ordem de votação, mas não há ganhos diretos informacionais, de participação social, da qualidade dos argumentos apresentados ou da solução legislativa a ser oferecida para os problemas em debate. Esses ganhos podem ocorrer, é verdade, mas não são fruto diretamente desses requerimentos de obstrução; pode haver mais debate na esfera pública sobre a matéria em discussão, reformulação de pontos da

45 Agradeço a Paulo Fernando Mohn e Souza por ter chamado a atenção para este aspecto.

proposta majoritária até sua votação final, entre outros. Entretanto, são efeitos acessórios que não decorrem diretamente desses requerimentos.

Uma única exceção a esse quadro é uma modificação recente feita no texto constitucional pela Emenda Constitucional nº 95, de 2016. Além de criar novo requisito de validade de estimativa de impacto orçamentário-financeiro de proposições legislativas, examinado no Capítulo 5, com a inserção do art. 114 do ADCT foi instituída a prerrogativa de um quinto dos parlamentares determinar a suspensão da tramitação de proposição legislativa (excetuada a medida provisória) que eleve a despesa pública ou implique renúncia de despesa para que seja realizada, nos termos regimentais, a análise de sua compatibilidade com as regras orçamentárias e financeiras estabelecidas pela Emenda. Aqui sim há uma regra de submaioria que efetivamente concede um poder procedimental à minoria parlamentar: suspender a tramitação de uma matéria para que se produzam novas informações de análise orçamentário-financeira da matéria em face das normas constitucionais do chamado Novo Regime Fiscal.

Trata-se de exceção, entretanto, que confirma a regra. A hipótese do art. 114 do ADCT é extremamente limitada para situações de impacto no orçamento público para exame de compatibilidade da proposição com uma política pública fiscal-orçamentária prevista na Constituição. Além disso, ela ainda não foi regulamentada pelos regimentos internos das Casas do Congresso Nacional. Esse mecanismo, de todo modo, aponta na direção certa: *de lege ferenda*, é fundamental que se reconheçam às minorias parlamentares poderes de, dentro de certos limites, efetivamente alterar o andamento do procedimento legislativo para que se tenham ganhos diretos de informação, participação social, deliberação e eficiência durante a tramitação de uma proposição.

Aqui, novamente, pode ser lembrado o exemplo dos "direitos potestativos", amparados no art. 176.3 da Constituição da República Portuguesa e detalhados no Anexo I do Regimento Interno da Assembleia da República, como exemplo de conjunto de prerrogativas regimentais à disposição das minorias para – sem a necessidade de concordância da maioria – influenciarem os trabalhos legislativos com pedidos de informações, audiências públicas e definição de pauta, dentro de certos limites conforme os tamanhos das bancadas minoritárias.

Nesse sentido, uma proposta seria estabelecer uma espécie de pedido de vista coletivo em Plenário por, como exemplo, cinco dias úteis, a ser utilizado uma única vez por um décimo dos parlamentares para que se tenha mais tempo de análise e reflexão sobre uma proposição.

Outra alternativa, na mesma linha do art. 114 do ADCT, seria estabelecer que um quinto dos parlamentares poderia exigir novos argumentos sobre pontos específicos a serem apresentados pelo relator da matéria, a fim de esclarecer dúvidas ou pontos até então não abordados no debate.

Por fim, o quórum mais elevado de dois quintos dos parlamentares poderia determinar que uma matéria retornasse a uma comissão para edição de parecer colegiado – somente este podendo ser dispensado por decisão de uma maioria qualificada da Casa de, por exemplo, três quintos. Essas regras de fato estabeleceriam poderes procedimentais às minorias que independem da aprovação pela maioria e que de modo mais concreto permitem ganhos informacionais, de participação social e deliberação.

6.3. A necessária democratização do processo legislativo

Diante da avaliação sobre o desenho institucional da deliberação e votação no Congresso Nacional, algumas conclusões podem ser extraídas.

A prática do processo legislativo federal demonstra que ela ainda tem grande potencial a ser explorado para a concretização dos princípios estruturantes do devido processo legislativo. Para além da falta de clareza sobre uma política legislativa com diretrizes para o conteúdo das proposições, há deficiências no próprio modelo deliberativo na apreciação delas. Os principais problemas identificados foram:

a) todos os anos, milhares de projetos são apresentados, mas não há, na prática, critérios firmes para fixação de uma agenda anual, mensal ou sequer da pauta das reuniões das comissões ou das sessões do Plenário. Há fortes poderes de agenda dos Presidentes das comissões, das Casas e das lideranças partidárias, o que leva a uma grande imprevisibilidade de quais matérias efetivamente serão objeto de apreciação pelo Parlamento;

b) o processo legislativo sob regime de urgência (seja constitucional ou regimental) é a regra e não a exceção. Praticamente em 70% das matérias aprovadas houve adoção do regime de urgência e em metade dos projetos de lei ordinária houve a supressão do parecer colegiado de alguma comissão. Com isso, há uma prática constante de se afastar o exame colegiado das comissões, sendo frequentes os pareceres monocráticos em Plenário e a apresentação de emendas substitutivas integrais que não retornam para exame das comissões;

c) as minorias têm poucos poderes efetivos de influenciar o processo de tomada de decisão. Há poucas regras de submaioria que permitem a ela alterar o andamento do procedimento legislativo independentemente da aprovação da maioria, de modo que, nos casos em que podem manejar os instrumentos à sua disposição, os resultados são, basicamente, a protelação da tomada de decisão pela maioria, com poucos ganhos informacionais, deliberativos ou participativos diretos;

d) há baixa participação social formalizada por meio de audiências públicas e outros instrumentos de participação no processo legislativo na tramitação das proposições que se transformam em lei, de modo que as interações entre parlamentares e sociedade, caso existentes, não são de conhecimento público. Embora se reconheça que a participação social no processo legislativo ocorra basicamente em interlocuções informais com os parlamentares, é fundamental institucionalizar uma política pública de participação social no processo legislativo para reduzir os custos dessas participações, empoderar as minorias políticas que têm maior dificuldade de acesso a interações informais com os demais parlamentares e outros atores sociais, bem como publicizar os diversos posicionamentos sociais a respeito das propostas em debate;

e) há uma prática de permitir a contabilização da presença e dos votos dos parlamentares por meio de listas e não pela presença em tempo real (física ou remota), o que acaba por fortalecer os poderes concentrados nos líderes partidários, em prejuízo dos princípios da igualdade e deliberação no processo legislativo. Deve ser reconhecida a inconstitucionalidade à luz da regra do art. 47 da Constituição de qualquer expediente pelo qual se contabilizem presença ou voto de parlamentares ausentes, como permitia o revogado voto de liderança.

Esses problemas não são decorrência da atitude individual de alguns parlamentares ou, até mesmo, de violações generalizadas às regras regimentais. Na grande maioria dos casos examinados, não há violações claras às regras constitucionais e regimentais pertinentes, mas, ao contrário, os problemas estão no desenho institucional que decorre dessas regras.

Isso leva a uma importante constatação de que o princípio do devido processo legislativo que adquire maior concretização no desenho institucional e na prática legislativa federal é o da eficiência, em uma dimensão específica de celeridade a favor das posições da maioria (geralmente, alinhada em compromisso de governabilidade com o Poder Executivo). Embora existam algumas prerrogativas regimentais em favor das minorias parlamentares, há uma forte preponderância da maioria não apenas em relação à substância das proposições em debate – como exige o princípio da igualdade política –, mas também em relação ao procedimento legislativo, que, na maior parte dos casos, segue uma tramitação urgente reduzindo as possibilidades de influência dos demais parlamentares, de participação social e deliberação.

De modo contraintuitivo, o processo de elaboração das leis ordinárias que foram fruto de medida provisória contou com mais participação social formalizada, todos os pareceres colegiados devidos proferidos pelas comissões mistas e ausência de substitutivos em Plenário. Essas diferenças podem ser explicadas com base nas rígidas regras constitucionais, expressas ou implícitas nos termos da jurisprudência do STF, cuja violação leva à inconstitucionalidade formal da lei resultante.

Isso, contudo, não significa que o processo legislativo de apreciação das medidas provisórias seja um modelo desejável para ser adotado para os projetos de lei ordinária, uma vez que é extremamente célere e concentrado. Já não é de hoje que se denunciam os abusos na utilização de medidas provisórias, no sentido de considerarem-se relevantes e urgentes matérias que poderiam ser apresentadas ao Congresso Nacional por meio de projetos de lei.

A constatação aqui é que até mesmo no processo legislativo de medidas provisórias é possível se contar com maior participação social formalizada, pareceres colegiados e menor número de emendas substitutivas globais já em Plenário, de modo que se trata de perspectiva factível também para os projetos de lei. Ainda que a título de hipótese, é possível que a existência de normas com possibilidade de controle judicial foi capaz de, em algum grau, aproximar o rito procedimental de apreciação das medidas provisórias dos demais princípios do devido processo legislativo para além da eficiência em sua dimensão de celeridade.

A título de conclusão do Capítulo, o principal problema do processo legislativo no Congresso Nacional, na verdade, é que ele ainda não atingiu todo seu potencial democrático, como uma prática de representação política em uma democracia deliberativa, considerados os pressupostos aqui adotados. Nesse sentido, seu desenho institucional ainda pode ser objeto de diversos pontos de aprimoramento tendo por diretriz os princípios do devido processo legislativo de igualdade, participação social, publicidade, deliberação e eficiência, em razão de uma institucionalização ainda incompleta do exercício do poder político por meio de discursos abertos, públicos e (limitadamente) racionais que levem em consideração os interesses dos representados de maneira responsiva. Emprestando-se a defesa dos teóricos da democracia participativa no sentido de que é necessário "democratizar a democracia", é necessário democratizar o processo legislativo.

O quadro acima revela que os problemas do processo legislativo vão além de sua suposta incapacidade de liderar com a regulação de temas técnicos e complexos, em ritmo cada vez mais acelerado. Sem dúvidas, deve haver aprimoramentos no processo de elaboração das normas direcionadas ao ganho de qualidade da legislação, especialmente mediante mecanismos como a Análise de Impacto Legislativo e outros conhecimentos articulados pela legística material. Contudo, tornar o processo legislativo mais "técnico", em qualquer sentido que se atribua a essa expressão, pode até ser desejável, mas não mudará o quadro retratado.

Surgem, portanto, dois grandes desafios.

De um lado, é necessário aprofundar o diagnóstico feito acima para compreender em maiores detalhes como as regras hoje existentes influenciam o comportamento dos parlamentares no que se refere à tomada de posição em relação aos projetos que examinam. A literatura da ciência política já faz extensas análises sobre os vetores de influência eleitoral, partidária e de coalização sobre o comportamento parlamentar, mas há outros elementos que devem ser mais bem examinados, tais como a influência das interações sociais na tomada de posição dos parlamentares, o conteúdo dos pareceres e análise de suas linhas argumentativas, as regras de debates e votação, a influência da jurisprudência dos tribunais no processo de tomada de decisão, entre outros.

Com isso, será possível fazer estudos de direito comparado profundos, em que se identifiquem soluções diferentes para problemas semelhantes, e exercícios de experimentalismo institucional para transformação das regras do processo legislativo. Neste ponto, o objetivo do trabalho foi identificar a existência de algumas experiências no direito comparado de modo a instigar novas pesquisas a respeito dos temas em questão.

De outro lado, deve ser feita uma reflexão sobre o papel do controle judicial do processo legislativo. Diversos tribunais no direito comparado têm ampliado esse controle para além das regras constitucionais ou regimentais. Aqui os princípios do devido processo legislativo são tomados como normas constitucionais, podendo contribuir para a avaliação judicial da produção legislativa que é cada vez mais encarada – não como um *fiat* discricionário e voluntarista fundado em concepções personalistas de soberania – mas como o exercício institucionalizado do poder político. Até que ponto e com base em quais critérios pode haver a intervenção do Poder Judiciário no processo de produção normativa é objeto de grande debate e surgem novas perspectivas a respeito no direito brasileiro e direito comparado, que serão objeto do próximo Capítulo.

7

CONTROLE JUDICIAL DO DEVIDO PROCESSO LEGISLATIVO

Fixadas as bases constitucionais, legais e regimentais do processo de elaboração das leis ordinárias federais e a respectiva prática do Congresso Nacional, neste Capítulo será investigado qual o papel do controle judicial de constitucionalidade na proteção do devido processo legislativo.

Cabe lembrar que foram identificados problemas no desenho institucional e na prática do Congresso Nacional de elaboração de leis ordinárias que perpassam questões como: concentração de amplos poderes procedimentais em poucos parlamentares; imprevisibilidade da agenda legislativa e do próprio texto a ser votado no Plenário das Casas; abuso na utilização dos regimes de urgência com a substituição de pareceres colegiados das comissões por pareceres monocráticos em Plenário; poucos poderes procedimentais de submaioria às minorias parlamentares para influenciar de modo mais decisivo a tomada de decisão e pouca participação social formalizada durante a tramitação das matérias.

É necessário, desde já, delimitar o escopo da análise aqui realizada: o objetivo do presente Capítulo é analisar quais são os possíveis contornos dogmáticos do controle judicial de constitucionalidade do devido processo legislativo, entendido como uma das projeções do princípio do devido processo legal que articula princípios e regras que disciplinam o processo de elaboração legislativa das normas jurídicas. Embora os capítulos anteriores tenham focado na prática do Congresso Nacional na elaboração de leis ordinárias, serão pontualmente aventadas questões comuns a outras espécies de atos legislativos, como as propostas de Emenda à Constituição.

Será feito o aprofundamento da análise da jurisprudência do STF já citada anteriormente, bem como de outras Cortes Constitucionais que têm atuado no tema. Como será visto, há amplo debate no direito comparado sobre se e como deve ser exercido o controle judicial de constitucionalidade do processo legislativo nas democracias contemporâneas, especialmente com base nos aqui denominados princípios estruturantes do devido processo legislativo. No Brasil, também se destaca o recente aumento do número de casos levados ao STF em que se questionam possíveis vícios ocorridos durante a elaboração legislativa (SALINAS; ALMEIDA, 2019, p. 134).

Para fins de análise, cabe diferenciar dois sentidos da expressão "controle judicial do processo legislativo".

Em primeiro lugar, há o sentido de controle judicial sobre as normas legais e regimentais que regulam o processo legislativo. Nesse contexto, é realizada a verificação da compatibilidade das normas legais ou regimentais que tratam das etapas do processo legislativo com os princípios e regras constitucionais que disciplinam o tema. O objeto controlado neste caso são diretamente as normas legais e regimentais que regulam o processo de elaboração normativa. Como exemplo deste primeiro sentido, como visto, o STF declarou incidentalmente a inconstitucionalidade de dispositivos da Resolução nº 1, de 2002, do Congresso Nacional, que dispensavam a edição de parecer colegiado da comissão mista em medida provisória em razão de sua incompatibilidade com a regra do art. 62, § 9º, da Constituição Federal (ADI nº 4.029).

Já o segundo sentido de controle judicial do processo legislativo refere-se ao exame da constitucionalidade do processo de elaboração de um ato legislativo em específico. Neste caso, examina-se o processo de produção de um determinado ato para avaliar se ele foi realizado de modo compatível com a Constituição ou qual deve ser o grau de deferência em face de uma decisão legislativa. Como será visto, esse controle é realizado na via judicial, predominantemente, em caráter repressivo, ou seja, após a promulgação do ato legislativo avaliado.

Cabe ressaltar que os Capítulos 5 e 6 objetivaram contribuir com a avaliação da constitucionalidade das principais normas regimentais das Casas do Congresso Nacional – "controle judicial do processo legislativo" no primeiro sentido – bem como de seu significado para o desenho institucional para a elaboração legislativa e possíveis propostas de aprimoramento. Já no presente Capítulo, investiga-se o segundo sentido dessa expressão para compreender-se quais são as possibilidades de controle judicial de constitucionalidade sobre o processo de elaboração legislativa em concreto.

Este Capítulo divide-se em quatro itens. O primeiro objetiva situar a discussão sobre o papel do Poder Judiciário no controle do processo legislativo dentro da discussão tradicional sobre o caráter contramajoritário da jurisdição constitucional e suas implicações democráticas. Será visto que, do ponto de vista teórico e da prática das cortes, há forte defesa e utilização do modelo de controle substantivo dos atos legislativos, ao passo que não se atribui a mesma relevância ao controle do processo de sua elaboração. Nos demais três itens, são examinadas possibilidades de controle judicial de constitucionalidade em que diferentes normas do devido processo legislativo são tomadas como parâmetros de controle: a) as regras constitucionais, b) as regras regimentais das Casas Legislativas e c) os princípios do devido processo legislativo. Será demonstrada a ampliação, na experiência do STF e de outras cortes constitucionais, da utilização dos princípios do devido processo legislativo como parâmetro direto de controle de constitucionalidade.

7.1. A ironia do controle judicial de constitucionalidade contemporâneo: forte substancialismo e passivismo procedimental

Antes de especificamente tratar da questão do controle judicial com base nas normas do devido processo legislativo, uma constatação é importante: desde o paradigmático caso *Marbury v. Madison* julgado pela Suprema Corte dos EUA em 1803 até os desenvolvimentos recentes da jurisdição constitucional em diversos países, há grande controvérsia sobre a possibilidade do controle judicial dos requisitos e das etapas do processo legislativo, sendo mais bem aceita a possibilidade de controle da constitucionalidade material do produto do processo legislativo (por excelência, a lei em sentido formal) (BAR-SIMAN-TOV, 2011).

Há posições teóricas que passam desde a rejeição da possibilidade de controle judicial forte – com base em previsões amplas de direitos – de constitucionalidade das leis em democracias que atendam a padrões mínimos de funcionamento (WALDRON, 2006), a defesa de modelos de controle de constitucionalidade "fracos", em que as cortes sinalizam incompatibilidades com a Constituição cabendo aos poderes políticos a responsabilidade de corrigir eventuais vícios (TUSHNET, 2000), teorias que defendem maior diálogo entre Judiciário e poderes políticos, de modo que exista maior colaboração entre eles (BATEUP, 2006) ou a adoção de um modelo de controle judicial de constitucionalidade mais substantivo, a partir de uma forte leitura moral da Constituição (DWORKIN, 1988).

Uma das mais célebres defesas do controle judicial de constitucionalidade das leis, feita por Hans Kelsen em palestra de 1928, justamente entendia que a principal missão da nascente jurisdição constitucional na Europa continental seria proteger as normas constitucionais relacionadas à produção das leis e de conteúdos substantivos claros e não de princípios como "liberdade, igualdade, moralidade, etc.". Essa advertência tinha a finalidade de evitar-se o risco de deslocamento de poder decisório dos parlamentares para a jurisdição constitucional (KELSEN, 2007, p. 164-170).

A despeito da advertência de Kelsen, a verdade é que, tanto no controle judicial de constitucionalidade em modelos próximos aos do EUA (*judicial review*) ou de cortes constitucionais de matriz europeia continental, há uma forte atuação substantiva para além das regras formais de edição de atos normativos pelo poder público. Apenas como exemplo, há uma notável expansão da tutela constitucional dos direitos fundamentais por obra dos Tribunais Constitucionais ou Supremas Cortes com estruturas conceituais comuns como a ideia de proporcionalidade, que implicam considerável discricionariedade decisória que vai muito além das regras constitucionais expressas (SWEET; MATHEWS, 2008, pp. 73-76).

Não se fará uma discussão das diferentes teorias do *judicial review*, pois isso fugiria em muito ao objeto do presente trabalho. Para o argumento que será apresentado abaixo é suficiente adotar como pressuposto a constatação de que, no Brasil e no direito comparado, há uma disseminação do exercício do controle judicial de constitucionalidade das leis com base em critérios substantivos, entendido como o exame do conteúdo dos atos legislativos em face da Constituição Federal, não somente com base em regras, mas também em princípios constitucionais, o que restringe os conteúdos possíveis de tomada de decisão política, em maior ou menor grau. Essa prática acentua a chamada "dificuldade contramajoritária", inicialmente apontada por Alexander Bickel, entendida como uma crítica ao suposto caráter antidemocrático da jurisdição constitucional que, quando "declara a inconstitucionalidade de um ato legislativo ou ação de um executivo eleito, subjuga a vontade dos representantes do povo real aqui e agora" (BICKEL, 1986, pp. 16-17).

Partindo dessa constatação, entre as diversas teorias da legitimidade do controle judicial de constitucionalidade, uma se destaca por tentar mitigar a "dificuldade contramajoritária", oferecendo uma alternativa à rígida contraposição entre controle judicial de constitucionalidade e democracia e, ao mesmo tempo, centrando-se na gênese democrática da legislação, aproximando-se da temática do processo legislativo. Trata-se da chamada "teoria do processo político" (*political process theory*), que tem por finalidade, em última análise, assegurar que as cortes protejam a própria democracia e suas condições básicas de realização, sem adentrar em questões substantivas morais e políticas que podem ser mais bem resolvidas no âmbito legislativo e administrativo.

A teoria do processo político é diretamente fundada na obra de John Hart Ely, *Democracia e Desconfiança: uma teoria do controle judicial da constitucionalidade*, publicada originalmente em 1980, sendo considerada uma das teorias mais influentes sobre o *judicial review* no direito comparado. Segundo essa teoria a missão da jurisdição constitucional deve ser justamente promover a proteção dos direitos fundamentais e outros princípios constitucionais diretamente relacionados às condições democráticas de exercício do poder político (TRIBE, 1980, p. 1073; KLARMAN, 1991, p. 747). Em célebre passagem, argumenta Ely (1980, pp. 102-103):

> A abordagem ao controle de constitucionalidade que se sustenta aqui é similar àquilo que pode ser rotulado de sistema 'antitruste' no campo econômico, em oposição ao sistema dito 'regulatório' - em vez de ditar resultados substanciais, o modelo 'antitruste' apenas intervém quando o 'mercado', no nosso caso o mercado político, não está funcionando bem. [...] Nosso governo não pode ser considerado em mau funcionamento simplesmente porque gera, em alguns casos, resultados com o quais discordamos, qualquer que seja a intensidade dessa discordância [...]. Em uma democracia representativa, determinações valorativas devem ser feitas por nossos representantes eleitos e, se a maioria de nós desaprovar, podemos tirá-los do poder nas próximas eleições. O mau funcionamento ocorre quando o processo não merece confiança, quando (1) os de dentro estão bloqueando os canais de mudança política de modo a assegurar que continuarão no poder e que os de fora continuarão alijados, ou (2) quando, embora ninguém seja, a rigor, excluído do processo, os representantes vinculados às maiorias estejam sistematicamente prejudicando alguma minoria por conta de simples hostilidade ou recusa preconceituosa do reconhecimento de interesses comuns, e, assim, negam àquela minoria a mesma proteção assegurada a outros grupos pelo sistema representativo. (ELY, 1980, pp. 102-103).

Ely defende um controle mais rigoroso de questões que envolvam os pressupostos para exercício do poder político, de forma a proteger as "minoras isoladas e insulares" para que os canais democráticos sejam desobstruídos e elas tenham condições de participar do processo coletivo de construção das decisões legislativas e administrativas[1]. Nesse

1 Essa expressão foi retirada da célebre nota de rodapé nª 4 da decisão da Suprema Corte dos Estados Unidos em *United States v. Carolene Products Company* (1938): "[...] É desnecessário considerar agora se a legislação que restringe os processos políticos que normalmente podem causar a revogação de legislação indesejável deve ser submetida a um escrutínio judicial mais rigoroso sob as proibições gerais da Décima Quarta Emenda do que a maioria dos outros tipos de legislação. [...] se

sentido, o objetivo do *judicial review* seria oferecer acesso de todos os cidadãos aos instrumentos de participação política, removendo barreiras jurídicas, políticas e sociais injustificadas criadas com base em vieses e preconceitos (MORSE, 2007, p. 803).

Um dos principais méritos dessa teoria é ser uma tentativa de "reconciliação do controle judicial de constitucionalidade com a democracia" de modo a "superar a dificuldade contramajoritária" (KLARMAN, 1991, p. 747). A principal função da jurisdição constitucional seria justamente remediar as situações de patologia no sistema político para que a maioria possa tomar decisões de modo legítimo, reduzindo a potência da crítica fundada na "dificuldade contramajoritária", e reaproximando os ideais do constitucionalismo e da democracia (KLARMAN, 1991, p. 772).

Essa teoria já foi expressamente endossada pelo STF. Em um dos casos mais emblemáticos em que houve menção a ela, o STF declarou a inconstitucionalidade da doação de recursos para candidatos a cargos eletivos e partidos políticos por parte de pessoas jurídicas. Na ADI 4.650 (Pleno, Rel. Min. Luiz Fux, j. 17/09/2015), o Min. Relator Luiz Fux, citando a passagem acima de Ely, argumentou que no caso era exigida "uma postura mais ativa do Supremo Tribunal Federal [que] em matérias como a presente não se reduz jamais ao campo estrito da *hermenêutica constitucional*, exsurgindo, antes de tudo, como questão de *modelagem institucional* no Estado Democrático brasileiro"[2]. Trata-se de claro exemplo no qual o Tribunal entendeu que, em determinados casos, deve atuar com base em uma forte leitura substantiva dos princípios constitucionais envolvidos, até mesmo para ultrapassar questões de interpretação jurídica para definir os contornos de determinado regime jurídico para o Estado brasileiro.

Esse exemplo da jurisprudência do STF ajuda a compreender uma crítica corrente de que a "teoria do processo político" é, na verdade, eminentemente substantiva, pois defende maior intervenção no conteúdo

---

o preconceito contra minorias discretas e insulares pode ser uma condição especial, que tende a restringir seriamente a operação daqueles processos políticos normalmente invocados para proteger as minorias, e que podem exigir um exame judicial correspondentemente mais profundo. Tampouco precisamos examinar [...] se o preconceito contra minorias discretas e insulares pode ser uma condição especial, que tende seriamente a restringir a operação desses processos políticos normalmente invocados para proteger as minorias, e que podem exigir um exame judicial correspondentemente mais profundo".

---

2 STF, ADI 4.650/DF, Pleno, Rel. Min. Luiz Fux, j. 17/09/2015, p. 37.

da legislação com base nos direitos fundamentais e demais princípios constitucionais e não o controle especificamente do modo pelo qual uma determinada lei foi produzida, como, por exemplo, do processo legislativo (GARDBAUM, 2018, p. 7).

Logo após a publicação de *Democracia e Desconfiança*, Laurence Tribe já apontava que a teoria do processo político justamente pressupõe o que pretende evitar: uma forte leitura substantiva da Constituição e seus princípios, especialmente dos direitos fundamentais de liberdade de expressão, direito ao voto, liberdade de religião e direito à privacidade, criando o mesmo risco de substituição da decisão legislativa politicamente legítima pela opinião pessoal dos juízes (TRIBE, 1980, pp. 1066-1067). Concordando parcialmente com essa crítica, Michael Klarman afirma que a teoria do processo político pode apenas almejar "ser capaz de identificar de modo neutro áreas específicas nas quais vieses legislativos sistêmicos transformam as cortes na instituição decisória", mas que, uma vez identificadas essas áreas, abre-se espaço para julgamentos morais substantivos do que é constitucionalmente exigido (KLARMAN, 1991, p. 784). Desse modo, portanto, a teoria do processo político não está centrada no momento da tomada de decisão legislativa, pois apresenta o mesmo viés juriscêntrico da teoria do direito, já examinado no Capítulo 3 (TRIBE, 1980, pp. 1079-1080).

Reitera-se: o objetivo aqui não é reexaminar todo o debate sobre os legítimos limites da jurisdição constitucional no controle dos atos do Poder Legislativo e do processo de sua elaboração. O ponto é ressaltar que até mesmo a chamada "teoria do processo político", centrada no aperfeiçoamento do sistema democrático, confere fortes poderes substantivos às cortes para definição do conteúdo de direitos fundamentais e demais princípios constitucionais, mas não centra sua análise no modo de produção das leis e outros normativos em uma democracia.

Isso revela, nas palavras de Ittai Bar-Siman-Tov, uma "grande ironia" das teorias mais difundidas do controle judicial de constitucionalidades das leis: embora exista maior resistência ao controle do processo legislativo, os principais argumentos que são utilizados para justificar o controle judicial substantivo das leis fazem ainda mais sentido para um controle do processo de elaboração normativa (BAR-SIMAN-TOV, 2011, p. 1918). Em outras palavras, as justificativas de proteção das condições de gênese democrática da lei, com proteção de minorias e dos canais de participação política, troca pública de argumentos em ambiente igualitário e com revelação das preferências socialmente construídas, adquirem ainda mais relevância quando se tem por objeto o controle do próprio processo de elaboração legislativa.

No direito brasileiro, a situação não é diferente. Há a percepção de que o Supremo Tribunal Federal decide casos moral e politicamente controversos com base em princípios jurídicos abstratos em que, por vezes, reavalia, no mérito, o juízo substantivo do legislador – o que tem gerado reações políticas e jurídicas (os chamados *backlashs*) de resistência a suas decisões (LEAL, 2020). Nesse sentido, é emblemático o título de artigo de Oscar Vilhena Vieira, publicado em 2008, a respeito da posição atual do STF no sistema político brasileiro: "Supremocracia" (VIEIRA, 2008). Como ele já apontava, há vários casos de grande controvérsia moral e política julgados nos últimos anos pelo Tribunal com base em princípios constitucionais e revertendo decisões ou colmatando lacunas legislativas.

Além disso, há uma sobreposição de instrumentos processuais com diferentes efeitos jurídicos que criam dificuldades para a operacionalização dogmática coerente do significado das decisões da jurisdição constitucional. Como destaca Roger Stiefelmann Leal sobre a profusão dos instrumentos de controle de constitucionalidade, "os novos instrumentos foram sendo acoplados ao ordenamento sem que houvesse reflexão mais consistente sobre seu impacto em face de outros institutos que já compunham o processo constitucional brasileiro" (LEAL, 2012, p. 196).

Por fim, a chamada "abertura procedimental" da jurisdição constitucional no Brasil tem permitido que o STF faça um amplo e profundo exame de situações fáticas complexas, contando com a colaboração de especialistas das mais diferentes áreas do conhecimento, além de entidades da sociedade civil na condição de *amici curiae*. Tem sido admitido, portanto, que o Poder Judiciário faça a investigação de fatos e prognoses sobre os efeitos da legislação, sem necessariamente levar em conta os argumentos apresentados durante a tramitação legislativa, para adotar uma decisão com base em critérios substantivos e não apenas procedimentais. Essa circunstância será objeto de maior análise no item 7.4.3

Esse cenário amplifica as críticas da falta de proteção judicial ao processo legislativo como prática institucionalizada democrática de produção de normas jurídicas (BARBOSA, 2010, p. 208). Critica-se o "passivismo procedimental" da jurisdição constitucional brasileira, em que as normas do processo legislativo são compreendidas de modo formalista em modelo hermenêutico fundado na interpretação literal dos respectivos dispositivos constitucionais (BUSTAMANTE; BUSTAMANTE, 2016, p. 359). Como alerta Marcelo Cattoni Oliveira (2018, pp. 10-13), isso leva a uma situação de redução do potencial democrático do processo legislativo, de um lado, em razão do forte controle substancial exercido pelo Poder Judiciário sobre o conteúdo da legislação, e, de outro lado, sobre a permissividade no controle do seu processo de elaboração.

Deve ser reconhecido que, especialmente no caso do STF, há apenas um relativo "passivismo procedimental". Como será visto adiante, o Tribunal adota entendimento pacífico sobre a possibilidade de controle judicial do processo da elaboração legislativa conforme as regras previstas na Constituição Federal, bem como a possibilidade de declaração de inconstitucionalidade de normas legais e regimentais que disciplinam o processo legislativo. Trata-se de postura que não é unanimidade no direito comparado, especialmente em países de tradição de *common law*[3].

De todo modo, como será exposto, há uma tendência no Brasil e no direito comparado de se afastar cada vez mais desse cenário de rejeição do controle judicial sobre o processo de elaboração normativa. Há decisões judiciais e estudiosos do tema que defendem um aumento desse controle justamente como forma de proteção ao exercício do poder político em ambiente institucionalizado de modo democrático. Há também a percepção de que a jurisdição constitucional em países de democratização mais recente (como Brasil, África do Sul, Índia, Israel e Colômbia) tem enfrentado desafios específicos a fim de aprimorar a performance das instituições democráticas, que ainda não atingiram o grau de maturidade semelhante a democracias mais consolidadas (LANDAU, 2014, pp. 1502-1503; ROZNAI, 2018, p. 430).

Vale a pena destacar que até mesmo um dos maiores críticos atuais do *judicial review*, Jeremy Waldron, admite que, em casos específicos, pode haver um papel mais incisivo a ser despenhado pelo Poder Judiciário na proteção das condições democráticas da elaboração legislativa, especialmente com base nas normas que disciplinam o exercício do poder político.

Como visto, Waldron é forte defensor do papel dos Parlamentos na definição das normas jurídicas em ambientes democráticos em que a

3 Como um exemplo mais extremado, a Suprema Corte dos EUA ainda segue a "*enrolled bill doctrine*", originada de um precedente de 1892 (*Marshall Field & Co v. Clark*), mediante a qual não se entende possível avaliar a validade das etapas do processo legislativo, mesmo no caso de desrespeito a normas constitucionais, uma vez que a promulgação da lei criaria uma presunção de regularidade do processo legislativo que não poderia ser afastada pelas cortes. Para uma revisão dessa doutrina, ver Bar-Siman-Tov (2009).

discordância moral é uma situação corriqueira da vida política. Para formular sua crítica, o autor pressupõe quatro características que devem estar presentes em sociedades democráticas: a) instituições democráticas com sufrágio universal para o Legislativo; b) instituições judiciais em boa ordem e compostas por membros não eleitos; c) compromisso da sociedade com a ideia de indivíduo e com direitos das minorias; e d) divergências sobre direitos persistente, substancial e de boa-fé (WALDRON, 2006, pp. 1360-1369). Embora Waldron não o diga expressamente, é de se esperar que entre essas condições está a elaboração das leis sem graves distorções em relação aos seus "princípios da legislação", já expostos no Capítulo 3. Isso fica claro na seguinte passagem de seu principal texto de crítica ao *judicial review* substancialista, em que afasta o cenário de "patologias legislativas" de seu argumento:

> No caso de legisladores, contudo, o legislar apressado ou sectário não é parte da teoria normal do que as legislaturas devem fazer. Isso não é o que devemos assumir como o caso padrão de tomada de decisão legislativa em uma sociedade na qual a maioria de seus membros respeita direitos. Pode haver alguns países – talvez os Estados Unidos – nos quais patologias legislativas peculiares tenham se desenvolvido. Se é assim, então os americanos deveriam confinar seu argumento não-central em favor do *judicial review* para suas próprias circunstâncias excepcionais. (WALDRON, 2006, p. 1386).

Essa passagem exemplifica o argumento de que, até mesmo para os críticos do controle judicial de constitucionalidade do conteúdo das leis, como Waldron, pode haver espaço para algum tipo de controle do processo de elaboração legislativa (BAR-SIMAN-TOV, 2011, pp. 1962-1964). No caso de violação das regras constitucionais ou de graves distorções no processo de tomada de decisão legislativa, portanto, pode existir espaço para a jurisdição constitucional no controle da respectiva legislação dele resultante.

Não se pode, desse modo, confundir as recentes novas perspectivas para o controle do devido processo legislativo, que serão examinadas a seguir, com a chamada teoria do processo político do *judicial review*, que tem em Ely seu principal expoente. A utilização dos princípios e regras do devido processo legislativo como parâmetro de controle judicial de constitucionalidade é relacionada especificamente ao modo concreto pelo qual uma lei foi produzida e não a seu conteúdo ou aos direitos fundamentais e demais princípios constitucionais tidos por pressupostos de legitimidade de sua gênese democrática, como eleições livres e igualitárias, liberdade de expressão, entre outros.

Essa retomada pontual da teoria do processo político do *judicial review* ajuda a compreender as perspectivas de análise das possibilidades de controle judicial com base nas normas do devido processo legislativo. Não há nada de pretensamente "neutro" ou "objetivo" em se defender novas possibilidades de controle judicial do processo de formação das leis. Ao contrário, trata-se de postura que parte de pressupostos normativos de que, como visto nos capítulos anteriores, a melhor compreensão da prática democrática contemporânea e das normas pertinentes da Constituição Federal de 1988 revela que ela é uma constante relação entre representantes e representados, em que o fluxo contínuo de comunicação em ambientes institucionalizados e não institucionalizados permite a construção coletiva de posições políticas e, consequentemente, decisões vinculantes para toda a coletividade.

Um desses ambientes institucionalizados mais importante é justamente o processo legislativo. Adotando-se o prisma jurídico com base na Constituição Federal de 1988 para compreensão dessa realidade, os princípios e regras do devido processo legislativo estabelecem a exigência de que esse ambiente garanta a participação igualitária entre representantes e representados, com ampla possibilidade de troca de argumentos de natureza pública, até mesmo fundados em discursos ideológicos e narrativas pessoais e sociais, com possibilidade de participação social das pessoas interessadas e tendo por objetivo encontrar soluções para problemas coletivos em tempo hábil e com os recursos disponíveis para tanto.

7.2. O controle judicial do devido processo legislativo com base em regras constitucionais e a "doutrina brasileira do mandado de segurança"

No direito brasileiro, é tradicional o controle judicial sobre os atos legislativos tanto de possíveis vícios formais (relacionados aos requisitos para a prática do ato) quanto de vícios materiais (relacionados ao conteúdo do ato editado). Entre os vícios formais, destaca-se o possível descumprimento de normas constitucionais que disciplinam o processo legislativo.

Caso se constate violação a uma regra constitucional do processo legislativo, tal vício – assim como os demais tipos de vícios de inconstitucionalidade – pode ser impugnado perante qualquer juízo em controle difuso-concreto pelo indivíduo afetado pela norma produzida de modo inconstitucional ou na via abstrata, mediante os instrumentos de acesso direto à jurisdição constitucional pelos legitimados ativos. É pertinente retomar as colocações críticas de Elival da Silva Ramos de que, do ponto de vista orgânico ou subjetivo, o sistema brasileiro de controle judicial de constitucionalidade é apenas o difuso, sendo que todo ato legislativo e – acrescenta-se – todo vício de inconstitucionalidade podem ser conhecidos e apreciados por qualquer órgão jurisdicional no Brasil, caso tenha competência para julgar uma determinada causa em que a questão constitucional surja como questão incidental. Em suas palavras:

> Em sistemas como o brasileiro ou o português, que, difusos sob o prisma orgânico ou subjetivo, combinam as técnicas do controle incidental e do controle por meio de ações diretas, não se pode dizer, como tem feito irrefletidamente a doutrina pátria, que se trata de sistemas mistos. O sistema de controle de constitucionalidade brasileiro é indubitavelmente um sistema difuso, e apenas difuso, ao menos no tocante à inconstitucionalidade comissiva, sendo reconhecido a qualquer juiz ou tribunal de nosso aparato judiciário, respeitadas as regras de distribuição de competência, o poder de controlar a conformidade das leis à Constituição. [...] Poder-se-ia conceber um sistema misto, isto é, simultaneamente difuso e concentrado, se, por exemplo, determinada categoria de atos legislativos ficasse submetida apenas ao controle de constitucionalidade exercido por um único tribunal, ao passo que os demais atos legislativos estariam sujeitos ao controle difuso. Não temos notícia, contudo, da existência, presente ou passada, de um sistema de controle misto quanto ao aspecto *sub examine*. (RAMOS, 2010, pp. 69-70)

Deve ser relembrado que o STF construiu sólida linha jurisprudencial em que entende pela impossibilidade, como regra geral, de haver controle judicial de constitucionalidade preventivo, seja de propostas de emenda à Constituição[4], seja de projetos de lei[5]. Desse modo, somente uma norma jurídica que já passou por todas as suas etapas de produção – ou seja, após o ato de sua promulgação, entendida como comunicação da formação da vontade legislativa e do encerramento do respectivo

4 Conferir, como um dos primeiros exemplos depois da promulgação da Constituição Federal de 1988, STF, ADI-MC 466, Pleno, Rel. Min. Celso de Mello, j. 03/04/1991.

5 Conferir, como exemplo, STF, MS 32.033, Pleno, Redator para o Acórdão Min. Teori Zavascki, j. 20/06/2013. Neste caso, reafirmou-se o entendimento de que uma possível incompatibilidade material entre um projeto de lei e a Constituição somente pode ser apreciada pelo Poder Judiciário após a promulgação do ato legislativo.

processo (SILVA, 2017, p. 249) – pode ser objeto de controle judicial de constitucionalidade, já em sede repressiva.

Excepcionalmente, a partir da dimensão regulatório-individual do devido processo legislativo, como visto, o Tribunal reconhece legitimidade ativa para o parlamentar preventivamente – ou seja, durante a tramitação legislativa – impugnar, pelo ajuizamento de mandado de segurança, atos do processo legislativo que violem diretamente a Constituição Federal, em casos de propostas de emenda à Constituição que tendam a abolir as cláusulas pétreas de seu art. 60, § 4º, ou violem outros dispositivos constitucionais que estabelecem regras sobre o processo legislativo. Trata-se da "doutrina brasileira do mandado de segurança", como será visto abaixo.

Essa possibilidade excepcional foi inicialmente reconhecida no julgamento do *leading case* MS 20.257 (STF, Pleno, Redator para Acórdão Min. Moreira Alves, j. 08/10/1980), em que se questionava, ainda sob o regime do art. 47, § 1º, da Emenda Constitucional nº 1, de 1969, a tramitação de uma proposta de emenda à Constituição. Nesse caso e em outros posteriores, fixou-se o entendimento de que os parlamentares detêm legitimidade ativa exclusiva para impugnar a tramitação de proposta de emenda à Constituição que tenda a abolir cláusulas pétreas, tendo em vista a literalidade do art. 60, § 4º, da Constituição, que estabelece que tal proposta "não será objeto de deliberação"[6].

Em síntese desse entendimento, podem ser retomadas as palavras do Min. Celso de Mello, Relator do MS nº 34.635 (Pleno, j. 10/10/2020), expressadas na ementa do julgado e em seu voto:

> O processo de formação das leis ou de elaboração de emendas à Constituição revela-se suscetível de controle incidental ou difuso pelo Poder Judiciário, sempre que, havendo possibilidade de lesão à ordem jurídico-constitucional, a impugnação vier a ser suscitada por membro do próprio Congresso Nacional, pois, nesse domínio, somente ao parlamentar – que dispõe do direito público subjetivo à correta observância das cláusulas que compõem o devido processo legislativo – assiste legitimidade ativa "ad causam" para provocar a fiscalização jurisdicional.
>
> [...] Em suma: titulares do poder de agir em sede jurisdicional, tratando-se de controvérsia constitucional instaurada ainda no mo-

6 Para uma análise detalhada da evolução dos julgados do STF a respeito, ver Falconi (2018).

> mento formativo da lei ou da emenda à Constituição, são os próprios membros do Congresso Nacional, a quem se reconhece, como líquido e certo, o direito público subjetivo à correta observância da disciplina jurídica imposta pela Carta Política em sede de elaboração das espécies normativas. O parlamentar, fundado na sua condição de copartícipe do procedimento de formação das normas estatais, dispõe, por tal razão, da prerrogativa irrecusável de impugnar, em juízo, o eventual descumprimento, pela Casa legislativa, das cláusulas constitucionais que lhe condicionam, no domínio material ou no plano formal, a atividade de positivação dos atos normativos.[7]

Essa linha jurisprudencial entende que há um direito subjetivo individual do parlamentar de exigir preventivamente perante o Poder Judiciário o cumprimento das regras constitucionais do devido processo legislativo ainda durante o processo de elaboração normativa[8].

Embora entenda cabível tal modalidade de controle, o STF é altamente parcimonioso em relação ao controle preventivo do processo legislativo. Houve o deferimento de decisões monocráticas pontuais, mas a postura do Tribunal, na grande maioria dos casos, é de não interferir nos atos do processo legislativo durante a tramitação de uma proposição (FALCONI, 2018, p. 117; SALGADO; ARAÚJO, 2019, pp. 90-93).

Para além de uma dimensão regulatório-individual, como visto, há outros precedentes do STF, em que se afirma expressamente que o devido processo legislativo apresenta uma dimensão regulatório-difusa, o que permite sua tutela em outros tipos de ações para além dos mandados de segurança e já em sede repressiva, após, portanto, a promulgação do ato legislativo. Há exemplos de julgamentos de ações de controle abstrato que se fundaram nessa visão.

Como exemplo, na ADI nº 4.029 (Rel. Min. Luiz Fux, j. 08/03/2012), o Relator, acompanhado pela maioria do STF, entendeu que a regra do art. 62, § 9º, da Constituição Federal, exige obrigatoriamente a edição de parecer colegiado pela comissão mista que examina medida provisória,

7 STF, MS 34.635 AgR/DF, Pleno, Rel. Min. Celso de Mello, j. 10/10/2020, p. 7.

8 O STF entende que os atos dos demais órgãos das Casas Legislativas, como as comissões, caso praticados com base na competência legislativa ou fiscalizatória do Poder Legislativo, podem ser impugnados por mandado de segurança de competência originária do Tribunal, nos termos do art. 102, inciso I, alínea "d", da Constituição Federal. O argumento aqui é de que as comissões são órgãos de verdadeira presentação do Poder Legislativo. Cf. STF, MS 23.452, Rel. Min. Celso de Mello, j. 16/09/1999 e MS-AgR, Rel. Min. Maurício Corrêa, j. 07/03/2002.

não sendo passível de substituição monocrática no Plenário das Casas do Congresso Nacional. Após fazer citação em que se invoca a importância de o Poder Judiciário tutelar o devido processo legislativo, o Ministro alerta para a importância dessa regra como mecanismo de respeito à democracia e separação de poderes[9]. Aqui tratava-se de claro caso de controle judicial de constitucionalidade repressivo uma vez que o ato questionado já havia sido aprovado pelo Congresso Nacional, sancionado e promulgado pelo Presidente da República.

Também se retoma aqui a passagem já citada do voto da Min. Rosa Weber no julgamento da ADI nº 5.127, em que se declarou a inconstitucionalidade de emendas parlamentares sem pertinência temática a medidas provisórias:

> Não se trata em absoluto de apenas aproveitar o rito mais célere para fazer avançar o processo legislativo, supostamente sem prejuízo. A hipótese evidencia violação do direito fundamental ao devido processo legislativo – o direito que têm todos os cidadãos de não sofrer interferência, na sua esfera privada de interesses, senão mediante normas jurídicas produzidas em conformidade com o procedimento constitucionalmente determinado.[10]

Nesse caso, o Tribunal adotou uma concepção regulatório-difusa do devido processo legislativo, como já examinado. Os dois julgados acima mencionados exemplificam as conclusões do Capítulo 3 de que a jurisprudência do STF apresenta oscilações neste tema: ora se considera o devido processo legislativo um direito individual de titularidade exclusiva do parlamentar para fins de cabimento de mandado de segurança; ora se entende que ele é direito fundamental difuso, de modo a ser utilizado como parâmetro de controle de constitucionalidade para além das ações de mandado de segurança e independentemente de direito pessoal próprio do legitimado que questiona a constitucionalidade de um ato do poder público.

Deve ser relembrado o entendimento adotado neste trabalho – e também adotado pelo STF em uma terceira linha jurisprudencial, como visto – de que o devido processo legislativo articula-se não apenas por regras, mas também por princípios constitucionais que estruturam o

9 STF, ADI 4.029/DF, Pleno, Rel. Min Luiz Fux, j. 08/03/2012, p. 22.

10 STF, ADI 5.127, Pleno, Redator para o Acórdão Min. Edson Fachin, j. 15/10/2015, Voto da Min. Rosa Weber, p. 32.

exercício do poder político, assim, como, por exemplo, a separação de poderes, federalismo ou o princípio republicano. Como princípios que estabelecem diretrizes jurídicas para o exercício do poder político, suas violações geram a inconstitucionalidade do ato viciado e, como qualquer outra inconstitucionalidade, pode ser questionada pelos juridicamente interessados em controle difuso-concreto ou pelos legitimados ativos em controle abstrato.

A chave para compreender essa oscilação de entendimentos está nas observações feitas em dois julgados do Tribunal proferidos em período muito próximo.

No MS-MC-AgR nº 31.816 (Pleno, Red. para Acórdão Min. Teori Zavascki, j. 27/02/2013), um deputado federal questionou ato da Mesa do Congresso Nacional que incluiu em pauta o Veto Parcial nº 38/2012. Na visão do impetrante, o ato impugnado violaria o devido processo legislativo, nos termos do art. 66, §§ 4º e 6º, da Constituição Federal, em razão de haver, naquele momento, mais de três mil vetos anteriores pendentes de apreciação pelo Poder Legislativo. Pleiteou, então, que o mencionado Veto somente fosse apreciado depois do exame de todos os vetos anteriormente opostos e pendentes de deliberação. Houve o deferimento monocrático da medida cautelar pelo Rel. Min. Luiz Fux.

No julgamento colegiado para apreciação da cautelar monocraticamente concedida, por unanimidade, os Ministros conheceram do mandado de segurança, no que se referia às alegações de violação das regras constitucionais. No mérito, o Tribunal, por maioria, reconheceu a prática do Congresso Nacional como inconstitucional, violando os mencionados dispositivos, pelo fato de que deveria haver a apreciação dos vetos em ordem cronológica, sob pena de trancamento de pauta e impossibilidade de deliberação de outras matérias.

Como consignou o Redator para o Acórdão, Min. Teori Zavascki, a violação das regras constitucionais do devido processo legislativo levam à inconstitucionalidade formal do ato questionado, inclusive os respectivos atos normativos dele resultantes, pois os vetos deveriam ser apreciados à medida que opostos aos projetos de lei e, uma vez esgotado o prazo de trinta dias previsto no § 6º do art. 66 da Constituição Federal, deveriam levar ao trancamento da pauta do Congresso Nacional. Entretanto, tendo em vista a existência de milhares de vetos ainda pendentes de apreciação naquela ocasião, a manutenção da cautelar geraria uma possível nulidade de todas as deliberações do Congresso Nacional anteriores – razão pela qual o Ministro entendeu pela necessidade de cassação da ordem concedida.

Um ponto de fundamental importância é o diagnóstico feito pelo Ministro em relação à natureza jurídica dos mandados de segurança impetrados por parlamentares para defesa das normas constitucionais do processo legislativo. Em suas palavras, trata-se de uma "exótica utilização do mandado de segurança com indisfarçável pretensão de controle prévio de constitucionalidade formal do preceito normativo":

> Realmente, o que se tem aqui não é um mandado de segurança visando à sua natural vocação constitucional, de instrumento para tutela de direito líquido e certo ameaçado ou violado por ato de autoridade. Não está em causa qualquer direito subjetivo do impetrante, nem uma prerrogativa própria do cargo parlamentar ou de qualquer interesse específico do cargo ou de situação parlamentar, como seria, por exemplo, a defesa de prerrogativa de minoria. O que há, em verdade, é uma exótica utilização de mandado de segurança com indisfarçável pretensão de controle prévio de constitucionalidade formal do preceito normativo, semelhante, ressalvada a questão temporal (que é prévia e não sucessiva à edição da norma), à que foi deduzida na ADI nº 4.029/DF. O interesse jurídico que move o parlamentar a defender a higidez do processo legislativo é exatamente o mesmo que dá ensejo ao ajuizamento de ação de controle concentrado. Esse interesse não tem natureza individual, mas se trata de nítido interesse transindividual, de que é titular a sociedade como um todo, cuja tutela judicial, por isso mesmo, tem legitimados próprios, que são os órgãos e entidades indicados no art. 103 da Constituição. A se admitir, em situação assim, que um parlamentar (que não está legitimado a promover o controle sucessivo de constitucionalidade), possa antecipar esse controle, promovendo-o preventivamente por mandado de segurança, certamente não se poderá negar que medida semelhante e com a mesma finalidade venha a ser proposta por qualquer dos legitimados pela Constituição (art. 103) a promover o controle repressivo, ou sucessivo. Aliás, a se adotar a tese da vinculatividade dos fundamentos das decisões do STF em matéria constitucional, não seria nada desprezível, em casos tais – e o caso concreto ilustra isso com clareza solar – o potencial efeito de controle repressivo de constitucionalidade das normas já editadas embutido numa decisão que acolha a tese da impetração. Impõe-se, portanto, sob pena de ampla consagração do sistema de controle preventivo, que se estabeleça um limite na legitimação atribuída a parlamentar, para impetrar mandado de segurança no curso de processo legislativo. Tal legitimação poderá ser admitida nas hipóteses de defesa específica de direito individual, ou de prerrogativa do cargo, ou, ainda, da posição de minoria na situação parlamentar. Todavia, não se mostra compatível

> com o sistema brasileiro de controle de constitucionalidade, a utilização do mandado de segurança como instrumento de controle preventivo da constitucionalidade - formal ou material - de atos normativos, ainda mais quando o impetrante não detém legitimidade para provocar o controle sucessivo da legitimidade desses atos.[11]

Essa passagem é de crucial importância para compreender o significado da prática do STF em relação aos mandados de segurança impetrados por parlamentares para defesa do devido processo legislativo - ou seja, a dimensão regulatório-individual do devido processo legislativo. Como ressalta o Ministro, não se trata no caso de uma ação concreta destinada à defesa de um direito puramente individual, mas um instrumento processual cuja causa de pedir e possível decisão são, na prática, muito próximos aos das ações de controle abstrato de constitucionalidade. O fundamento da ação é uma inconstitucionalidade formal e uma eventual decisão de procedência terá, na prática, eficácia próxima à *erga omnes*, pois projetará seus efeitos na esfera jurídica de todos os possivelmente afetados pela futura norma que seria editada.

Não se deve perder de vista o modelo de controle judicial de constitucionalidade brasileiro, que combina o controle difuso do ponto de vista orgânico (em que qualquer órgão jurisdicional pode conhecer e julgar questões constitucionais) com instrumentos de controle concreto e abstrato de constitucionalidade (RAMOS, 2010, p. 245). Caso haja um vício de inconstitucionalidade formal por violação às normas do devido processo legislativo, esse vício pode ser arguido em sede repressiva perante qualquer órgão do Poder Judiciário brasileiro. No caso acima em que se questionou a ordem de apreciação dos vetos presidenciais, nada impede, por exemplo, que uma pessoa questione a constitucionalidade de uma lei promulgada em razão da derrubada de veto fora dos parâmetros constitucionais, em uma ação concreta em que a lei afete seus direitos individuais. O caráter "exótico" da jurisprudência do STF (retomando-se a expressão do Min. Teori Zavascki), neste ponto, na verdade, é a possibilidade do exercício do controle judicial preventivo de constitucionalidade de vícios formais para tutela das regras constitucionais de formação do ato legislativo.

11 STF, MS-MC-AgR 31.816/DF, Pleno, Rel. Min. Luiz Fux, Redator para o Acórdão Min. Teori Zavaski, j. 27/02/2013, p. 39.

Essas considerações não passaram despercebidas pelos demais Ministros. Nas palavras, da Min. Rosa Weber, a prática dos mandados de segurança impetrados por parlamentares cria o risco de:

> [...] transformarmos o mandado de segurança em instrumento de exercício pelo Poder Judiciário do controle prévio de constitucionalidade das leis, verdadeira subversão, a meu juízo, do modelo de controle repressivo de constitucionalidade vigente no nosso ordenamento jurídico a comprometer também o próprio sistema de divisão de Poderes[12].

De todo modo, a despeito das advertências acima da aproximação dessa hipótese de cabimento de mandados de segurança às ações de controle abstrato de constitucionalidade em caráter preventivo, o Tribunal, por unanimidade e seguindo a prática consolidada na Corte, conheceu o mandado de segurança conforme o entendimento de que o parlamentar tem direito subjetivo a participar de processo decisório que respeite as regras constitucionais do devido processo legislativo. Nesse sentido, a Min. Carmen Lúcia pontuou:

> E também não acho que haja a impossibilidade de o mandado de segurança ser preventivo e ter como fundamento arguição de inconstitucionalidade. Aliás, este é um dos pontos em que haveria essa possibilidade e no qual não haveria a substituição pelo controle abstrato, quer por ação direta, quer por uma ação declaratória. Isso porque, às vezes, a única forma quando há, por exemplo, uma deliberação a ser tomada, ou algo a ser feito sem que haja outro instrumento, o mandado de segurança veio, e foi criado em 34, exatamente para isso, ou seja, para suprir essa possibilidade de se prevenir lesão. Portanto, não acho que seja absolutamente impossível. Bem ao contrário.[13]

Em sentido semelhante destacou o Min. Gilmar Mendes, concordando com a percepção do significado jurídico dos mandados de segurança impetrados por parlamentar para controle das normas constitucionais do devido processo legislativo:

---

12 STF, MS-MC-AgR 31.816/DF, Pleno, Redator para o Acórdão Min. Teori Zavaski, j. 27/02/2013, p. 46.

13 STF, MS-MC-AgR 31.816/DF, Pleno, Redator para o Acórdão Min. Teori Zavaski, j. 27/02/2013, p. 60.

> É verdade, também, que esse mandado de segurança de que se cuida é um mandado de segurança todo ele especial. Eu já tive oportunidade de dizer que, a rigor, nesse ponto, eu concordo com o Ministro Teori. Nós não estamos falando de direito líquido e certo. Aqui, é um tipo de, vamos chamar assim, mutação constitucional. É um mandado de segurança utilizado para resolver um típico conflito de atribuições, um típico conflito entre órgãos. Nós temos os casos de mandados de segurança impetrados por órgãos públicos, muitas vezes, e por esses indivíduos titulares de funções. São esses casos que se manifesta: é a minoria contra uma dada comissão. Então, esse o quadro. Agora, nós temos admitido, ao longo dos anos, esse mandado de segurança com esse perfil.[14]

Essa discussão foi retomada pouco tempo depois no MS nº 32.033 (Pleno, Red. para Acórdão Min. Teori Zavascki, j. 13/06/2013), em que houve a impetração de mandado de segurança por Senador da República para suspender a tramitação de projeto de lei pelo fato de que seu conteúdo seria manifestamente incompatível com a Constituição Federal, nos termos da jurisprudência do próprio STF. A maioria do Tribunal, seguindo sua jurisprudência consolidada, conheceu o mandado de segurança com base na dimensão regulatório-individual do devido processo legislativo para tutela de normas constitucionais, mas não concedeu a tutela pleiteada, por entender que não há a possibilidade de controle judicial prévio de constitucionalidade material de projetos de lei.

Nesse caso, o Redator para Acórdão, Min. Teori Zavascki, retomou suas considerações feitas no julgamento do MS-MC-AgR nº 31.816, acima destacado, reconhecendo a prática consolidada do Tribunal em admitir essa hipótese de impetração do mandado de segurança:

> Em voto proferido no MS 31.816, manifestei reservas pessoais quanto ao cabimento da medida, mesmo nesses casos excepcionais, notadamente em face da reserva de iniciativa assegurada a parlamentar, a quem a Constituição sequer confere legitimidade para provocar o controle de constitucionalidade sucessivo, por ação. Não posso deixar de reconhecer, entretanto, que se trata de orientação com o abono – e por isso merece o devido respeito – da jurisprudência do STF [...][15]

14 STF, MS-MC-AgR 31.816/DF, Pleno, Redator para o Acórdão Min. Teori Zavaski, j. 27/02/2013, pp. 85-86.

15 STF, MS 32.033/DF, Pleno, Redator para o Acórdão Min. Teori Zavaski, j. 13/06/2013, p. 143.

O Relator, Min. Gilmar Mendes, ainda que vencido no mérito, fez observações que fazem diagnóstico preciso da jurisprudência do STF nesse ponto:

> A jurisprudência clara, uníssona e antiga da Corte, somada ao comprovado conhecimento que dela possuem os atores centrais da vida política brasileira, tem o condão de demonstrar que a impetração de mandado de segurança com vistas ao trancamento do trâmite de proposta legislativa ofensiva à cláusula pétrea da Constituição é algo que está inserido na tradição constitucional brasileira, por fazer parte da rotina do nosso sistema político-constitucional há mais de 30 anos. Por essa razão, em ocasiões anteriores tive a oportunidade de consignar que tal utilização do mandado de segurança, por parlamentar, a fim de obstar a deliberação de proposição legislativa ofensiva às cláusulas pétreas significa uma verdadeira doutrina brasileira do mandado de segurança (MS 24.356, Rel. Min. Carlos Velloso, Plenário, DJ 12.09.2003).[16]

A expressão "doutrina brasileira do mandado de segurança" é uma alusão à conhecida "doutrina brasileira do *habeas corpus*", mediante a qual, em uma interpretação sem precedentes no direito comparado, o STF admitia o cabimento desse remédio constitucional para tutela de direitos fundamentais que fossem pressupostos da liberdade de locomoção, como, por exemplo, a posse em cargo público[17]. Com isso, havia o alargamento das possibilidades tradicionais de impetração de *habeas corpus*, tradicionalmente restritas à tutela direta e exclusiva da liberdade de locomoção e não de outros direitos fundamentais, o que justificou o nome dado a essa interpretação ampliativa de "doutrina brasileira do *habeas corpus*"[18].

---

16 STF, MS 32.033/DF, Pleno, Redator para o Acórdão Min. Teori Zavaski, j. 13/06/2013, p. 41.

17 A doutrina brasileira do *habeas corpus* foi construída com base na redação original do art. 72, § 22, da Constituição Federal de 1891: "Dar-se-á o *habeas corpus*, sempre que o indivíduo sofrer ou se achar em iminente perigo de sofrer violência ou coação por ilegalidade ou abuso de poder." Com a Emenda Constitucional de 1926, houve ajuste redacional a esse dispositivo que culminou com o abandono dessa doutrina: "Dar-se-ha o *habeas-corpus* sempre que alguém soffrer ou se achar em imminente perigo de soffrer violencia por meio de prisão ou constrangimento illegal em sua liberdade de locomoção.". A respeito da evolução da doutrina brasileira do *habeas corpus*, ver Mendes (2021).

18 Como exemplo da aplicação da doutrina brasileira do *habeas corpus*, vejam-se os casos das "duplicidades eleitorais" durante o início do século XX, em que mais de

Em sentido semelhante, a "doutrina brasileira do mandado de segurança" também implica o alargamento das hipóteses tradicionais de cabimento deste remédio constitucional. Não se trata apenas da tutela de direito líquido e certo individual dos parlamentares, mas da tutela das normas constitucionais do devido processo legislativo, que protegem o interesse de toda a sociedade na produção democrática da legislação.

Isso mostra que, do ponto de vista dogmático, a melhor interpretação da "doutrina brasileira do mandado de segurança" é no sentido de ela significar a atribuição de legitimidade ativa extraordinária para impetração de mandado de segurança aos parlamentares da respectiva Casa em que a proposição estiver em tramitação para questionar a inconstitucionalidade de determinado ato durante o processo legislativo. O fenômeno aqui não é de legitimidade ativa apenas em razão de um direito subjetivo individual do parlamentar, mas o reconhecimento da legitimidade processual extraordinária para tutela do interesse social difuso subjacente às normas do devido processo legislativo.

Essa breve retomada da jurisprudência do STF permite uma primeira constatação de que, do devido processo legislativo entendido como princípio que articula o conjunto de normas que disciplinam o exercício do poder político na democracia brasileira, foi extraída uma consequência jurídica processual de ampliar as hipóteses de cabimento do mandado de segurança para controle judicial de constitucionalidade prévio sobre possíveis vícios de inconstitucionalidade de uma proposição ainda em fase de tramitação. Trata-se de uma das possíveis dimensões de eficácia normativa das normas do devido processo legislativo, mas que está longe de esgotar todos os seus efeitos jurídicos.

Não se pode identificar uma relação necessariamente sempre presente entre devido processo legislativo e mandado de segurança: na verdade, os principais mecanismos judiciais de tutela das normas do devido processo legislativo continuam a ser as demais ações de controle judicial repressivo de constitucionalidade em concreto ou em abstrato. Em outras palavras, caso verificado que o processo de elaboração de um ato legislativo violou alguma norma constitucional, a forma ordinária de impugná-lo judicialmente é mediante as ações em que essa questão constitucional deva ser apreciada, seja na via difusa, seja na via principal, já após a edição do ato legislativo questionado.

---

um grupo político se entendia vencedor de eleições estaduais ou locais e utilizavam-se do *habeas corpus* para garantir a entrada nos edifícios públicos para exercício de mandato eletivo (HORBACH, 2007, p. 83).

Aqui são pertinentes as críticas de Leonardo Barbosa de que o mandado de segurança é um remédio constitucional cujo regime jurídico é fundado na lesão ou ameaça de lesão a direito subjetivo e, portanto, que apresenta dificuldades para funcionar como instrumento de tutela constitucional das normas do devido processo legislativo (BARBOSA, 2010, p. 199-200). Isso porque há uma série de normas jurídicas processuais específicas do mandado de segurança (como legitimados ativos e passivos, prazo decadencial, possibilidade de desistência, restrição à produção probatória) que criam obstáculos à sua utilização como mecanismo processual para o amplo controle preventivo de constitucionalidade.

Uma das principais é o entendimento da perda do objeto do mandado de segurança pela promulgação da norma, em razão do entendimento adotado na Súmula 266 do STF – o que, na grande maioria dos casos, implica essas ações terem apenas seu pedido cautelar julgado, não se chegando a um juízo de mérito (FALCONI, 2018, p. 110). De todo modo, essas limitações do mandado de segurança são importantes para se evitar uma expansão exacerbada do controle preventivo de constitucionalidade feito pelo Poder Judiciário, que, como será reforçado adiante, deve ser feito preponderantemente pelo Poder Legislativo.

Em segundo lugar, devem ser diferenciadas pelo menos duas grandes hipóteses da "doutrina brasileira do mandado de segurança". A primeira é a impetração desse remédio constitucional para tutela do art. 60, § 4º, da Constituição Federal; a segunda, é para tutela das demais normas constitucionais.

A impetração de mandado de segurança no primeiro caso pressupõe a existência de proposta de emenda à Constituição tendente a abolir as cláusulas pétreas. A jurisprudência do STF, desde o *leading case* MS 20.257 (STF, Pleno, Redator para Acórdão Min. Moreira Alves, j. 08/10/1980), é firme em que a expressão "não será objeto de deliberação", constante do art. 60, § 4º, da Constituição, impede que seja submetida à votação uma proposta de emenda à Constituição nessas situações. Como ressaltado pelo Min. Gilmar Mendes no julgamento do MS 32.033, aqui, trata-se de caso de controle judicial de constitucionalidade material preventivo de uma PEC em face das cláusulas pétreas[19].

Já na segunda hipótese da "doutrina brasileira do mandado de segurança", busca-se a tutela das demais normas constitucionais do devido

19 STF, MS 32.033/DF, Pleno, Redator para o Acórdão Min. Teori Zavaski, j. 13/06/2013, pp. 140-142.

processo legislativo. Chama atenção aqui que o texto constitucional, em nenhum outro dispositivo, utiliza a mesma expressão "não será objeto de deliberação", constante de seu art. 60, § 4º. Com isso, deve ser reconhecido que as hipóteses de cabimento do mandado de segurança são diferentes nessa hipótese.

Além de não caber o controle de constitucionalidade material preventivo em face de projetos de lei, neste segundo caso da "doutrina brasileira do mandado de segurança" deve ser feita uma interpretação restritiva das hipóteses de cabimento desse remédio constitucional, sob pena de amplo controle judicial preventivo de constitucionalidade formal em substituição às competências do Congresso Nacional para fazer esse controle, além do desvirtuamento do controle abstrato de constitucionalidade e suas características processuais estabelecidas pela Constituição Federal.

Para elucidar este ponto, é importante retomar as considerações feitas pelo Min. Teori Zavascki, Redator para Acórdão do MS 32.033:

> Somente em duas situações a jurisprudência do STF abre exceção a essa regra: a primeira, quando se trata de Proposta de Emenda à Constituição - PEC que seja manifestamente ofensiva a cláusula pétrea; e a segunda, em relação a projeto de lei ou de PEC em cuja tramitação for verificada manifesta ofensa a alguma das cláusulas constitucionais que disciplinam o correspondente processo legislativo. Nos dois casos, as justificativas para excepcionar a regra estão claramente definidas na jurisprudência do Tribunal: em ambos, o vício de inconstitucionalidade está diretamente relacionado a aspectos formais e procedimentais da atuação legislativa. Assim, a impetração de segurança é admissível, segundo essa jurisprudência, porque visa a corrigir vício já efetivamente concretizado no próprio curso do processo de formação da norma, antes mesmo e independentemente de sua final aprovação ou não.
>
> [...]
>
> Registre-se que a Constituição de 1988, ao tratar das cláusulas pétreas, reproduz a mesma linguagem proibitiva, no seu art. 60, § 4º ("Não será objeto de deliberação a proposta de emenda tendente a abolir [...]"). Justifica-se essa cláusula limitadora, que não existe para projetos de leis, não apenas porque se trata de proposta de norma com suprema hierarquia no ordenamento jurídico, mas sobretudo porque, ao contrário das outras espécies normativas - cuja aprovação está subordinada a uma segunda instância de Poder, a do Executivo, que poderá vetá-las –, a proposta de emenda constitucional é aprovada por deliberação de instância única, apenas a do Poder Constituinte

> reformador, de que se investe, com exclusividade, o Congresso Nacional.
>
> Na outra situação – de projetos de lei ou de PEC em cuja tramitação não seja observado o processo legislativo disciplinado na Constituição –, a justificação é a mesma: em casos tais, a ofensa à Constituição se manifesta desde logo, no curso da própria tramitação do projeto, independentemente de aprovação ou não.

Da passagem acima fica claro que a "doutrina brasileira do mandado de segurança", em suas duas hipóteses de cabimento, pressupõe que exista um vício de inconstitucionalidade na própria tramitação da matéria, "independentemente de sua aprovação ou não". Com isso, não são todos os possíveis vícios de inconstitucionalidade formal de um ato legislativo que abrem a possibilidade de impetração de mandado de segurança, mas somente aqueles que a própria Constituição Federal estabelece que já são caracterizados antes mesmo do término do processo legislativo.

A identificação de quais são esses vícios de inconstitucionalidade formal específicos – como toda questão jurídica – não se reduz à literalidade do texto constitucional, mas da sistemática constitucional de atribuição de competência para o Poder Legislativo corrigir vícios procedimentais durante a tramitação legislativa, decorrentes de sua autonomia e discricionariedade procedimentais, que serão aprofundados a seguir. Somente é cabível o mandado de segurança quando o vício for iminente ou já concretizado, seja no caso de PEC que viole cláusula pétrea seja no caso de outras proposições cuja tramitação gere prejuízo ao exercício das competências ou prerrogativas dos parlamentares e não seja possível sua correção durante a tramitação legislativa.

Como exemplo, pode se pensar em casos de emendas de mérito feitas a projeto de lei pela Casa Revisora que não retorna à Casa Iniciadora, mas segue direto à sanção. Neste caso, o envio à sanção é uma violação direta do art. 65 da Constituição Federal, que suprime dos parlamentares da Casa Iniciadora a prerrogativa de apreciar as emendas. Nem mesmo o veto presidencial poderá corrigir o estado de inconstitucionalidade, pois, ainda que ele impeça a conversão em lei do projeto, ele não determinará seu retorno à Casa Iniciadora, como constitucionalmente exigido.

Outro exemplo, é a definição da própria pauta do Congresso Nacional para apreciação das proposições legislativas. Alguns dispositivos constitucionais, como o art. 62, § 6º, art. 64, § 2º, e art. 66, § 6º, estabelecem uma ordem determinada de apreciação das proposições, em caso de trancamento de pauta em razão do escoamento de prazo de medida provisória, de projeto com urgência constitucional ou de apreciação de vetos. Como reconhecido pela maioria do STF no MS 31.816 (Red. para Acórdão Min. Teori Zavascki, j. 27/02/2013), a simples apreciação de projetos de lei em desrespeito a essa norma constitucional já se configura vício do próprio procedimento legislativo, uma vez que há verdadeiro poder-dever de os parlamentares apreciarem outra proposição que está trancando a pauta.

De outro lado, especialmente possíveis vícios formais de constitucionalidade relacionados às regras distribuição de competências legislativas, de iniciativa legislativa ou de emendamento parlamentar não devem ser passíveis de questionamento judicial preventivo por via de mandado de segurança. Não há aqui nem uma clara vedação constitucional à apreciação da matéria (como no caso de PECs em razão do art. 60, § 4º, da Constituição) nem uma supressão da possibilidade de os parlamentares apreciarem, no momento constitucionalmente devido, possíveis inconstitucionalidades ou matérias contrárias ao interesse público.

Nesses casos, há uma inerente tarefa de controle de constitucionalidade prévio que cabe, em primeiro lugar, ao Poder Legislativo. Caso o controle judicial preventivo de constitucionalidade fosse ampliado para todos os possíveis vícios formais relacionados ao processo legislativo, haveria o risco de indevida intervenção do Poder Judiciário no processo legislativo, pois, de um lado, esvaziaria na prática uma competência do Poder Legislativo, desincentivando-o a levar a sério sua responsabilidade de legislar conforme as normas constitucionais e, de outro lado, cria o risco de um forte aumento da judicialização de cada etapa do processo legislativo.

Há, ainda, proposta de que, com base no princípio da participação social no processo legislativo, qualquer cidadão deveria poder manejar uma ação judicial preventivamente para questionar inconstitucionalidades durante a tramitação legislativa (SALGADO; ARAÚJO, 2019, p. 95-98). Na prática, essa é uma proposta de alargamento da "doutrina brasileira do mandado de segurança" com o intuito de conferir legitimidade ativa para seu ajuizamento a todos os cidadãos.

Contudo, pelas razões expostas acima, não se pode aceitar essa proposta. A "doutrina brasileira do mandado de segurança" é uma teoria que confere legitimidade ativa extraordinária aos parlamentares para, ainda durante a tramitação de uma proposição, questionar a constitucionalidade formal do seu processo de elaboração por violação a normas constitucionais, em casos em que a própria tramitação seja vedada pela Constituição. Fica evidente aqui que se trata de cabimento de ação em hipótese excepcional em face do princípio da separação de poderes, tendo em vista a necessária discricionariedade e autonomia procedimentais do Parlamento.

A dimensão regulatório-individual do devido processo legislativo, portanto, aponta que o controle judicial preventivo de constitucionalidade está relacionado tanto ao interesse difuso na observância de regras do devido processo legislativo quanto à proteção de prerrogativas parlamentares durante a tramitação legislativa, sem prejuízo de que eventuais vícios de inconstitucionalidade sejam arguidos por qualquer interessado em via repressiva após a promulgação do respectivo ato legislativo.

Abaixo será investigada a possibilidade da ampliação da doutrina brasileira do mandado de segurança para tutela não somente das regras mas também dos princípios constitucionais do devido processo legislativo. De todo modo, como será reforçado novamente abaixo, a proteção às normas do devido processo legislativo, como regra geral, deve ser feita preventivamente pelo próprio Parlamento e, se for o caso, repressivamente após o encerramento do processo legislativo, de modo que o Parlamento tenha as oportunidades necessárias para autonomamente corrigir eventuais vícios procedimentais no processo de elaboração legislativa.

7.3. O controle judicial do devido processo legislativo com base em normas regimentais

Como visto anteriormente, o STF tem sólida jurisprudência pela possibilidade de controle de constitucionalidade repressivo de atos legislativos em razão de violação às regras constitucionais do devido processo legislativo, sendo admitidas algumas hipóteses excepcionais de controle preventivo pela "doutrina brasileira do mandado de segurança".

Para além das regras constitucionais, há forte resistência em se examinarem violações aos regimentos internos das Casas Legislativas para fins de identificação de inconstitucionalidade formal no processo de aprovação das leis. Em diversos julgados, o Tribunal foi instado a se manifestar sobre possíveis inconstitucionalidades em razão da violação de normas regimentais no processo de elaboração de uma determinada lei, e em praticamente todos o Tribunal não examinou em profundidade a questão, tendo afirmado que a interpretação, a aplicação e o controle dessas normas devem se submeter ao juízo exclusivo do Parlamento, conforme a doutrina dos atos *interna corporis*. Nesse ponto, dois de seus julgados mais importantes são o MS nº 22.503 e ADI 4.425, já examinados no Capítulo 3.

Em síntese desse entendimento, foi aprovada tese proposta pelo Min. Dias Toffoli, em relação ao Tema nº 1.120 de Repercussão Geral:

> Em respeito ao princípio da separação dos poderes, previsto no art. 2º da Constituição Federal, quando não caracterizado o desrespeito às normas constitucionais pertinentes ao processo legislativo, é defeso ao Poder Judiciário exercer o controle jurisdicional em relação à interpretação do sentido e do alcance de normas meramente regimentais das Casas Legislativas, por se tratar de matéria interna corporis.[20]

Ana Paula de Barcellos, ao fazer uma análise crítica do processo de elaboração da tese acima, demonstra que a jurisprudência do STF já há muito tempo entende que, caso existam normas constitucionais incidentes no caso concreto, pode ser exercida a jurisdição constitucional sem a limitação da doutrina dos atos *interna corporis* (BARCELLOS, 2021, p. 444).

Dessa forma, a interpretação correta da jurisprudência do Tribunal e da tese do Tema 1.120 é no sentido de que o princípio da separação dos poderes implica a autonomia das Casas Legislativas e, dessa forma, a interpretação e aplicação de normas regimentais devem ser atividades exclusivas do Parlamento, exceto se houver normas constitucionais aplicáveis ao caso. Ingressar nos assuntos internos do Parlamento seria, portanto, e em última análise, uma violação da própria democracia e uma tentativa de aproximação equivocada do processo legislativo ao processo judicial. Como conclusão, somente no caso de violação a norma constitucional pode haver o exercício do controle judicial de constitucionalidade.

Trata-se, aliás, de entendimento em larga medida compartilhado por diversos tribunais constitucionais, que têm forte resistência em exercer o controle de constitucionalidade utilizando como parâmetro exclusivo as normas regimentais do Parlamento desvinculadas de normas constitucionais. Como exemplo, cita-se a jurisprudência das Cortes Constitucionais de Portugal (MIRANDA, 2019, p. 232), Alemanha (SCHLAICH; KORIOTH, 2015, pp. 72; 378-381); Itália (MARTINES, 2017, p. 278; ZAGREBELSKY; MARCENÒ, 2018, pp. 209-212), França (NAVOT, 2006, p. 202; FERNANDEZ, 2006, p. 66) e Estados Unidos (BAR-SIMANTOV, 2011, p. 1917).

20 STF, RE-RG 1.297.884/DF, Pleno, Rel. Min. Dias Toffoli, j. 17/12/2020, p. 4.

Para avaliar criticamente tal posicionamento, é necessário enfrentar as seguintes questões: a) Os regimentos das Casas Legislativas são normas jurídicas vinculantes? b) Quais são os interesses tutelados por eles? e c) Quem é a autoridade responsável por sua tutela e quais as consequências jurídicas no caso de seu descumprimento?

Derly Barreto e Silva Filho faz excelente síntese histórica do debate sobre a natureza jurídica dos regimentos internos e da doutrina dos atos *interna corporis* no direito brasileiro. Primeiramente, aponta que a doutrina constitucional, sem exceção, passando por Ruy Barbosa, Aurelino Leal e Pontes de Miranda, já entendia se tratar de normas jurídicas vinculantes e não "meras recomendações" ou "peças alegóricas ou ornamentais" (SILVA FILHO, 2003, p. 77).

De fato, no caso da Constituição Federal de 1988, isso decorre de seu art. 51, inciso III; art. 52, inciso XII; e art. 58, *caput*. Ao fazer referência aos regimentos internos nesses dispositivos, a Constituição Federal efetivamente estabelece caráter vinculante a eles, de modo que são verdadeiras normas jurídicas cujo fundamento de validade é diretamente a Constituição, nos termos de seu art. 59, inciso VII. Para além dos autores clássicos do direito brasileiro, adota-se largamente essa ideia em obras mais recentes (BARACHO, 1984, p. 296; SILVA, 2017, p. 351; BASTOS; MARTINS, 1995, p. 181; BARBOSA, 2010, p. 174; CUNHA FILHO, 2017, pp. 162-163).

Ao se reconhecer a juridicidade dos regimentos internos, a segunda questão é saber se os interesses e eventuais direitos e deveres neles estabelecidos dizem respeito apenas aos parlamentares ou se podem afetar terceiros. Há posições no sentido de que os regimentos internos apenas dizem respeito aos assuntos internos das Casas Legislativas, disciplinando basicamente os interesses dos parlamentares de participarem de suas atividades (BASTOS; MARTINS, 1995, p. 181; FERREIRA, 1990, p. 590).

Como já exposto no Capítulo 3, essa compreensão dos interesses afetados pelos regimentos internos das Casas legislativas ainda é fruto de uma concepção individual-regulatória do devido processo legislativo, pela qual apenas os parlamentares seriam diretamente interessados na produção legislativa. Adotada, entretanto, a visão mais abrangente de devido processo legislativo, cujas normas também são compostas por princípios constitucionais estruturantes do exercício do poder político pela atividade legislativa, fica claro que ele tutela os interesses de toda a sociedade mediante a disciplina de um processo legislativo democrático, com respeito a direitos das maiorias e minorias, aberto à participação social, com publicidade de seus trabalhos, possibilidade de apresentação e troca de argumentos e destinado a resolver problemas coletivos conforme as possibilidades existentes.

Nesse sentido, Pontes de Miranda já destacava que "a interinidade do regimento não significa que só o tribunal, como o corpo legislativo, seja interessado na sua observância" (MIRANDA, 1987, p. 592). José de Oliveira Baracho argumentava na mesma direção: "A elaboração legislativa não diz respeito, apenas à vida e ao interesse do órgão legiferante. É matéria que diz respeito ao interesse público. Não se trata, portanto, de matéria de *jura interna corporis.*" (BARACHO, 1984, p. 319).

Dessa maneira, não é de surpreender que os regimentos internos estabeleçam direitos e deveres para outras pessoas para além dos parlamentares[21]. O que os regimentos internos não podem fazer é estabelecer normas jurídicas sobre temas estranhos à disciplina procedimental de atuação do Parlamento para estabelecer regras substantivas em outros âmbitos da vida social, que devem ser disciplinadas pela lei e pelos demais atos normativos admitidos pela Constituição.

Do fato de serem considerados normas jurídicas que tutelam o interesse de toda a sociedade, a questão que imediatamente se coloca é qual a autoridade competente para sua tutela e quais são os efeitos jurídicos do seu descumprimento.

No direito brasileiro, o principal órgão responsável pela tutela das normas reguladoras do processo legislativo são as próprias Casas Legislativas. Nos termos dos arts. 95 do RICD e art. 403 do RISF, qualquer parlamentar pode formular questão de ordem perante o Presidente da Mesa ou da Comissão para impugnar ato contrário às normas constitucionais, legais e regimentais que disciplinam as atividades do Parlamento. Desse modo, a consequência jurídica imediata da violação de uma norma regimental é a possibilidade de sua impugnação e correção por meio de questão de ordem deferida por decisão da autoridade legislativa competente.

A possibilidade de o próprio Parlamento corrigir violações a seus regimentos internos está diretamente ligada ao surgimento da doutrina dos atos *interna corporis*, que tem sua origem na *Bill of Rights* inglesa

21 Como exemplos, basta pensar de normas regimentais que tratam da possibilidade de apresentação de sugestões legislativas (art. 32, XII, RICD e art. 102-E, RISF), direito de petição e outras formas de participação social (arts. 253 e 254 RICD), e o comparecimento periódico de autoridades perante o Poder Legislativo (art. 96-A, RISF).

de 1689, especialmente na disposição: "Que a liberdade de discurso e debates ou procedimentos no Parlamento não será impugnada ou questionada em nenhuma corte ou instituição fora do Parlamento."

Aqui é relevante relembrar o contexto histórico em que se deu a edição dessa declaração: tratava-se de uma reação da nobreza e do alto clero ingleses contra atitudes arbitrárias de Carlos II, e seu sucessor, Jaime II, que em algumas ocasiões, inclusive a instituição ou majoração de tributos, recusavam-se a convocar o Parlamento para fins de consulta (COMPARATO, 2005, p. 89-90).

A partir dessa disposição e da prática do *common law* na Inglaterra, Rudolf von Gneist na Alemanha e Albert Dicey na Inglaterra formularam a teoria dos atos *interna corporis* e da soberania do parlamento, respectivamente (FASONE, 2016, p. 80). Segundo essa visão, os atos e os procedimentos internos do Parlamento não poderiam ser revistos pelos tribunais, sob pena de violação de sua autonomia ou "soberania", na terminologia inglesa.

No momento em que formulada, portanto, a doutrina dos atos *interna corporis* fundava-se no princípio da separação de poderes como uma clara reação do Parlamento frente aos desmandos da monarquia absolutista então vigente na Europa do século XVII. Como destaca Cristiane Macedo: "Por todo o contexto histórico, na semântica do princípio da soberania do Parlamento, predomina, nesse período, mais intensamente, o sentido de oposição ao poder real" (MACEDO, 2007, p. 21).

Com o advento da ideia de Estado Constitucional de Direito, já no século XX, e com supremacia de uma constituição rígida, todos os atos do poder público, inclusive os atos parlamentares, devem ser compatíveis com a Constituição, e a prática de sua tutela jurisdicional no direito comparado afastou aquele paradigma da insindicabilidade dos atos supostamente *interna corporis* para submetê-los ao controle da jurisdição constitucional, pelo menos em face das normas constitucionais.

Nesse sentido, diversos autores no Brasil e no direito comparado constataram que a doutrina dos atos *interna corporis*, pelo menos em sua versão mais próxima da origem inglesa de soberania do Parlamento, não é mais adequada para compreensão da dinâmica institucional estabelecida em países que adotam o *judicial review*[22]. José Afonso da Silva (2017, p. 352) destaca: "Os *interna corporis* já não são mais aquele ídolo

22 Nesse sentido ver Schauer (2006); Fasone (2016); Campos (1988). Para uma revisão de literatura desse debate, ver Bar-Siman-Tov (2010).

da soberania dos Parlamentos", e se destaca uma tendência de, na prática, haver uma redução de sua aplicação no direito brasileiro (OLIVEIRA, 2018, p. 9-10; QUEIROZ FILHO, 2001, p. 47).

Para além da questão histórica, há a questão do desenho institucional das democracias constitucionais contemporâneas, que estabelece mecanismos de controle sobre atos do poder público por órgãos revestidos de garantias e procedimentos judiciais.

Retomando as palavras de Kelsen em sua defesa do controle judicial de constitucionalidade das leis, um dos problemas das monarquias absolutistas que migrou para monarquias constitucionais e, posteriormente, para as repúblicas constitucionais era o de que haveria uma soberania do monarca e, posteriormente, do Parlamento, pois "precisamente a instância que deveria ser controlada que reivindica a função de controle" (KELSEN, 2007, p. 129). Ecoando argumento de mesma natureza, Frederick Schauer defende que uma das principais razões favoráveis ao controle judicial das normas (inclusive regimentais) do processo legislativo é o fato de o órgão controlador ser diferente do órgão controlado.[23]

Um dos pontos de partida desses argumentos é a percepção da insuficiência de estabelecer que o mesmo órgão controlado seja seu controlador. Embora não exista um amplo estudo comparativo, há uma percepção compartilhada em outros sistemas jurídicos de que os Parlamentos têm dificuldades de controlar a contento a interpretação e aplicação correta de suas normas internas sobre a produção legislativa (ELSTER, 2013, p. 181; FASONE, 2016, p. 77). No caso do Congresso dos

---

23 Nas palavras de Frederick Schauer: "No entanto, o argumento mais forte para a competência judicial não requer uma baixa estima pela legislação nem, especialmente, uma alta estima pelos tribunais. Sob uma visão alternativa e melhor, a virtude dos tribunais reside não em sua sabedoria, nem mesmo nas supostas virtudes de uma supostamente distinta forma de raciocínio judicial ou procedimento judicial. Em vez disso, está simplesmente na externalidade dos tribunais, na forma como os tribunais são o veículo mais óbvio para impor em legisladores sábios e bem-intencionados essas restrições de segunda ordem que nem mesmo o melhor dos legisladores não pode fazer cumprir totalmente. Políticas de primeira ordem e as preferências ocupam o primeiro plano da consciência até mesmo do mais sábio dos legisladores, e a própria natureza de seu papel e de seu eleitorado reforça esse fenômeno. Sugerir que os legisladores precisam de restrições externas para melhor atender aos valores coletivos e de longo prazo que as restrições de segunda ordem à legislação nos trazem não é menosprezar os legisladores, parlamentos ou a legislação. É concluir apenas que os legisladores são humanos e, como outros humanos, muitas vezes precisam de restrições externas, mesmo quando seus objetivos são sábios e seus motivos puros." (SCHAUER, 2006, p. 478-479).

EUA, há argumentos que os diversos incentivos criados pelo arranjo institucional dos sistemas políticos levam os "elaboradores da lei a serem os violadores da lei", especialmente no que se refere às normas regimentais (BAR-SIMAN-TOV, 2010, p. 807).

No caso da prática legislativa do Congresso Nacional, há algumas pesquisas empíricas que apresentam fortes indícios nesse mesmo sentido.

Ao examinar a prática regimental da Câmara dos Deputados com estudos de caso no que se refere às regras de agenda, emendamento e votação, Fernando Saboia Vieira conclui que há um baixo grau de institucionalização das regras regimentais, que são desrespeitadas reiteradamente, reduzindo a previsibilidade e possibilidade de participação igualitária dos parlamentares no processo legislativo[24]. Como outro exemplo, Bianca Araújo Borges elaborou um estudo sobre a tramitação no Senado Federal das Emendas Constitucionais nº 1, de 1992, a nº 93, de 2016, e constatou que a maioria (58 Emendas 62,37% do total) foi promulgada com violação das regras regimentais em razão da redução do seu prazo regular (BORGES, 2016). Por fim, em pesquisa sobre as deliberações no Congresso Nacional, André Sak, em exame sobre as 43 sessões conjuntas do Congresso Nacional da 54ª Legislatura (2011-2015), constatou uma série de irregularidades no que se refere à presença dos parlamentares e posterior deliberação na grande maioria das sessões.[25]

24 Em suas palavras: "Também transparece dos efeitos verificados um baixo grau de institucionalização dos procedimentos e regras, quer pela imprecisão das normas, que se mostram contraditórias, complexas e obscuras para os próprios Deputados, quer pelos poderes de interpretação e aplicação discricionários conferidos ao Presidente da Câmara, que o tornam capaz de estabelecer e modificar critérios, regulamentos e regras para proposições específicas em ocasiões específicas, à revelia até mesmo da maioria dos membros da Casa. Esse último aspecto é reforçado pela prevalência no Supremo Tribunal Federal de que as regras de procedimento legislativo, ressalvadas as de inscrição constitucional, estão inseridas no âmbito das matérias *interna corporis* e imunes ao controle jurisdicional" (VIEIRA, 2018, p. 122).

25 Podem ser mencionados, por exemplo: a) em 41 sessões (95,3% das sessões conjuntas) foi aberta a sessão sem a presença física dos parlamentares no Plenário, mas apenas registrada nas dependências do Congresso Nacional (que deveria ser de um sexto dos parlamentares de cada Casa, conforme art. 28 do RICCN), b) em 19 sessões (44,1% das sessões conjuntas) foram votadas matérias sem a presença física de maioria absoluta dos parlamentares de cada Casa, exigida pelo art. 47 da Constituição Federal, c) em um caso houve a suspensão de uma sessão do Congresso Nacional por quase 7 dias, aproveitando-se o quórum de presença do primeiro dia (SAK, 2016, p. 66).

Diante do caráter jurídico das normas regimentais e tendo em vista as dificuldades de o mesmo órgão criar normas, interpretá-las e controlar sua aplicação, surge a questão de em que medida podem ser tuteladas pelo Poder Judiciário. Como visto acima, a jurisprudência do STF e de diversos outros tribunais constitucionais, com fundamento na doutrina dos atos *interna corporis,* apontam para a impossibilidade de invalidação judicial de um ato legislativo tendo como parâmetro exclusivamente as normas regimentais.

Para além dessa visão, há argumentos pela compreensão das normas regimentais como "complementares" da Constituição ou, ainda, como fazendo parte do seu bloco de constitucionalidade, no sentido de serem "normas interpostas".

Essa posição foi expressada em decisão monocrática do Min. Gilmar Mendes em mandado de segurança no qual um deputado questionava a possibilidade de um dos cossignatários de uma Proposta de Emenda à Constituição presidir a reunião de comissão especial competente para seu exame, em possível violação ao *caput* do art. 43 do RICD[26]. Nas palavras do Ministro:

> A doutrina tradicional da insindicabilidade das questões interna corporis sempre esteve firmada na idéia de que as Casas Legislativas, ao aprovar os seus regimentos, estariam a disciplinar tão-somente questões internas, de forma que a violação às normas regimentais deveria ser considerada apenas como tais (ZAGREBELSKY, Gustavo. La giustizia costituzionale. Bologna, Mulino, 1979, p. 36.)
>
> Muito embora minoritária hoje, não se pode negar que tal postura contempla uma preocupação de ordem substancial: evitar que a declaração de invalidade de ato legislativo marcado por vícios menos graves, ou adotado em procedimento meramente irregular, mas que tenha adesão de ampla maioria parlamentar, seja levada a efeito de forma corriqueira e, por vezes, traduzindo interferência indevida de uma função de poder sobre outra. (ZAGREBELSKY, Gustavo. La giustizia costituzionale. Bologna, Mulino, 1979, p. 37.)
>
> Ainda Zagrebelsky afirma, por outro lado, que se as normas constitucionais fizerem referência expressa a outras disposições normativas, a violação constitucional pode advir da violação dessas outras normas, que, muito embora não sejam formalmente constitucionais, vinculam os atos e procedimentos legislativos, constituindo-se nor-

26 Art. 43 RICD: "Nenhum Deputado poderá presidir reunião de Comissão quando se debater ou votar matéria da qual seja Autor ou Relator."

mas constitucionais interpostas. (ZAGREBELSKY, Gustavo. La giustizia costituzionale. Bologna, Mulino, 1979, pp. 40-41).[27]

Como o Ministro destaca, a defesa do dogma da insindicabilidade dos chamados atos *interna corporis* tem sido reduzida, cada vez ganhando mais forças os argumentos em sentido contrário. A partir de uma nova compreensão das normas regimentais como normas interpostas – ou seja, normas às quais a Constituição faz referência direta para disciplinar o modo de elaboração de outras normas e que são centrais para o exercício do poder político em uma democracia – haveria a possibilidade de controle judicial dos atos praticados nas atividades do Poder Legislativo de modo a proteger a Constituição naquilo que ela faz referência a essas normas jurídicas como parâmetros obrigatórios a serem seguidos na elaboração legislativa.

No julgamento do MS 31.816 (ordem cronológica para apreciação de vetos), acima examinado, o Relator, Min. Luiz Fux, manifestou crítica ao "mito da insindicabilidade das normas regimentais":

> Então, ainda nessa liminar, tive que esclarecer, Senhor Presidente, porque há, digamos assim, um mito. Eu diria um mito. Há um mito sobre a insindicabilidade de normas regimentais das Casas do Parlamento. É claro que não podemos dizer que horas tem que começar, que horas vai acabar, nem escolhemos a pauta, nem agenda. Agora, o Regimento complementa aquilo que estabelece a Constituição Federal. São regras jurídicas. Como é que essas regras jurídicas não podem ser sindicadas pelo Poder Judiciário? Eu não consigo, sinceramente. É uma limitação que eu tenho. Quer dizer, a partir do momento em que se pode apreciar jurisdicionalmente uma convenção de condomínio, um estatuto do meu clube de preferência – que todos sabem que é o Fluminense, assim como o do Ministro Marco Aurélio é o Flamengo, que o seu telefone não deixa mentir –, evidentemente que isso não se justifica, não poder sindicar as regras do Regimento Interno, máxime quando elas são mal utilizadas, e no processo constitucional legislativo.[28]

Na mesma direção diversos autores no Brasil entendem que as normas regimentais, por serem normas que complementam o conteúdo da

27 STF MS 26.915/DF, Decisão monocrática Min. Gilmar Mendes, j. 08/10/2007, pp. 4-5.

28 STF, MS-MC-AgR 31.816/DF, Pleno, Redator para o Acórdão Min. Teori Zavaski, j. 27/02/2013, p. 24.

Constituição, devem ser utilizadas como parâmetro de controle de constitucionalidade dos demais atos legislativos.

José Oliveira Baracho (1984, pp. 316-319) afirmava que "os Regimentos Internos, no que dizem respeito ao processo de elaboração normativa, se constituem de normas processuais que complementam, necessariamente, as leis constitucionais" e, portanto, uma violação a eles pode levar à inconstitucionalidade da lei editada. Ao defender a dimensão regulatório-difusa do devido processo legislativo, Leonardo Barbosa (2010, p. 191) entende que as normas regimentais são normas interpostas e são "parâmetros necessários para a aferição do cumprimento das disposições constitucionais acerca da produção válida das normas jurídicas". Especificamente sobre a relação entre regimentos internos e devido processo legislativo, Marco Aurélio Marrafon e Ilton Robl Filho (2014, p. 242) argumentam que "as normas regimentais e resoluções do Congresso Nacional que concretizam princípios e regras constitucionais que regulam a produção normativa também fazem parte do devido processo legislativo", sendo relevantes para fins de exame de constitucionalidade do ato legislativo. Em posição mais rígida sobre a utilização das normas regimentais como parâmetros de controle de constitucionalidade, Derly Barreto Silva e Filho (2003, p. 176) defende que "tratando-se de lei, ela somente terá validade se cumpridos à risca os ditames contidos no regimento".

Perante essas posições, a questão que se coloca, portanto, é: à luz da Constituição Federal de 1988, que adota o modelo de uma democracia representativo-deliberativa, uma violação à norma regimental do processo legislativo implica necessariamente uma inconstitucionalidade?

Para responder a essa pergunta, é relevante conhecer a discussão no direito comparado. Em razão do maior número de julgados e de tempo da linha jurisprudencial, analisa-se em maiores detalhes o caso espanhol, apontado como a experiência mais consolidada a esse respeito (NAVOT, 2006, p. 202; BARBOSA, 2010, p. 179-183), sem prejuízo da análise nos itens seguintes de julgados em linha jurisprudencial semelhante de Israel e Colômbia.

O Tribunal Constitucional da Espanha é o mais conhecido exemplo de corte constitucional que expressamente adota o entendimento de que os regimentos internos do Parlamento são normas interpostas entre a Constituição e as demais leis e, portanto, fazem parte do "bloco de constitucionalidade" de normas jurídicas e podem ser utilizadas como parâmetro para o controle de constitucionalidade das leis.[29] Nesse sentido, "bloco [de constitucionalidade] e parâmetro de controle são considerados para o Tribunal Constitucional [espanhol] como expressões absolutamente sinônimas" (FERNANDEZ, 2006, p. 76).

O *leading case* a respeito do tema é o Acórdão nº 99, de 1987, em que, em uma ação de controle abstrato de constitucionalidade (*recurso de inconstitucionalidad*) ajuizada por um grupo de deputados, questionava-se a Lei nº 30, de 2 de agosto de 1984 (Lei de Reforma da Função Pública). Durante a tramitação do projeto de lei iniciado na Câmara Baixa, foi aprovada uma emenda substitutiva integral já em fase de revisão no Senado que alterava por completo a abrangência e finalidade do projeto de lei original. Na visão dos requerentes, houve violação das normas regimentais sobre a apresentação de emendas e a competência constitucional da Câmara Baixa (*Congreso de los Diputados*) de discutir amplamente o tema de fundo, o que seria inviável na fase final de apreciação das emendas da Casa Revisora.

É importante salientar que o art. 28.1 da Lei Orgânica do Tribunal Constitucional não elenca os regimentos internos como normas que podem ser utilizadas como parâmetro para controle de constitucionalidade dos atos do poder público[30]. Não obstante, a Corte adotou o entendimento de que os regimentos internos podem ser utilizados como elementos relevantes para o controle judicial de constitucionalidade do processo legislativo, desde que sua violação implique uma alteração substancial no processo de formação da vontade no âmbito das Câmaras.[31]

29 Para uma síntese da compreensão dos regimentos internos parlamentares na jurisprudência do Tribunal Constitucional espanhol, ver LÓPEZ (2019).

30 Art. 28 da Lei Orgânica do Tribunal Constitucional espanhol: "Para avaliar a conformidade ou não conformidade com a Constituição de uma Lei, disposição ou ato com força de Lei do Estado ou das Comunidades Autónomas, o Tribunal considerará, para além dos preceitos constitucionais, as Leis que, dentro do marco constitucional, foram editadas para delimitar as competências do Estado e das diferentes Comunidades Autónomas ou para regular ou harmonizar o exercício das suas competências."

31 STC 99/1987, Fundamentos Jurídicos 1: "Embora o art. 28.1 da nossa Lei Orgânica não mencione os Regimentos Parlamentares entre aquelas normas cuja violação pode levar à inconstitucionalidade da Lei, não há dúvida de que, tanto pela invulnerabilidade de tais normas processuais contra a ação do legislador e, sobretudo, pelo carácter instrumental que estas normas têm no que diz respeito a um dos valores superiores do nosso ordenamento jurídico, o do pluralismo político (art. 1.1 da Constituição), a inobservância dos preceitos que regulam o processo legislativo pode viciar a lei da inconstitucionalidade quando tal inobservância altera de forma substancial o processo de constituição da vontade no seio das Câmaras."

Em avaliação dessa decisão, Paloma Biglino Campos destaca que a Corte deixou muito clara sua posição de que uma possível inconstitucionalidade em razão de violação de regra regimental somente ocorre nos casos em que houver distorções fortes o suficiente para impedir a formação normal da vontade do órgão Parlamentar, de modo a violar princípios constitucionais relacionados à democracia representativa, como o pluralismo político. Entretanto, como regra geral, na visão da Corte, as violações aos regimentos internos não implicam por si mesmas a inconstitucionalidade de uma lei (CAMPOS, 1988, p. 219).

A justificativa desse entendimento parte da constatação de que os regimentos internos das Casas Legislativas têm forte caráter instrumental em face desses princípios constitucionais, de modo que deve ser feita uma avaliação caso a caso para identificar se eles foram violados para além da mera questão regimental. Entender que qualquer violação regimental implicaria uma inconstitucionalidade seria "destruir a necessária autonomia das Casas [Legislativas]" (CAMPOS, 1988, p. 227). Tanto é assim que a autora admite que pode haver a violação desses princípios constitucionais por distorções no processo legislativo e consequentemente a inconstitucionalidade de uma lei, mesmo que não haja qualquer violação regimental. Trata-se de postura também adotada por outras Cortes Constitucionais e transnacionais como será visto nos próximos itens.

Desse modo, a jurisprudência do Tribunal Constitucional espanhol já pacificou seu entendimento de que uma violação regimental tem relevância constitucional somente em casos de o processo legislativo em concreto implicar violação grave a princípios constitucionais relacionados ao sistema democrático[32]. Possivelmente, em razão disso, a doutrina registra que raramente o Tribunal chega a declarar a inconstitucionalidade de uma lei por vícios no processo legislativo, mesmo que sejam verificadas irregularidades regimentais (CAMPOS, 2003, p. 463; LÓPEZ, 2019, p. 41).

Em um dos poucos casos em que declarou a inconstitucionalidade de uma lei por violação aos princípios do sistema democrático, no Acórdão nº 114, de 2017, o Tribunal Constitucional espanhol, em sede de ação abstrata de inconstitucionalidade, foi instado a se manifestar sobre a Lei do Parlamento da Catalunha nº 19, de 6 de setembro de 2017, que convocava um "referendo para autodeterminação" em linha com as demandas do movimento separatista da região.

32 Há diversas decisões do Tribunal Constitucional espanhol nesse sentido. Cf, por exemplo, STC 227/2004; STC 119/2011; STC 143/2016 e STC 45/2019.

Para além do questionamento da constitucionalidade material da lei, questionou-se o fato de o projeto de lei ter sido apresentado perante o Parlamento local e, no mesmo dia, aprovado, sancionado e publicado na imprensa oficial. Houve a utilização de um dispositivo regimental, que possibilitava à maioria absoluta dos parlamentares dispensar as formalidades regimentais para inclusão imediata na ordem do dia de uma proposição (art. 81.3 da redação então vigente do Regimento Interno do Parlamento da Catalunha), afastando-se, entre outras, a exigência do interstício de dois dias entre a distribuição da documentação que deve acompanhar a proposição e o início da discussão.

Após reiterar sua jurisprudência de que uma violação regimental somente é constitucionalmente relevante no caso de distorções substanciais no processo parlamentar decisório, o Tribunal entendeu que, no caso concreto, houve uma "radical" alteração do procedimento legislativo, pois as minorias parlamentares foram impedidas de participar do processo decisório com prévio conhecimento do texto e não puderam formular um juízo informado sobre ele. Foi identificada uma violação ao direito de igualdade de exercício de funções públicas previstos no art. 23 da Constituição da Espanha, em razão da utilização dos regimes de urgência para desvirtuar por completo a tramitação legislativa regimentalmente prevista.[33]

A breve menção à jurisprudência do Tribunal Constitucional espanhol permite afastar a visão de que, ao se considerarem os regimentos como normas interpostas entre a Constituição e as leis, haveria uma única alternativa dogmática de se entender pela necessária inconstitucionalidade em caso de violação de norma regimental. A jurisprudência do Tribunal Constitucional espanhol, na verdade, é fortemente deferente ao Poder Legislativo, pois mesmo adotando o entendimento do caráter

33 STC 114/2017, Fundamentos Jurídicos 6: "O que não está de forma alguma no artigo 81.3 do Regimento do Parlamento da Catalunha RPC é um empoderamento a favor da maioria para a criação, a seu critério, de 'procedimentos' legislativos *extra ordinem*; isso levaria à conclusão absurda e intolerável em direito, de que todos e cada um dos procedimentos efetivamente previstos e ordenados no Regimento do Parlamento da Catalunha seriam agora meros dispositivos e substituíveis pela livre decisão dessa maioria. Assim se entendeu, no entanto, pelo Plenário do Parlamento da Catalunha, que recorreu a este expediente para alterar a ordem do dia quando a proposição legislativa, recentemente admitida para tramitação pela Mesa, nem sequer tinha iniciado o seu percurso processual por qualquer um dos caminhos que o Regimento prevê e sem que fossem conhecidos os procedimentos específicos a serem seguidos e, a partir daí, aqueles que talvez pudessem ser afastados".

interposto das normas regimentais, somente declara a inconstitucionalidade de uma lei nos casos mais raros de graves distorções no processo de sua elaboração e não em qualquer caso de irregularidade regimental. Na verdade, como será aprofundado adiante, o Tribunal Constitucional espanhol adota um modelo de exame do processo legislativo "como um todo", em que a violação regimental é um – mas não o único – dos elementos relevantes para identificar uma eventual inconstitucionalidade em face dos princípios constitucionais do devido processo legislativo.

Retornando à discussão sobre a natureza jurídica e tutela jurisdicional das normas regimentais no direito brasileiro, deve ser afastada a ideia de que a mera violação a normas regimentais implique automaticamente a violação de normas constitucionais, inclusive os princípios do devido processo legislativo.

Aqui devem ser evitados dois extremos de que: a) ou as normas regimentais são irrelevantes para fins de identificação de possível inconstitucionalidade; ou b) o de que as normas regimentais teriam *status* normativo próximo ao das normas formalmente constitucionais, cuja violação leva necessariamente a uma inconstitucionalidade.

Entre esses dois extremos há a posição de que uma violação a uma norma regimental pode levar a uma inconstitucionalidade, caso haja – para retomar a jurisprudência do Tribunal Constitucional espanhol – uma "alteração substancial" do processo de formação das leis a ponto de impedir a tomada de decisão legislativa em circunstâncias que atendam às exigências do devido processo legislativo e seus princípios.

No caso brasileiro, essa posição intermediária é justificada pelo reconhecimento de que a Constituição Federal de 1988, especialmente mediante o princípio da separação de poderes e seu art. 51, inciso III, e art. 52, inciso XII, reconhece ao Poder Legislativo não "soberania", mas maior autonomia para definir seus ritos procedimentais. Isso implica: a) autonomia procedimental para definir as normas que regem suas atividades; e b) um grau considerável de discricionariedade procedimental, para definir quais ritos e procedimentos irá utilizar, até eventualmente afastando de modo pontual algumas regras regimentais, desde que isso não distorça significativamente o papel do Parlamento como o principal lócus institucionalizado do processo de tomada de decisões políticas vinculantes em uma democracia representativa e deliberativa.

Essa interpretação da Constituição também se apoia na ideia de "legislação por excelência", como visto anteriormente a respeito do pensamento de Waldron, em que o processo legislativo é entendido como o principal processo público democrático de modificação do direito vigente e do princípio da eficiência do devido processo legislativo, para que ele possa ser um instrumento de tomada decisões coletivas em tempo hábil e com os recursos disponíveis.

Autonomia e discricionariedade procedimentais, portanto, não devem ser compreendidas como marcas de uma "soberania" parlamentar, na qual seus atos deveriam ser considerados de natureza exclusivamente *interna corporis*. Elas são, na verdade, competências constitucionais para exercício de uma margem de apreciação ampla para instituição, aplicação e controle de suas próprias normas, justamente tendo em vista a necessidade de manutenção do processo legislativo como prática institucionalizada na qual há amplo fluxo comunicacional dentro e fora dos órgãos oficiais para que sejam construídas decisões políticas em ambiente igualitário, com participação das minorias e da sociedade em geral, de modo transparente, com base na possibilidade de transformação de preferências e oferecimento de argumentos públicos em defesa de um curso de ação e destinado a resolver de modo efetivo problemas coletivos relevantes.

Retomando os argumentos de Paloma Biglino Campos acima expostas, os regimentos internos têm forte caráter instrumental em relação à prática de produção legislativa, pois são destinados a proteger valores substantivos da democracia – neste trabalho, os princípios estruturantes do devido processo legislativo de igualdade política, participação social, publicidade, deliberação e eficiência. Aqui deve ser reconhecida a importância do princípio da instrumentalidade das formas ou "economia legislativa" como salienta Tomás Vida Marin (MARIN, 2004, p. 154), que deve ter ainda maior aplicação ao processo legislativo se comparada aos processos judiciais e administrativos, como uma das projeções de eficácia do princípio da eficiência do devido processo legislativo e que permite flexibilidade na aplicação das regras regimentais para a tomada de decisão dentro de tempo politicamente oportuno e com os recursos (informacionais, de atenção social entre outros) disponíveis[34].

34 Nas palavras de Paloma Biglino Campos: "Obviamente, não se trata de voltar à velha teoria dos atos internos do Parlamento, que prevaleceu durante o século XIX e que continua em vigor apenas nos ordenamentos que, como a Grã-Bretanha, desconhecem o conceito normativo da Constituição. A ideia dos *interna corporis* baseava-se na soberania do Parlamento, de modo que as ações das câmaras que não atingissem a esfera jurídica dos cidadãos careciam de natureza jurídica e não estavam sujeitas ao controle judicial. Atualmente, estas abordagens são incompatíveis com o primado da Constituição e com as competências atribuídas ao Tribunal Constitucional.

Diante dessas considerações, a proposta aqui defendida é a de que os regimentos internos das Casas Legislativas devem ser compreendidos como normas jurídicas infraconstitucionais, mas que diretamente disciplinam o exercício do poder político, em uma de suas dimensões mais relevantes em uma democracia: a criação de normas jurídicas legislativas. Não são, portanto, normas "constitucionais" interpostas, mas normas "infraconstitucionais" interpostas.[35] Aqui "interposta" aponta para o papel central dessas normas em uma democracia: de fato elas "complementam" os comandos constitucionais no que se refere às atividades do Poder Legislativo, podendo ser relevantes para o exame da constitucionalidade de um ato do poder público, entretanto, não são normas constitucionais.

Como ressalta Gustavo Zagrebelsky e Valeria Marcenò, ao se considerar os regimentos internos parlamentares como "normas interpostas" e, portanto, "parâmetros constitucionais", deve-se adotar um critério "mais elástico do que aquele fundado na natureza constitucional ou apenas regulamentar de uma norma procedimental violada", de modo que, por exemplo, a violação de normas regimentais que concretizam direitos das minorias pode levar a uma inconstitucionalidade (ZAGREBELSKY; MARCENÒ, 2018, pp. 211-212). Nesse sentido, as normas regimentais "não são normas constitucionais, mas são protegidas pela constituição", de modo que "não se deve entender, em geral, que elas venham a ocupar uma posição no ordenamento jurídico, nem, tampouco, uma posição

---

No estado democrático contemporâneo, a garantia da autonomia parlamentar deve levar a conclusões de outro tipo. Obriga, sobretudo, a reconhecer que em muitas ocasiões os atos das câmaras, embora tenham natureza jurídica e eficácia, se enquadram em relações políticas. O Parlamento não é um órgão que se limita à execução da Constituição, mas goza de uma ampla margem de liberdade na interpretação das suas regras e princípios. Mas, além disso, as relações que se estabelecem nas câmaras também são relações de natureza política, de modo que seus agentes têm um escopo de avaliação nem sempre sujeito a parâmetros objetivos de controle. Diante dos riscos que acarreta uma excessiva juridificação da vida política, é necessário reconhecer que determinadas ações do poder público estão parcialmente isentas de controle jurídico, portanto, estão sujeitas apenas aos mecanismos de controle político ou controle social que cabem ao eleitorado" (CAMPOS, 2001, p. 188).

---

35 Considerando a jurisprudência do STF a respeito das normas supralegais, como fixado no RE 466.343/SP (Rel. Min. Cezar Peluso, j. 03/12/2008), não se trata de afirmar que os regimentos internos têm essa natureza. Uma eventual afirmação nesse sentido cairia na rigidez acima criticada de controle de constitucionalidade dos regimentos internos como se fossem normas com status próximo das normas constitucionais, afastando a necessária discricionariedade procedimental inerente ao processo legislativo em uma democracia.

hierárquica definida ou definível mediante o conceito de interposição" (ZAGREBELSKY; MARCENÒ, 2018, p. 239).

Com base na autonomia e discricionariedade procedimentais do Parlamento, as normas regimentais devem ser entendidas como normas jurídicas vinculantes, protegidas em primeiro plano pelos próprios órgãos legislativos. Isso leva à constatação de que sua violação somente pode ser controlada judicialmente, caso exista uma grave distorção das atividades legislativas por meio da violação às normas constitucionais do devido processo legislativo.

Retomando-se as conclusões dos Capítulos 5 e 6, não se deve ter a expectativa de que todas as deficiências do processo legislativo federal brasileiro serão resolvidas mediante a adoção da proposta supramencionada, pois eles decorrem, entre outros, de seu próprio desenho institucional, ou seja, do conteúdo das normas regimentais das Casas do Congresso Nacional e da prática que delas decorre. Entre os problemas destacados, podem ser relembrados: a falta de uma política clara de participação social; a imprevisibilidade da agenda legislativa; a praticamente inexistência de uma política regulatória no âmbito do Congresso Nacional e a utilização frequente dos regimes de urgência com substituição monocrática dos trabalhos das comissões. Nas situações em que esses problemas ocorrem, não se está, necessariamente, diante de uma violação a normas regimentais.

Essa realidade não é exclusiva do direito brasileiro. Tanto é assim que há uma tendência recente no direito comparado de se controlar judicialmente o processo de elaboração das leis independentemente da violação de normas regimentais da Casa Legislativa respectiva, em que se utiliza como parâmetro de controle direto os princípios do devido processo legislativo. Isso gera certo contrassenso na dogmática do controle judicial do processo legislativo, pois, de um lado, há forte resistência em se utilizarem as normas regimentais como parâmetro de controle, mas, de outro lado, criam-se outros parâmetros para além das normas regimentais diretamente com base em princípios constitucionais. Essa tendência será investigada nos próximos itens.

7.4. A expansão do controle judicial de constitucionalidade diretamente com base nos princípios do devido processo legislativo

Para além do controle judicial de vícios formais com base nas regras constitucionais e eventualmente regimentais, há uma tendência no direito comparado de se utilizarem como parâmetro de controle diretamente os princípios do devido processo legislativo.

Nesse sentido, Klaus Messerschmidt (2016, pp. 376-377) aponta que há dois sentidos da expressão "controle judicial procedimental". O primeiro é o mais tradicional, em que se utilizam como parâmetro de controle as regras expressas constitucionais (e eventualmente legais ou regimentais), em que há etapas e requisitos procedimentais mais claramente definidos. Essas modalidades de controle foram examinadas nos dois tópicos anteriores.

Já o segundo é o "novo" controle procedimental, que parte da necessidade de proteção da legitimidade da produção normativa e, para além das regras expressas do processo legislativo, utiliza como parâmetros princípios como deliberação, transparência, inclusão, consistência e coerência dos textos normativos, com exigências de racionalidade e utilização de dados adequados para elaboração legislativa. Tendo em vista que já há julgados de cortes constitucionais que utilizam esse modelo há décadas, "novo", aqui, deve ser entendido no sentido de que se trata de modelo que passou a receber maior atenção da doutrina há menos tempo. Conforme a terminologia adotada neste trabalho, trata-se da utilização direta dos princípios do devido processo legislativo como parâmetro de controle de constitucionalidade.

Essa nova tendência decorre não de uma disposição constitucional ou legal específica, mas da utilização desses princípios que tem sido defendida em diversos países pela doutrina e na jurisprudência de cortes constitucionais. Trata-se justamente da ideia de devido processo legislativo que sintetiza uma série de princípios aplicáveis ao processo de elaboração normativa pela via legislativa. Nas palavras de Messerschmidt (2016, p. 377): "Trata-se de um tributo à crescente atenção dada à racionalidade do processo legislativo. O termo "devido processo legislativo", que foi primeiramente estabelecido nos Estados Unidos, descreve adequadamente essa ideia" (MESSERSCHMIDT, 2016, p. 377). Como será visto a seguir, há exemplos de julgados que caminham nessa linha no STF, bem como em outros países como África do Sul, Alemanha, Colômbia, Israel, Estados Unidos, e órgãos internacionais ou transnacionais como Tribunal Europeu dos Direitos Humanos e Tribunal de Justiça da União Europeia.

O primeiro ponto a ser destacado sobre a "nova" revisão procedimental é a de que falta uma teoria normativa completa sobre ela (BAR-SIMAN-TOV, 2012, pp. 272-273; POPELIER; HEYNING, 2017, p. 12; OLIVER-LALANA, 2019, pp. 208-209). Uma teoria profunda sobre o controle judicial de constitucionalidade do processo legislativo nessa nova perspectiva passa por temas clássicos da jurisdição constitucional como seu papel na democracia, instrumentos de controle e seus efeitos, interlocução entre os diversos responsáveis pela interpretação constitucional, entre outros.

As reflexões aqui produzidas têm a pretensão de contribuir com esse debate, sem, entretanto, esgotá-lo. Neste trabalho, portanto, o objetivo é, primeiramente, compreender o significado dessa tendência no direito comparado e que se mostra presente em alguns julgados do STF. Em seguida, se fará uma avaliação crítica com a intenção de apontar futuros pontos de pesquisa para contribuir com sua teorização normativa e aplicação prática, especialmente em face das conclusões obtidas a partir da prática legislativa federal brasileira, como visto nos Capítulos 5 e 6.

O segundo ponto importante é que a "nova" revisão procedimental refere-se a pelo menos três modelos de revisão jurisdicional do processo legislativo muito distintos: a) criação de regras sobre etapas específicas do processo legislativo, b) avaliação do processo legislativo "como um todo"; e c) avaliação da "racionalidade" da legislação com base nos argumentos apresentados durante a tramitação legislativa.

Embora as três práticas possam ter como fundamento último os princípios do devido processo legislativo e sejam muitas vezes analisadas em conjunto pela literatura, elas implicam diferentes tipos de exame de constitucionalidade. Por essa razão, no presente trabalho, elas são examinadas separadamente. Além disso, não se trata de modelos que se excluem mutuamente, mas que podem ser utilizados em conjunto ou não.

O primeiro modelo da "nova" revisão procedimental é a criação de regras constitucionais que estabelecem deveres procedimentais específicos e determinados em diferentes etapas do processo legislativo com base nos princípios do devido processo legislativo. Como exemplos, podem ser criadas regras sobre requisitos para turnos de discussão e votação, pertinência temática de emendas com a proposição original, formalidades para adoção de regimes de urgência, entre outros.

O segundo sentido aponta para a avaliação do processo legislativo "como um todo", em que se examina se, no conjunto das etapas do procedimento legislativo, houve a possibilidade de atuação igualitária dos parlamentares, publicidade das propostas em discussão, viabilidade de participação social e condições mínimas para a deliberação e votação. O foco aqui é a avaliação dos diversos elementos do processo de tomada da decisão política em concreto para saber se ele ocorreu sem grandes distorções de modo a se afastarem possíveis violações aos princípios do devido processo legislativo. Como será visto, esse segundo modelo se aproxima em grande medida daquele adotado pelo Tribunal

Constitucional espanhol, sendo a violação de normas regimentais um dos elementos relevantes para essa análise.

Por fim, o terceiro modelo – e adianta-se: o que tem ganhado maior expansão no direito comparado – propõe uma avaliação da "racionalidade" ou qualidade argumentativa da deliberação legislativa, ou seja, o exame da profundidade dos argumentos apresentados durante o processo legislativo e sua utilização para fins de controle de constitucionalidade. Como será visto abaixo, esse modelo é também denominado de "semiprocedimental", pois funde o exame de elementos do processo legislativo com a avaliação de eventuais inconstitucionalidades materiais.

Antes de examinar cada um desses modelos, cabe ressaltar a semelhança entre eles: os três derivam de uma noção ampliada de devido processo legislativo, que contempla uma dimensão principiológica. Parte-se do pressuposto de que as democracias contemporâneas não são apenas competições eleitorais cujo objetivo é alçar certas maiorias ocasionais ao poder, mas, como visto no Capítulo 2, uma prática social deliberativa em que as eleições são apenas um dos momentos pelos quais renovam-se os laços de representação política. O processo de elaboração das leis é, portanto, a prática institucionalizada de criação do direito no sistema político. Nesse sentido, devem ser retomadas as conclusões feitas nos Capítulos 3 e 4 em defesa dessa noção ampliada de devido processo legislativo como uma das projeções do devido processo legal que articula as normas que disciplinam o exercício do poder político em uma democracia representativo-deliberativa, tendo seu conteúdo marcado não apenas por regras, mas por seus princípios estruturantes de igualdade política, participação social, publicidade, deliberação e eficiência.

Há basicamente três grandes grupos de argumentos contrários ao exercício do controle judicial de constitucionalidade com base nos princípios do devido processo legislativo. Eles serão sinteticamente expostos aqui e analisados em maior profundidade em cada um dos modelos supramencionados.

O primeiro diz respeito à ideia de separação de poderes e autonomia do Poder Legislativo. Trata-se de argumento inspirado na doutrina dos atos *interna corporis*, acima exposta, que rejeita a expansão do controle judicial sobre o processo legislativo tendo em vista a necessidade de conferir autonomia decisória ao Parlamento, afastando-se o risco de uma judicialização excessiva. A distribuição de competências constitucionais simplesmente não atribuiria poder para as cortes avaliarem a qualidade do processo legislativo ou se ele atendeu a certas exigências para além das regras expressamente previstas. Para além das críticas de

Hans Linde, já apresentadas no Capítulo 3, como exemplo, há as críticas do Juiz Antonin Scalia, da Suprema Corte dos EUA, de que a qualidade das deliberações congressuais não são objeto de controle pelo Poder Judiciário.[36]

O segundo argumento critica essa nova tendência reforçando que o processo legislativo guarda diferenças significativas com o processo judicial e o processo administrativo. De um lado, o processo judicial é concebido como uma disputa entre partes em modelo adversarial em que um terceiro imparcial deve resolver as questões de fato e de direito vigentes colocadas em juízo. Isso se afasta em muito da função do Parlamento em uma democracia e, consequentemente, do processo legislativo, em que não há uma lide sobre questões de fato ou de direito vigente, não se exigem requisitos rígidos de imparcialidade dos decisores e a possibilidade de participação social é muito mais ampla do que em um processo judicial.

Em crítica a uma possível exacerbação do controle judicial sobre o processo legislativo, Roberta Nascimento Simões pontua: "Trata-se de manifesto equívoco a tentativa de tentar transplantar a lógica do processo judicial (e seus prazos) para o processo legislativo. O tempo do direito não é o tempo da política" (NASCIMENTO, 2020). Na mesma direção, o processo administrativo (ainda que normativo) também se afasta do processo legislativo, pois ele atua com base em normas jurídicas legais já postas e, mais importante, sua estrutura organizacional, modo de legitimação e participantes são completamente diferentes do processo legislativo (ROSE-ACKERMAN; EGIDY; FOWKES, 2015, p. 74). A crítica, portanto, é no sentido de que controlar a constitucionalidade das leis com base nos princípios do devido processo legislativo cria o risco de desnaturar a natureza eminentemente política do processo legislativo, aproximando-se indevidamente do processo judicial ou do processo administrativo.

Um terceiro conjunto de críticas refere-se às dificuldades de se operacionalizar dogmaticamente esses novos modelos de controle jurisdicional do processo legislativo. De um lado, as decisões legislativas são

36 "Não cabe a nós julgar a qualidade do cuidado e da deliberação que houve nesta ou em qualquer outra lei. Uma lei promulgada por voto verbal sem qualquer deliberação é completamente vinculativa para nós quanto uma lei promulgada após anos de estudo, meses de audiências de comissões e semanas de debate. Muito menos é nosso papel fazer com que tudo dê certo quando o Congresso não faz seu trabalho adequadamente. Cabe ao Congresso projetar suas leis com cuidado, e cabe ao povo responsabilizá-los se não cumprirem essa responsabilidade." (*King v. Burwell*, 2015, Voto dissidente do Juiz Antonin Scalia, j. 25/06/2015, p. 19).

tomadas por órgãos com centenas de pessoas e, portanto, há grande dificuldade de avaliar como o comportamento de cada uma delas influenciou a decisão final. De outro lado, faltariam parâmetros normativos claros para o controle dessa atividade, em razão da abertura semântica dos princípios constitucionais. Como sintetizam Frickey e Smith, ao criticarem as propostas de controle judicial com base nos princípios do devido processo legislativo: "Falta uma adequada conceituação dos atores legislativos para a emergente teoria da devida deliberação legislativa, que parece refletir uma visão errada da deliberação e processos legislativos" (FRICKEY; SMITH, 2002, p. 1755).

Desse modo, haveria o risco de uma nova frente de ativismo judicial com grande insegurança jurídica, na medida em que os parâmetros para a devida deliberação legislativa seriam criados retroativamente pelo Poder Judiciário no momento do controle repressivo de constitucionalidade. Essa postura, em última medida, levaria a uma ainda maior interferência judicial nos trabalhos legislativos em que preferências políticas e morais dos juízes seriam disfarçadas de requisitos procedimentais do processo legislativo.

Essas críticas são de grande relevância. Como elas têm natureza e força distintas conforme os três modelos de utilização direta dos princípios do devido processo legislativo no controle judicial de constitucionalidade das leis, seus respectivos impactos serão examinados abaixo.

7.4.1. A criação de regras constitucionais sobre etapas específicas do processo legislativo

O primeiro modelo de controle judicial de constitucionalidade que utiliza diretamente os princípios do devido processo legislativo é a criação de novas regras que disciplinam aspectos específicos do processo legislativo, como o uso de prerrogativas parlamentares (por exemplo, a apresentação de projetos e emendas), ou estabelecem outros requisitos procedimentais para a validade das leis, como prazos e turnos de discussão e votação.

A grande marca distintiva desse modelo é que são criadas regras constitucionais específicas sobre uma ou mais etapas do processo legislativo: caso violadas, levam à inconstitucionalidade total ou parcial de um ato legislativo. Não há a necessidade de avaliar a gravidade da violação ou de seu potencial para distorcer o processo de tomada da decisão legislativa; basta a violação da regra para a existência de uma inconstitucionalidade formal.

Da jurisprudência do STF podem ser extraídos alguns exemplos. O principal deles é o relativo à exigência de pertinência temática de emendas parlamentares em medidas provisórias (ADI 5.127, Pleno, Rel. Min. Rosa Weber, j. 15/10/2015). Retomando-se a discussão feita no Capítulo 3, o Tribunal criou uma verdadeira regra constitucional baseada nos princípios do devido processo legislativo e da separação de poderes de não se admitirem as emendas sem pertinência temática em medidas provisórias. Lembre-se de que já havia previsão regimental de conteúdo semelhante no art. 4º, § 4º, da Resolução nº 1, de 2002, do Congresso Nacional, mas a maioria do Tribunal entendeu que tal regra, na verdade, tem *status* constitucional, pois é decorrente dos princípios constitucionais relevantes no caso.

No MS-MC-AgR 31.816 (Pleno, Red. para Acórdão Min. Teori Zavascki, j. 27/02/2013), também acima examinado, o Tribunal fixou seu entendimento pela existência de uma regra constitucional para a apreciação dos vetos presidenciais em ordem cronológica em prazo de trinta dias contados de seu envio ao Congresso Nacional. Em voto vencido, o Min. Ricardo Lewandowski chamou a atenção para a inexistência de regra expressa na Constituição Federal a respeito.[37] A maioria, contudo, entendeu que a prática do Congresso Nacional violava uma regra constitucional implícita que exige a apreciação dos vetos em ordem cronológica, interpretando o art. 66, § 4º, da Constituição Federal, à luz dos princípios do devido processo legislativo.

Diante desses exemplos, como avaliar essa prática?

Devem ser retomadas as colocações feitas no Capítulo 3 sobre a função interpretativa dos princípios do devido processo legislativo que permitem compreender as regras secundárias (na terminologia de Hart) do processo legislativo como um todo normativamente coerente e orientado para a concretização de determinados valores em uma democracia representativa e deliberativa. Eles também apresentam eficácia integrativa, com o propósito de permitir a criação de novos subprincípios e regras. É justamente aqui que se conecta a discussão do controle judicial do processo legislativo por meio da criação de regras constitucionais para além daquelas expressamente previstas no texto constitucional.

A criação de regras jurídicas com base nos princípios constitucionais é tarefa hoje ordinária na jurisdição constitucional, especialmente

37 STF, MS-MC-AgR 31.816/DF, Pleno, Redator para o Acórdão Min. Teori Zavascki, j. 27/02/2013, pp. 66-67.

no Brasil, como exposto no primeiro item deste Capítulo. Contudo, há sérias e fundadas críticas sobre os parâmetros e limites a essa atividade interpretativa. A discussão, portanto, não é se é possível ao Judiciário exercer o controle de constitucionalidade tendo por parâmetro princípios constitucionais, mas como fazê-lo. Especificamente sobre a questão da criação de novas regras constitucionais sobre etapas específicas do processo legislativo com base nos princípios do devido processo legislativo, cabe retomar as três críticas gerais anteriormente elencadas da sua utilização pela jurisdição constitucional.

A crítica da autonomia do Poder Legislativo e da diferenciação do processo legislativo em face dos processos judiciais e administrativos aponta para o sentido de que deve haver um reforçado ônus argumentativo ao intérprete para que sejam criados novos deveres procedimentais concretos e específicos por meio de regras para o processo legislativo diretamente com base nos princípios do devido processo legislativo.

A própria Constituição Federal atribui competência para as Casas Legislativas definirem suas normas sobre suas atividades por meio dos regimentos internos. Não cabe ao Poder Judiciário substituir, portanto, o Poder Legislativo na criação dessas normas jurídicas: isso seria acabar com a necessária autonomia procedimental que é uma das grandes marcas do processo legislativo contemporâneo, decorrentes, em última análise, não de uma ultrapassada noção de soberania parlamentar, como defendia a doutrina dos atos *interna corporis* em sua origem, mas de sua própria politicidade (as "circunstâncias da política" de Waldron), que exige um intenso fluxo comunicacional entre as instituições formais e a esfera pública em geral a ser integrado no processo de tomada de decisão de modo flexível e em tempo hábil.

Nessa direção, o princípio da eficiência do devido processo legislativo exige que ele seja compreendido como uma prática institucionalizada destinada à construção de soluções legislativas que possam, com o tempo e demais recursos disponíveis, enfrentar os problemas socialmente relevantes. Há um forte caráter instrumental do processo legislativo, nesse sentido, que deve permitir justamente maior flexibilidade procedimental para a tramitação de uma proposição legislativa. Somente circunstâncias relevantes o suficiente que gerem violações aos princípios do devido processo legislativo podem justificar a criação de uma regra jurídica constitucional, limitando a atividade legislativa.

A crítica de um possível ativismo judicial procedimental aqui chama a atenção para um ponto sensível: a criação de regras constitucionais mediante interpretação com base em princípios é um dos instrumentos mais poderosos e, ao mesmo tempo, perigosos que podem erodir as fronteiras entre a política e o direito. Isso porque, caso seja feita sua utilização excessiva – seja mediante a criação de uma grande quantidade de regras, seja mediante regras que espelham preferências políticas e morais e não relações de derivação normativa do sistema jurídico –, corre-se o risco de se transferir substancialmente o poder decisório procedimental em uma democracia para o Judiciário, criando-se um enrijecimento do processo legislativo e do processo comunicacional em sentido amplo nas diferentes dimensões da esfera pública.

A derivação de novas regras sobre etapas procedimentais específicas com base nos princípios do devido processo legislativo deve, portanto, ser feita com estrita parcimônia pelo Poder Judiciário e especialmente tendo em vista o regramento constitucional já existente, permitindo, quando possível, a utilização de argumentos por analogia[38]. Com isso, quer-se reforçar o papel de integração dos princípios do devido processo legislativo em relação às demais normas constitucionais sobre o tema. Retomando a ideia de "derivação em sentido fraco" de MacCormick, eles projetam sua eficácia integrativa valendo-se das regras constitucionais expressas para que não seja esvaziada a autonomia e discricionariedade procedimentais do Poder Legislativo.

Até o presente momento, deve ser ressaltado que o STF fez uso modesto da possibilidade de criação de regras constitucionais específicas diretamente com base nos princípios do devido processo legislativo.

No caso mais emblemático da inconstitucionalidade das emendas sem pertinência temática em medidas provisórias, houve a criação de uma regra jurídica (vedação a essas emendas) com base nos princípios do devido processo legislativo e da separação de poderes, tendo em vista a excepcionalidade do papel das medidas provisórias no direito brasileiro, a competência exclusiva do Chefe do Executivo para decidir quais temas serão objeto dela e as regras constitucionais expressas que definem um regime de tramitação próprio não extensível às demais proposições.

38 Cabe relembrar que a analogia é, na verdade, um argumento sobre princípios. Avalia-se se a solução dada pelo legislador para uma situação da vida deve ser reproduzida para outra situação semelhante à luz dos princípios justificadores da regra legislativa. Nesse sentido, ver Bustamante (2007).

Nesse sentido, a Relatora do caso, Min. Rosa Weber, pontuou:

> Além disso, o procedimento adotado inviabilizou que a abrangente alteração do regime jurídico do exercício das profissões contábeis pretendido pela norma atacada fosse **(i)** submetida ao exame especializado das **comissões temáticas**, recebendo diferentes pareceres, e podendo ser alvo de **pedidos de vista** dos membros do colegiado, **(ii)** objeto de **audiências públicas** (participação dos cidadãos e grupos interessados e da sociedade em geral), **(iii) debatida** e **refletida** de forma aprofundada, de modo a amadurecer e legitimar o seu conteúdo, inclusive, como é da natureza da atividade legislativa, pela construção de consensos negociados a partir de **concessões recíprocas**, e **(iv)** passível, ela mesma, de **sofrer emendas**.[39]

Retomando-se as palavras do Redator para Acórdão, Min. Edson Fachin:

> Assim, a menção à ausência de vedação expressa no texto da Constituição sobre a possibilidade de emenda com conteúdo diverso daquele que originou a Medida Provisória não afasta qualquer processo de cotejo interpretativo que abranja parâmetros implícitos, decorrentes de sua interpretação sistemática e unitária.
>
> Ou seja, não é apenas porque o texto constitucional não veda expressamente essa possibilidade que ela seja permitida, especialmente à luz do princípio democrático e do regular processo legislativo por ele desenhado (estampados, entre outros, nos arts. 1º, caput, parágrafo único, 2º, caput, 5º, caput, LIV, CRFB).[40]

Fica claro que as regras constitucionais a esse respeito já oferecem uma base normativa suficiente para, mediante a dimensão integrativa dos princípios do devido processo legislativo – neste trabalho, especialmente igualdade, participação social e deliberação –, a criação de uma regra que impede que esse conjunto normativo seja desnaturado na prática com profunda alteração do processo legislativo e, consequentemente, de seu papel na democracia brasileira. Houve aqui uma "derivação em sentido fraco", como acima exposto.

39 STF, Pleno, ADI nº 5.127, Redator para Acórdão Min. Edson Fachin, j. 15/10/2015, Voto da Min. Rosa Weber, p. 36.

40 STF, Pleno, ADI nº 5.127, Redator para Acórdão Min. Edson Fachin, j. 15/10/2015, Voto do Min. Edson Fachin, p. 62.

De outro lado, a Constituição Federal não trata mais concretamente de uma série de elementos do processo legislativo. Como exemplo, embora estabeleça a existência e competência das comissões parlamentares (art. 58), não contempla nenhuma regra específica sobre a necessidade de sua participação na apreciação de toda proposição legislativa (ressalvado o caso de medidas provisórias, conforme art. 62, § 9º, da Constituição Federal).

Como visto anteriormente especialmente no Capítulo 6, de acordo com os regimentos internos das Casas do Congresso Nacional, em regime de tramitação ordinária, toda proposição legislativa deveria ser previamente examinada pelas comissões competentes. Essa previsão, interpretada à luz do devido processo legislativo, revela que as comissões são um dos principais mecanismos organizacionais que permitem maior concretização de seus princípios de igualdade política, participação social, publicidade, deliberação e eficiência.

Contudo, não se pode dizer que seja possível extrair diretamente dos princípios do devido processo legislativo uma regra rígida de que toda proposição legislativa seja apreciada por meio de parecer colegiado de comissão. A Constituição Federal não estabelece maiores exigências a esse respeito, cabendo aos regimentos internos disciplinar o papel das comissões no processo legislativo, e, além disso, a própria dinâmica política – e, consequentemente, o princípio da eficiência do devido processo legislativo – podem exigir a tomada de decisão legislativa de modo mais célere.

O mesmo raciocínio pode ser estendido para a participação social ou o tempo de debates em Plenário.

Embora os princípios do devido processo legislativo exijam, maior participação social, maior profundidade e tempos de debates possíveis, dele não podem ser extraídas regras constitucionais fechadas a esse respeito, pois aqui há ampla margem de autonomia e discricionariedade procedimentais do Poder Legislativo. Há a previsão constitucional de que às comissões cabe realizar audiências públicas (art. 58, § 2º, inciso II) e que os projetos de lei serão discutidos e votados (art. 65, *caput*), mas não há maiores exigências concretas sobre em que circunstâncias e extensão haverá esses expedientes. Não se pode, portanto, derivar dos princípios do devido processo legislativo regra constitucional que exija, durante a tramitação de toda proposição legislativa, a participação social formalizada mediante audiência pública ou algum outro instrumento específico, bem como amplo e profundo debate em Plenário – o que torna ainda mais relevante as conclusões *de lege ferenda* para aperfeiçoamento do desenho institucional do processo legislativo federal, como visto nos Capítulos 5 e 6.

Há proposta recente de uma possível regra constitucional implícita que exigiria a apresentação de justificativas pelo autor de uma proposição sob pena de inconstitucionalidade.

Como já antecipado, em trabalho de grande profundidade, Ana Paula de Barcellos propõe uma tese de que haveria um princípio constitucional implícito que estabelece um "direito constitucional a um devido procedimento na elaboração normativa", de titularidade difusa e com incidência para os procedimentos estatais de produção de normas, especialmente para o processo legislativo. Em sua visão: "O conteúdo essencial desse *due process* [...] envolve o dever de o proponente da norma apresentar, de forma pública, as razões pelas quais considera que a tal norma deve ser editada e as informações que as fundamentam" (BARCELLOS, 2016, p. 74).

Conforme sua tese, haveria dois grandes eixos de fundamentação do direito constitucional a um devido procedimento na elaboração normativa. De um lado, uma das dimensões do reconhecimento da dignidade humana envolve oferecer razões para que as pessoas possam compreender e aceitar as normas jurídicas que lhes são impostas, uma vez que elas não são sujeitos passivos que recebem ordens injustificadas. Por fazerem parte de uma comunidade política, a atividade de produção normativa envolve, em alguma medida, o oferecimento de razões públicas para sua adoção. De outro lado, há diversas normas de organização do Estado (princípio republicano, democrático, Estado de Direito e devido processo legal), bem como das regras do processo legislativo e publicidade, que estruturam o exercício da criação de normas jurídicas e exigem que sejam apresentadas razões para a tomada de decisões (BARCELLOS, 2016, pp. 91-92).

Como já exposto, o argumento acima é de fundamental importância para compreender que a prática de produção de normas pelo poder público, especialmente o processo legislativo, é fundada no caráter deliberativo das democracias contemporâneas, em que o livre fluxo comunicacional institucionalizado e não institucionalizado sobre propostas e alternativas de decisão é elemento central da legitimidade do exercício do poder político. Não há uma verdadeira democracia no sentido da prática deliberativa contemporânea, caso as decisões políticas não sejam produzidas em ambiente no qual razões públicas sejam oferecidas e testadas mediante o embate entre diferentes visões de mundo. Trata-se da prática democrática imersa em uma "cultura de justificação" e não cultura de autoridade, como exposto.

Com base nesses pressupostos, a autora avança para afirmar que o direito constitucional a um devido procedimento na elaboração normativa teria um "conteúdo mínimo", cuja violação levaria à inconstitucionalidade formal da norma resultante. Esse conteúdo mínimo seria composto pelo dever de o autor da proposição (do projeto de lei ou emenda parlamentar) apresentar: "(i) o problema que a iniciativa legislativa pretende enfrentar, (ii) os impactos esperados pela medida proposta e (iii) os custos dessa medida" (BARCELLOS, 2016, p. 143).

Esses aspectos abarcam as razões normativas e os pressupostos de fato adotados pelo proponente da medida, com utilização dos dados disponíveis para mensuração dos impactos e custos de natureza econômica e influência sobre os direitos fundamentais (BARCELLOS, 2016, p. 174-190). Caso violado o conteúdo mínimo do direito acima identificado, haveria a inconstitucionalidade formal do ato normativo respectivo, além da possibilidade de exigir judicialmente a apresentação dessas informações durante ou depois de encerrado o processo legislativo (BARCELLOS, 2016, p. 217-224).

Diante da proposta acima feita, é mais fácil compreender o porquê de ela ser examinada neste item do presente Capítulo: ao definir o "conteúdo mínimo" do direito fundamental a um devido procedimento na elaboração normativa, há, na verdade, a criação de uma regra jurídica com base em princípios constitucionais relativos ao devido processo normativo sobre uma etapa específica do procedimento legislativo, qual seja, a apresentação de um proposição, cuja violação gera a inconstitucionalidade formal da norma assim editada. Em relação ao "conteúdo mínimo" não há o estabelecimento de um estado ideal de coisas e, consequentemente, não há espaço para ponderação, pois criam-se deveres definitivos de "natureza essencialmente procedimental" que determinam um comportamento específico do autor do projeto ou de emenda: a apresentação das justificativas constitucionalmente exigidas independentemente das suas correções substanciais ou de seus méritos políticos, econômicos ou sociais, sob pena de inconstitucionalidade formal.

No Capítulo 5 já foi feita a reflexão sobre os destinatários do dever de apresentar justificativas, no que se refere ao art. 113 do ADCT, que também se aplicam às exigências do princípio da deliberação do devido processo legislativo em geral.

Exigir necessariamente que o autor do projeto ou da emenda apresente a respectiva justificativa é onerar demasiadamente o processo de apresentação de propostas a serem debatidas durante o processo legislativo. Especialmente no caso da autoria individual parlamentar, o próprio processo legislativo é mecanismo de filtro de relevância das propostas, sendo comum que elas sejam refinadas com base em novos argumentos e dados durante sua tramitação. Exigir, sob pena de inconstitucionalidade formal, que já no momento de apresentação da proposição sejam expostas uma série de razões empíricas e normativas, além de prognósticos fundados em metodologias específicas, acaba por reduzir a possibilidade de atuação individual dos parlamentares, violando, em última análise, a igualdade política, especialmente tendo em vista a assimetria informacional e de recursos disponíveis às minorias parlamentares. Essas foram as razões apresentadas para interpretar de modo flexível o comando do art. 113 do ADCT para se permitir que as estimativas de impacto orçamentário-financeiro e de benefícios sejam produzidas pelos parlamentares coletivamente durante a tramitação legislativa, ainda que seu autor não as tenha apresentado já no momento da propositura do projeto.

Ressalta-se que Ana Paula de Barcellos é precisa ao chamar atenção para o papel absolutamente central da apresentação de razões públicas no processo legislativo. Contudo, para além da regra do art. 113 do ADCT, não se deve transformar exigências *prima facie* decorrentes do princípio da deliberação do devido processo legislativo em deveres definitivos de apresentação de profundas razões morais, técnicas ou jurídicas sobre uma etapa específica da elaboração legislativa, ainda que para o autor do projeto de lei ou da emenda, ou até mesmo do Parlamento como um todo sobre cada um dos dispositivos normativos individualizados previstos em uma proposição legislativa, pois haveria um enrijecimento da prática legislativa por criação de um ônus argumentativo demasiadamente pesado para o processo legislativo. Como será visto abaixo, a falta de justificativas suficientes para a aprovação de um regime jurídico durante o processo legislativo como um todo pode implicar, excepcionalmente, sua inconstitucionalidade formal ou menor deferência do Poder Judiciário com as premissas fáticas e jurídicas adotadas no momento da tomada da decisão legislativa.

Além disso, os princípios do devido processo legislativo exigem mais do que a apresentação de razões públicas: eles exigem que haja a possibilidade de formação de um juízo pelos participantes do processo legislativo, de troca de argumentos e do oferecimento de alternativas para a tomada de decisão. Como será visto abaixo em relação a exemplos do direito comparado, declarou-se a inconstitucionalidade de leis de alta complexidade apresentadas e aprovadas em tempo absolutamente curto em dias ou horas e que, justamente pela profundidade e complexidade de suas justificativas, não permitiram aos parlamentares formar um juízo concreto sobre seu mérito.

De todo modo, a falta de argumentos que justifiquem a tomada da decisão legislativa pode ser constitucionalmente relevante, pois são, em princípio, exigidos pelo princípio da deliberação do devido processo legislativo e sua ausência na tramitação legislativa concreta de uma lei pode, em casos mais graves, implicar sua inconstitucionalidade. Isso leva à investigação de qual pode ser o papel dos princípios do devido processo legislativo como parâmetro de controle de constitucionalidade para além da criação de regras rígidas sobre elementos específicos do curso procedimental de elaboração legislativa. Como será visto, os argumentos apresentados durante o processo legislativo podem ser um dos diferentes elementos a serem avaliados no momento de controle judicial de constitucionalidade – tópico dos próximos dois itens.

7.4.2. A avaliação do processo legislativo "como um todo"

Para além do primeiro modelo acima exposto do "novo" controle de constitucionalidade procedimental, há a possibilidade de utilizar os princípios do devido processo legislativo como parâmetros de controle de constitucionalidade das leis sem a criação de regras sobre etapas ou atos específicos, mas para a avaliação de diversos elementos do processo legislativo para verificar se houve distorções relevantes no processo de tomada de decisão. Nesse modelo, esses diversos elementos do *iter* procedimental de um ato legislativo são avaliados em concreto para verificar o grau de restrição aos princípios do devido processo legislativo e, somente em situações de graves distorções, identificar uma possível inconstitucionalidade formal por violação a eles e, dessa forma, ao devido processo legislativo.

Embora o STF, até o presente momento, não tenha adotado esse modelo para efetivamente declarar a inconstitucionalidade de lei ou outro ato normativo, em pelo menos dois casos, houve menção à essa possibilidade.

Na já mencionada ADI 4.425, o Tribunal não ingressou na avaliação do cumprimento dos prazos regimentais de interstício entre primeiro e segundo turnos para discussão e votação de proposta de emenda à Constituição, pois se trataria de matéria *interna corporis*. Contudo, os Ministros que se filiaram à corrente vencedora avaliaram o grau de "maturação" do "processo legislativo como um todo" (expressão utilizada pelo Min. Dias Tofolli) para tentar identificar se houve a possibilidade de ampla discussão dentro e fora do Parlamento a respeito do tema.

Retomem-se as colocações do Min. Dias Toffoli, Min. Teori Zavascki e Min. Rosa Weber:

> Apesar da fluidez do argumento e de sua difícil construção na seara jurídica, tenho que a maturação ou não de propostas legislativas não deve ser compreendida sob a ótica da maior ou menor duração entre os dois turnos de votação. De forma oposta, a análise deve ater-se ao processo legislativo como um todo, ou seja, da fase de iniciativa até a deliberação final da Casa revisora – no caso das emendas constitucionais. Esse é o sentido de um verdadeiro processo deliberativo, no qual se conta inclusive com a participação da sociedade na discussão e no amadurecimento da questão.
>
> Pelo que expõe a Advocacia-Geral da União, a Emenda contestada teve origem no próprio Senado Federal, no ano de 2006 (PEC nº 12/06), onde foi aprovada bem mais tarde, já em 2009, mesmo ano em que retornou à Casa para votação do texto final, após a deliberação da Câmara dos Deputados (onde tramitou como PEC nº 351/09).
>
> Com efeito, na situação presente, não há margem para se firmar a precocidade de aprovação da norma, ou mesmo a ausência de amadurecimento da questão. Ora, é de conhecimento notório de todos a ampla discussão no âmbito do Congresso Nacional a respeito da PEC dos precatórios, a envolver não apenas os parlamentares, mas também integrantes dos Governos Federal, Estaduais, Distrital e Municipais. Afinal, tratou-se de proposta de emenda que tramitou no Senado Federal por três anos e foi objeto de aprovação duas vezes nessa mesma Casa Legislativa. Não há razão, portanto, para se afirmar que sua aprovação teria ocorrido sem a devida reflexão ou amadurecimento por parte dos parlamentares.[41]
>
> Por outro lado, um tema tão importante quanto o disciplinado pela Emenda Constitucional nº 62, de 2009, oriunda de proposta longamente gestada e intensamente debatida nos mais variados foros políticos, jurídicos e administrativos do país, não se pode afirmar que o estreito tempo que mediou entre as duas votações no Senado Federal tenha, por si só, importado em resolução açodada ou irresponsável daquela Casa legislativa a ponto de acarretar a sua inconstitucionalidade formal.[42]

41 STF, ADI 4.357, Pleno, Redator para Acórdão Min. Luiz Fux, j.14/03/2013, Voto do Min. Dias Toffoli, p. 143.

42 STF, ADI 4.357, Pleno, Redator para Acórdão Min. Luiz Fux, j.14/03/2013, Voto do Min. Teori Zavaski, p. 132.

> Embora me cative a colocação, e toda a fundamentação, do eminente Relator, quando conclui violado o artigo 60, § 2º, da Constituição em sua substância - como já enfatizado, o preceito não fixa o interstício temporal entre os dois turnos, diversamente do que fazem os arts. 29 e 32, concernentes a Municípios e ao Distrito Federal–, parece-me, na linha do que foi sustentado pelos votos que me antecederam nesta data, que a *ratio essendi* foi atendida pelo largo debate ocorrido no Congresso Nacional sobre o tema, ao longo dos três anos de tramitação da PEC, com inclusive quatro audiências públicas promovidas. Não há falar, portanto, em violação do texto constitucional, em sua literalidade ou em sua essência, pelo fato de ter sido votada a Emenda na mesma noite, com uma hora apenas de intervalo, em regime de urgência, a pedido das lideranças dos partidos, em questão que classifico como *interna corporis*.[43]

Na também já mencionada ADI-MC 4.885, discutiu-se a possível inconstitucionalidade da Emenda Constitucional nº 41, de 2003, em razão de vício de inconstitucionalidade formal pelo fato de ter sido aprovada com votos de parlamentares condenados por crime de corrupção passiva por receberem recursos para votação favorável a matérias de interesse do Governo, inclusive a própria Emenda à Constituição nº 41, de 2003.

Nesse caso, houve manifestação de que poderia haver a inconstitucionalidade do ato legislativo, caso comprovadas ilicitudes em gravidade suficiente para influenciar decisivamente o processo legislativo. Como apenas sete parlamentares que participaram da votação da Emenda à Constituição haviam sido condenados criminalmente, o Tribunal entendeu que não houve deturpação substancial da formação da vontade do Parlamento. Como destacou o Min. Edson Fachin:

> Muito embora o tema ainda esteja a merecer reflexão aprofundada nesta Suprema Corte, as posições já explicitadas pelos Ministros no julgamento da ação penal devem ser cotejadas com o fato de que, como bem lembrou o Ministério Público, "foram condenados sete parlamentares em razão da sua participação no esquema de compra e venda de votos e apoio político". Noutras palavras, o número de votos é relativamente modesto se comparado com o quórum necessário à aprovação de uma emenda constitucional. Além disso, é preciso ter-se em conta que, quando do julgamento da ação penal, bem se consignou que não era possível, ante os elementos probatórios

43 STF, ADI 4.357, Pleno, Redator para Acórdão Min. Luiz Fux, j.14/03/2013, Voto da Min. Rosa Weber, pp. 136-137.

> coligidos, identificar em quais votações os recursos teriam exercido influência decisiva. Assim, quer porque foram poucos os parlamentares efetivamente condenados, a indicar uma baixa influência no rígido quórum de aprovação de uma emenda constitucional, quer porque não é possível precisar quais votações teriam sido contaminadas, não há, ao menos por ora, a plausibilidade invocada relativamente às alegações de vícios no processo legislativo.[44]

A argumentação exposta acima nos dois casos revela que o Tribunal já assinalou no sentido de que haverá a inconstitucionalidade formal de um ato legislativo, caso sua tramitação seja marcada por desvios procedimentais que, em última análise, não permitam o mínimo respeito aos princípios do devido processo legislativo, impedindo que uma matéria seja objeto da reflexão devida. No primeiro caso, o desvio procedimental avaliado foi a supressão do prazo regimental entre primeiro e segundo turnos de apreciação de PEC no Senado Federal. No segundo caso, o fato de que parlamentares receberam recursos para aprovar proposições legislativas, fato reconhecido em sentença penal condenatória transitada em julgado.

Não se aprofundará o tema dos vícios da formação individual dos parlamentares no processo legislativo e suas consequências para a validade das leis, pois isso demanda análise aprofundada e específica[45]. De todo modo, à luz do argumento aqui exposto e na linha da argumentação do STF, caso exista a comprovação de uma profunda distorção no processo de tomada da decisão parlamentar, inclusive em casos de corrupção, extorsão ou outros crimes, haverá a inconstitucionalidade formal da lei resultante. Isso porque haverá a violação dos princípios da igualdade política e da deliberação capazes de afetar o devido processo legislativo, uma vez que agentes corruptores exercerão influência política decisiva em condições ilícitas e privilegiadas sobre o processo legislativo e os parlamentares não terão condições de formar e exprimir seu juízo sincero sobre o mérito das propostas em debate. Essas distorções podem ocorrer não apenas no caso em que se constate a existência de uma

44 STF, ADI-MC 4885, Pleno, Rel. Min. Marco Aurélio, j. 27/06/2018, p. 20.

45 Sobre o tema no direito brasileiro ver Marrafon e Robl Filho (2014). Nos EUA também há profunda discussão sobre o tema há muito tempo. No principal precedente (*Fletcher v. Peck,* 1810), a maioria da Suprema Corte reconheceu "dificuldades" práticas no argumento de que a corrupção dos legisladores, caso exerça influência relevante no processo legislativo, pode levar à invalidade da lei (GARDBAUM, 2018, pp. 24-26).

maioria de votos fruto da prática de ilicitudes, mas quando o processo de tomada de decisão seja influenciado decisivamente por condutas de outros parlamentares ou agentes externos que impeçam o mínimo respeito aos princípios da igualdade política e da deliberação do devido processo legislativo.

Para além da questão da validade do voto individual dos parlamentares decorrentes de atos ilícitos, no direito comparado, observam-se julgados de cortes constitucionais na Espanha, Colômbia, Israel, África do Sul e Alemanha que também realizam um controle do processo legislativo em que se examinam diversos elementos do processo de tomada de decisão "como um todo".

A jurisprudência do Tribunal Constitucional espanhol já foi examinada anteriormente. O Tribunal entende que para haver uma inconstitucionalidade de lei em razão de vícios no processo legislativo deve haver irregularidades fortes o suficiente para alterar de modo "substancial" o processo de tomada de decisão pelo Parlamento em face dos princípios constitucionais relevantes. Desse modo, são avaliados diversos aspectos da tramitação legislativa como o respeito às normas regimentais, aos prazos, ritos, a possibilidade de participação dos parlamentares, entre outros. Não basta, portanto, apenas uma violação a norma regimental para que se identifique uma inconstitucionalidade.

Também a Corte Constitucional da Colômbia entende ser possível avaliar o processo legislativo como um todo, de modo que em caso de distorções graves do processo de tomada da decisão legislativa deve ser reconhecida sua inconstitucionalidade (ÁLVAREZ; GALEANO; GRAJALES, 2017).

Como um exemplo, no Acórdão C-240/2012, questionou-se a constitucionalidade de lei que ampliou matérias que poderiam ser objeto de ato legislativo extraordinário individual do Presidente da República (com feição próxima à das medidas provisórias no direito brasileiro). O argumento era fundado no fato de que a ampliação de tal competência, nos termos do art. 150, número 10, da Constituição da Colômbia, exigiria maioria absoluta para sua aprovação.

No caso, houve uma primeira votação no Senado, em que não se atingiu a maioria absoluta, sendo ela suspensa por decisão do Presidente da Casa. Posteriormente, houve nova votação em que se atingiu esse *quórum*. Alegou-se violação a uma regra constitucional implícita da irrepetibilidade das votações, decorrente da soberania da representatividade parlamentar, e ao art. 132 do Regulamento do Congresso, que somente permite a suspensão do processo de votação em caso de questão de ordem.

A Corte entendeu que o processo de votação, na verdade, não havia sido concluído e ocorreu durante vários dias. Embora ela tenha realmente identificado o desrespeito ao art. 132 do Regulamento do Congresso, entendeu não existir tal regra constitucional implícita, pontuando que nem todo desrespeito a regra regimental implica inconstitucionalidade. Isso porque o processo legislativo é regido pelo princípio da instrumentalidade das formas, de modo que somente há inconstitucionalidade da lei em casos de "vícios substanciais que (i) vulnerem algum princípio ou valor constitucional; (ii) afetem o processo de formação da vontade democrática das Casas; ou (iii) desrespeitam competências e estrutura básica institucional desenhada pela Carta Política"[46].

O caso de Israel também aponta nessa direção de controle do processo legislativo com base no grau de intensidade da restrição aos princípios do processo legislativo, sendo reconhecido que se aproxima do modelo do Tribunal Constitucional espanhol (NAVOT, 2006, p. 198; 246).

Deve ser ressaltado que Israel não conta com uma constituição rígida escrita, mas uma série de leis formalmente ordinárias (denominadas "Leis Básicas"), que, em razão das matérias tratadas, são consideradas como a constituição do país. Não há nessas Leis Básicas a previsão de quais são as regras do processo legislativo. Há apenas a menção no art. 19 da "Lei Básica: o Parlamento (*Knesset*)" de que o processo legislativo será disciplinado pelo regimento interno do Parlamento. Dois casos da jurisprudência de sua Suprema Corte se destacam a respeito do tema.

Em *Poultry Farmers Association v. Government of Israel* (2004)[47], questionou-se uma lei que fundiu diversos órgãos da Administração Indireta de regulação da produção e comercialização de alimentos em um único órgão e transferiu diversos poderes regulatórios diretamente para o Ministério da Agricultura. Além dos argumentos de inconstitucionalidade material, foram levantados argumentos pela inconstitucionalidade formal da medida que era extremamente complexa, com mais

46 Corte Constitucional da Colômbia, Acórdão C-240/2012, j. 22/03/2012, item 4.4.

47 Suprema Corte de Israel, *Poultry Farmers Association v. Government of Israel* (HCJ 4885/2003). Decisão traduzida para o inglês disponível em: https://versa.cardozo.yu.edu/opinions/israel-poultry-farmers-association-v-government-israel.

de 170 páginas de texto normativo, e que teria sido aprovada em tempo muito célere sob regime de urgência sem a devida deliberação.

A Suprema Corte de Israel identificou violação a dispositivos do regimento interno do Parlamento, em razão do desrespeito ao interstício para inclusão em pauta da matéria em primeira leitura, falta de apreciação da matéria por todas as comissões competentes e apreciação da matéria em uma única comissão em reunião que durou das 23h00 até 6h30 do outro dia, entre outros[48].

Após mencionar que tais expedientes são comuns em legislações de natureza econômica e geram "consideráveis problemas de uma perspectiva do devido processo democrático"[49], o Tribunal apontou que uma democracia parlamentar exige que a legislação seja feita, "na teoria e na prática" pelo Parlamento.[50] Entretanto, reiterando entendimentos anteriores, afirmou que a declaração de inconstitucionalidade somente deve ser feita no caso de o processo legislativo apresentar "vícios que vão até o coração do processo", sendo que meras violações regimentais não geram a inconstitucionalidade do ato legislativo correspondente.[51]

A Corte entendeu que os "princípios básicos do processo legislativo" são, em rol não exaustivo: "o princípio da regra da maioria, o princípio da igualdade formal (segundo o qual há um voto por membro do Parlamento); o princípio da publicidade, o princípio da participação (segundo o qual cada parlamentar tem o direito de participar do processo

48 Suprema Corte de Israel, *Poultry Farmers*, item 4.

49 Suprema Corte de Israel, *Poultry Farmers*, item 8.

50 Suprema Corte de Israel, *Poultry Farmers*, item 9.

51 Suprema Corte de Israel, *Poultry Farmers*, item 16: "O teste para a intervenção deste tribunal no processo legislativo é se o defeito ocorrido no processo legislativo é um 'defeito que vai ao coração do processo'. O que é um 'defeito que vai ao coração do processo' não é decidido de acordo com a classificação do defeito como um defeito de *ultra vires* ou como uma violação formal de uma determinada seção nas Regras de Procedimento do Knesset, mas de acordo com a força da violação que este defeito causa aos 'valores principais do nosso sistema constitucional' ou aos valores básicos do nosso sistema constitucional que estão na base do processo legislativo [...]
O autocontrole e a contenção judiciária exigidos na revisão dos processos legislativos não serão assegurados por meio de medidas técnicas e formais, mas pela interpretação dada ao conceito de 'vício que atinge o coração do processo", que os restringe apenas a vícios graves e raros que envolvam uma violação grave e substancial dos princípios básicos do processo legislativo em nosso sistema parlamentar e constitucional."

legislativo)" [52]. Em face dessas premissas, a Corte entendeu que, no caso concreto, não houve violação grave suficiente desses princípios constitucionais do processo legislativo para levar à inconstitucionalidade formal das normas impugnadas.

A Corte voltou ao tema no caso *Quantinsky v. Knesset* julgado em 2017[53]. Nesse caso, foi questionada a constitucionalidade de uma lei que criou um imposto adicional para os proprietários de três ou mais imóveis, em razão de ela ter sido aprovada de modo muito célere por regime de urgência em apenas trinta dias entre o início de sua apreciação na comissão parlamentar competente e aprovação em Plenário. Além disso, durante o debate na comissão, diversas modificações foram introduzidas por emendas durante a reunião que se iniciou por volta das 11h da manhã e se encerrou às 7h da manhã do dia seguinte. Cinco dias depois, o projeto foi aprovado em Plenário em segunda e terceira leituras.[54]

---

52 Suprema Corte de Israel, *Poultry Farmers*, item 18.

53 Suprema Corte de Israel, *Quantinsky v. Knesset* (HCJ 10.042/16), j. 06/08/2017. O resumo abrangente do caso está disponível em: https://versa.cardozo.yu.edu/opinions/quintinsky-v-knesset-summary.

54 Yaniv Roznai oferece um resumo dos principais fatos: "Em 21 de novembro de 2016, houve um primeiro debate na Comissão. No dia 30 de novembro, o Ministério da Fazenda enviou uma cópia do projeto de lei com várias alterações e outra nova cópia do projeto no dia 11 de dezembro. Outro debate na Comissão foi marcado para 15 de dezembro. No dia 15 de dezembro, às 11h31, o Ministério das Finanças enviou ao assessor jurídico da comissão uma minuta dos dispositivos acrescentados ao projeto de lei. Ao longo de todo aquele dia (após o dia anterior de debates encerrado por volta das 03h00 da manhã) a comissão debateu outros trechos da lei. Às 18h59, o Ministério da Fazenda enviou ao Assessor Jurídico da Comissão uma versão atualizada do projeto de lei. Essa foi distribuída aos membros da Comissão às 21h02, enquanto a Comissão deliberava sobre outros tópicos. Apenas perto da meia-noite a Comissão começou a deliberar sobre a proposta. No início do debate e durante o debate, vários membros da Comissão pediram o adiamento do mesmo para que pudessem estudar a nova versão e seus detalhes. Da mesma forma, o assessor jurídico da Comissão levantou a dificuldade de conduzir o debate quando os membros e assessores jurídicos praticamente não tiveram tempo para estudar a versão proposta. Não obstante essas reivindicações, o Presidente decidiu continuar com o debate. Consequentemente e em protesto, vários membros da Comissão da oposição deixaram a sala da comissão. Após várias horas, na manhã do dia 16 de dezembro, às 7h05, a Comissão aprovou o projeto para segunda e terceira leituras. Durante o debate, os representantes do governo na Comissão instaram os membros do Knesset a ler e aprovar rapidamente a versão. No dia 21 de dezembro, em debate que se prolongou pela noite, a lei foi aprovada em segunda e terceira leituras". (ROZNAI, 2018, p. 422).

Neste caso, a Suprema Corte de Israel, pela primeira vez em sua história, declarou a inconstitucionalidade de uma lei com base na violação aos princípios democráticos subjacentes ao processo legislativo, em especial com base no "princípio da participação", que assegura que os parlamentares tenham condições reais de examinar as proposições, formar seu juízo a respeito, debatê-las e formular alternativas (ROZNAI, 2018, p. 419) – aqui denominada princípio da igualdade política. Cumpre destacar que a Suprema Corte não identificou o descumprimento de nenhuma regra constitucional ou regimental do processo legislativo, mas uma violação direta aos princípios constitucionais que tratam do exercício democrático do poder político (BAR-SIMAN-TOV, 2017). Como destaca Yaniv Roznai (2018, p. 422), essa decisão é mais uma etapa no histórico de a Corte se distanciar da doutrina das questões políticas, da insindicabilidade dos atos *interna corporis* e da suposta igualdade entre soberania popular e autonomia do Parlamento.

Cabe relembrar que a Suprema Corte da África do Sul também é conhecida por ter uma forte atuação na linha de aprimorar os canais de deliberação no processo democrático (ROSE-ACKERMAN; EGIDY; FOWKES, 2015, p. 107).

Como visto no Capítulo 4, em um dos casos mais conhecidos, *Doctors for Life International v. Speaker of the National Assembly* (2006)[55], foram questionadas diversas leis da área da saúde, que tratavam de temas como aborto legal e exercício da medicina tradicional. Durante a tramitação legislativa, houve a determinação pela Câmara Alta do Parlamento (Conselho Nacional das Províncias) de que as Assembleias das províncias deveriam fazer audiências públicas para que os cidadãos em geral pudessem participar do processo legislativo amplamente. Não obstante, nem todas as Assembleias provinciais realizaram devidamente as audiências públicas.

A Suprema Corte enfatizou que, embora exista um princípio constitucional de participação social no processo legislativo, não pode ser extraída diretamente da Constituição uma regra fechada que estabeleça a obrigatoriedade de mecanismo ou momento específico em que ela deve ocorrer durante a tramitação legislativa. Deve haver uma avaliação no caso concreto do grau de participação social no processo legislativo, cuja exigibilidade constitucional varia conforme a matéria em questão, a urgência em sua apreciação parlamentar, os recursos disponíveis, en-

55 Suprema Corte da África do Sul, *Doctors for Life International v Speaker of the National Assembly and Others* (CCT12/05), j. 17/08/2006.

tre outros[56]. Naquele caso concreto, entendeu-se que houve inconstitucionalidade formal por violação ao princípio da participação social pelo fato de não ter havido a publicidade necessária das propostas em debate e da criação das condições para que houvesse conhecimento da sociedade em geral das possibilidades de participação no processo legislativo.

Não se chegou a afirmar que os mecanismos de participação social no processo legislativo são obrigatórios no exame de todas as proposições ou vinculam os parlamentares a seguir determinada orientação. Tanto assim, que, em caso posterior, a Corte entendeu expressamente que não há essa vinculação.[57] De todo modo, após o caso *Doctors for Life*, houve uma ampliação do controle judicial do processo legislativo com base no princípio da participação social, também em outras cortes sul

56 Suprema Corte da África do Sul, *Doctors for Life International v Speaker of the National Assembly and Others*: "22. Nosso marco constitucional requer o alcance de uma relação equilibrada entre os elementos representativos e participativos de nossa democracia. A seção 72 (1) (a), assim como a seção 59 (1) (a) e a seção 118 (1) (a), aborda a relação vital entre os elementos representativos e participativos, que está no cerne da função legislativa. Ela impõe um dever especial ao legislador e pressupõe que o legislador terá um poder discricionário considerável para determinar a melhor forma de alcançar essa relação equilibrada. A questão final é se houve o grau de envolvimento público exigido pela Constituição. [...]
146. Ao determinar se o Parlamento cumpriu o seu dever de facilitar a participação do público em qualquer caso específico, a Corte terá em consideração o que o Parlamento fez naquele caso. A questão será se o que o Parlamento fez é razoável à luz de todas as circunstâncias. E os fatores relevantes para determinar a razoabilidade incluiriam regras, se houver, adotadas pelo Parlamento para facilitar a participação do público, a natureza da legislação em consideração e se a legislação precisava ser promulgada com urgência. Em última análise, o que o Parlamento deve determinar em cada caso é quais os métodos adequados para facilitar a participação do público. Ao determinar se o que o Parlamento fez é razoável, esta Corte respeitará o que o Parlamento considerou ser o método adequado. Ao determinar o nível apropriado de escrutínio sobre o dever do Parlamento de facilitar o envolvimento público, a Corte deve ponderar, por um lado, a necessidade de respeitar a autonomia institucional parlamentar e, por outro, o direito do público de participar nos assuntos públicos. Em minha opinião, este equilíbrio é mais bem conseguido por este Tribunal, considerando se o que o Parlamento faz em cada caso é razoável.".

57 No caso *Merafong Demarcation Forum v Presidente of the Republic of South Africa* (2008), foi declarada a constitucionalidade de uma lei que modificou os limites de uma província. Previamente houve uma consulta popular em um município para saber a qual Estado ele pertenceria, sendo que a lei respectiva não respeitou o resultado da consulta. Mesmo assim, a Corte Constitucional da África do Sul manteve a validade da lei, alegando que representantes não estão obrigados a seguir o resultado, mas apenas a realizar a consulta.

-africanas, que declararam a inconstitucionalidade de leis municipais por falta de participação social adequada (ROSE-ACKERMAN; EGIDY; FOWKES, 2015, pp. 166-122). Essas decisões criaram uma tendência de o Poder Judiciário sul-africano ingressar cada vez mais nas questões procedimentais do Parlamento (GARDBAUM, 2018).

Mais recentemente, o Tribunal Constitucional Federal da Alemanha (*Bundesverfassungsgericht*) decidiu caso em que um parlamentar ajuizou uma ação de controle concreto de conflito entre órgãos públicos (*Organstreitsverfahren)* no qual um deputado questionou a validade da tramitação de um projeto de lei que propõe alteração no marco regulatório da energia para aquecimento de edifícios (*Heizungsgesetz*)[58]. No caso, após a apresentação do projeto de lei pelo Governo, a base governista definiu novas diretrizes e, sem possibilitar a participação das minorias nas negociações, aprovou em comissão ampla e complexa emenda substitutiva – cujo texto normativo e justificativa ultrapassavam as cem páginas – dois dias antes da inclusão na pauta do Plenário para segunda e terceira leituras.

Embora o Tribunal não tenha decidido o mérito da ação, em sede de juízo cautelar, concedeu parcialmente a ordem pleiteada para suspender até o final do período da sessão legislativa a tramitação do projeto lei. O fundamento utilizado foi a possível existência de uma violação do direito de participação igualitária dos parlamentares, previsto no art. 38, § 1º, Frase 2, da Lei Fundamental alemã[59], uma vez que poderiam não ter tempo suficiente para examinar a emenda substitutiva, formar seu juízo, propor emendas e debater a matéria em Plenário.

Nesse caso, o Tribunal deixou em aberto a possibilidade de afastar precedente de 2005 em que não admitiu ação similar ajuizada por parlamentar que questionava a inclusão em pauta de uma determinada proposição por considerá-la mero ato preparatório do processo legislativo[60]. Isso porque, no caso presente, o Tribunal entendeu que o questionamento se referiu ao transcorrer do "processo legislativo em sua

58 Tribunal Constitucional Federal alemão, Acórdão do Segundo Senado, j. 05/07/2023, 2 BvE 4/23.

59 Lei Fundamental alemã, art. 38, § 1º: Os membros do Parlamento [*Bundestag*] alemão são eleitos em eleições gerais, diretas, livres, iguais e secretas. Eles são representantes de todo o povo, não estão sujeitos a ordens e instruções e estão sujeitos apenas à sua consciência."

60 Tribunal Constitucional Federal alemão, Acórdão do Segundo Senado, j. 28/04/2005 – 2 BvE 1/05, Rn. 1-18.

integralidade" com seus diversos atos, entre eles, "não exclusivamente, mas apenas especialmente" a sua inclusão em pauta em segunda e terceira leituras, o que possibilita o ajuizamento da mencionada ação[61].

Não obstante esses exemplos do direito comparado, deve ser reconhecido que ainda não há uma doutrina ou teoria dogmática consolidada sobre o controle judicial do processo legislativo "como um todo" com base nos princípios do devido processo legislativo. De todo modo, há autores que procuram oferecer alguns parâmetros para se desenvolver uma teoria a esse respeito.

Nos EUA, uma das propostas foi apresentada por Victor Goldfeld de que o devido processo legislativo exigiria um "mínimo de deliberação", como garantia em face da influência indevida de grupos de pressão e para ganhos de qualidade legislativa e transparência, independentemente da matéria submetida à apreciação legislativa (GOLDFELD, 2004). Isso porque a deliberação é um valor central da democracia americana, atestada desde os escritos de Madison (como visto no Capítulo 2), e, portanto, sua proteção judicial com base em um modelo flexível permitiria evitar uma aproximação indevida do processo legislativo ao processo administrativo ou judicial, com pressupostos e normas muito diferentes.

Em suas palavras, o modelo desejável seria de um controle judicial "holístico" ou de todas as circunstâncias relevantes (*all things considered*) do processo legislativo, em que se avalia se houve pelo menos indícios de deliberação sobre as propostas aprovadas pelo Poder Legislativo. Não se trata de impor ao Poder Legislativo regras procedimentais rígidas criadas judicialmente (como visto no modelo do item anterior), mas de considerar as diversas circunstâncias concretas na edição de uma lei para saber se o processo como um todo atendeu às exigências dos princípios constitucionais que regem o processo legislativo. Isso exige uma postura altamente deferente do Judiciário em face do procedimento legislativo, de modo que

61 Tribunal Constitucional Federal alemão, Acórdão do Segundo Senado, j. 05/07/2023, 2 BvE 4/23, Rn. 85: "No caso presente, o autor queixa-se de não estar em condições igualitárias de participar no processo de tomada de decisão política devido à disponibilização em prazo muito curto de documentos e ao transcorrer do processo legislativo em sua integralidade. A este respeito, ele impugna não exclusivamente, mas apenas "especialmente" a definição da segunda e terceira leituras da proposta de alteração legislativa. Entretanto, é óbvio que o transcorrer do processo legislativo em sua integralidade possivelmente pode violar os direitos de participação individual dos parlamentares do art. 38, § 1º, Frase 2 da Lei Fundamental e, com isso, ser objeto de uma ação de conflito entre órgãos [*Organstreit*], independentemente de se o ato individual [de inclusão em pauta] tem caráter preparatório."

somente em casos excepcionais e manifestos deveria haver o reconhecimento de uma inconstitucionalidade (GOLDFELD, 2004, p. 386).[62]

Fazendo referência à proposta de Goldfeld, Suzie Navot, ao revisitar a jurisprudência do Tribunal Constitucional da Espanha e da Suprema Corte de Israel, defende que ambos desenvolveram sua jurisprudência de modo independente, mas na mesma direção de controlar possíveis violações "como um todo" a princípios substanciais da democracia. Não seria o caso de controlar o respeito a cada regra regimental do processo legislativo, mas de identificar se houve uma distorção grave no processo de formação de vontade parlamentar que possa ocorrer por diversas circunstâncias, inclusive violações a regras regimentais (NAVOT, 2006, pp. 190-192).

Em defesa desse modelo da avaliação do devido processo legislativo como um todo, Victor Goldfeld argumenta que seria uma proposta que se alinha aos objetivos da teoria do processo político (na vertente de Ely). Por meio de sua proposta, os juízes controlariam apenas as condições de elaboração legislativa em uma democracia, evitando-se o risco de um ativismo substantivo em que haveria uma substituição da vontade parlamentar pela judicial, uma vez que os juízes "não teriam que fazer nenhum juízo de valor" ao se utilizar desse modelo (GOLDFELD, 2004, pp. 397-398).

---

62 Goldfeld elenca uma lista exemplificativa de elementos do processo legislativo que poderiam ser avaliados judicialmente:
"Há alguma evidência no registro legislativo que sugere que as consequências da política impugnada receberam alguma consideração pelo Congresso? Houve algum debate no Plenário? Foram realizadas audiências ou produzidos estudos? Existem conclusões formais no registro legislativo? Foram considerados meios alternativos para atingir os objetivos das políticas? [...]
Outros fatores dizem respeito à "postura processual" do projeto de lei – o método pelo qual ele entrou e percorreu o processo legislativo formal. A legislação foi apresentada no final da sessão legislativa, quando o Congresso se apressa para passar por sua agenda? A disposição foi anexada como um "carona" de uma legislação não relacionada ou um projeto de lei *ominibus* relativo a muitos assuntos diferentes, ou era parte de um projeto de lei que tratava de um assunto específico? Se foi um "carona", parece que foi adicionado a um projeto de lei com apoio popular com garantia de aprovação? Qual foi a natureza de qualquer ação tomada por qualquer comissão que aceitou o projeto de lei? A disposição em particular foi apresentada a ambas as Casas, ou foi adicionada pela última câmara a votar o projeto de lei, ou mesmo pela Comissão de Conferência? Neste último caso, foi adicionado apenas alguns momentos antes da aprovação ou houve tempo suficiente para outros legisladores tomarem conhecimento da disposição e debaterem as suas consequências?" (GOLDFELD, 2004, pp. 383-384).

A despeito de levantar pontos importantes, não se pode concordar com tal defesa do modelo de controle do devido processo legislativo como um todo.

As críticas já expostas de Tribe a Ely podem ser ecoadas aqui: tanto a teoria do processo político de Ely quanto a proposta de controle judicial do devido processo legislativo "como um todo" nada têm de neutro. São propostas com fortes pressupostos normativos, que partem de concepções de democracia, papel do Parlamento e do Judiciário, que são objeto de disputa acadêmica e – mais importante – política da melhor compreensão da prática democrática atual e de como ela deve ser protegida e eventualmente aperfeiçoada. Entender – como defendido pelo presente trabalho – que existem princípios constitucionais mais abrangentes que estabelecem exigências para o processo legislativo e que, excepcionalmente, podem levar à inconstitucionalidade de uma lei, requer, portanto, uma profunda justificação de o porquê de se entender pela sua existência em um sistema constitucional e, além disso, oferecer critérios para sua aplicação prática, que (como toda atividade jurídica) jamais transformarão a atividade de interpretação e aplicação do direito em algo valorativamente neutro.

Como, então, analisar as propostas de se avaliar o processo legislativo "como um todo" para identificar possíveis violações aos princípios do devido processo legislativo?

Cabe retomar as três críticas gerais acima apresentadas a respeito da separação de poderes, da diferenciação do processo legislativo dos processos judicial e administrativo e do risco de um exacerbado ativismo judicial procedimental.

Caso haja um amplo exercício da revisão judicial do processo legislativo conforme este modelo, em que o Poder Judiciário avalie cada possível incidência dos princípios do devido processo legislativo na apreciação de uma matéria, buscando não os casos de grave distorção na tomada de decisão, mas sua otimização direta, sem mediação das regras constitucionais, legais e regimentais, as três críticas acima são muito fortes, de modo que ele deveria ser rejeitado.

Isso porque, na prática, haveria extinção da autonomia e discricionariedade procedimentais típicas do processo legislativo, e as cortes judiciais, *a posteriori*, determinariam o rito que deveria ter sido seguido na aprovação de um projeto. Também haveria um excessivo rigor procedimental na atividade política, o que, como já visto em diversas ocasiões deste trabalho, significa uma indevida importação dogmática da teoria geral do processo, especialmente judicial e administrativo, para o processo legislativo. Por fim, a insegurança jurídica seria muito grande, pois cada deliberação do Legislativo estaria aberta à judicialização, em que haveria a possibilidade de se questionar cada escolha procedimental feita durante o processo legislativo, com exigências probatórias a serem satisfeitas.

Desse modo, para que se possa cogitar a viabilidade de um tal modelo em uma democracia representativa e deliberativa, é necessário reforçar dois pontos sempre destacados na jurisprudência dos tribunais do direito comparado.

O primeiro é o de que deve haver uma grande deferência às escolhas procedimentais feitas pelo Parlamento no momento de apreciação de uma lei. Quais comissões devem ser ouvidas, quais instrumentos de participação social institucionalizada serão mobilizados, quem utilizará a palavra, o tempo de inclusão de uma matéria na pauta de deliberação: tudo isso são questões que, justamente por sua natureza eminentemente política, devem ser objeto de decisão do próprio Parlamento, sem interferência judicial, conforme a natureza dos direitos fundamentais envolvidos na deliberação legislativa. Como já exposto, não se trata de uma volta à doutrina dos atos *interna corporis*, mas, ao contrário, em razão da natureza central do processo legislativo como lócus institucionalizado da esfera pública e de sua natureza política, reconhecer que há grande autonomia e discricionariedade procedimentais para definição de como as propostas legislativas serão apreciadas.

O segundo ponto, decorrente do primeiro, é que somente em casos excepcionais poderá haver a inconstitucionalidade de uma lei em razão de seu processo de elaboração "como um todo" violar os princípios do devido processo legislativo. Aqui devem ser lembradas as expressões utilizadas pelos tribunais no direito comparado de que somente haverá inconstitucionalidade formal de uma lei nos casos em que houver distorções que possam alterar de modo "substancial" seu processo de elaboração ou na presença de "vícios que vão até o coração do processo".

Em face disso, como regra geral, deve ser afastado um eventual controle judicial preventivo (ou seja, antes de promulgado o ato legislativo) do devido processo legislativo "como um todo". Isso, basicamente, por duas razões.

Em primeiro lugar, se o processo legislativo é examinado em sua totalidade, não há como avaliá-lo antes do seu encerramento. A falta de tempo suficiente para aprofundar os debates ou de possibilitar ampla participação social pode ser corrigida na próxima etapa ou momento subsequente do processo legislativo, de modo que os aparentes vícios sejam resolvidos pelo próprio Parlamento.

A segunda razão é a de que haveria um grave risco de judicialização de todos os atos do processo legislativo, pois cada etapa procedimental poderia ser isoladamente avaliada – o que justamente é afastado pelo exame do devido processo legislativo "como um todo". Mais importante que avaliar isoladamente as diversas etapas de formação das leis, neste ponto, é avaliá-las em conjunto. No caso brasileiro, portanto, o modelo de avaliação do processo legislativo "como um todo" deve ser utilizado, predominantemente, em controle judicial repressivo, pois é nesse momento que se poderá ter a dimensão global de todo o processo.

Uma ressalva é, com base na doutrina brasileira do mandado de segurança, o cabimento desse remédio judicial impetrado por parlamentares para controle preventivo do processo legislativo como um todo no caso de uma violação iminente ou já concretizada a princípios do devido processo legislativo que impliquem também violação a prerrogativas parlamentares, especialmente a igualdade política, e já nas etapas finais da apreciação de uma matéria na respectiva casa legislativa.

A decisão acima examinada do Tribunal Constitucional federal alemão sobre a proposta de mudança no marco regulatório da energia para aquecimento de edifícios (*Heizungsgesetz*) ajuda a exemplificar este ponto, em que foi apontada uma possível violação ao direito de igualdade entre os parlamentares em razão de o processo legislativo como um todo não ter permitido que houvesse o mínimo de tempo para os parlamentares da minoria examinarem uma longa e complexa emenda substitutiva antes de sua votação em Plenário. Após examinar as diversas circunstâncias do caso concreto, o Tribunal entendeu que a votação final em Plenário poderia violar o princípio da igualdade política entre os parlamentares e, por essa razão, concedeu cautelarmente a ordem pleiteada.

Como visto acima, o STF tem admitido a doutrina brasileira do mandado de segurança para reconhecer legitimidade ativa extraordinária aos parlamentares para defesa de cláusulas pétreas no caso de tramitação de PECs e para defesa de prerrogativas parlamentares, nos demais casos. Aqui há, portanto, uma possibilidade de ampliação da tutela judicial do devido processo legislativo para abarcar não somente sua dimensão regulatória, mas também principiológica, caso a violação a um princípio constitucional signifique uma violação a uma prerrogativa parlamentar, como a possibilidade de participar em condições igualitárias do processo de elaboração das leis.

Quais seriam, então, os parâmetros para um modelo de controle judicial do devido processo legislativo como um todo no Brasil?

Nesse momento a resposta já deve ser clara: os principais parâmetros devem ser as próprias regras regimentais que regem o processo legislativo. Retomando-se as colocações acima, as regras regimentais são fruto da autonomia parlamentar em definir como suas atividades serão desenvolvidas e, além disso, o Parlamento também é titular de discricionariedade procedimental para definir, com base em suas regras regimentais, quais serão os ritos e procedimentos específicos para apreciação de uma determinada matéria. Considerando que no Brasil as principais disposições específicas sobre os procedimentos legislativos estão nos regimentos das Casas Legislativas, é nesse conjunto de regras que estão os principais parâmetros de avaliação do respeito ao devido processo legislativo.

Dessa forma, caso haja o respeito às normas regimentais e a adoção do processo legislativo ordinariamente previsto para a apreciação das proposições legislativas, há pouco espaço para o controle judicial do processo legislativo "como um todo". Isso porque haverá o legítimo exercício da autonomia e discricionariedade procedimentais das Casas Legislativas que definiram as regras para a apreciação em geral das proposições legislativas, como garantido pelo princípio da separação de poderes e da inerente politicidade do processo de elaboração de normas jurídicas em ambiente discursivamente aberto para as diferentes instâncias da esfera pública.

Significa isso afirmar que os regimentos internos são normas constitucionais interpostas e que a violação às suas regras implica necessariamente a inconstitucionalidade da lei resultante? Como visto no item anterior, a resposta é negativa.

A postura aqui é justamente compreender que as normas regimentais são normas infraconstitucionais interpostas entre a Constituição e as demais leis, de modo que são um dos mais relevantes elementos no exame de possíveis violações aos princípios do devido processo legislativo. Caso seja constatada uma violação regimental, caberá ao parlamentar interessado formular questão de ordem que deverá ser examinada nos termos regimentais – circunstância que até poderá ser avaliada posteriormente em controle judicial. Caso essa violação à norma regimental não seja corrigida durante a tramitação legislativa, todos os demais elementos do processo legislativo em concreto deverão ser levados em consideração antes de se afirmar que haverá um vício de inconstitucionalidade por violação grave a um ou mais princípios do devido processo legislativo.

Um exemplo pode ajudar a elucidar este ponto.

As principais regras de uso da palavra pelos parlamentares para debater proposições estão no art. 174 do RICD e art. 14 do RISF, sendo estabelecidos prazos de cinco e dez minutos para os debates como regra geral, respectivamente. Naturalmente, caso haja a cassação da palavra de algum parlamentar em prazo ligeiramente inferior a isso ou concessão de curta extensão a outro, não haverá problema algum de constitucionalidade, sendo usual e plenamente aceitável a modulação do tempo de fala em uma discussão com dezenas ou centenas de participantes.

A situação, entretanto, seria outra, caso o Presidente da Casa, simplesmente negasse a concessão da palavra ou concedesse tempo substancialmente inferior à minoria parlamentar, implicando, na prática, uma forte redução das possibilidades de sua atuação no processo legislativo. Se, nesse caso, não existirem outras circunstâncias que possam justificar o comportamento do Presidente da Casa Legislativa, aqui, para além da violação das regras regimentais sobre uso da palavra, há uma violação ao devido processo legislativo na sua dimensão de igualdade política, em prejuízo dos direitos das minorias, que pode levar à inconstitucionalidade do ato parlamentar resultante.

Até mesmo em casos em que não exista a violação a regras constitucionais ou regimentais, poderá ser reconhecido um vício de inconstitucionalidade em um ato legislativo, caso haja violação dos princípios do devido processo legislativo em decorrência de distorções procedimentais substanciais. Como demonstra a experiência do Tribunal Constitucional da Espanha e da Suprema Corte de Israel, a utilização abusiva dos regimes de urgência pode implicar alterações profundas no processo de tomada da decisão legislativa que, dependendo das circunstâncias deliberativas concretas, podem levar à inconstitucionalidade formal do ato legislativo.

Isso é importante para reforçar que a avaliação do processo legislativo "como um todo" não pode ser feita sobre cada ato do procedimento de tomada de decisão política isoladamente, mas em seu conjunto. Pode haver casos em que todos os atos praticados durante o procedimento legislativo isoladamente considerados sejam regulares à luz das normas constitucionais, legais e regimentais que o disciplinam. Pode haver casos de ilicitudes pontuais que, a despeito de ser tuteláveis por mecanismos judiciais, não geram distorções severas o suficiente para violar o devido processo legislativo. Entretanto, a avaliação em conjunto desses atos pode revelar uma violação a um ou mais princípios do devido processo legislativo.

Como exemplo, imagine-se o caso de uma proposição legislativa de alta relevância política, econômica e social, aprovada em regime de urgência nas duas Casas do Congresso Nacional, em prazo muito curto de dias de sua apresentação, sem participação colegiada das comissões, com emendas de mérito substanciais apresentadas já em fase de debates e sem a apresentação de justificativas mínimas nos debates sobre o tema. Nesse caso, houve dificuldades de os parlamentares formarem um juízo sobre as propostas e alternativas formuladas, a sociedade não teve condições de influenciar a tomada de decisão, não foi realizada a publicização necessária das propostas e dos argumentos em jogo, as razões apresentadas foram superficiais e não consideraram os impactos nos direitos fundamentais da legislação editada. Em uma situação como essa, se não houver outras condições que justifiquem esse processo de tomada de decisão à luz do princípio da eficiência (como uma situação fática extremamente urgente), poderá haver uma inconstitucionalidade formal por violação aos princípios do devido processo legislativo, ainda que não identificada violação a uma regra regimental.

Longe de se querer apresentar uma lista exaustiva dos fatores relevantes a serem considerados para exame do processo legislativo como um todo, seguem alguns deles a serem avaliados conforme a natureza da matéria em discussão: violação a normas regimentais, impugnação de eventual violação regimental, participação colegiada das comissões, tempo de apreciação da matéria pelas Casas Legislativas, participação social formalizada ou não, apresentação de argumentos que justifiquem a tomada de decisão, emendas substanciais ou substitutivos apresentados já em fase avançada de tramitação.

O ponto, portanto, é compreender que os princípios do devido processo legislativo exigem um procedimento em que, em alguma medida, seja possível aos parlamentares atuarem em condições de igualdade, com participação social, de modo público, oferecendo razões para a tomada de decisão e com compreensão dos possíveis resultados da nova legislação. Não há, assim, a exigência constitucional de que cada proposição seja objeto de debates exaustivos, com identificação de todas as informações e argumentos relevantes levantados por todos os possíveis interessados. Isso leva à questão de saber se os argumentos apresentados durante o processo legislativo podem ter alguma relevância para o exame da constitucionalidade dos respectivos atos legislativos, o que será examinado no próximo subitem.

7.4.3. Controle dos argumentos apresentados durante o processo legislativo: "controle semiprocedimental", proporcionalidade e revisão de fatos e prognoses legislativos

Tem sido reconhecido em diversos países o surgimento de um modelo de controle judicial de constitucionalidade com base nos argumentos apresentados no curso do processo legislativo. Esse modelo se afasta dos modelos anteriormente examinados, pois o objeto da avaliação é exatamente as justificativas apresentadas para a tomada de decisão política, ou seja, o conteúdo dos argumentos apresentados pelos parlamentares.

Há variadas nomenclaturas utilizadas para descrever esse modelo: controle "semisubstancial" (COENEN, 2009), "semiprocedimental" (BAR-SIMAN-TOV, 2012), controle "baseado em fatos" (ALEMANNO, 2013), "revisão procedimental" (POPELIER, 2012). Como será visto, essa discussão se relaciona diretamente com o papel da proporcionalidade e da revisão de fatos e prognoses legislativos no controle judicial de constitucionalidade.

É tradicional na hermenêutica jurídica examinar as razões apresentadas pelos legisladores como uma entre as fontes de informações disponíveis para compreender o significado e alcance da legislação (OLIVER-LALANA, 2019, p. 208). Trata-se de expediente que não implica inovação em termos de controle do processo legislativo e que tem raízes no debate sobre a *mens legis* e *mens legislatoris*, que aqui não será enfrentado. A inovação aqui examinada é atribuir significado jurídico aos argumentos apresentados durante a tramitação legislativa para além de sua função informacional para fins interpretativos.

O diagnóstico mais preciso desse fenômeno e sua defesa normativa foram feitos por Ittai Bar-Siman-Tov (MESSERSCHMIDT, 2016, p. 378). O autor analisa a jurisprudência recente de diversos tribunais nacionais e internacionais (incluindo EUA, Alemanha, Bélgica, Israel, Tribunal de Justiça da União Europeia e Tribunal Europeu dos Direitos Humanos) para caracterizar o que ele denomina controle judicial "semiprocedimental", em que há uma "fusão do exame do processo de elaboração da lei com o controle material de sua constitucionalidade" (BAR-SIMAN-TOV, 2012, p. 272). Nesse modelo, não há a substituição do controle de constitucionalidade formal ou material por uma nova modalidade independente, mas a utilização dos argumentos apresentados durante o processo legislativo como um dos elementos do controle material de constitucionalidade.

O controle "semiprocedimental" é realizado em duas etapas: primeiramente, identifica-se uma restrição do ato impugnado a um direito fundamental ou um princípio constitucional relevante; em seguida, examinam-se aspectos de sua elaboração legislativa como parte do juízo sobre sua constitucionalidade material.

Não se trata de analisar apenas os requisitos constitucionais, legais ou regimentais expressos para a elaboração da lei restritiva: entende-se que há deveres de justificação para o legislador durante o processo legislativo a partir "da busca por 'princípios da devida elaboração normativa' que se relacionam à ideia universal de racionalidade" (MESSERSCHMIDT, 2012, p. 347). Conforme proposto pelo presente trabalho, trata-se do controle do princípio da deliberação do devido processo legislativo para considerar constitucionalmente relevantes as razões apresentadas no curso do processo legislativo como justificativas da tomada de decisão.

Trata-se de modelo complexo, pois pode haver a atribuição de diferentes graus de relevância às razões oferecidas para a edição de um ato normativo para fins de controle de constitucionalidade. Nesse sentido, embora se tenha diagnóstico de que tal modalidade ainda não encontrou "eco" na jurisprudência do STF (SALINAS; ALMEIDA, 2019, p. 141), há exemplos de julgado que – mesmo sem adotar o termo "semiprocedimental" ou correlatos – dialoga com essa proposta diretamente.

Na ADO 22 (Pleno, Rel. Min. Cármen Lúcia, j. 22/04/2015), foi alegada a inconstitucionalidade por omissão parcial da Lei nº 9.294, de 15 de julho de 1996, que regulamentou o art. 220, § 4º, da Constituição Federal, e estabeleceu restrições para a propaganda de bebidas alcóolicas que tenham teor alcóolico maior do que treze graus. O autor argumentava que a ausência de maiores restrições para as bebidas alcóolicas com teor alcóolico menor do que treze graus implicava violação ao mencionado art. 220, § 4º, da Constituição Federal, pois todas as bebidas alcóolicas deveriam ter sua publicidade restringida independentemente de seu teor alcoólico.

Nesse caso, houve uma efetiva avaliação do processo legislativo da edição da Lei nº 9.294, de 1996, para identificar se haveria uma omissão inconstitucional ou uma decisão legislativa justificada de não restringir a publicidade de tais produtos. A Relatora, Min. Cármen Lúcia, examinou os argumentos contidos na justificação do projeto de lei, dos relatórios e pareceres proferidos tanto na Câmara dos Deputados como no Senado Federal para identificar a existência de um profundo debate sobre a questão no Congresso Nacional em respeito "às normas do devido processo legislativo", de modo a afastar o argumento de que haveria inércia ou omissão legislativa sobre esse ponto. Em suas palavras:

> Sem desconsiderar os relevantes argumentos de cunho social trazidos pelo Autor, relativos à saúde pública e à proteção da família, a análise dos dados constantes da norma vigente e mesmo do elemento histórico (não o melhor critério de interpretação, mas de se aproveitar como fator demonstrativo da ação legislativa, a deitar por terra a afirmativa de omissão do legislador), comprovam que a questão novamente trazida à apreciação do Supremo Tribunal Federal está afeta ao Poder Legislativo, no qual foi cuidada segundo a Constituição determina e concluiu ele no exercício legítimo de suas competências. [...]
>
> Está demonstrado nos autos ter sido a matéria relativa à propaganda de bebidas alcoólicas objeto de amplos debates em ambas as Casas do Poder Legislativo brasileiro, que, no exercício de sua função legislativa, nos sete anos durante os quais tramitou o Projeto de Lei nº 4.556/1989, observou as normas do devido processo legislativo e, de forma legítima, aprovou a lei formal exigida pelo art. 220, § 4º, da Constituição da República: Lei nº 9.294/1996. Ainda que se possam considerar relevantes as razões sociais motivadoras do agir da Procuradoria-Geral da República no ajuizamento da presente ação, o pedido não pode prosperar. Tão importante quanto a preservação da saúde daqueles que se excedem no uso de bebidas alcóolicas e que poderiam consumi-las em níveis menores é a observância de princípios fundamentais do direito constitucional, como o da separação dos poderes.[63]

Indo além, o Min. Luiz Fux apontou que a discussão sobre a necessidade de restringir ou não a publicidade de bebidas alcóolicas com teor alcóolico inferior a treze graus foi objeto de debate e decisão parlamentar, sendo vencida a posição política de que as mencionadas restrições deveriam ser aplicáveis a todas as bebidas alcóolicas. Em face da existência dessa troca de aprofundados argumentos parlamentares, o Ministro concluiu que deve haver uma postura de autocontenção judicial e maior deferência às decisões do Poder Legislativo, desse modo, declarando a constitucionalidade material da norma impugnada. Em suas palavras:

> Assim é que, embora tenha sido expressamente ventilada no Congresso a opção de restringir a publicidade de todas as bebidas, independentemente do seu teor alcoólico, venceu, no debate técnico

63 STF, ADO 22/DF, Pleno, Rel. Min. Cármen Lúcia, j. 22/04/2015, p. 42.

> e democrático, o entendimento de que a disciplina jurídica atual é a mais razoável à luz do art. 220, § 4º, da CRFB.
>
> [...]
>
> Na espécie, acredito estarem presentes as duas razões que fundamentam a autorrestrição estrutural do Poder Judiciário. Por um lado, a autoridade jurídico-constitucional do Congresso Nacional é indisputável. O artigo 220, § 4º, da CRFB atribui expressamente ao legislador – e não ao Poder Judiciário – a tarefa de definir as restrições concretas à publicidade de bebidas alcoólicas. Ante essa evidente atribuição de autoridade do Poder Legislativo, o Supremo Tribunal Federal deverá ser deferente às escolhas legislativas, o que se reforça pela trajetória do processo legislativo que marcou a aprovação da Lei nº 9.294/96, marcada pelo diálogo com a sociedade civil. Há mais. Ao lado da legitimidade democrática, vislumbro na espécie maior capacidade epistêmica do Poder Legislativo para tratar do assunto. Como se pode notar pelos documentos anexados ao PL nº 4.556/89, que resultou na lei ora questionada, o tema em questão é marcado por debates técnicos que fogem ao conhecimento convencional e ao raciocínio puramente jurídico. Nesse contexto, o debate travado no Congresso Nacional com especialistas na área recomenda autêntica humildade judicial na apreciação desta ADO. Inexistindo evidente equívoco do legislador, deve-se prestigiar as suas escolhas, como deve ser o caso na presente ADO.[64]

Como fica evidente nas duas passagens acima, a deferência à decisão legislativa foi justificada com base no processo legislativo em concreto da edição da Lei nº 9.294, de 15 de julho de 1996, em que houve amplo debate e divergências sobre a questão de se restringir ou não a publicidade de bebidas alcóolicas com teor alcóolico inferior a treze graus. Desse modo, por unanimidade, o Tribunal entendeu pela constitucionalidade material da Lei e ausência de omissão inconstitucional.

Também no direito comparado apontam-se diversos exemplos de decisões que avaliam o conteúdo dos argumentos apresentados durante o processo legislativo no momento de avaliação da constitucionalidade de uma norma.

A Suprema Corte dos EUA, embora não faça um controle intenso do processo legislativo, apresenta linha jurisprudencial na qual dá grande relevância aos argumentos apresentados durante a tramitação de uma lei em casos de federalismo (FRICKEY; SMITH, 2002; ROSE-ACKERMAN;

64 STF, ADO 22/DF, Pleno, Rel. Min. Cármen Lúcia, j. 22/04/2015, pp. 56-57.

EGIDY; FOWKES, 2015, pp. 67-72). Em diversos desses casos, a Suprema Corte efetivamente avaliou a justificação apresentada durante o processo legislativo para edição de legislação federal fundada na necessidade de regular o comércio interestadual (Artigo I, Seção 8, Cláusula 3, da Constituição dos EUA).

Em *United States v. Lopez* (1995), a Corte declarou a inconstitucionalidade de lei federal (*Gun Free School Zone Act* de 1990), que proibia o porte de armas nos arredores de escolas, pelo fato de ela ter pouca relação com comércio interestadual. A Corte deixou aberta a possibilidade de o Congresso legislar novamente sobre o tema, mas com a apresentação de mais argumentos para justificar a competência legislativa federal nesse caso[65]. Em voto dissidente rejeitando a avaliação da profundidade dos argumentos apresentados durante o processo legislativo, o Juiz David Souter registrou que "o controle da deliberação [congressual] seria tão patentemente inconstitucional quanto um ato do congresso exigindo longos votos deste Tribunal."[66]

65 Suprema Corte dos EUA, *United States v. Lopez*, j. 26/04/1995, pp. 562-563: "Embora, como parte de nossa avaliação independente de constitucionalidade sob a Cláusula de Comércio, consideremos, é claro, as conclusões legislativas e, na verdade, até as conclusões das comissões do Congresso, com relação ao efeito sobre o comércio interestadual, consulte, e g., Preseault v. ICC, 494 US, em 17, o Governo admite que 'nem a lei nem sua história legislativa contêm conclusões expressas do Congresso a respeito dos efeitos sobre o comércio interestadual de porte de arma em uma zona escolar.' [...] Concordamos com o governo que o Congresso normalmente não é obrigado a fazer conclusões formais quanto aos encargos substanciais que uma atividade representa no comércio interestadual. Ver McClung, 379 U.S., em 304; ver também Perez, 402 U.S., em 156 ('O Congresso [não] precisa fazer descobertas particularizadas a fim de legislar'). Mas, na medida em que as conclusões do Congresso nos permitiriam avaliar o julgamento legislativo de que a atividade em questão afetou substancialmente o comércio interestadual, embora nenhum efeito substancial fosse visível a olho nu, elas estão faltando aqui."

66 Suprema Corte dos EUA, *United States v. Lopez* (1995), pp. 613-614: "A obrigação resultante do Congresso de justificar suas escolhas sobre o mérito de políticas públicas implicaria uma competência judicial para controlar a justificativa (e, portanto, a sabedoria) dessas escolhas, ou competência para exigir que o Congresso aja com algum alto grau de deliberação, da qual as conclusões expressas seriam evidências. Mas o controle da sabedoria do Congresso seria apenas a velha pretensão judicial desacreditada e abandonada em 1937 e o controle da deliberação seria tão patentemente inconstitucional quanto um ato do congresso exigindo longos votos deste Tribunal. Tal requisito de processo legislativo funcionaria meramente como uma desculpa para o controle encoberto dos méritos da legislação sob padrões nunca expressos e mais ou menos arbitrariamente aplicados. Em tal regime, em qualquer caso, o padrão de racionalidade de revisão seria uma coisa do passado."

No caso *University of Alabama v. Garret* (2001), a Suprema Corte declarou a inconstitucionalidade de normas de lei federal (*Americans with Disabilities Act*, de 1990), que criou uma ação civil indenizatória federal contra os Estados que discriminassem empregados públicos por razões de deficiência. Foi identificada uma violação à 11ª Emenda, que prevê a imunidade processual dos Estados em cortes federais. Para que tal imunidade fosse afastada em face da 14ª Emenda (*Equal Protecion Clause*), o Congresso deveria ter identificado um "histórico e padrão de discriminação irracional no trabalho pelos Estados contra os deficientes" – o que não ficou claro pelos argumentos apresentados durante o processo legislativo, que foram mais concentrados na avaliação da discriminação feita por empresas privadas e não por entes públicos[67].

Em *Shelby County v. Holder* (2013) foi declarada a inconstitucionalidade de lei federal de 2009 que ampliava o prazo de vigência de dispositivo do *Voting Rights Act*, de 1964. Esse dispositivo estabelecia procedimento prévio de aprovação por órgãos federais da mudança dos distritos eleitorais definidos pelos Estados, com o objetivo de evitar a discriminação racial e de outras minorias. Uma das principais razões utilizadas pela Corte foi o fato de o legislador não ter identificado fatos relevantes que constatassem a permanência de uma situação de discriminação de minorias que justificasse a manutenção da necessidade de aprovação federal da alteração de distritos eleitorais.[68]

Essa linha de precedentes tem gerado fortes críticas na doutrina. De um lado, critica-se a falta de profundidade no exame do processo legislativo em concreto, uma vez que a Corte apenas fez inferências genéricas da insuficiência dos argumentos apresentados pelo legislador (ROSE-ACKERMAN; EGIDY; FOWKES, 2015, pp. 72-74). De outro lado, critica-se

67 Suprema Corte dos EUA, *Board of Trustees of University of Alabama*, j. 21/02/2001, p. 357.

68 Suprema Corte dos EUA, *Shelby County, Alabama v. Holder, Attonery General et. al.*, j. 25/06/2013, pp. 25-26: "Mas um problema mais fundamental permanece: o Congresso não usou os dados que compilou para moldar uma fórmula de cobertura baseada nas condições atuais. Em vez disso, reeditou uma fórmula baseada em fatos de 40 anos atrás sem nenhuma relação lógica com os dias atuais. [...] Não podemos fingir que estamos examinando uma lei atualizada ou tentar atualizar a lei nós mesmos, com base nos novos dados compilados pelo Congresso. Ao contrário do que afirma o voto dissidente [...], não estamos ignorando os dados; estamos simplesmente reconhecendo que eles não desempenharam nenhum papel na definição da fórmula legal diante de nós hoje.".

o excessivo rigor com que a Corte tratou as atividades desenvolvidas no Congresso, considerando insuficiente a elaboração de relatórios detalhados na produção de dados durante o processo legislativo (FRICKEY; SMITH, 2002, p. 1728; GOLDFELD, 2004, p. 388). Mesmo diante dessas críticas o fato é que, em casos relacionados ao federalismo nos EUA, a Suprema Corte tem feito uma avaliação mais detalhada dos argumentos produzidos durante a elaboração legislativa.

Na Alemanha, tradicionalmente examinam-se os fatos e as prognoses elaborados durante a tramitação legislativa para avaliar-se a constitucionalidade material de uma norma jurídica, existindo uma tendência recente de se exigir maior fundamentação no processo de elaboração normativa (SCHLAICH; KORIOTH, 2015, p. 380).

Dos julgados do Tribunal Constitucional Federal (*Bundesverfassungsgericht*), um dos que chamou mais atenção recentemente é o caso *Hartz IV*, decidido em 2010. Neste caso, o Tribunal foi muito além na intensidade do controle dos argumentos apresentados durante o processo legislativo do que em decisões anteriores (NOLTE, 2013, p. 250). Trata-se de decisão que gerou mais reflexões doutrinárias sobre controle da produção legislativa "do que as quatro décadas como um todo de 1970 a 2010" (MESSERSCHMIDT, 2016, p. 384).

Nesse caso, foi impugnada a constitucionalidade de uma alteração do Código Social (*Sozialgesestzbuch* – SGB), no ponto em que estabeleceu benefício assistencial a pessoas desempregadas[69]. Mediante a reforma, houve a fusão de benefícios de auxílio-desemprego com auxílio-assistencial, com valores fixos escalonados para dependentes menores de quatorze anos, maiores de quatorze anos e adultos, independentemente dos gastos concretos de cada pessoa. Os valores específicos foram definidos com base em pesquisa estatística feita a cada cinco anos pelo órgão federal competente, que leva em consideração certos padrões de renda e de gastos (HORBACH, 2010-2011).

A Corte entendeu que tais disposições violaram o dever de prover o mínimo existencial derivado da dignidade da pessoa humana e o princípio do Estado Social, nos termos do art. 1º, § 1º, e art. 20, § 1º, da Lei Fundamental (*Grundgesetz).*

69 Essa reforma da legislação previdenciária e assistencial foi denominada "Hartz IV" em homenagem ao Presidente de Comissão que sugeriu as mudanças legislativas ao Governo Alemão em 2002, Peter Harz, e por ser a quarta etapa desse processo de reforma.

Em primeiro lugar, a Corte registrou que os valores nominais dos benefícios fixados pela lei não eram manifestamente inconstitucionais, não sendo possível afirmar se eles faziam frente às exigências do direito ao mínimo existencial ou não. Justamente pelo fato de não haver previsão constitucional do valor dos benefícios assistenciais, o Tribunal entendeu que o legislador tem a obrigação de revelar os métodos de cálculo utilizados para a fixação do benefício, sob pena de violação do direito ao mínimo existencial.

Embora o legislador federal tenha se utilizado dos critérios de renda e gastos do órgão oficial de estatística, foram reduzidos ou excluídos gastos com lazer, eletricidade e educação sem justificativa – o que impacta diretamente o valor entendido como necessário pelo mínimo existencial. Além disso, os percentuais escalonados para dependentes também não foram justificados. Em face dessa falta de apresentação de argumentos, houve a declaração de inconstitucionalidade sem pronúncia de nulidade das respectivas normas para que o legislador editasse uma nova lei, ainda que no mesmo patamar dos benefícios da anterior, mas com procedimento em que ficasse claro as justificativas metodológicas para tanto.[70]

Em novo julgado de 2012, o Tribunal Constitucional voltou a se deparar com a compatibilidade de um benefício assistencial em face do direito ao mínimo existencial[71]. No caso, tratava-se do auxílio financeiro prestado para os estrangeiros que solicitaram asilo ou em outras situações de vulnerabilidade na Alemanha previsto em lei federal (*Asylbewerberleistungsgesetz*, de 1993). Embora fosse prevista a prestação direta de bens e serviços para essas pessoas, na prática, havia sua substituição por quantias monetárias mensais (item 18 da decisão), substancialmente menores do que os benefícios assistenciais em geral previstos no Código Social, examinado no caso anterior. Apenas para

70 Tribunal Constitucional Federal alemão, Acórdão do Primeiro Senado, j. 09/02/2010, - 1 BvL 1/09 -, Rn. 1-220, parágrafo, item 211: "Como não pode ser constatado que a quantia do benefício fixada pela lei é evidentemente insuficiente, o legislador não está diretamente vinculado pela Constituição a fixar uma prestação mais elevada. Ele deve, entretanto, realizar um processo para investigação realista das necessidades dos beneficiários às prestações exigidas para a garantia de um mínimo existência digno em correspondência às mencionadas exigências constitucionais e cujo resultado possa estar embasado na lei como pretensão a uma prestação.".

71 Tribunal Constitucional Federal alemão, Acórdão do Primeiro Senado, j. 18/07/2012, - 1 BvL 10/10 -, Rn. 1-114.

fins de comparação, enquanto uma pessoa amparada pelo Código Social poderia receber quase € 130,00 mensais para despesas pessoais, uma imigrante receberia € 40,00 (itens 30 a 32 da decisão).

Foi declarada a inconstitucionalidade desses valores, em virtude de serem manifestamente insuficientes para fazer frente às exigências do direito ao mínimo existencial. Diferentemente do caso anterior, houve a declaração da inconstitucionalidade material da norma impugnada em juízo de evidência (*Eviidenzkontrolle*).

Apoiando-se em diversas passagens do julgado no caso *Hartz IV*, o Tribunal novamente deixou claro que o legislador tem discricionariedade para fixar o valor adequado, mas "a Constituição contém [...] dispositivos para o processo legislativo, que asseguram a transparência da decisão do legislador" (item 69 da decisão). Nesse sentido, caso deseje diferenciar pessoas em razão de suas situações individuais para fins de prestação de auxílio do mínimo existencial, é necessário fazer isso em "processo transparente fundado nas necessidades fáticas reais desse grupo" (item 73 da decisão). Enquanto não editada a nova lei, o Tribunal determinou a aplicação de diversas regras do Código Social para os imigrantes em situação de vulnerabilidade.

Esses julgados provocaram grande debate na doutrina alemã. Klaus Schlaich e Stephan Korioth, criticando a tentativa de expandir o controle judicial sobre argumentos do processo legislativo, afirmam que "o legislador não deve absolutamente nada além da lei" (SCHLAICH; KORIOTH, 2015, p. 378). Também não haveria uma definição se o reforçado dever de fundamentação legislativa está presente apenas em alguns casos de direitos fundamentais (como o direito ao mínimo existencial) ou em todos os demais casos (WALDHOFF, 2016, p. 134).

Em síntese das críticas doutrinárias formuladas a essas decisões, Jakob Nolte aponta que nelas: a) não haveria clareza sobre o parâmetro constitucional a ser utilizado; b) haveria uma forte restrição da discricionariedade legislativa por meio de uma pressuposição de linearidade do processo legislativo, que não existe na prática parlamentar; e c) seria pressuposta uma inexistente única vontade do "legislador" (NOLTE, 2013, pp. 251-252). Nesse sentido, há percepção de que a Corte, especialmente no caso *Hartz IV*, estabeleceu exigências muito rigorosas para o processo legislativo, ainda que em julgados posteriores tenham sido mantidos, em linhas gerais, os deveres de apresentação de razões transparentes durante o processo legislativo (MESSERSCHMIDT, 2016, p. 398).

Mais recentemente o Tribunal novamente declarou a inconstitucionalidade de uma lei com base na insuficiência dos argumentos apresentados durante o processo legislativo. Tratava-se da Lei Alemã de Modificação da Lei dos Partidos Políticos e outras Leis, de 10 de julho de 2018 (*Gesetzes zur Änderung des Parteiengesetzes und anderer Gesetze)*, que elevou os recursos públicos para financiamento dos partidos políticos em 15% por ano[72].

No caso, o Tribunal, citando como precedente o caso *Hartz IV*, apontou que a Lei Fundamental, mediante seu art. 21, § 1º ("Os partidos participam na formação da vontade do povo") cria um "mandamento de procedimentalização" (*Prozeduralisierungsgebot*) no sentido de que sejam apresentadas razões suficientes para a tomada de uma decisão legislativa sobre o financiamento dos partidos políticos à luz de sua posição constitucional na democracia alemã. Dessa forma, entendeu que não bastava ao Parlamento apresentar as justificativas necessárias para a tomada da decisão legislativa *a posteriori* já no curso do processo judicial: elas deveriam ter sido apresentadas durante a apreciação parlamentar da matéria[73].

Como já exposto acima, a Corte Constitucional da Colômbia apresenta linha jurisprudencial constante em que amplia o controle sobre o processo legislativo. Nesse sentido, há precedentes em que se examinaram as razões apresentadas pelo legislador para avaliar a constitucionalidade de uma norma.

Na decisão C-776/2003, foi questionado o art. 116 da Lei nº 788/2002, que ampliou o imposto sobre circulação de mercadorias (IVA) para diversos bens e serviços, inclusive itens da cesta básica. Embora a Corte não tenha identificado uma violação a qualquer regra regimental ou constitucional, foi constatada violação do princípio democrático e da representação política, pelo fato de a oneração dos itens da cesta básica ter sido feita por emenda oferecida diretamente em Plenário, sem maiores considerações sobre o impacto dessa medida nas famílias mais

72 Tribunal Constitucional Federal alemão, Acórdão do Segundo Senado, j. 24/01/2023, - 2 BvF 2/18.

73 Tribunal Constitucional Federal alemão, Acórdão do Segundo Senado, j. 24/01/2023, - 2 BvF 2/18, Rn. 131: "Uma justificativa rasa da decisão legislativa para elevação do limite absoluto do financiamento estatal dos partidos políticos não é suficiente. O desejado ganho de racionalidade decorrente da função de compensação da procedimentalização somente pode ser efetivamente alcançado quando as exigidas investigações de fato e ponderações ocorrerem no processo legislativo e forem correspondentemente documentadas. A procedimentalização dirige-se à construção da decisão e não à sua apresentação, ou seja, sua justificação retrospectiva."

pobres e sem a consideração de outras alternativas de redução da carga tributária para essas pessoas. Exigiu-se um "mínimo de deliberação", com a apresentação de argumentos consistentes pelos parlamentares, para que tais mudanças pudessem ter sido feitas[74].

Na C-38/2004, foi examinada a constitucionalidade de modificações à legislação trabalhista feita pela Lei nº 789/2002, que reduziram direitos dos trabalhadores em verdadeiro "retrocesso", nas palavras da Corte. Durante a tramitação legislativa, houve divergência entre os especialistas se as medidas iriam gerar mais empregos ou não. Neste caso, a Corte efetivamente avaliou os argumentos apresentados durante o processo legislativo no texto inicial da proposição e relatórios para realizar o controle de constitucionalidade das novas restrições a direitos trabalhistas, pontuando que, no caso de redução de direitos anteriormente concedidos, há um considerável ônus de justificação que deve ser atendido pelo legislador[75].

A Corte constatou que durante o processo legislativo em concreto foi inclusive realizado o teste de proporcionalidade das medidas propostas e que elas "não foram tomadas desavisadamente, mas que se embasaram em um estudo cuidadoso e que o Congresso analisou outras alternativas, mas considerou que não existiam outras medidas

74 Corte Constitucional da Colômbia, Acórdão C-776/03, j, 09/09/2003, item 4.5.0.

75 Corte Constitucional da Colômbia, Acórdão C-038/04, j. 27/01/2004, itens VII.22 e VII.27: "Isso significa que, como este Tribunal já havia indicado, um retrocesso deve ser presumido inconstitucional em princípio, mas pode ser justificável e, por isto, está sujeito a um controle judicial mais severo. Para que seja constitucional, as autoridades devem demonstrar que existem razões imperiosas que tornam esse retrocesso necessário no desenvolvimento de um direito social.
Isso significa que as autoridades políticas e em particular o Legislador devem justificar que essas diminuições na proteção alcançada em face dos direitos sociais, como o direito ao trabalho, foram cuidadosamente estudadas e justificadas e representam medidas adequadas e proporcionais para atingir um propósito constitucional de particular importância. [...]
Ora, a doutrina, com critérios que este Tribunal partilha, tem indicado que quanto mais insegura e contestada as premissas empíricas em que se baseia uma decisão do Legislador, menos intenso deve ser o controle constitucional da opção legislativa, uma vez que o juiz constitucional não possui conhecimentos seguros para questionar essa opção, justamente por se tratar de um campo polêmico e controvertido em termos de ciência e cultura. Entretanto, como se trata do exame de uma medida que diminui a proteção de um direito social, a Corte deve verificar mais rigorosamente que as medidas sejam proporcionais em relação aos objetivos perseguidos, ao cuidado com os próprios debates democráticos e aos sacrifícios eventualmente impostos aos trabalhadores."

igualmente eficazes que seriam menos lesivas no tocante à proteção do direito ao trabalho"[76]. Houve, portanto, uma avaliação concreta dos argumentos apresentados durante a tramitação legislativa para concluir que o legislador se utilizou de prognoses razoáveis - ainda que objeto de disputas acadêmicas -, de modo que se adotou postura deferente à decisão legislativa com a declaração da constitucionalidade da grande maior parte das normas impugnadas.

Um dos tribunais que mais tem atuado na revisão dos argumentos apresentados no processo legislativo é o Tribunal Europeu dos Direitos Humanos (TEDH). Nesse sentido, constata-se uma "virada procedimental" na jurisprudência da Corte em que há uma tendência maior de se atribuírem relevância ao processo de elaboração normativa e, também, de proteção judicial no direito doméstico (ARNARDÓRTTIR, 2017, pp. 10-11). Ganha destaque uma tendência na jurisprudência da Corte de avaliar a argumentação durante o processo legislativo para fins de realização do teste de proporcionalidade (OLIVER-LALANA, 2019, pp. 223-224), no que se considera um verdadeiro exemplo de revisão "semiprocedimental", no sentido acima destacado (POPELIER; HEYNING, 2017, p. 10).

Em um dos casos mais conhecidos, *Hirst v. United Kingdom* (2005), o Tribunal declarou a incompatibilidade da seção 3 da Lei de Representação do Povo do Reino Unido, de 1983 (*Representation of the People Act*), que estabelecia uma ampla vedação para o exercício do direito de voto por pessoas condenadas criminalmente, com a Convenção Europeia dos Direitos Humanos, em especial o art. 3º de seu Protocolo nº 1[77].

Inicialmente, a Corte reconheceu que os objetivos da legislação impugnada de diminuir a criminalidade e criar senso de responsabilidade cívica e respeito ao Estado de Direito podem ser legitimamente perseguidos por meio de restrições ao direito de voto das pessoas condenadas criminalmente, e os Estados-parte da Convenção Europeia de Direitos Humanos têm discricionariedade para estabelecer diferentes formas de restrição ao direito ao voto.

A Corte, entretanto, entendeu que a Lei impugnada era desproporcional em face do direito fundamental ao voto. Uma das razões para tan-

76 Corte Constitucional da Colômbia, C-38/2004, item VII.32.

77 Protocolo nº 1 à Convenção Europeia de Direitos Humanos: "Art. 3º: As Altas Partes Contratantes comprometem-se a realizar eleições livres em intervalos regulares por escrutínio secreto, sob condições que assegurarão a livre expressão da opinião do povo na escolha da legislatura".

to foi a falta de um "debate substantivo" pelo Parlamento do Reino Unido das situações específicas que poderiam justificar tal restrição, não sendo possível, neste caso, uma vedação ampla (*blanket ban*) que trate igualmente todas as pessoas condenadas, independentemente da gravidade do crime cometido e de outras circunstâncias pessoais[78].

Em outro caso de grande repercussão, *Animal Defenders* (2013)[79], uma entidade do terceiro setor desejava veicular uma propaganda na televisão contrária à utilização de primatas em comerciais. Tal anúncio, entretanto, foi proibido com base em lei do Reino Unido (*Communications Act* de 2003), que proibia propaganda de cunho político no rádio e televisão fora do período eleitoral.

O TEDH examinou a proporcionalidade da medida restritiva em face do art. 10 Convenção Europeia dos Direitos Humanos, que prevê o direito à liberdade de expressão. Para tanto, a Corte fez ampla análise do processo legislativo que culminou na aprovação da *Communications Act,* de 2003, tendo analisado detalhadamente os relatórios, as consultas públicas e os estudos apresentados para apresentação do projeto de lei, bem como os pareceres e debates parlamentares (itens 37 a 55 da decisão). Com apoio no amplo material legislativo, processos judiciais sobre o tema no Reino Unido e suas

78 Tribunal Europeu dos Direitos Humanos, Caso *Hirst v. United Kingdom,* Recurso 74.025, j. 6/10/2005, item 79: "Quanto ao peso a ser atribuído à posição adotada pelo legislador e judiciário no Reino Unido, não há evidências de que o Parlamento já tenha procurado ponderar os interesses conflitantes ou avaliar a proporcionalidade de uma proibição geral do direito de um condenado prisioneiro para votar. É verdade que a questão foi considerada pela Conferência de Palestrantes sobre Direito Eleitoral multipartidária em 1968, que recomendou unanimemente que um prisioneiro condenado não deveria ter direito a voto. Também é verdade que o grupo de trabalho, que recomendou a alteração da lei para permitir que prisioneiros não condenados votassem, registrou que sucessivos governos consideraram que prisioneiros condenados perderam a autoridade moral de votar e, portanto, não defendeu uma mudança na legislação. Pode dizer-se que, ao votar da forma como o fizeram para isentar prisioneiros não condenados da restrição de voto, o Parlamento afirmou implicitamente a necessidade de continuar a restringir o direito de voto de prisioneiros condenados. No entanto, não se pode dizer que houve qualquer debate substantivo por membros da legislatura sobre a continuidade da justificativa à luz da política criminal moderna e dos padrões atuais de direitos humanos para manter essa restrição geral ao direito dos condenados de votar."

79 Tribunal Europeu dos Direitos Humanos, Caso *Animal Defenders International v. The United Kingdom,* Recurso 48.876/06, j. 22/04/2013.

próprias razões substantivas, a Corte declarou a compatibilidade da lei questionada com a Convenção[80].

Essa decisão aponta para uma tendência de deferência da Corte ao Parlamento nacional, tendo em vista a qualidade da deliberação feita a respeito da restrição a direitos fundamentais. Não se trata de uma deferência completa, até pelo fato de a Corte ter, na sequência da decisão, adentrado nos aspectos materiais de constitucionalidade do ato (ARNARDÓRTTIR, 2017, p. 32). Para além da questão da argumentação legislativa, em alguns casos, a Corte pontuou que a participação social mediante consultas populares e consultas públicas também são fatores relevantes para exame da qualidade da deliberação nacional a respeito da medida questionada[81].

A despeito dessas decisões, há crítica de que o TEDH ainda não desenvolveu um modelo de avaliação dos argumentos apresentados no processo legislativo claro o suficiente para guiar suas próprias decisões. Levanta-se a hipótese de que, na prática, a Corte faça uma avaliação de caráter deferente e procedimental sobre a legislação de países de tradição democrática mais sólida (como o Reino Unido) em comparação com uma avaliação substantiva mais intensa para os demais países (POPELIER; HEYNING, 2017, p. 7).

80 Tribunal Europeu dos Direitos Humanos, Caso *Animal Defenders*: "108. Resulta desta jurisprudência que, para determinar a proporcionalidade de uma medida geral, o Tribunal de Justiça deve, em primeiro lugar, apreciar as opções legislativas que lhe estão subjacentes [...]. A qualidade do controle parlamentar e judicial da necessidade da medida reveste-se de particular importância a este respeito, até mesmo para a definição da margem de apreciação pertinente. [...]
114. [...]. A proibição foi, portanto, o culminar de um exame excepcional por órgãos parlamentares dos aspectos culturais, políticos e jurídicos da proibição como parte do sistema regulatório mais amplo que rege a expressão de interesse público transmitido no Reino Unido e todos os órgãos consideraram a proibição como uma interferência necessária com os direitos do artigo 10".

81 Em caso sobre o direito de os casais decidirem sobre a utilização ou não de embriões fecundados *in vitro*, a Corte expressamente examinou as razões apresentadas para apresentação do projeto da lei questionada e considerou "relevante que [a lei questionada] foi a culminância de um excepcional exame detalhado das implicações sociais, éticas e jurídicas dos desenvolvimentos no campo da fertilização humana e embriologia e fruto de muita reflexão, consultas públicas e debate", cf. Tribunal Europeu dos Direitos Humanos, Caso *Evans v. The United Kingdom*, Recurso 6.339/05, j. 10/04/2007, item 86. Em relação à importância dos referendos como instrumento de amplo debate público e manifestação da opinião majoritária, *A, B, and C v. Ireland*, Recurso 25.579/09), j. 16/12/2010, item 225.

Por fim, uma última experiência que tem se destacado é a do Tribunal de Justiça da União Europeia (TJ/UE). Como afirma Koen Lenaerts, Presidente da Corte, há uma tendência recente de ela adotar um "controle processual estrito" das normas comunitárias a fim de avaliar o seu modo de produção e não as escolhas substantivas feitas pelos órgãos políticos (LENAERTS, 2012, p. 4).[82] Nessa linha, a Corte tem utilizado o teste de proporcionalidade de modo a levar em consideração elementos procedimentais do processo de edição da norma questionada (BAR-SIMAN-TOV, 2012, p. 274). Mencionam-se dois exemplos dessa tendência.

No caso *Spain v. Council* (2006), a Corte declarou a violação ao direito comunitário por parte de um ato legislativo que reduziu para menos da metade os subsídios oferecidos para produtores de algodão, sem que os impactos econômicos e sociais dessa medida tivessem sido avaliados no momento de sua edição. Na visão da Corte, justamente pelo fato de haver maior discricionariedade do legislador em definir objetivos econômicos e as consequentes medidas, deveria ser realizada uma avaliação durante o processo legislativo de todos os fatores relevantes para a tomada de decisão, especialmente os pressupostos fáticos e resultados esperados a partir dela[83].

Outro caso que exemplifica essa tendência é o caso *Vodafone* (2010)[84] (GESTEL; POORTER, 2016, pp. 169-170). Nesse caso, quatro grandes operadoras de telefonia celular questionavam dispositivos do Regulamento nº 717/2007, do Parlamento Europeu e do Conselho, que estabeleceram valores máximos de cobrança de diversos serviços de *roaming* internacional entre os países do Bloco (chamada de "eurotarifa"). Entre as alegações

82 Vale lembrar que, nos termos do art. 289 do Tratado sobre o Funcionamento da União Europeia, são atos legislativos os regulamentos, as diretivas e decisões do Parlamento Europeu e do Conselho, propostos pela Comissão.

83 Tribunal de Justiça da União Europeia, Caso *Kingdom of Spain v Council of the European Union*, C-310/04, j. 07/09/2006, itens 122-123: "No entanto, mesmo que tal controle judicial seja de escopo limitado, ele exige que as instituições comunitárias que adoptaram o ato em questão devem poder mostrar perante o Tribunal que, ao adotar o ato, efetivamente exerceram sua discricionariedade, que pressupõe a consideração de todos os fatores e circunstâncias da situação que o ato pretendia regular. Segue-se que as instituições devem, pelo menos, ser capazes de produzir e definir de forma clara e inequivocamente os fatos básicos que deveriam ser levados em consideração como base das medidas do ato contestado e sobre os quais o exercício do seu poder discricionário dependia."

84 Tribunal de Justiça da União Europeia, Caso *Vodafone Ltd and Others v Secretary of State for Business, Enterprise and Regulatory Reform*, C-58/08, j. 08/06/2010.

feitas, argumentava-se que a fixação de preços máximos sobre o valor cobrado do consumidor final seria desproporcional em face da liberdade de iniciativa das operadoras de competirem por esse mercado.

Ao realizar o teste de proporcionalidade, a Corte, pela primeira vez em sua jurisprudência, expressamente fez referência em diversas passagens à Avaliação de Impacto Regulatório feita antes da apresentação do respectivo projeto de regulamento (LENAERTS, 2012, p. 8).

Na AIR, foi constatado que a fixação de limites de preço para serviços cobrados diretamente do usuário final era adequada e necessária para a finalidade de proteção dos consumidores, sendo também avaliadas outras possíveis medidas alternativas (como a limitação dos valores cobrados entre as operadoras internacionais), mas que provavelmente não atingiriam o mesmo nível de proteção desejado. Por essa razão, a Corte entendeu que em questões de regulação econômica e social, o legislador comunitário é titular de ampla discricionariedade para, após avaliar diversas das opções disponíveis, adotar a que lhe parece mais adequada para a finalidade que escolheu. Desde que exista justificação suficiente durante o processo legislativo, considera-se satisfeito o exame da necessidade do teste de proporcionalidade.[85]

Ainda que apontem para uma tendência de se atribuir maior relevância jurídica ao exame dos argumentos apresentados no curso do processo legislativo, os julgados acima ainda não consolidaram uma linha jurisprudencial sólida do Tribunal de Justiça da União Europeia de realização de um claro exame procedimental da elaboração normativa, havendo ainda dúvidas de como a Corte desenvolverá essa modalidade de controle (GESTEL; POORTER, 2016, p. 168). Também é reconhecido que a Corte não diferencia claramente o grau de controle exercido sobre o processo de elaboração normativa conforme a natureza legislativa ou administrativa do ato questionado, o que pode gerar distorções em termos de separação de poderes, como já exposto acima (ROSE ACKERMAN; EGIDY; FOWKES, 2015, p. 249). Por fim, há uma característica especial da legislação da União Europeia tendo em vista que a fonte de sua autoridade é derivada de tratados internacionais celebrados pelos Estados-membro, de modo que, em alguma medida, toda legislação comunitária é uma delegação dos Estados nacionais e, portanto, pode ser objeto de controle mais intenso, inclusive do ponto de vista procedimental (WALDHOFF, 2016, pp. 143-144).

85 Tribunal de Justiça da União Europeia, Caso *Vodafone*, itens 53 e 68 do Acórdão.

Diante dos elementos expostos, quais são as conclusões que podem ser obtidas sobre o controle judicial de constitucionalidade em que se avaliam os argumentos apresentados durante o processo legislativo nesse modelo "semiprocedimental"?

Em primeiro lugar, não se pode endossar afirmações peremptórias de que os argumentos apresentados durante a tramitação legislativa são irrelevantes para o exame de constitucionalidade das leis[86]. Como visto e reforçado pelos julgados acima, a apresentação de argumentos públicos no processo de justificação da tomada de decisão legislativa não é mera faculdade, mas uma exigência que decorre do princípio da deliberação do devido processo legislativo.

Naturalmente as decisões acima retratadas não investigaram quais foram as razões subjetivas e internas que levaram os legisladores a votar em determinado sentido. Avaliar os argumentos apresentados durante o processo legislativo é examinar as razões publicizadas nesse processo, independentemente das reais motivações internas individuais de cada parlamentar[87]. Cabe retomar as advertências de Dworkin de que, ao se analisar o histórico legislativo de uma lei, não se trata de "estabelecer um acesso direto à mente de uma pessoa morta ou à fenomenologia de uma pessoa", mas de compreender os discursos e o comportamento dos legisladores sob a melhor luz para que se possa compreender seu significado de ação política – tarefa mais complexa de extrair significado dos

86 Em sentido contrário, mencionam-se as advertências de Lúcio Bittencourt – amparado na jurisprudência da Suprema Corte dos EUA de até então e antecipando as críticas de Klaus Schlaich acima mencionadas – de que "A validade ou eficácia de uma lei, em face da Constituição, não depende, nem pode depender, de modo algum, dos motivos ou considerações que levaram a legislatura a elaborá-la" e, citando Henry Black, de que "qualquer investigação sobre os motivos operando nas mentes dos legisladores, na votação de uma medida, é inteiramente impertinente" (BITTENCOURT, 1968, p. 121).

87 Aqui pode ser adaptada a distinção entre "contexto da descoberta" e "contexto da justificação", apresentada por Manuel Atienza, aplicada a argumentação jurídica para o processo legislativo (ATIENZA, 2006, pp. 20-23). A avaliação dos argumentos apresentados durante o processo legislativo deve ser feita em "contexto de justificação" para compreender como as razões públicas oferecidas podem satisfazer as exigências de deliberação e publicidade da produção legislativa e não em "contexto da descoberta", em que se objetiva identificar razões psicológicas que motivaram o comportamento de cada parlamentar. Nesse sentido, ao avaliar criticamente a produção de Oliver-Lalana sobre avaliação da argumentação legislativa, Roberta Simões Nascimento é categórica: "o que importa é o que conta como razão pública" (NASCIMENTO, 2019, p. 169).

documentos legislativos para além de sua literalidade (DWORKIN, 2006, pp. 127-128).

Reitera-se que o exame dos argumentos apresentados no curso do processo legislativo não deve ser feito de modo isolado por determinados documentos ou centrado em atores específicos, devendo ser rejeitada qualquer tentativa de antropomorfização do "legislador", como um sujeito individual dotado de uma razão única capaz de justificar as decisões que adota. Nesse sentido, deve ser retomada a ideia de "racionalidade limitada" no processo legislativo, como atividade coletiva de tomada de decisão no qual participam centenas de pessoas com informações e recursos finitos, como apresentado no Capítulo 4.

Em segundo lugar, não há um modelo dogmático sólido ou acabado a respeito dos critérios a serem utilizados para o controle judicial dos argumentos apresentados durante a elaboração legislativa na jurisprudência dos tribunais examinados. Embora exista uma crescente atribuição de importância e utilização do material legislativo em que se registram os argumentos e etapas do processo legislativo para fins de avaliação da constitucionalidade ou convencionalidade da legislação resultante, há, na verdade, decisões que avaliam os argumentos legislativos para duas finalidades distintas: uma para avaliar a presença de eventual vício de inconstitucionalidade formal; outra, para avaliar possível vício de inconstitucionalidade material.

No primeiro caso, estão as decisões *Hartz IV* e da Lei de Financiamento dos Partidos Políticos do Tribunal Constitucional Federal alemão, a decisão do Tribunal Constitucional da Colômbia sobre a elevação de tributos sobre cesta básica, o caso *Spain v. Council* do Tribunal de Justiça da União Europeia e as decisões da Suprema Corte dos EUA nos casos de federalismo supramencionados. Nessas decisões, houve a identificação de inconstitucionalidade ou inconvencionalidade formal das normas questionadas pelo fato de o legislador não ter apresentado justificação suficiente sobre as premissas empíricas utilizadas para avaliar as possíveis repercussões da decisão adotada. Aqui se entendeu existirem deveres de consideração e fundamentação no processo legislativo que, dependendo dos direitos fundamentais e outros princípios constitucionais incidentes no caso, podem levar à inconstitucionalidade da respectiva lei.

Com base nessas decisões acima mencionadas, devem ser avaliadas diversas circunstâncias durante o processo legislativo para identificar se uma eventual argumentação considerada insuficiente ganha força argumentativa necessária para que se entenda que determinada norma legislativa é formalmente inconstitucional. Dentre essas circunstâncias, estão a relevância dos direitos fundamentais e demais princípios em jogo, o grau de restrição perpetrado pela medida avaliada, a urgência para exame da matéria, a participação social durante a fase de preparação do projeto e já na fase de tramitação legislativa, eventuais discussões existentes em matérias semelhantes, entre outros.

Não se trata de entender que a argumentação simplificada durante o processo legislativo leva necessariamente a uma inconstitucionalidade formal, mas que esse fato é relevante para fins da avaliação do respeito ao princípio da deliberação do devido processo legislativo. Nesse sentido, "em uma palavra, nem uma justificação pobre ou inexistente invalidaria *per se* uma medida legislativa" (OLIVER-LALANA, 2013, p. 179) No mesmo sentido, Luc Wintgens também entende que outras circunstâncias devem ser levadas em consideração no momento de avaliação dos argumentos apresentados no processo legislativo, de modo que, por exemplo, legislações em situação de comprovada urgência podem ser editadas mesmo em caso de menor profundidade dos argumentos de natureza empírica ou normativa (WINTGENS, 2012, p. 307). Essa avaliação, na prática, aproxima-se da avaliação do processo legislativo "como um todo", como visto acima.

Já a investigação dos argumentos produzidos no processo legislativo para fins de controle material de constitucionalidade está presente na ADO 22 do STF, sobre restrição de publicidade para bebidas alcoólicas, nas decisões *Hirst v. UK* do TEDH, sobre o direito de voto por pessoas condenadas criminalmente, *Vodafone,* do TJ/UE, sobre proteção ao consumidor em chamadas internacionais de telefonia celular, e a C-38/2004, sobre a redução de direitos trabalhistas do Tribunal Constitucional da Colômbia.

Nesses julgados, os argumentos apresentados durante a tramitação legislativa foram considerados relevantes para identificação de possíveis vícios de inconstitucionalidade material, implicando maior ou menor deferência nessa avaliação. Quanto mais profundas forem as razões apresentadas durante a tramitação legislativa e a consideração de possíveis alternativas e impactos sobre os direitos fundamentais, maior deverá ser a deferência do Poder Judiciário a elas. Em outras palavras, para afastar as razões oferecidas pelo legislador e adotar outras, haverá um elevado ônus argumentativo que deverá ser considerado no momento da decisão, combinando elementos procedimentais para o exame de constitucionalidade material, ou seja, justamente o exame "semiprocedimental" supramencionado.

Não é nova a discussão sobre o grau de deferência necessário das cortes constitucionais perante as decisões legislativas. Especialmente nos casos de alta complexidade fática ou desacordo moral relevante, há uma percepção de que deve haver maior deferência, ou seja, aceitação das escolhas feitas no âmbito dos poderes políticos.

A novidade aqui proposta pelo modelo de controle de constitucionalidade "semiprocedimental" é que este grau de deferência não é um elemento fixo, mas varia conforme a profundidade dos argumentos produzidos durante a etapa de elaboração normativa. Em outras palavras, o grau de deferência do Poder Judiciário em face das opções adotadas pelo legislador, portanto, não é uma medida fixa que decorre de modo rígido da separação de Poderes ou mesmo dos direitos fundamentais e demais princípios em jogo, mas ela varia, em especial, conforme as razões apresentadas durante a tramitação legislativa (NAVOT, 2006, p. 237; OLIVER-LALANA, 2019, pp. 233-237). Quanto mais profundos forem os argumentos fáticos e jurídicos apresentados durante a tramitação legislativa, maior deverá ser a deferência a essas razões no momento de controle judicial da medida legislativa, ou seja, maior será o ônus argumentativo para que essas razões sejam afastadas por decisão judicial.

Considerando-se as propostas do presente trabalho para compreensão dos princípios do devido processo legislativo e relembrando-se que a produção legislativa de normas está inserida em um contexto de fluxo de comunicação pública em ambiente institucionalizado, não somente a profundidade dos argumentos apresentados durante a tramitação legislativa, mas também os demais elementos exigidos pelos princípios do devido processo legislativo devem ser avaliados para fins de deferência ao legislador em pressupostos fáticos e avaliações normativas.

Em outras palavras, deverá haver mais deferência judicial em face das opções adotadas na legislação quanto mais o processo legislativo em concreto for realizado em ambiente igualitário entre os parlamentares, em que as diferentes posições sobre uma proposição são levadas em consideração pela maioria, com ampla divulgação e com prazos razoáveis para permitir a participação social dos interessados, com argumentos profundos sobre a realidade que se deseja alterar e consideração dos impactos de diversas ordens a serem produzidas pela proposta, especialmente sobre os direitos fundamentais por ela, de um lado, fomentados e, de outro lado, restringidos. Além disso, como já exposto sobre o princípio da deliberação, deve ser relembrado que o discurso legislativo é marcado por argumentos políticos, ideológicos, narrativas pessoais, entre outros, de modo que não se deve exigir uma argumentação de natureza eminentemente técnica ou jurídico-judicial.

Essa postura de considerar os argumentos apresentados durante a tramitação legislativa como relevantes – porém não absolutamente decisivos – para o controle judicial do devido processo legislativo permite afastar as três linhas de críticas gerais acima mencionadas. É verdade que poderá haver casos-limite em que a falta de justificação suficiente somada a outros fatores poderá levar à inconstitucionalidade formal de uma norma no modelo de avaliação do processo legislativo "como um todo", porém, a proposta aqui defendida também atribui maior deferência às decisões legislativas, caso em concreto respeitem os princípios do devido processo legislativo com a apresentação pública de argumentos sólidos para a tomada de decisão. Além disso, como já exposto, não se deve exigir no processo legislativo a produção de argumentos da mesma natureza dos processos judiciais ou administrativos, mas admitir um discurso mais aberto e contestável do ponto de vista moral e empírico, o que repele um pretenso exame estritamente técnico de argumentos políticos por natureza.

Aqui fica clara a interseção do presente modelo com a utilização do exame de proporcionalidade. Como base na jurisprudência da Corte Constitucional da Colômbia, do TJ/EU e TEDH acima exposta, há autores que identificam uma possibilidade de transformação do teste de proporcionalidade substantivo, em que as cortes reexaminam em profundidade as escolhas feitas pelo legislador, em uma "proporcionalidade procedimental", em que se avaliam os argumentos apresentados durante a tramitação legislativa (LENAERTS, 2012, p. 8; POPELIER, 2012, pp. 259-260).

Em sentido semelhante, Alexy entende que o exame de proporcionalidade não determina um único e exclusivo resultado no conflito de princípios em determinada situação, mas é instrumento de controle dos limites da discricionariedade do legislador para definir os objetivos a serem perseguidos, os meios para atingi-los e a relação entre eles (ALEXY, 2017, p. 587-611). No mesmo sentido, aponta-se que o princípio da proporcionalidade é, na verdade, um teste de "racionalidade" do processo legislativo (SIECKMANN, 2013, p. 109). Canotilho (2001, p. 274) também alertava que o exame de proporcionalidade objetiva "situar constitucionalmente o espaço de prognose legislativa".

Há autores que defendem que o teste da proporcionalidade deve ser incorporado aos argumentos apresentados durante o processo legislativo. Como visto acima, Ana Paula de Barcellos, ao defender a existência de um direito fundamental difuso à devida elaboração normativa, afirma ser "natural e esperado que haja alguma articulação explícita" dos três testes de proporcionalidade no momento de elaboração da norma (BARCELLOS, 2016, pp. 117-118). Em sentido semelhante, Jan

Sieckemann defende que o legislador é o principal destinatário das normas constitucionais e, idealmente, deveria agir de modo racional ponderando os princípios relevantes em raciocínio semelhante à proporcionalidade (SIECKMANN, 2013, pp. 109-113).

Concorda-se com os autores que, idealmente, como decorrência do princípio da deliberação do devido processo legislativo, seria desejável que durante o processo legislativo fosse realizado e articulado o teste de proporcionalidade. Com isso, a opção legislativa em discussão terá sua constitucionalidade material avaliada à luz dos princípios constitucionais relevantes, em claro exemplo de controle de constitucionalidade preventivo realizado pelo Poder Legislativo.

Não obstante, isso não significa entender que um ato legislativo seria formalmente inconstitucional caso não fosse expressamente realizado o exame de proporcionalidade na argumentação legislativa durante sua tramitação no Parlamento.

A proporcionalidade, como ressaltado por Alexy, é uma ferramenta conceitual utilizada para o controle judicial dos limites da discricionariedade legislativa, não produzindo ela, em si mesma, a definição de quais medidas legislativas devem ser adotadas nos casos de conflito entre princípios. Entre as diversas possibilidades de solução desse conflito em casos de incerteza normativa ou epistêmica, o legislador tem ampla discricionariedade para definir a que lhe parecer mais adequada, diante das informações disponíveis (ALEXY, 2017, p. 612-627). A proporcionalidade, portanto, não é o raciocínio por meio do qual a decisão legislativa é tomada, mas o instrumento pelo qual é ela controlada.

Nesse sentido, a utilização da proporcionalidade no processo legislativo poderia ser, no máximo, um instrumento de controle preventivo de constitucionalidade utilizado pelo Parlamento. Embora sua utilização possa evitar, em alguns casos, a adoção de medidas legislativas inconstitucionais, apesar de desejável à luz do princípio da deliberação do devido processo legislativo, não é obrigatória, assim como todos os demais exames de constitucionalidade formal e material.

Entender que o teste de proporcionalidade seria uma etapa obrigatória do processo legislativo, sob pena de inconstitucionalidade formal, é rejeitar a riqueza da argumentação legislativa, que não se assemelha ao discurso do controle judicial das leis. Como visto, até mesmo discursos ideológicos, politicamente contestáveis, barganhas e negociação são discursos e processos de tomada de decisão legítimos na elaboração legislativa. Entender que todo esse conjunto de comunicações deveria ser obrigatoriamente formalizado em um teste de proporcionalidade acaba por confundir as diferentes modalidades de discursos admitidos no processo legislativo, em última análise, reduzindo seu potencial democrático.

Retomando a análise da utilização do exame da proporcionalidade em sentido procedimental, Ittai Bar-Siman-Tov defende um modelo de controle judicial de constitucionalidade em que as etapas da adequação e da necessidade da proporcionalidade continuariam a ser feitas de modo "substantivo", ou seja, com as cortes investigando profundamente os fatos e as prognoses feitos durante o processo legislativo, pois seriam questões aferíveis de modo mais objetivo. Já a etapa da ponderação (também conhecida como proporcionalidade em sentido estrito) deveria ser substituída por um exame da qualidade do processo legislativo, em que seriam avaliados seus aspectos procedimentais, sem a corte realizar a ponderação substantiva entre os princípios em jogo. Segundo o autor, haveria as vantagens de suprimir a etapa mais controversa do exame da proporcionalidade, ao mesmo tempo que novas proteções procedimentais seriam acrescentadas aos princípios constitucionais relevantes (BAR-SIMAN-TOV, 2012, pp. 294-295).

Embora a proposta seja interessante, ela é demasiadamente rígida, uma vez que a avaliação de elementos procedimentais pode estar presente também nas etapas de adequação e necessidade, como parte da discricionariedade estrutural e epistêmica do legislador. Como já visto, o legislador tem discricionariedade para definir quais objetivos serão perseguidos e quais meios utilizados para tanto, de modo que nessas duas etapas do exame de proporcionalidade também deve haver deferência a essas escolhas conforme o grau de concretização das exigências do devido processo legislativo.

Nesse sentido, um possível modelo de incorporação de avaliação dos argumentos e demais elementos presentes durante o processo legislativo ao exame de proporcionalidade deve admitir que as etapas da adequação, necessidade e ponderação estão abertas à "procedimentalização", no sentido de investigarem-se os elementos concretos do processo legislativo – e sua conformidade às exigências do devido processo legislativo – para definição do grau de deferência em relação às escolhas feitas por meio da medida legislativa avaliada. Essa postura flexível pode variar conforme os direitos fundamentais em jogo, o grau de incerteza sobre as premissas fáticas e as prognoses realizadas, entre outros (MESSERSCHMIDT, 2016, pp. 396-397). De todo modo, trata-se de modelo a ser objeto de investigações específicas e a que se faz referência para contribuição ao debate.

Por fim, o controle dos argumentos apresentados durante o processo legislativo e sua incorporação ao exame de proporcionalidade dialoga diretamente com a temática da revisão dos fatos e as prognoses do legislador no momento do controle judicial de constitucionalidade.

Como ressalta Gilmar Ferreira Mendes em trabalhos acadêmicos sobre o tema, em diversos julgados do Tribunal Constitucional Federal alemão e também em decisões do STF, foi realizada a reavaliação judicial dos fatos e das prognoses pressupostos no processo legislativo como base para tomada de decisão.

Isso seria decorrente da insuficiência da simples comparação de textos normativos para fins de controle de constitucionalidade, sendo missão da justiça constitucional avaliar em profundidade as decisões legislativas, com base em parâmetros racionais para a revisão judicial de fatos e prognoses muitas vezes assumidas de modo "intuitivo" pelo legislador. Na visão do autor, a revisão judicial de fatos e prognoses legislativos "é um controle de resultado (*Ergebniskontrolle*) e não um controle de processo (*Verfahrenskonstrolle*)" e que "não se cuida, no juízo de constitucionalidade, de examinar *como* o legislador examinou os fatos legislativos, mas o *que*, efetivamente, ele constatou." (MENDES, 2000, p. 11).

No "controle de resultado" dos fatos e das prognoses legislativos, há uma investigação dos pressupostos adotados pelo legislador por meio de informações produzidas ou obtidas pela Corte de modo independente do processo legislativo, ou seja, por meio da argumentação das partes em juízo, consulta direta a *experts*, participação de *amici curiae*, consulta a trabalhos acadêmicos, entre outros. Nesse modelo, as informações produzidas no processo legislativo quanto a fatos e prognoses são apenas uma das diversas fontes de informação utilizadas pela Corte para fazer seu juízo de constitucionalidade, ou seja, os fatos e as prognoses legislativos são avaliados para auxiliar a tomada de decisão da Corte, assim como as demais fontes de informação (BAR-SIMAN-TOV, 2016, p. 121).

No "controle de processo" de fatos e prognoses legislativos, por sua vez, a finalidade da investigação ultrapassa a mera função informativa da Corte. Há atribuição de relevância jurídica ao modo pelo qual os legisladores lidaram com a complexidade fática e normativa inerente à tomada das decisões legislativas. Aqui a atividade realizada durante o processo legislativo de avaliação de fatos e prognoses torna-se relevante para fins de controle de constitucionalidade (BAR-SIMAN-TOV, 2016, p. 125).

A esta altura, fica evidente que este segundo sentido de revisão de fatos e prognoses legislativos é justamente o "controle semiprocedimental" da legislação aqui investigado, em que os argumentos produzidos durante o processo legislativo se revestem de relevância jurídica para além de sua função meramente informacional. Isso leva, então, à possibilidade do desenvolvimento do controle de fatos e prognoses legislativos com base no modelo de "controle do processo" para que efetivamente exista maior ou menor deferência ao legislador, conforme a aderência do processo legislativo em concreto às às exigências do devido processo legislativo, como já exposto.

Diante disso, a conclusão a que se chega é que, no momento de revisão judicial dos argumentos apresentados durante a tramitação legislativa, inclusive daqueles que dizem respeito aos fatos e às prognoses, o grau de deferência em face da decisão do Poder Legislativo depende da profundidade dos argumentos apresentados e da concretização das demais exigências do devido processo legislativo.

Uma apreciação legislativa superficial, que não se utilize dos dados existentes e não dialogue com possíveis interpretações contrárias da realidade e das previsões dos possíveis impactos da medida a ser tomada, em procedimento sem maiores possibilidades de participação social formalizada e em tempo muito curto, abrirá maior margem para o Poder Judiciário investigar, por sua conta própria, a correção desses pressupostos legislativos para fins de controle de constitucionalidade. De outro lado, quanto maior a concretização das princípios do devido processo legislativo, com profundos argumentos e debates no processo legislativo a respeito dos pressupostos fáticos e estimativas de impacto com a medida a ser adotada, diálogo com posições das minorias parlamentares e decorrentes de participação social, mais deferente deverá ser o controle de constitucionalidade sobre esses pressupostos, de modo que se elevará o ônus argumentativo para que a decisão legislativa seja considerada inconstitucional.

Naturalmente, a norma jurídica materialmente incompatível com a Constituição Federal deverá ser declarada inconstitucional, independentemente do grau de concretização dos princípios do devido processo legislativo e da profundidade dos argumentos apresentados durante a deliberação a seu respeito. A proposta aqui é que, em casos de maior incerteza epistêmica e normativa, exista uma deferência variável à norma de origem legislativa, conforme seu processo de elaboração. De um lado, ganha renovada importância o processo democrático e discursivamente aberto de tomada da decisão legislativa e, de outro lado, permite-se maior profundidade de investigação judicial de seus fatos e prognoses para fins de controle de constitucionalidade, no caso de seu processo de elaboração ficar substancialmente aquém do exigido pelos princípios do devido processo legislativo.

8

CONCLUSÃO

O presente trabalho investigou o significado jurídico da ideia de devido processo legislativo, bem como avaliou as normas e a prática do Congresso Nacional na elaboração das leis ordinárias e as possibilidades de sua utilização no controle judicial de constitucionalidade das leis.

A título de conclusão do trabalho retomam-se as conclusões parciais dos capítulos e, ao final, apontam-se novas questões e agendas de pesquisa possíveis.

No Capítulo 2, foi identificado que os Parlamentos ocupam posição central nas democracias contemporâneas em relação à produção normativa. Com base no conceito de representação em sentido substantivo, foi visto que ela é uma prática social que estrutura o processo coletivo de identificação de questões relevantes, formação de preferências e tomada de decisão. Não há uma vontade preexistente do "povo" independente do processo político e do processo legislativo. De modo diverso, a representação política é o vínculo que une representantes e representados em uma prática social que ultrapassa em muito o momento eleitoral. Tomando-se por base uma visão deliberativa das democracias contemporâneas, a representação política é vista como um vínculo permanente mediante o qual argumentos, discursos e narrativas se entrecruzam para a tomada de decisão no ambiente público do processo legislativo.

Paralelamente à transformação do vínculo de representação política, houve uma profunda modificação do processo legislativo "clássico", entendido como processo de elaboração de normas com base em consensos e debates sobre questões de justiça e moral supostamente fundados em uma razão abstrata que seria decorrente da natureza humana. Com o surgimento da função de governo para implementação de políticas públicas, a lei deixa de ser vista como produto de uma razão objetiva para ser compreendida como fruto de diferentes visões de mundo e com caráter notadamente instrumental sobre questões de justiça distributiva. Com isso, há necessidade de se compreender a realidade empírica do processo legislativo contemporâneo, em que o Poder Executivo exerce uma influência decisiva na agenda e nas decisões parlamentares.

Em face das transformações pelas quais passou o vínculo de representação política e o papel da lei na sociedade, surge a necessidade de se repensarem as bases do desenho institucional do processo legislativo, entendido como o lócus institucionalizado por excelência para entrecruzamento de fluxos comunicacionais dispersos na sociedade para identificação de problemas e alternativas para decisão coletiva. Ainda que não se trate de supor que as normas jurídicas condicionam em absoluto o comportamento dos parlamentares, elas são fortes vetores de influência e, portanto, devem ser compreendidas à luz das circunstâncias acima identificadas, que marcam as atuais democracias representativo-deliberativas.

No Capítulo 3, foi visto que a teoria do direito ainda carece de maior reflexão sobre as bases normativas do processo legislativo. Com base no caráter representativo-deliberativo da democracia brasileira nos marcos da Constituição Federal de 1988, foi afastada a ideia de que o principal fundamento normativo do processo legislativo seria a regra da maioria, pois essa visão seria fundada em uma visão reduzida da experiência democrática. Também foi apontada a insuficiência apenas da utilização das categorias da teoria geral do processo – fortemente influenciadas pela teoria do processo judicial – como pontos de partida para compreender a complexidade das normas que regem o processo legislativo.

Abordou-se, na sequência, que a jurisprudência do STF tem compreendido a ideia de devido processo legislativo como uma projeção do devido processo legal que articula um conjunto de normas jurídicas que rege a produção legislativa do direito, apresentando três dimensões de eficácia jurídica.

A primeira delas, denominada de regulatório-individual, aponta para um direito subjetivo dos parlamentares ao cumprimento das regras constitucionais do processo legislativo. A segunda, dimensão regulatório-difusa, reconhece no devido processo legislativo o direito difuso de toda pessoa de não sofrer alterações em sua esfera jurídica se não com base em norma produzida conforme as regras constitucionais do processo legislativo. Já em sua terceira dimensão, aqui denominado de principiológica, o devido processo legislativo abarca princípios constitucionais que condicionam o exercício do poder político e estabelecem estados ideais de coisas para que o processo legislativo seja institucionalizado mediante regras e praticado de modo a reforçar os laços de representação política na democracia brasileira. É justamente o exame desta terceira dimensão do devido processo legislativo o cerne do presente trabalho.

No Capítulo 4, foram examinados os cinco princípios estruturantes do devido processo legislativo. O princípio da igualdade exige que as decisões substantivas sejam tomadas por meio da regra da maioria e, na medida do possível, sejam concedidos poderes procedimentais às minorias políticas para que participem do processo legislativo. Já o princípio da participação social estabelece um direito *prima facie* de que todo e qualquer interessado pode influenciar a tomada de decisão legislativa – independentemente de ostentar a titularidade e o exercício de direitos políticos em sentido estrito – e enviar por canais formais e informais sugestões e manifestações, participar de audiências e consultas públicas, comparecer a reuniões das comissões e sessões dos Plenários para tentar influenciar a tomada de decisão. Foi visto que, mediante o princípio da publicidade, além da divulgação do conteúdo das proposições e dos debates legislativos, devem ser levados a conhecimento geral os argumentos e as razões pelas quais as decisões são tomadas. O princípio da deliberação exige que as decisões legislativas sejam tomadas com base em argumentos de natureza pública e não exclusivamente de natureza pessoal e particular, levando-se em consideração os fundamentos de fato e de direito que as justificam. Por fim, o princípio da eficiência, que, normalmente, funciona como um contraponto aos demais, em suas dimensões de celeridade, efetividade, segurança jurídica e economicidade processual exige que o processo legislativo ocorra com a utilização dos recursos disponíveis de tempo, atenção institucional e social, possibilidades orçamentárias, entre outros, para que a decisão tomada alcance resultados minimamente adequados em face dos problemas coletivos enfrentados.

Diante da caracterização jurídica dos princípios estruturantes do devido processo legislativo, foi investigada a elaboração de leis ordinárias pelo Congresso Nacional, a partir de pesquisas empíricas anteriores sobre o tema e levantamento próprio de dados com foco nas 387 leis gerais promulgadas na 55ª Legislatura (2015-2019).

No Capítulo 5, foi visto que a Lei Complementar nº 95, de 26 de fevereiro de 1998, é um diploma essencialmente centrado em questões de legística formal e, portanto, ainda deve ser institucionalizada uma política legislativo-regulatória mais robusta com o fim de concretização dos princípios da deliberação e eficiência do devido processo legislativo. O Poder Executivo conta com o importante Decreto nº 9.191, de 1º de novembro de 2017, que disciplina os procedimentos e as exigências para elaboração de minutas de projetos de lei e medidas provisórias. Suas disposições, entretanto, ainda carecem de maior coercitividade. Há, também, o Decreto nº 10.411, de 30 de junho de 2020, que determina a obrigatoriedade da realização da Avaliação de Impacto Regulatório para atos normativos administrativos inferiores a Decreto, sem a obrigatoriedade de sua realização para projetos de lei, medidas provisórias e decretos. Em relação ao Congresso Nacional, em seus regimentos internos praticamente não há dispositivos relativos aos requisitos substanciais para apresentação de proposições. Esse cenário leva à situação frequente de projetos de lei e medidas provisórias serem apresentados e aprovados pelo Congresso Nacional sem as informações desejáveis à luz dos princípios da publicidade, deliberação e eficiência do devido processo legislativo.

Nesse ponto, verificaram-se duas importantes inovações constitucionais. A primeira é a inclusão do art. 113 no ADCT pela Emenda Constitucional nº 95, de 2016, para que exista uma estimativa de impacto orçamentário-financeiro das proposições legislativas. Defendeu-se que a melhor interpretação desse dispositivo aponta para sua obrigatoriedade para todos os entes da federação e para a exigência de um mínimo de informações a ser apresentado durante a tramitação legislativa sem a necessidade de realização obrigatória de uma AIR. A segunda inovação foi a inclusão do § 16 no art. 37 da Constituição pela Emenda Constitucional nº 109, de 15 de março de 2021, determinando que todos os órgãos públicos realizem avaliações de suas políticas públicas, o que servirá de instrumento para o aprimoramento do próprio processo legislativo.

Por fim, argumentou-se que a elaboração e a apresentação das proposições legislativas constituem um dos principais poderes das minorias parlamentares de vocalizar demandas difusas na esfera pública, transformando-as em demandas institucionalizadas. Longe de ser uma patologia ou um desvirtuamento, a apresentação de projetos de lei de iniciativa parlamentar individual é uma importante concretização do princípio da igualdade do devido processo legislativo que permite às minorias efetivamente influenciarem o processo de tomada de decisão. Além disso, tanto do ponto quantitativo quanto qualitativo, os projetos de lei de iniciativa parlamentar individual resultaram em importantes leis ordinárias, afastando a hipótese de que, na prática, o Poder Executivo teria o monopólio da iniciativa legislativa.

No Capítulo 6, examinaram-se em maiores detalhes a deliberação e a votação das proposições nas comissões e nos Plenários do Congresso Nacional.

No que se refere ao trabalho das comissões, verificou-se um expressivo número de projetos de lei que não passaram por todas as comissões, mas, ao contrário, foram diretamente levados ao Plenário das Casas, de modo que o parecer monocrático de um parlamentar substituiu o exame de todo o colegiado. Isso decorreu do uso frequente dos regimes constitucionais e regimentais de urgência, uma vez que por volta de 70% das leis ordinárias promulgadas no período examinado foram submetidas a esse regime de tramitação. Foi identificada, também, a falta de uma política institucionalizada de participação social no processo legislativo, de modo que em poucos projetos de lei aprovados no período houve a participação social formalizada mediante audiências ou consultas públicas.

Já em relação ao processo legislativo nos Plenários, verificou-se grande concentração de poder de agenda em poucos parlamentares, especialmente os Presidentes e os líderes partidários, sem maiores possibilidades de as minorias parlamentares exercerem poderes procedimentais concretos em relação às proposições. Foi identificado um número relevante (por volta de 20%) de projetos de lei que receberam emendas substitutivas integrais já em fase final de deliberação em Plenário e que não retornaram às comissões, o que, embora imprima extrema celeridade, restringe praticamente todos os princípios do devido processo legislativo. Por fim, há uma prática de contabilização da presença em Plenário dos parlamentares a partir de listas e painéis eletrônicos, o que pode levar à inconstitucionalidade de uma proposição, caso não exista a presença em tempo real (física ou remota) dos parlamentares no momento de sua votação.

Uma constatação contraintuitiva foi a de que o processo legislativo das medidas provisórias contou com mais participação social formalizada, mais pareceres colegiados e menos pareceres monocráticos do que a tramitação dos projetos de lei. A provável causa dessa constatação é, de um lado, a maior saliência política dos temas veiculados por medidas provisórias, e, de outro lado, as decisões do STF que determinaram a emissão obrigatória de parecer por comissão mista, nos termos do art. 62, § 9º, da Constituição Federal. Não se trata de eleger o procedimento de tramitação de medidas provisórias como paradigma a ser adotado para a produção legislativa em geral, mas de apontar que existem diversos pontos de aprimoramento do desenho institucional, especialmente do processo legislativo dos projetos de lei ordinária.

Por fim, no Capítulo 7 investigaram-se as possibilidades de controle judicial do devido processo legislativo. Foi constatado que a doutrina e as cortes constitucionais têm menores resistências a ingressar na avaliação substantiva da legislação com base em princípios constitucionais materiais do que no exame dos requisitos procedimentais do processo legislativo – o que é chamado por Ittai Bar-Siman Tov de "a grande ironia do controle judicial". Essa postura tradicional é criticada justamente pelo fato de os argumentos utilizados para a defesa do *judicial review* substantivo fazerem ainda mais sentido na tutela das normas do processo legislativo que garantem a gênese democrática do direito.

Foi visto que jurisprudência do STF, com base na dimensão regulatório-individual do devido processo legislativo, desenvolveu a chamada "doutrina brasileira do mandado de segurança" que, na prática, significa a atribuição da legitimidade ativa extraordinária para os parlamentares exigirem judicialmente a tutela das regras constitucionais do processo legislativo, possibilitando o controle judicial preventivo de constitucionalidade. Contudo, foi visto que esse é um remédio judicial que deve ser utilizado de modo restrito, uma vez que pode levar à supressão do próprio controle parlamentar de suas regras e seus procedimentos, pois antecipa o momento do controle judicial de constitucionalidade que, como regra geral, deve ser repressivo, ou seja, posterior à edição do ato legislativo. Desse modo, somente deve ser admitido em casos nos quais haja uma efetiva lesão ou iminência de lesão das normas constitucionais do devido processo legislativo, que, por exemplo, vedem a deliberação de uma proposição ou violem prerrogativas parlamentares.

O STF tem jurisprudência consolidada de que não cabe ao Poder Judiciário tutelar normas dos regimentos parlamentares, pois essa seria uma questão *interna corporis*, protegida pelo princípio da separação dos poderes. Embora se reconheça a autonomia e discricionariedade procedimentais ao Parlamento, não se pode desconhecer que pode haver casos de violações a normas regimentais que geram graves distorções no processo de tomada da decisão legislativa. Nesses casos, pode haver uma inconstitucionalidade formal – não por uma violação a norma regimental – mas por violação aos princípios constitucionais do devido processo legislativo.

Para além da questão da tutela jurisdicional dos regimentos parlamentares, há no direito brasileiro e no direito comparado uma expansão da utilização dos princípios do devido processo legislativo como parâmetro de controle judicial de constitucionalidade em três frentes.

Na primeira, os princípios do devido processo legislativo são utilizados em sua dimensão integrativa pela qual novas regras constitucionais sobre etapas procedimentais específicas são criadas mediante a atividade de interpretação. Como exemplos da jurisprudência do STF, há as decisões em que foi declarada a inconstitucionalidade da apreciação de vetos presidenciais fora da ordem cronológica e de emendas parlamentares sem pertinência temática a projetos de lei de conversão de medida provisória. Embora o Tribunal tenha exercido essa prerrogativa de modo relativamente modesto até o momento, trata-se de modelo que cria o risco de uma grande interferência do Poder Judiciário nas atividades legislativas. Desse modo, não se deve extrair um grande volume de regras rígidas sobre etapas específicas da elaboração legislativa com base nos princípios do devido processo legislativo, pois isso poderia acabar com a autonomia e discricionariedade procedimentais do Parlamento, em violação à separação de poderes.

Na segunda frente, utilizam-se os princípios do devido processo legislativo como parâmetros constitucionais que permitem avaliar o "processo legislativo como um todo", ou seja, as diversas etapas do processo legislativo para identificar se houve distorções graves o suficiente para impedir a tomada de decisão em ambiente que seja minimamente condizente com as exigências constitucionais. Houve menção a esse modelo em pelo menos dois julgados do STF e há precedentes das Cortes Constitucionais da Alemanha, Espanha, Colômbia, Israel e África do Sul que adotaram esse entendimento. Foi pontuado que o desenvolvimento de tal modelo passa, de um lado, pela grande deferência judicial perante as escolhas procedimentais feitas pelo Poder Legislativo e, de outro lado, que somente em casos excepcionais, como a violação a normas regimentais ou abuso nos regimes de urgência, pode ser investigado se houve grave distorção no processo de tomada de decisão e, consequentemente, uma inconstitucionalidade formal por violação aos princípios do devido processo legislativo.

Por fim, há o modelo de utilização dos princípios do devido processo legislativo em uma análise "semiprocedimental", em que a inconstitucionalidade material de um ato legislativo é também avaliada conforme seu processo de produção. Trata-se de modelo que ainda não conta com teorização completa, mas que já foi identificado em julgados de Cortes Constitucionais como as dos EUA, da Alemanha, Colômbia, do TEDH e TJ/UE. Embora esse modelo seja doutrinariamente associado ao controle dos argumentos apresentados durante a tramitação legislativa, no presente trabalho defende-se que se trata de atribuir maior deferência à decisão legislativa em casos de incerteza epistêmica ou normativa, conforme os graus de concretização dos princípios do devido processo legislativo: quanto mais a tramitação em concreto de um ato legislativo corresponder às suas exigências, maior deverá ser a deferência judicial com as escolhas feitas pelo Parlamento. Isso impacta diretamente a realização do exame de proporcionalidade de medidas legislativas que restrinjam direitos fundamentais e na análise de fatos e prognoses legislativos.

Diante dessas conclusões, deve-se reconhecer que o presente trabalho é apenas um passo na direção de uma melhor compreensão dogmática do processo legislativo. Não foram abordadas aqui em profundidade questões relacionadas ao bicameralismo ou às etapas de sanção e veto das proposições legislativas, a avaliação da prática do Congresso Nacional em relação ao processo de elaboração de emendas à Constituição, leis complementares, leis delegadas, decretos legislativos e resoluções. Também não foram examinadas as normas e práticas das Assembleias Legislativas e Câmaras Municipais. Trata-se de objetos de pesquisas futuras que poderão identificar normas e práticas na produção legislativa do direito e compará-las às práticas do Congresso Nacional.

De todo modo, o trabalho objetivou contribuir com a superação do déficit de teorização do processo legislativo mediante a identificação de um complexo normativo que ajuda a identificar o significado jurídico da prática social de elaboração legislativa de normas em uma democracia representativo-deliberativa, nos moldes estabelecidos pela Constituição Federal de 1988. O ponto mais abrangente aqui é reconhecer que as normas do processo legislativo não são instrumentos à disposição das maiorias parlamentares ou governantes de plantão, mas são mais bem compreendidas com base na constatação de que nossa democracia é plural e deve albergar, do ponto de vista institucional, diversas visões de mundo que devem ecoar dentro do processo legislativo.

Não se trata apenas de uma aspiração de natureza política ou moral, mas de verdadeiras exigências jurídicas que já estão contempladas no ordenamento jurídico brasileiro. Para a correta compreensão do potencial democrático do desenho institucional do exercício do poder político por via legislativa no marco da Constituição Federal de 1988, reconhecer a natureza jurídica das normas do devido processo legislativo é, portanto, um bom ponto de partida.

REFERÊNCIAS BIBLIOGRÁFICAS

ADAMS, John. **Papers of John Adams**. v. IV. Cambridge: Harvard University, 1979.

ALEMANNO, Alberto. The Emergence of the Evidence-Based Judicial Reflex: a Response to Bar-Siman-Tov's Semiprocedural Review. **The Theory and Practice of Legislation**, v. 1, nº 2, pp. 324-340, 2013.

ALEXY, Robert. **Constitucionalismo discursivo.** 4. ed. Porto Alegre: Livraria do Advogado, 2006.

ALEXY, Robert. **Teoria dos direitos fundamentais**. 2. ed. São Paulo: Malheiros, 2017.

ALLOA, Emmanuel.; THOMÄ, Dieter. Transparency: Thinking Through an Opaque Concept. *In:* ALLOA, Emmanuel; THOMÄ, Dieter. **Transparency, Society and Subjectivity**: Critical Perspectives. Cham: Palgrave Macmillan, 2018. pp. 1-14.

ALMEIDA, Acir. A política da mudança institucional: processo legislativo no Brasil pós-1988. *In:* ENCONTRO ANUAL NA ANPOCS, 40., 2016, Caxambu. **Anais** [...]. São Paulo: ANPOCS, 2016. pp. 1-29.

ALMEIDA, Débora C. Rezende de. Representação política: a virada construtivista e o paradoxo entre criação e autonomia. **Revista Brasileira de Ciências Sociais**, São Paulo, v. 33, nº 97, pp. 1-21, 2018.

ALMEIDA, Marta Tavares de. A contribuição da Legística para uma política de legislação: concepções, métodos e técnicas. *In:* CONGRESSO INTERNACIONAL DE LEGÍSTICA: QUALIDADE DA LEI E DESENVOLVIMENTO, 2007, Belo Horizonte. **Anais** [...]. Belo Horizonte: Assembleia Legislativa do Estado de Minas Gerais, 2009. pp. 83-102.

ÁLVAREZ, Gerardo Antonio Durango; GALEANO, Mayda Soraya Marín; GRAJALES, José Fernando Valencia. Línea jurisprudencial de la democracia deliberativa en la Corte Constitucional colombiana. **Estudios de Derecho**, v. 74, pp. 223-254, 2017.

ALVES, Renan Sanchonete. **O que mudou na produção legislativa brasileira?** Uma análise do conteúdo das proposições legislativas entre 2003 e 2010 e dos incentivos parlamentares nesse âmbito. 2014. Trabalho de Conclusão de Curso (Graduação em Ciências Políticas) – Instituto de Ciência Política, Universidade de Brasília, Brasília, 2014.

AMAR, Akhil Reed. **The Constitution Today**: Timeless Lessons for Issues of Our Era. New York: Basic Books, 2016.

AMARAL, Ana Regina Villares Peres. **O Parlamento brasileiro**: processo, produção e organização legislativa – o papel das comissões em perspectiva comparada. 2009. 180 f. Dissertação (Mestrado em Ciência Política)

- Instituto Universitário de Pesquisas do Rio de Janeiro, Rio de Janeiro, 2009.

AMARAL JÚNIOR, José Levi do. **Medida provisória: edição e conversão em lei - teoria e prática**. 2. ed. São Paulo: Saraiva, 2012.

ARANTES, Rogério; COUTO, Cláudio. Constituição, governo e democracia no Brasil. **Revista Brasileira de Ciências Sociais**, São Paulo, v. 21, nº 61, pp. 41-62, jun. 2006.

ARAÚJO, Suely Mara Vaz Guimarães de; SILVA, Rafael Silveira e. Reflexões e novas agendas de pesquisa para os estudos legislativos no Brasil. **Revista Ibero-Americana de Estudos Legislativos**, Rio de Janeiro, v. 2, nº 1, pp. 58-74, 2012.

ARAÚJO, Suely Mara Vaz Guimarães de; SILVA, Rafael Silveira e. Reflexões sobre os estudos legislativos no Brasil: por um retrato mais fidedigno do Parlamento e dos parlamentares. *In:* ENCONTRO INTERNACIONAL DO GRUPO DE ESTUDOS LEGISLATIVOS DA ASSOCIAÇÃO LATINOAMERICANA DE CIÊNCIA POLÍTICA, I., Belo Horizonte: Alacip, 2011. pp. 1-39.

ARNARDÓRTTIR, Oddný Mjöll. The "procedural turn" under the European Convention on Human Rights and presumptions of Convention compliance. **International Journal of Constitutional Law**, v. 15, pp. 9-35, 2017.

ARRECTHE, Marta. **Democracia, federalismo e centralização no Brasil**. Rio de Janeiro: FGV, 2012.

ATIENZA, Manuel. **As razões do direito: teorias da argumentação jurídica**. 3 ed. São Paulo: Landy, 2006.

ATIENZA, Manuel. Contribución para una teoría de la legislación. **Doxa**, v. 3, pp. 385-403, 1989.

ÁVILA, Humberto. Neoconstitucionalismo: entre a Ciência do Direito e o Direito da Ciência. **Revista Eletrônica de Direito do Estado,** nº 17, 2009.

ÁVILA, Humberto. **Teoria dos princípios**: da definição à aplicação dos princípios jurídicos. 18. ed. São Paulo: Malheiros, 2018.

BÄCHTIGER, Andre. Debate and Deliberation in Legislatures. *In:* MARTIN, Shane; SAALFELD, Thomas; STROM, Kaare. **Oxford Journal of Legislative Studies**. Oxford: Oxford University, 2014. pp. 145-166.

BÄCHTIGER, Andre *et al.* Deliberative Democracy: an Introduction. *In:* BÄCHTIGER, Andre *et al.* **The Oxford Handbook of Deliberative Democracy**. Oxford: Oxford University, 2018. pp. 1-35.

BARACHO, José Alfredo de Oliveira. Teoria Geral dos Atos Parlamentares. **Revista de Informação Legislativa**, Brasília, v. 21, nº 81, pp. 259-322, 1984.

BARBOSA, Leonardo Augusto de Andrade. **Processo legislativo e democracia**. Belo Horizonte: Del Rey, 2010.

BARBOSA, Leonardo Augusto de Andrade. Estado de Direito, democracia e devido processo legislativo", in Clemerson Merlin Clève / Alexandre Freire (org.), **Direitos fundamentais e jurisdição constitucional.** São Paulo: Revista dos Tribunais, 2014, pp. 599-614.

BARCELLOS, Ana Paula de. **Direitos fundamentais e direito à justificativa**: devido procedimento na elaboração normativa. Belo Horizone: Fórum, 2016.

BARCELLOS, Ana Paula de. O STF e os parâmetros para o controle dos atos do poder legislativo: limitações do argumento das questões interna corporis. **Revista de Investigações Constitucionais**, v. 8, nº 2, 2021, pp. 435-456.

BARROS, Antônio Teixeira de; MONTEIRO, Adriana Resende; SANTOS, Thais Teixeira. Audiências públicas interativas na Câmara dos Deputados: além da função informacional. **Revista Brasileira de Ciência Política**, Brasília, nº 26, pp. 131-185, 2018.

BAR-SIMAN-TOV, Ittai. An Introduction to the Comparative and Multidisciplinary Study of Omnibus Legislation. **SSRN**, 2021.

BAR-SIMAN-TOV, Ittai. In Wake of Controversial Enactment Process of Trump's Tax Bill, Israeli SC Offers a Novel Approach to Regulating Omnibus Legislation. **Blog of the International Journal of Constitutional Law**, dez. 2017.

BAR-SIMAN-TOV, Ittai. Lamakers as Lawbreakers. **William & Mary Law Review**, v. 52, pp. 805-871, 2010.

BAR-SIMAN-TOV, Ittai. Legislative Supremacy in the United States?: Rethinking the 'Enrolled Bill' Doctrine. **Georgetown Law Journal**, v.97, pp. 323-390, 2009.

BAR-SIMAN-TOV, Ittai. Mending the Legislative Process – The Preliminaries. **The Theory and Practice of Legislation** v. 3, pp. 245-256, 2015.

BAR-SIMAN-TOV, Ittai. Semprocedural Judicial Review. **Legisprudence**, v. 6, pp. 271-300, 2012.

BAR-SIMAN-TOV, Ittai. The Dual Meaning of Evidence-based Judicial Review of Legislation. **Theory and Practice of Legislation**, v. 4, nº 2, pp. 107-134, 2016.

BAR-SIMAN-TOV, Ittai. The Puzzling Resistance to Judicial Review of the Legislative Process. **Boston University Law Review**, v. 91, pp. 1916-1974, 2011.

BASTOS, Celso Ribeiro; MARTINS, Ives Gandra. **Comentários à Constituição do Brasil**: promulgada em 5 de outubro de 1988. São Paulo: Saraiva, 1995. v. IV.

BATEUP, Cristine. The Dialogic Promise: Assessing the Normative Potential of Theories of Constitutional Dialogue. **Brooklyn Law Review**, v. 71, issue 3, pp. 1109-1180, 2006.

BAUME, Sandrine. Publicity and Transparency: The Itinerary of a Subtle Distinction. *In:* ALLOA, E.; THOMÄ, D. **Transparency, Society and Subjectivity**: Critical Perspectives. Cham: Palgrave Macmillan, 2018. pp. 203-224.

BENTHAM, Jeremy. Da publicidade. **Revista Brasileira de Ciência Política**, Brasília, nº 6, pp. 277-294, 2011.

BICKEL, Alexander. **The Least Dangerous Branch**: the Supreme Court at the Bar of Politics. 2. ed. New Haven: Yale University, 1986.

BITTENCOURT, Lucio. **O controle judicial de constitucionalidade das leis**. 2 ed. Rio de Janeiro: Forense, 1968.

BONAVIDES, Paulo. **Teoria Constitucional da Democracia Participativa:** por um direito constitucional de luta e resistência, por uma nova hermenêutica constitucional e por uma repolitização da legitimidade. São Paulo: Malheiros, 2001.

BORGES, Bianca Araújo. **A inconstitucionalidade da supressão de prazo regimental na tramitação de proposta de Emenda à Constituição no Senado Federal**. Brasília: Instituto Legislativo Brasileiro, 2016.

BRASIL. Ministério da Fazenda. Receita Federal. **Estudo sobre Impactos dos Parcelamentos Especiais**. Brasília, DF: Receita Federal do Brasil, 2017.

BROWN, Mark. Deliberation and Representation. *In:* BÄCHTIGER, A. *et al.* **The Oxford Handbook of Deliberative Democracy**. Oxford: Oxford University, 2018. pp. 171-186.

BUCCI, Maria Paula Dallari. **Fundamentos para uma Teoria Jurídica das Políticas Públicas**. São Paulo: Saraiva, 2013.

BUCCI, Maria Paula Dallari. O conceito de política pública em direito. *In:* BUCCI, M. P. D. **Políticas públicas**: reflexões sobre o conceito jurídico. São Paulo: Saraiva, 2006. pp. 1-48.

BURKE, Edmund. Discurso aos eleitores de Bristol. **Revista de Sociologia e Política**, Curitiba, v. 20, nº 44, pp. 97-101, nov. 2012.

BURKE, Edmund. **Reflexões sobre a Revolução em França**. Brasília: Universidade de Brasília, 1982.

BURKE, Edmund. **The Works of the Hounorable Edmund Burke**. Londres: John Nimmo, 1887. v. IV.

BUSTAMANTE, Thomas da Rosa de. Analogia e argumento a contrario: um caso típico de argumentação por princípios. **Revista de Direito Privado**, São Paulo, v. 29, pp. 255-276, 2007.

BUSTAMANTE, Thomas da Rosa de; BUSTAMANTE, Evanilda de Godoi. Jurisdição Constitucional na Era Cunha: entre o Passivismo Procedimental e o Ativismo Substancialista do STF. **Direito e Práxis**, Rio de Janeiro, v. 7, nº 13, pp. 346-388, 2016.

CAMPOS, Francisco. Diretrizes constitucionais do novo Estado Brasileiro. **Revista dos Tribunais**, Rio de Janeiro, v. 73, nº 415, pp. 13-31, jan. 1938.

CAMPOS, Paloma Biglino. Los vicios en el procedimento legislativo: la postura del Tribunal Constitucoinal en la Sentencia 99/87. **Revista Española de Derecho Constitucional**, ano 8, nº 24, pp. 211-228, 1988.

CAMPOS, Paloma Biglino. Venticinco años de procedimento legislativo. **Revista de Derecho Político**, nº 58-59, pp. 449-470, 2003.

CANOTILHO, J. J. Gomes. **"Brancosos" e interconstitucionalidade**: itinerário dos discursos sobre a historicidade constitucional. Coimbra: Almedina, 2008.

CANOTILHO, J. J. Gomes. **Constituição Dirigente e Vinculação do Legislador**: Contributo para a Compreensão das Normas Constitucionais Programáticas. 2. ed. Coimbra: Coimbra Editora, 2001.

CANOTILHO, J. J. Gomes. **Direito constitucional e teoria da constituição**. 7. ed. Coimbra: Almedina, 2003.

CARDOZO, José Eduardo. The Legislative Crisis. **Estudos Avançados**, São Paulo, v. 23, nº 67, pp. 79-87, 2009.

CASSEB, Paulo Adib. **Processo Legislativo**: atuação das comissões permanentes e temporárias. São Paulo: Revista dos Tribunais, 2008.

CAVALCANTE FILHO, João Trindade. **Análise da efetividade do controle preventivo de constitucionalidade pelo Poder Legislativo**. 2021. 1254 f. Tese (Doutorado em Direito) – Faculdade de Direito, Universidade de São Paulo, São Paulo, 2021a.

CAVALCANTE FILHO, João Trindade. O desastre dos "pareceres de Plenário": por que as comissões são fundamentais. **Consultor Jurídico**, São Paulo, 2021b.

CAVALCANTE FILHO, João Trindade. **Processo legislativo constitucional**. 4. ed. Salvador: Jus Podium, 2020.

CAVALCANTI, Themístocles Brandão. O Poder Legislativo. **Revista de Ciência Política**, Rio de Janeiro, v. 3, nº 3, pp. 7-32, jul./set. 1969.

CHRISTENSEN, Henrik Serup; KARJALAINEN, Maija; NURMINEN, Laura. What dos crowdsourcing legislation entail forr the participants? The Finnish case of Avoin Ministeriö. *In:* INTERNET, POLITICS, AND POLICY CONFERENCES, IPP 2014, Oxford. **Proceedings** [...]. Oxford: University of Oxford, 2014.

CINTRA, Antonio Carlos de Araújo; GRINOVER, Ada Pellegrini; DINAMARCO, Cândido Rangel. **Teoria geral do processo**. 31ª ed. São Paulo: Malheiros, 2015.

CLÈVE, Clemerson Merlin. **Fidelidade partidária e impeachment**: estudo de caso. 2. ed. Curitiba: Juruá, 2012.

COENEN, Dan. The Pros and Cons of Politically Reversible 'Semisubstantive' Constitutional Rules. School of Law, University of Georgia, 2009.

COMPARATO, Fábio Konder. **A afirmação histórica dos direitos humanos**. 4. ed. São Paulo: Saraiva, 2005.

CORREA NETO, Celso Barros. Novo regime fiscal ampliou controle judicial dos benefícios fiscais. **Consultor Jurídico**. 16 mar. 2019.

COSTELLO, Rory; THOMSON, Robeert. The policy impact of leadership in committees: Rapporteurs' influence on the European Parliament's opinions. **European Union Politics**, v. 11, issue 2, pp. 219-240, 2010.

COX, Gary. W. On the Effects of Legislative Rules. **Legislative Studies Quarterly**, v. 25, nº 2, pp. 169-192, 2000.

CRUZ, Márcia Rodrigues da. **Legislativo Transformador?** As modificações do Legislativo nos projetos de lei do Executivo. 2009. 120 f. Dissertação (Mestrado em Sociologia e Ciência Política) - Instituto Universitário de Pesquisas do Rio de Janeiro e Centro de Formação da Câmara dos Deputados, Brasília, 2009.

CUNHA FILHO, Alexandre Jorge Carneiro da. Do devido processo legislativo. *In:* CUNHA FILHO, Alexandre Jorge Carneiro da; *et al.* (org.). **Direito, Instituições e Políticas Públicas.** São Paulo, Quartier Latin, 2017, pp. 155-177.

DAHL, Robert A. O mito do mandato presidencial. **Lua Nova**, São Paulo, v. 24, pp. 27-54, set. 1991.

DESAI, Previn. **The 2017-19 Minority Government & Opposition Days**: pragmatism, precedent and power. London: House of Commons Library, 2019.

DIDIER JÚNIOR, Fredie. **Sobre a Teoria Geral do Processo, essa desconhecida.** 5. ed. Salvador: Jus Podium, 2018.

DINAMARCO, Cândido Rangel. **Instituições de Direito Processual Civil.** 5. ed. São Paulo: Malheiros, 2005.

DINIZ, Simone; HEBLING, Matheus Lucas; COUTO, Eduardo. Iniciativas Legislativas e Participação Popular. *In:* ENCONTRO DA ASSOCIAÇÃO BRASILEIRA DE CIÊNCIA POLÍTICA, 10., 2016, Belo Horizonte. **Anais** [...]. Rio de Janeiro: ABPC, 2016. pp. 1-22.

DOVI, S. Political Representation. **The Stanford Encyclopedia of Philosophy**, 2018.

DWORKIN, Ronald. Equality, Democracy, and Constitution: We the People in Court. **Alberta Law Review**, v. 27, nº 2, pp. 324-346, 1990.

DWORKIN, Ronald. **Justice for Hedgehogs**. Cambridge: Belknap, 2011.

DWORKIN, Ronald. **Justice in Robes**. Cambridge: Harvard University, 2006.

DWORKIN, Ronald. **Law's Empire**. Cambridge: Belknap, 1988.

DYZENHAUS, David. Law as Justification: Etienne Mureinik's Conception of Legal Culture. **South African Journal on Human Rights**, v. 11, issue 1, pp. 11-37, 1998.

ELSTER, Jon. Deliberation and Constitution Making. *In:* ELSTER, J. **Deliberative Democracy**. Cambridge: Cambridge University, 1998. pp. 97-122.

ELSTER, Jon. Introduction. *In:* ELSTER, J. (ed.). **Secrecy and Publicity in Votes and Debates**. Cambridgr: Cambridge University, 2015. pp. 1-14.

ELSTER, Jon. **Securities Against Misrule**: Juries, Assemblies, Elections. Cambridge: Cambridge University, 2013.

ELSTUB, Stephen. Deliberative and Participatory Democracy. *In:* BÄCHTIGER, A. *et al.* **The Oxford Handbook of Deliberative Democracy**. Oxford: Oxford University, 2018. pp. 187-202.

ELY, John Hart. **Democracy and Distrust**: a Theory of Judicial Review. Cambridge: Harvard University, 1980.

ESTLUND, David.; LANDEMORE, Hélène. The Epistemic Value of Democratic Deliberation. *In:* BÄCHTIGER, A. *et al.* **The Oxford Handbook of Deliberative Democracy**. Oxford: Oxford University, 2018. pp. 113-132.

EWALD, François. A Concept of Social Law. *In:* EWALD, F. **Dilemmas of Law in the Welfare State**. New York-Berlim: Walter de Gruyter, 1988. pp. 40-75.

FALCÃO, Alcino Pinto. Do voto de liderança, como "sub-genus" do voto por procuração. **Vox Legis**, São Paulo, v. 19, nº 217, pp. 9-25, 1987.

FALCONI, Ivan Furlan. **Tricameralismo à brasileira?** A expansão do controle preventivo de constitucionalidade na jurisprudência do Supremo Tribunal Federal. 2018. Trabalho de Conclusão de Curso (Graduação em Direito) – Instituto Brasiliense de Direito Público, Brasília, 2018.

FALLON JR., Richard. H. **Law and Legitimacy in the Supreme Court**. Cambridge: Harvard University, 2018.

FASONE, Cristina. Legislatures as Hostages of Obstructionism: Political Constitutionalism and the Due Process of Lawmaking. **Review of Constitutional Studies**, v. 21, issue 1, pp. 63-84, 2016.

FAZZALARI, Elio. **Instituições de Direito Processual**. Campinas: Bookseller, 2006.

FELISBINO, Riberti de Almeida. Atores e práticas: a produção de leis da elite parlamentar da Câmara dos Deputados nos Governos de Fernando Henrique Cardoso (1995-2002). **Pensamento Plural**, Pelotas, nº 5, pp. 103-128, jul./dez. 2009.

FEREJOHN, John. Conclusion: The Citizens' Assembly Model. *In:* WARREN, M. E.; PEARSE, H. **Designing Deliberative Democracy**: The British Columbia Citizens' Assembly. Cambridge: Cambridge University, 2008. pp. 191-213.

FEREJOHN, John; PASQUINO, Pasquale. Constitutional Adjudication: Lessons from Europe. **Texas Law Review**, v. 82, pp. 1671-1704, jun. 2004.

FERNANDEZ, Itiziar Gómez. Redefinir el bloque de la constitucionalidad 25 años después. **Estudios de Deusto**, v. 54, nº 1, pp. 61-98, 2006.

FERRAZ JÚNIOR, Tércio Sampaio. O que é pesquisa em direito? *In:* NOBRE, Marcos. (org.). **O que é pesquisa em direito?** Santo André: Quartier Latin, 2005. pp. 73-83.

FERRAZ, Anna Cândida da Cunha Ferraz. Comentários ao art. 58. *In:* MENDES, G.; CANOTILHO, J. J. (org.). **Comentários à Constituição do Brasil**. São Paulo: Almedina, 2014. pp. 1088-1092.

FERREIRA FILHO, Manuel Gonçalves. **Do processo legislativo**. 7. ed. São Paulo: Saraiva, 2012.

FERREIRA, Pinto Luiz. **Comentários à Constituição Brasileira**. São Paulo: Saraiva, 1990.

FIGUEIREDO, Argenlina; LIMONGI, Fernando. O processo legislativo e a produção legal no Congresso pós-constituinte. **Novos Estudos**. nº 38. pp. 24-37, 1994.

FIGUEIREDO, Argenlina; LIMONGI, Fernando. **Executivo e Legislativo na nova ordem constitucional**. Rio de Janeiro: FGV, 2001.

FIGUEIREDO, Juliana Baldoni. O Colégio de Líderes: surgimento e evolução. **E-legis**, Brasília, v. 5, nº 8, pp. 6-33, 2012.

FLORIDIA, Antonio. The Origins of the Deliberative Turn. *In:* BÄCHTIGER, A. *et al.* **The Oxford Handbook of Deliberative Democracy**. Oxford: Oxford University, 2018. pp. 35-54.

FRAGA, Plínio. **Tancredo Neves, o príncipe civil**. Rio de Janeiro: Objetiva, 2017.

FRICKEY, Phillip P.; SMITH, Steven S. Judicial Review, the Congressional Process, and the Federalism Cases: an Interdisciplinary Critique. **Yale Law Journal**, v. 111, nº 7, pp. 1707-1756, 2002.

FUNG, Archon. Putting the Public Back into Governance: The Challenges of Citizen Participation and Its Future. **Public Administration Review**, v. 75, nº 4, pp. 513-522, jul./aug. 2015.

FUNG, Archon. Varieties of Participation in Complex Governance. **Public Administration Review**, v. 66, special issue, pp. 66-75, dec. 2006.

FUNG, Archon; GILMAN, Hollie Russon; SHKABATUR, Jennifer. Six Models for Internet and Politcs. **Internation Studies Review**, v. 15, issue 1, pp. 30-47, 2013.

GARDBAUM, Stephen. Due Process of Lawmaking Revisted. **University of Pennsylvania Journal of Constitutional Law**, v. 21, issue 1, pp. 1-32, 2018.

GARDBAUM, Stephen. Pushing the Boundaries: Judicial Review of Legislative Procedures in South Africa. **Public Law & Legal Theory Research Paper - University of California**, nº 19, 2018.

GARGARELLA, Roberto. **Latin American Constitutionalism, 1810-2010: The Engine Room of the Constitution**. Oxford: Oxford University, 2013.

GESTEL, Rob van; POORTER, Jürgen de. Putting evidence-based law making to the test: judicial review of legislative rationality. **Theory and Practice of Legislation**, v. 4, nº 2, pp. 155-185, 2016.

GOLDFELD, Victor. Legislative Due Process and Simple Interest Group Politics: Ensuring Minimal Deliberation Through Judiical Review of Congressional Processes. **New York University Law Review**, v. 79, nº 1, pp. 367-420, 2004.

GOMES, Regina Pereira. **Arquivamento de proposições e fim de legisltura**: uma análise sobre a eficiência da norma. 2007. 48 f. Monografia (Especialização em Processo Legislativo) – Centro de Formação, Treinamento e Aperfeiçoamento da Câmara dos Deputados, Brasília, 2007.

GONÇALVES, Aroldo Plínio. **Técnica processual e teoria do processo**. Rio de Janeiro: Aide, 1992.

GONÇALVES FILHO, João Gilberto. **O princípio constitucional da eficiência no processo civil**. Tese de Doutorado apresentado à Faculdade de Direito da Universidade de São Paulo, 2010.

HABERMAS, Jürgen. Interview. *In:* BÄCHTIGER, A. *et al.* **The Oxford Handbook of Deliberative Democracy**. Oxford: Oxford University, 2018. pp. 871-881.

HÄGE, Frank. M.; RINGE, Nils. Rapporteur-Shadow Rapporteur Networks and Policy-Making in the European Parliament. *In:* EUROPEAN UNION STUDIES ASSOCIATION INTERNATIONAL BIENNIAL CONFERENCE, 2019, Denver, CO. **EUSA Conference Papers**. Pittsburgh, PA: EUSA, 2019.

HAMILTON, Alexander; JAY, John; MADISON, James. **The Federalist**. Indianapolis: Liberty Fund, 2001.

HELD, David. **Models of Democracy**, 3.ed., Cambridge, Polity, 2006.

HESPANHA, António Manuel. Leis bem feitas e leis boas. **RIDB**, v. 2, nº 1, pp. 619-642, 2013.

HIROI, Taeko.; RENNÓ, Lucio. **Obstrução e Processo Decisório na Câmara dos Deputados:** 1991 a 2010. Brasília: IPEA, 2014.

HOBBES, Thomas. **Leviathan or the Matter, Forme, & Power of a Common-Wealth Ecclesiasticall and Civil**. Londres: Andrew Crooke, 1651.

HORBACH, Beatriz Bastide. Benefícios sociais e a garantia do mínimo existencial: o caso Hartz IV. **Observatório da Jurisdição Constitucional**, Brasília, v. 4, pp. 1-16, 2010-2011.

HORTA, Raul Machado. **Direito constitucional**. 5. ed. Belo Horizonte: Del Rey, 2010.

HOUSE OF LORDS. **Fast-track Legislation**: Constitutional Implications and Safeguards. London: The Stationery Office Limited & Price, 2009. v. 1.

INÁCIO, Magna. Mudança procedimental, oposições e obstrução na Câmara dos Deputados. *In:* INÁCIO, M.; RENNÓ, L. (org.). **Legislativo brasileiro em perspectiva comparada**. Belo Horizonte: UFMG, 2009. pp. 353-379.

JACKSON, Vicki. Comparative Constitutional Law: Methodologies. *In:* ROSENFELD, M.; SAJO, A. (org.). **The Oxford Handbook of Comparative Constitutional Law**. Oxford: Oxford University, 2012. pp. 54-74.

JEFFERSON, Thomas. **Carta a John Adams de 28 de outubro de 1813**.

KELSEN, Hans. **Jurisdição Constitucional**. São Paulo: Martins Fontes, 2007.

KELSEN, Hans. **Teoria Pura do Direito**. São Paulo: Martins Fontes, 2003.

KELSEN, Hans. **The Essence and Value of Democracy**. Plymouth: Rowman & Littlefeld, 2013.

KLAFKE, Guilherme Forma. **Continuidade e mudanças no atual modelo de acórdãos do STF**: a prática, as razões para sua manutenção e caminhos para aperfeiçoamento. 2019. 349 f. Tese (Doutorado em Direito) – Faculdade de Direito, Universidade de São Paulo, São Paulo, 2019.

KLARMAN, Michael. The Puzzling Resistence to Political Process Theory. **Virginia Law Review**, v. 77, nº 4, pp. 747-832, may 1991.

KRISTAN, Andrej. Three Grounds for Tests of the Justifiability of Legislative Action: Freedom, Representative Democracy, and Rule of Law. *In:* WINTGENS, L. J.; OLIVER-LALANA, A. D. (org.). **The Rationality and Justification of Legislation**: Essays in Legisprudence. New York: Springer, 2013. pp. 53-63.

KRUTZ, Glen S. **Hitching a Ride:** Ominibus Legislating in the U.S. Congress. Columbus: Ohio State University, 2001.

LANDAU, David. A Dynamic Theory of Judicial Role. **Boston College Law Review**, v. 55, nº 5, pp. 1501-1562, 2014.

LEAL, Roger Stiefelmann. A incorporação das súmulas vinculantes à jurisdição constitucional brasileira: alcance e efetividade em face do regime legal de repercussão geral e da proposta de revisão jurisprudencial sobre a interpretação do art. 52, X, CF. **Revista de Direito Administrativo**, Rio de Janeiro, v. 261, pp. 179-201, set./dez. 2012.

LEAL, Roger Stiefelmann. Democracia desafiada: reflexões sobre o impacto da recente jurisprudência do Supremo Tribunal Federal na eleição de 2018. *In:* VILLAS BÔAS FILHO, O.; FRANCISCO, J. C. **Crise Democrática e (de suas) Instituições de Garantia**. São Paulo: Esseni, 2020. pp. 309-360.

LEAL, Roger Stiefelmann. Inconstitucionalidade das leis e regimes normativos complexos: possibilidade de atuação da advocacia pública em matéria de políticas públicas. **Revista de Direito Administrativo e Constitucional**, Curitiba, v. 21, nº 84, pp. 147-167, 2021.

LEAL, Roger Stiefelmann. Pluralismo, políticas públicas e a Constituição de 1988: considerações sobre a práxis constitucional brasileira 20 anos depois. *In:* MORAES, A. de. (coord.). **Os 20 anos da Constituição da República Federativa do Brasil**. São Paulo: Atlas, 2009. pp. 73-97.

LEAL, Victor Nunes. Problemas de Técnica Legislativa. **Revista de Direito Administrativo**, Rio de Janeiro, v. 2, nº 1, pp. 429-446, 1945.

LENAERTS, Koenen. The European Court of Justice and Process-Oriented Review. **European Legal Studies**, v. 1, pp. 1-16, 2012.

LESSA, Pedro. A ideia de justiça. **Revista do Supremo Tribunal Federal.** v. 13, pp. 95-113, 2017.

LICHT, Jenny de Fine; NAURIN, Daniel. Open Decision-Making Procedures and Public Legitimacy: an Inventory of Causal Mechanisms. *In:* ELSTER, J. (ed.).

Secrecy and Publicity in Votes and Debates. Cambridge: Cambridge University, 2015. pp. 131-151.

LIMA, Rosah Russomano de Mendonça. O problema da elaboração legislativa. **Revista da Faculdade de Direito da UFRGS**, Porto Alegre, nº 2, pp. 682-701, 1951.

LIMONGI, Fernando. A democracia no Brasil: presidencialismo, coalização partidária e processo decisório. **Novos Estudos CEBRAP**, São Paulo, v. 76, pp. 17-41, nov. 2006.

LIMONGI, Fernando; ALMEIDA, Maria Hermínia Tavares de; FREITAS, Andrea. Da sociologia política ao (neo)institucionalista: 30 anos que mudaram a política no Brasil. *In*: AVRITZER, Leornardo; *et al.* **A ciência política no Brasil: 1960-2015.** Rio de Janeiro: FGV, 2016, pp. 61-92.

LINDE, Hans. Due Process of Lawmaking. **Nebraska Law Review**, v. 55, issue 2, pp. 197-255, 1975.

LIST, Christian. Democratic Deliberation and Social Choice: a Review. *In:* BÄCHTIGER, A. *et al.* **The Oxford Handbook of Deliberative Democracy**. Oxford: Oxford University, 2018. pp. 463-489.

LOCKE, John. **Two Treatisies of Government.** London: Thomas Tegg, 1823.

LOPES, José Reinaldo de Lima. **As palavras e a lei**: direito, ordem e justiça na história do pensamento moderno. São Paulo: Editora 34, 2004.

LÓPEZ, Fernando Santaollala. **Derecho parlamentário español**. 2. ed. Madrid: Dykinson, 2019.

MACCORMICK, Neil. **Rhetoric and the Rule of Law:** a Theory of Legal Reasoning. Oxford: Oxford University, 2005.

MACEDO, Cristiane Branco. **A legitimidade e a extensão do controle judicial sobre o processo legislativo no Estado Democrático de Direito**. 2007. 235 f. Dissertação (Mestrado em Direito) - Faculdade de Direito, Universidade de Brasília, Brasília, 2007.

MACEDO, Stephen. Agains Majoritarianism: Democratic Values and Institutional Design. **Boston University Law Review**, v. 90, nº 2, pp. 1029-1042, apr. 2010.

MACIEL, Caroline; CASTRO, Marcelo; RESENDE, Mariana. O Parlamento Britânico. *In:* SOARES, F. de M.; OLIVEIRA, T. de B. G. de; MACIEL, C. S. F. dos S. (org.). **Regimentos parlamentares do mundo**: sistemas jurídicos e ação legislativa. Belo Horizonte: Assembleia Legislativa do Estado de Minas Gerais, 2018. pp. 20-65.

MACKIE, Gerry. Does Democratic Deliberation change Minds? **Politics, Philosophy & Economics**, v. 5, nº 3, pp. 279-303, 2006.

MANIN, Bernard. **The Principles of Representative Government**. Oxford: Oxford University, 1997.

MANCUSO, Wagner Pralon; GOZETTO, Andréa Cristina Oliveira. **Lobby e políticas públicas.** Rio de Janeiro: FGV, 2018.

MANCUSO, Wagner Parlon; *et. al.* Financiamento eleitoral e comportamento parlamentar: a relação entre doações da indústria e proposição de leis. **Texto para Discussão nº 2578 IPEA**. Brasília, 2020.

MAIA, Paulo Sávio Peixoto. A crítica de Carl Schmitt à democracia: Representação política como ato de fé, plebiscito como condição da identidade. **Revista de Informação Legislativa.** v. 185, pp. 161-177, 2010.

MARINHO, Josaphat. Crise e perspectivas do Poder Legislativo. **Revista de Informação Legislativa**, Brasília, v. 20, nº 79, pp. 109-122, jul./set. 1983.

MARRAFON, Marco Aurélio; ROBL FILHO, Ilton Norberto. Controle de constitucionalidade no projeto de lei de conversão de medida provisória em face dos 'contrabandos legislativos'. *In:* FELLET, A.; NOVELINO, M. **Constitucionalismo e Democracia**. Salvador: Jus Podium, 2014. pp. 235-249.

MARTIN, Shane. Committees. *In:* MARTIN, S.; SAAFELD, T.; STROM, K. W. (ed.). **The Oxford Handbook of Legislative Studies**. Oxford: Oxford University, 2014. pp. 352-370.

MARTIN, Shane.; SAAFELD, Thomas; STROM, Kaare. W. Introduction. *In:* MARTIN, S.; SAAFELD, T.; STROM, K. W. (ed.). **The Oxford Handbook of Legislative Studies**. Oxford: Oxford University, 2014. pp. 1-27.

MARTINES, Temistocle. **Diritto Costituzionale**. 14. ed. Milano: Griuffrè, 2017.

MAYHEW, David. **Congress**: the Electoral Connection. 2. ed. New Haven: Yale University, 2004.

MELLO FILHO, José Celso de. **Constituição Federal Anotada**. São Paulo: Saraiva, 1986. 2a ed.

MENDES, Conrado Hübner. **Constitutional Courts and Deliberative Democracy**. Oxford: Oxford University, 2013.

MENDES, Gilmar Ferreira. Art. 5º, LIV. *In:* J. J. Gomes Canotilho *et. al.* (org.), **Comentários à Constituição do Brasil.** São Paulo: Almedina, 2013, pp. 427-432.

MENDES, Gilmar Ferreira. Controle de constitucionalidade: hermenêutica constitucional e revisão de fatos e prognoses legislativos pelo órgão judicial. **Revista Jurídica Virtual**, Brasília, v. 1, nº 8, pp. 1-14, jan. 2000.

MENDES, Gilmar Ferreira. O habeas corpus como pedra fundamental do processo constitucional brasileiro. *In:* MARINONI, Luis Guilherme *et. al.* (orgs.), **Processo Constitucional.** São Paulo: Revista dos Tribunais, 2021, pp. 42.1-42.14.

MENDES, Gilmar Ferreira. Questões fundamentais de técnica legislativa. **Revista Eletrônica sobre a Reforma do Estado**, Salvador, nº 11, pp. 1-32, set./out./nov. 2007.

MENDES, Joana. Participation in rule-making: European Union. *In:* AUBY, J.-B. (ed.). **Comparative Law of Administrative Procedure**. Bruylant Larcier, 2016. pp. 331-342.

MENEGUIN, Fernando. Balizas para uma metodologia e estudos de caso. *In:* MENEGUIN, F. B.; SILVA, R. S. e. **Avaliação de impacto legislativo:** cenários e perspectivas para sua aplicação. Brasília: Senado Federal, 2017. pp. 88-101.

MESSERSCHMIDT, Klaus. The Procedural Review of Legislation and the Substantive Review of Legislation: Opponents or Allies? *In:* MESSERSCHMIDT, K.; OLIVER-LALANA, A. D. **Rational Lawmaking under Review**: Legisprudence According to the German Federal Constitutional Court. New York: Springer, 2016. pp. 373-404.

MESSERSCHMIDT, Klaus. The Race to Rationality Review and the Score of the German Federal Constitutional Court. **Legisprudence**, v. 6, nº 3, pp. 347-378, 2012.

MIGUEL, Luis Felipe. Resgatar a participação: democracia participativa e representação política no debate contemporâneo. **Lua Nova.** v.100, 83-118, 2017.

MIRANDA, Jorge. **Atos legislativos**. Coimbra: Almedina, 2019.

MIRANDA, Francisco Cavalcanti Pontes de. **Comentários à Constituição**. 3. ed. Rio de Janeiro: Forense, 1987. v. II.

MONTESQUIEU, Charles de Secondat. **O espírito das leis**. São Paulo: Martins Fontes, 2000.

MORAIS, Carlos Blanco de. **Manual de Legística**: critérios técnicos e científicos para legislar melhor. Lisboa: Verbo, 2007.

MORI, Eduardo de Morais. **Democracia digital no contexto brasileiro:** uma análise da ferramenta de participação popular "Ideia Legislativa" no Portal E-Cidadania do Senado Federal. Dissertação de mestrado apresentada à Faculdade de Direito da Universidade Federal do Paraná, 2023.

MORSE, Carlton. A Political Process Theory of Judicial Review Under The Religion Clauses. **Southern California Law Review**, v. 80, pp. 793-864, 2007.

MUELLER, Sascha. Where's the fire? The Use and Abuse of Urgency in the Legislative Process. **Cantebury Law Review**, v. 17, nº 2, pp. 316-330, 2011.

MUREINIK, Etienne. A Bridge to Where? Introducing the Interim Bill of Rights. **South African Journal of Human Rights**, v. 10, issue 1, pp. 31-48, 1994.

NASCIMENTO, Adan Júnio Silva. **As audiências públicas como instrumento de controle legislativo**. 2015. 77 f. Trabalho de Conclusão de Curso (Especialização em Ciência Política) – Instituto Legislativo Brasileiro, Brasília, 2015.

NASCIMENTO, Roberta Simões. Cabe controle de constitucionalidade quanto à qualidade da deliberação legislativa? **Jota**, São Paulo, 14 out. 2020.

NASCIMENTO, Roberta Simões. **Teoria da Legislação e Argumentação Legislativa:** Brasil e Espanha em perspectiva comparada. Curitiba: Alteridade, 2019.

NAVOT, Suzie. Judicial Review of the Legislative Process. **Israeli Law Review**, v. 39, issue 2, pp. 182-247, 2006.

NOLTE, Jakob. Rationale Rechtsfindung im Sozialrecht: Die Vom Bundesverfassungsgericht Aufgestellten Anforderungen an die Bestimmung des Existenzminimums im Lichte Neuerer Sozialgerichtlicher Rechtsprechung. **Der Staat**, v. 52, n. 2, pp. 245-265, 2013.

NORTH, Douglas. **Institutions, Institutional Change and Economic Performance**. Cambridge: Cambridge University, 1990.

NUNES, Edison. Fragmentação de interesses e morosidade no Parlamento brasileiro. *In:* MOISÉS, J. A. (org.). **O papel do Congresso Nacional no presidencialismo de coalização**. Rio de Janeiro: Konrad-Adenauer Stiftung, 2011. pp. 30-42.

OCDE. **OECD Regulatory Policy Outlook**. Paris: OECD Publishing, 2018.

OCDE. **OECD Regulatory Policy Outlook**. Paris: OECD Publishing, 2021.

OLESZEK, Walter J. **The "Regular Order"**: a Perspective. Washington: Congressional Research Service, 2020.

OLIVEIRA, Bruno Batista da Costa de. **A participação popular no processo legislativo:** o exercício da cidadania ativa e o discurso do Estado Democrático de Direito no Brasil. 2010. 204 f. Dissertação (Mestrado em Direito) – Faculdade de Direito, Universidade de São Paulo, São Paulo, 2010.

OLIVEIRA, Fábio César dos Santos. Uma nova democracia representativa? Internet, representação política e um mundo em transformação. **Revista de Direito Administrativo**, Rio de Janeiro, nº 264, pp. 187-221, set./dez. 2013.

OLIVEIRA, Marcelo Andrade Cattoni de. **Devido processo legislativo**: uma justificação democrática do contrle jurisdicional de constitucionalidade das leis e do processo legislativo. 3. ed. Belo Horizonte: Fórum, 2016.

OLIVEIRA, Marcelo Andrade Cattoni de. Quais os pressupostos de legitimidade da jurisdição constitucional no Estado democrático e direito? Uma justificação democrática do controle de constitucionalidade das leis e do processo legislativo – 19 anos depois. *In:* BAHIA, A. G. M. F. de M. *et al.* **Controle jurisdicional do devido processo legislativo:** história e teoria constitucional brasileira. Belo Horizonte: Conhecimento, 2018. pp. 1-30.

OLIVER-LALANA, A. Daniel. Legislative Deliberation and Judicial Review: Between Respect and Disrespect for Elected Lawmakers. *In:* OLIVER-LALANA, A. D. (org.). **Conceptions and Misconceptions of Legislation**. New York: Springer, 2019. pp. 207-242.

OLIVER-LALANA, A. Daniel. Rational Lawmaking and Legislative Reasoning in Parliamentary Debates. *In:* WINTGENS, L. J.; OLIVER-LALANA, A. D. **The**

Rationality and Justification of Legislation: Essays in Legisprudence. [S.l.]: Springer, 2013. pp. 135-184.

PATEMAN, Carole. Participatory Democracy Revisited. **Perspectives on Politics**, v. 10, issue 1, pp. 7-19, mar. 2012.

PAULA, Felipe de. **Avaliação legislativa no Brasil**: limites e possibilidades. 2016. 399 f. Tese (Doutorado em Direito) – Faculdade de Direito, Universidade de São Paulo, São Paulo, 2016.

PAULA, Felipe de. Processo legislativo, doutrina e academia: hipóteses de afastamento e efeitos deletérios. **Fórum Administrativo**, Belo Horizonte, nº 210, nº 116, pp. 67-75, out. 2010.

PEREIRA, Carlos; MUELLER, Bernardo. Uma teoria da preponderância do Executivo: o sistema de comissões no Legislativo brasileiro. **Revista Brasileira de Ciências Sociais**, São Paulo, v. 15, nº 43, pp. 45-67, jun. 2000.

PERTENCE, José Paulo Sepúlveda. Voto de Liderança. **Revista de Direito Público.** v. 57. nº 76, pp. 57-62, 1985.

PHILLIPS, Anne. **The Politics of Presence.** London: London Guildhall, 1995.

PIMENTA BUENO, José Antônio. **Direito Público e Análise da Constituição do Império.** Rio de Janeiro: Ministério da Justiça e Negócios Interiores, 1958.

PINHEIRO, Victor Marcel. Regimes de urgência dos regimentos do Congresso: o debate na ADI 6.968. **Consultor Jurídico**, São Paulo, 26 fev. 2022.

PITKIN, Hanna. **The Concept of Representation.** Berkeley: University of California, 1967.

POPELIER, Patricia. Preliminary Comments on the Role of Courts as Regulatory Watchdogs. **Legisprudence**, v. 6, issue 3, pp. 257-270, 2012.

POPELIER, Patricia; HEYNING, Catherine van de. Subsidiarity Post-Brighton: Procedural Rationality as an Answer? **Leiden Journal of International Law**, v. 30, issue 1, pp. 5-23, mar. 2017.

POSNER, Eric A.; VERMEULE, Adrian. Legislative Entrenchment: a Reppraisal. **Yale Law Journal**, v. 111, nº 7, pp. 1665-1705, may 2002.

POSNER, Eric A.; VERMEULE, Adrian. **The Executive Unbound**: after the Madisonian Republic. Oxford: Oxford University, 2010.

POSTEMA, Gerald. **Utility, Publicity and Law**: Essays on Bentham's Moral and Legal Philosophy. Oxford: Oxford University, 2019.

PRETE, Esther Küllkamp Eyng. Porque surgiu a Legística? Antecedentes históricos de seu surgimento. *In:* SOARES, F. de M.; KAITEL, C. S.; PRETE, E. K. E. (org.). **Estudos em Legística**. Florianópolis: Tribo da Ilha, 2019. pp. 15-57.

QUEIROZ FILHO, Gilvan Correia de. **O controle judicial de atos do poder legislativo**: atos políticos e interna corporis. Brasília: Brasília Jurídica, 2001.

QUONG, Johnatan. Public Reason. **Stanford Encyclopedia of Philosophy**, 2017.

RAMOS, Elival da Silva. **Controle de constitucionalidade no Brasil:** perspectivas de evolução. São Paulo: Saraiva, 2010.

RESENDE, Ciro Antônio da Silva. **O sistema comissional e a atuação de interesses organizados**: acesso e influência na Câmara dos Deputados. 2018. 235 f. Dissertação (Mestrado em Ciência Política) – Faculdade de Filosofia e Ciências Humanas, Universidade Federal de Minas Gerais, Belo Horizonte, 2018.

REZENDE, Renato. **O Voto Secreto Parlamentar** – seu histórico no Brasil e seu tratamento no Direito Comparado. Brasília: Núcleo de Estudos e Pesquisas/ CONLEG/Senado, 2019. (Texto para Discussão, nº 256).

RIBEIRO, Jorge Alberto Mendes. O voto de liderança. **Correio Braziliense**, Brasília, 06 fev. 1988. A5.

RICCI, Paolo. Teorias e interpretações recentes sobre o processo decisório nos parlamentos contemporâneos. **BIB**, São Paulo, nº 77, pp. 25-44, 2014.

RISSE, Mathias. On the Philosophy of Group Decision Methods I: The Non-Obviousness of Majority Rule. **Faculty Research Working Paper Series Havard Kennedy School**. nov. 2008.

ROCHA, Raquel Machado. **Com a palavra a oposição:** a obstrução como recurso para se fazer ouvir. 2009. 56 f. Monografia (Especialização em Processo Legislativo) – Centro de Formação, Treinamento e Aperfeiçoamento, Câmara dos Deputados, Brasília, 2009.

RODRIGUES, Ricardo José Pereira. **Produção legislativa nas democracias consolidadas e eficácia da atividade propositiva**. Brasília: Câmara dos Deputados, 2014.

ROSAS, Roberto. **Devido processo legal**. Rio de Janeiro: GZ Editora, 2018.

ROSE-ACKERMAN, Susan.; EGIDY, Stefanie; FOWKES, James. **Due Process of Lawmaking:** the United States, South Africa, Germany and the European Union. Cambridge: Cambridge University, 2015.

ROUSSEAU, Jean-Jacque. **O contrato social:** princípios do direito político. São Paulo: Martins Fontes, 1999.

ROUSSEAU, Jean-Jacque. **The Plan fo Perpetual Peace, On the Government of Poland, and Other Writings on History and Politics**. v. II. Lebanon: Darthmouth College, 2005.

ROZEIRA, Gustavo Gramaxo. A "decisão legislativa" como ato central do procedimento legislativo parlamentar: reflexão em torno do instituto da "toma en consideración" do direito parlamentar espanhol. **Revista da Faculdade de Direito da Universidade Lusófona do Porto**, v. 7, nº 7, pp. 101-127, 2015.

ROZEIRA, Gustavo Gramaxo. A insindicabilidade dos interna corporis acta e o direito de participação das minorias no procedimento legislativo parlamentar. *In:* VILELA, A. *et al.* (org.). **Temas contemporâneos de direito**: Brasil e Portugal. Belo Horizonte: Arraes, 2013. pp. 31-54.

ROZNAI, Yaniv. Constitutional Paternalism: The Israeli Supreme Court as Guardian of the Knesset. **Verfassung und Recht in Übersee**, v. 51, nº 4, pp. 415-436, 2018.

RUBIN, Edward. Law and Legislation in the Administrative State. **Columbia Law Review**, v. 89, nº 3, pp. 369-426, apr. 1989.

SAIEGH, Sebastian M. Lawmaking. *In:* MARTIN, S.; SAALFELD, T.; STROM, K. M. (ed.). **The Oxford Handbook of Legislative Studies**. London: Oxford Univerisity, 2016. pp. 481-513.

SAJÓ, Andras. **They, the people**: on populist people and its democracy, sovereignty and government. Trabalho apresentado no Seminário Illiberal Constitucionalism na Cardozo Law School. 2020.

SAK, André Augusto. **A lógica decisória das sessões conjuntas da 54ª Legislatura**: a norma processual legislativa e a dinamicidade das decisões políticas. 2016. 85 f. Trabalho de Conclusão de Curso (Especialização em Direito Legislativo) - Instituto Legislativo Brasileiro, Brasília, 2016.

SALGADO, Eneida Desiree; ARAÚJO, Eduardo Borges Espínola. Controle judicial do processo legislativo: do minimalismo à garantia do devido procedimento legislativo. **Revista de Informação Legislativa**, Brasília, v. 56, nº 224, pp. 79-104, out./dez. 2019.

SALINAS, Natasha Schmitt Caccia. Avaliação legislativa no Brasil: apontamentos para uma nova agenda de pesquisa sobre o modo de produção das leis. **Revista Brasileira de Políticas Públicas**, Brasília, v. 3, nº 2, pp. 229-249, 2013.

SALINAS, Natasha Schmitt Caccia; ALMEIDA, Guilherme da França. O controle judicial de projetos legislativos: uma análise exploratória. **Revista de Informação Legislativa**, Brasília, v. 57, nº 225, pp. 125-150, 2019.

SAMPAIO, Marco Aurélio. **A medida provisória no Presidencialismo Brasileiro**. São Paulo: Malheiros, 2007.

SAMPAIO, Nelson de Sousa. **O Processo Legislativo**. 2. ed. Belo Horizonte: Del Rey, 1996.

SCAFF, Fernando Facury. A estimativa do impacto orçamentário-financeiro das renúncias fiscais. **Consultor Jurídico**, São Paulo, 2019.

SCHAUER, Frederick. Legislatures as Rule-Followers. *In:* BAUMAN, Richard; KAHAN, Tsvi, **The Least Examined Branch: The Role of Legislatures in the Constitutional State.** Cambridge: Cambridge University, 2006, pp. 468-479.

SCHLAICH, Klaus; KORIOTH, Stephen. **Das Bundesverfassungsgericht**: Stellung, Verfahren, Entscheidungen. 10. ed. München: CH Beck, 2015.

SCHMITT, Carl. **Legalität und Legitimität**. 7. ed. Berlim: Dunker & Humblot, 2005

SCHUMPETER, Joseph R. **Capitalism, Socialism and Democracy**. 5. ed. Londres: Routhledge, 2003.

SENADO FEDERAL. **Relatório da Presidência**: Senado Federal e Congresso Nacional. Brasília: Senado Federal, 2018.

SIECKMANN, Jan. Legislation as Implementation of Constitutional Law: A Foundation for the Demand of Legislative Rationality. *In:* WINTGENS, L. J.; OLIVER-LALANA, A. D. (ed.). **The Rationality and Justification of Legislation**. New York: Springer, 2013. pp. 107-124.

SILVA FILHO, Derly Barreto e. **Controle dos atos parlamentares pelo Poder Judiciário**. São Paulo: Malheiros, 2003.

SILVA, José Afonso da. **Comentário Contextual à Constituição**. 3. ed. São Paulo: Malheiros, 2007a.

SILVA, José Afonso da. **Processo constitucional de formação das leis**. 3. ed. São Paulo: Malheiros, 2017b.

SILVA, Rafael Silveira e. A apropriação da agenda legislativa como terceira via para o poder de veto presidencial. **Revista de Informação Legislativa**, Brasília, v. 55, nº 217, pp. 13-33, jan./mar. 2018.

SILVA, Virgílio Afonso da. **Direito Constitucional brasileiro**. São Paulo: Edusp, 2021.

SILVA, Virgílio Afonso da. **Direitos fundamentais: conteúdo essencial, restrições e eficácia**. São Paulo: Malheiros, 2009.

SILVA, Virgílio Afonso da. Ideias e instituições constitucionais do século XX no Brasil: o papel dos juristas. **Revista Brasileira de Estudos Políticos**, Belo Horizonte, nº 111, pp. 229-245, jul./ dez. 2015.

SINCLAIR, Barbara. **Unorthodox Lawmaking**: New Legislative Processes in the U.S. Congress. 5. ed. Thousand Oaks: Sage, 2017.

STILBEN, João Thiago. **Avaliações de políticas públicas no Senado:** dos resultados à proposta inicial. Brasília: Trabalho de conclusão de curso apresentado ao Programa de Pós-Graduação do Instituto Legislativo Brasileiro. 2018.

STRECK, Lenio Luiz. **Verdade e Consenso**: Constituição, Hermenêutica e Teorias Discursivas da Possibilidade à necessidade de respotas corretas em Direito. 2. ed. Rio de Janeiro: Lumen Juris, 2007.

SUNSTEIN, Cass. **#Republic:** Divided Democracy in the Age of Social Media. Princeton: Princeton University, 2017.

SUNSTEIN, Cass. **Simpler**: the Future of Government. New York: Simon & Schuster, 2013.

SWEET, Alec Stone; MATHEWS, Jud. Proportionality Balancing and Global Constitutionalism. **Columbia Journal of Transnational Law**, v. 47, pp. 72-164, 2008.

TEIXEIRA, Ana Cláudia Chabes. **Para além do voto**: uma narrativa sobre a democracia participativa no Brasil (1975-2010). 2013. Tese (Doutorado em

Ciências Sociais) – Instituto de Filosofia e Ciências Humanas, Universidade Estadual de Campinas, Campinas, 2013.

TRIBE, Lawrence H. The Puzzling Persistence of Process-Based Constitutional Theories. **Yale Law Journal**, v. 89, nº 6, pp. 1063-1080, may 1980.

TUSHNET, Mark. **Taking the Constitution Away From The Courts**. Princeton: Princeton University, 2000.

UNIÃO EUROPEIA. Impact Assessment Handbook. *In:* CONFERENCE OF COMMITTEE CHAIRS, 2017. **Guidelines for Committees**. Brussels: UE, 2017.

URBINATI, Nadia. **Representative Democracy**: Principles and Genealogy. Chicago: Chicago University, 2006.

URBINATI, Nadia; ACCETTI, Carlo Invernizzi. Introduction. *In:* KELSEN, H. **The Essence and Value of Democracy**. Plymouth: Rowman & Littlefeld, 2013. pp. 1-24.

URBINATI, Nadia; WARREN, Mark. The Concept of Representation in Contemporary Democratic Theory. **Annual Review of Political Science**, v. 11, pp. 387-412, dez 2008.

VELLOSO, Carlos Mário da Silva. O controle do devido processo legislativo pelo Supremo Tribunal Federal. *In:* SAMPAIO, J. A. L. (coord.). **Crises e desafios da Constituição:** perspectivas críticas da teoria e das práticas constitucionais brasileiras. Belo Horizonte: Del Rey, 2004. pp. 269-279.

VERMEULE, Adrian. **Law's Abnegation**: from Law's Empire to the Administrative State. Cambridge: Harvard University Press, 2016.

VERMEULE, Adrian. **Mechanisms of Democracy**: Institutions Design Writ Small. Oxford: Oxford University, 2007.

VERMEULE, Adrian. Open Secret Voting. *In:* ELSTER, J. (ed.). **Secrecy and Publicity in Votes and Debates**. Cambridge: Cambridge University, 2015. pp. 215-229.

VERMEULE, Adrian. The Constitutional Law of Congressional Procedure. **Public Law and Legal Theory Working Paper**, v. 39, pp. 1-59, feb. 2003.

VIEIRA, Eduardo S. S. Desafios e estratégias para a implantação da avaliação de impacto legislativo. *In:* MENEGUIN, F. B.; SILVA, R. S. e. (org.). **Avaliação de impacto legislativo**: cenários e perspectivas para sua aplicação. Brasília: Senado Federal, 2017. pp. 46-69.

VIEIRA, Fernando Sabóia. **Efeitos das regras procedimentais legislativas nas decisões da Câmara dos Deputados**. 2018. 170 f. Tese (Doutorado em Ciência Política) – Universidade do Estado do Rio de Janeiro, Rio de Janeiro, 2018.

VIEIRA, Oscar Vilhena. Supremocracia. **Revista Direito GV**, São Paulo, v. 4, nº 2, pp. 441-463, jul./ dez. 2008.

VITALE, Denise; MELO, Rúrion Soares. Política deliberativa e o modelo procedimental de democracia. *In:* NOBRE, M.; TERRA, R. **Direito e democracia**: um guia de leitura de Habermas. São Paulo: Malheiros, 2008. pp. 223-247.

VOERMANS, Wim. Concern about the Quality of EU Legislation: What Kind of Problem, by What Kind of Standards? **Erasmus Law Review**, v. 2, issue 1, pp. 59-95, 2009.

VOERMANS, Wim; NAPEL, Hans-Martier Ten; PASSCHIE, Reijir. Combining Effiency and Transparency in Legislative Process. **The Theory and Practice of Legislation**, v. 3, issue 3, pp. 279-294, 2015.

WALDHOFF, Christian. On Constitutional Duties to Give Reasons for Legislative Acts. *In:* MEBERSCHMIDT, K.; OLIVER-LALANA, A. D. (ed.). **Rational Lawmaking under Review:** Legisprudence According to the German Federal Constitutional Court. New York: Springer, 2016. pp. 129-154.

WALDRON, Jeremy. **Law and Disagreement**. Oxford: Oxford University, 1999.

WALDRON, Jeremy. Legislating with Integrity. **Fordham Law Review**, v. 72, issue 2, pp. 373-394, 2003.

WALDRON, Jeremy. Majority in a Lifeboat. **New York University School of Law (Public Law & Legal Theory Research Paper)**, nº 49, sep. 2009.

WALDRON, Jeremy. **Political Political Theory**. Oxford: Harvard University, 2016.

WALDRON, Jeremy. The Core of the Case against Judicial Review. **Yale Law Journal**, v. 115, nº 6, pp. 1346-1406, apr. 2006.

WEALE, Albert. **The Will of the People**: a Modern Myth. Cambridge: Polity, 2018.

WINTGENS, Luc J. Legisprudence as a New Theory of Legislation. **Ratio Juris**, v. 19, nº 1, pp. 1-25, mar. 2006.

WINTGENS, Luc J. **Legisprudence**: Practical Reason in Legislation. Surray: Ashgate, 2012.

WINTGENS, Luc J. The Rational Legislator Revisited. Bounded Rationality and Legisprudence. *In:* WINTGENS, L. J.; OLIVER-LALANA, A. D. (org.). **The Rationality and Justification of Legislation**: Essays in Legisprudence. New York: Springer, 2013. pp. 1-31.

ZAGREBELSKY, Gustavo.; MARCENÒ, Valeria. **Giustizia constituzionale**: Storia, principi, interpretazioni. 2. ed. Bolgona: Mulino, 2018.